# DAS MODS-BUCH

## VOM MINECRAFTER ZUM MODSMEISTER

Debitor CastCrafter

AF640392

Rheinwerk Computing

Wir hoffen, dass du Freude an diesem Buch hast und sich deine Erwartungen erfüllen. Deine Anregungen und Kommentare sind uns jederzeit willkommen. Bitte bewerte doch das Buch auf unserer Website unter **www.rheinwerk-verlag.de/feedback**.

An diesem Buch haben viele mitgewirkt, insbesondere:

**Lektorat** Patricia Schiewald, Stephan Mattescheck
**Fachgutachten** Richard Eisenmenger
**Korrektorat** Annette Lennartz, Bonn
**Herstellung** Janne Brönner
**Layout und Typografie** Janne Brönner
**Einbandgestaltung** Mai Loan Nguyen Duy
**Coverbild** aslac
**Satz** Janne Brönner
**Druck** mediaprint solutions, Paderborn

Dieses Buch wurde gesetzt aus der TheSansOsF (10 pt/14 pt) in Adobe InDesign CC.
Gedruckt wurde es auf chlorfrei gebleichtem Offsetpapier (90 g/m²).
Hergestellt in Deutschland.

Kein offizielles Minecraft-Produkt. Nicht von Mojang genehmigt oder mit Mojang verbunden.
Minecraft and all its graphics are a trademark of Mojang Synergies AB © 2009–2023.

Das vorliegende Werk ist in all seinen Teilen urheberrechtlich geschützt. Alle Rechte vorbehalten, insbesondere das Recht der Übersetzung, des Vortrags, der Reproduktion, der Vervielfältigung auf fotomechanischen oder anderen Wegen und der Speicherung in elektronischen Medien.

Ungeachtet der Sorgfalt, die auf die Erstellung von Text, Abbildungen und Programmen verwendet wurde, können weder Verlag noch Autor*innen, Herausgeber*innen oder Übersetzer*innen für mögliche Fehler und deren Folgen eine juristische Verantwortung oder irgendeine Haftung übernehmen.

Die in diesem Werk wiedergegebenen Gebrauchsnamen, Handelsnamen, Warenbezeichnungen usw. können auch ohne besondere Kennzeichnung Marken sein und als solche den gesetzlichen Bestimmungen unterliegen.

Bibliografische Information der Deutschen Nationalbibliothek:
Die Deutsche Nationalbibliothek verzeichnet diese Publikation in der Deutschen Nationalbibliografie; detaillierte bibliografische Daten sind im Internet über *http://dnb.dnb.de* abrufbar.

**ISBN 978-3-8362-9234-4**

2., aktualisierte Auflage 2023, 1. Nachdruck 2022
© Rheinwerk Verlag GmbH, Bonn 2023

Informationen zu unserem Verlag und Kontaktmöglichkeiten findest du auf unserer Verlagswebsite **www.rheinwerk-verlag.de**. Dort kannst du dich auch umfassend über unser aktuelles Programm informieren und unsere Bücher und E-Books bestellen.

# Auf einen Blick

# Inhalt

## Modpack zum Buch

Debitor und CastCrafter haben passend zum Buch ein Modpack für dich zusammengestellt, mit dem du alle im Buch beschriebenen Anleitungen direkt ausprobieren und nachbauen kannst.

Dieses Modpack findest du unter *www.rheinwerk-verlag.de/5608*. Klicke auf den Reiter **Materialien**. Du siehst die herunterladbare Datei samt einer Kurzbeschreibung des Dateiinhalts. Klicke auf den Button **Herunterladen**, um den Download zu starten. Je nach Größe der Datei (und deiner Internetverbindung) kann es einige Zeit dauern, bis der Download abgeschlossen ist.

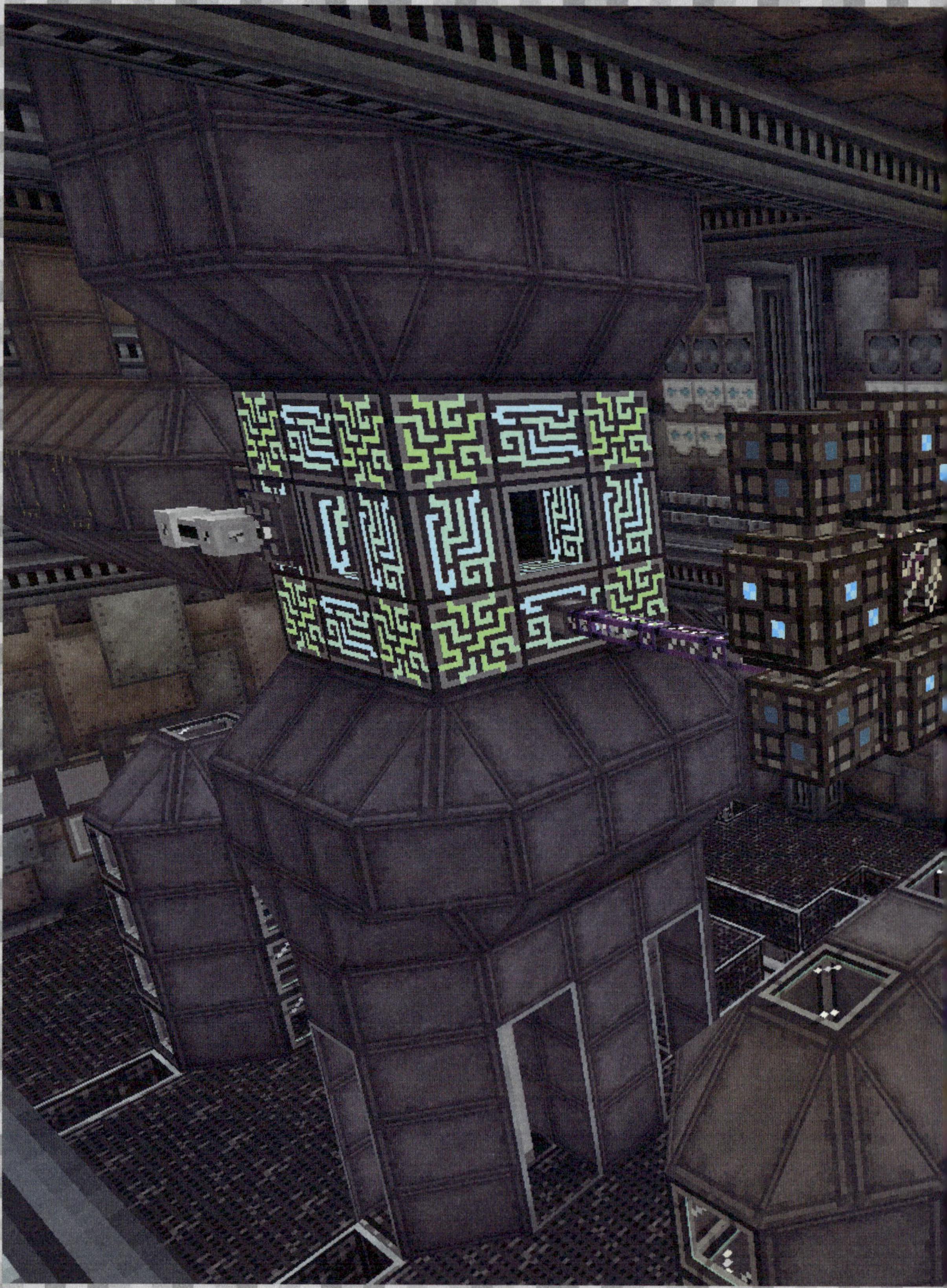

# KAPITEL 1

# VOM MINECRAFTER ZUM MODMEISTER

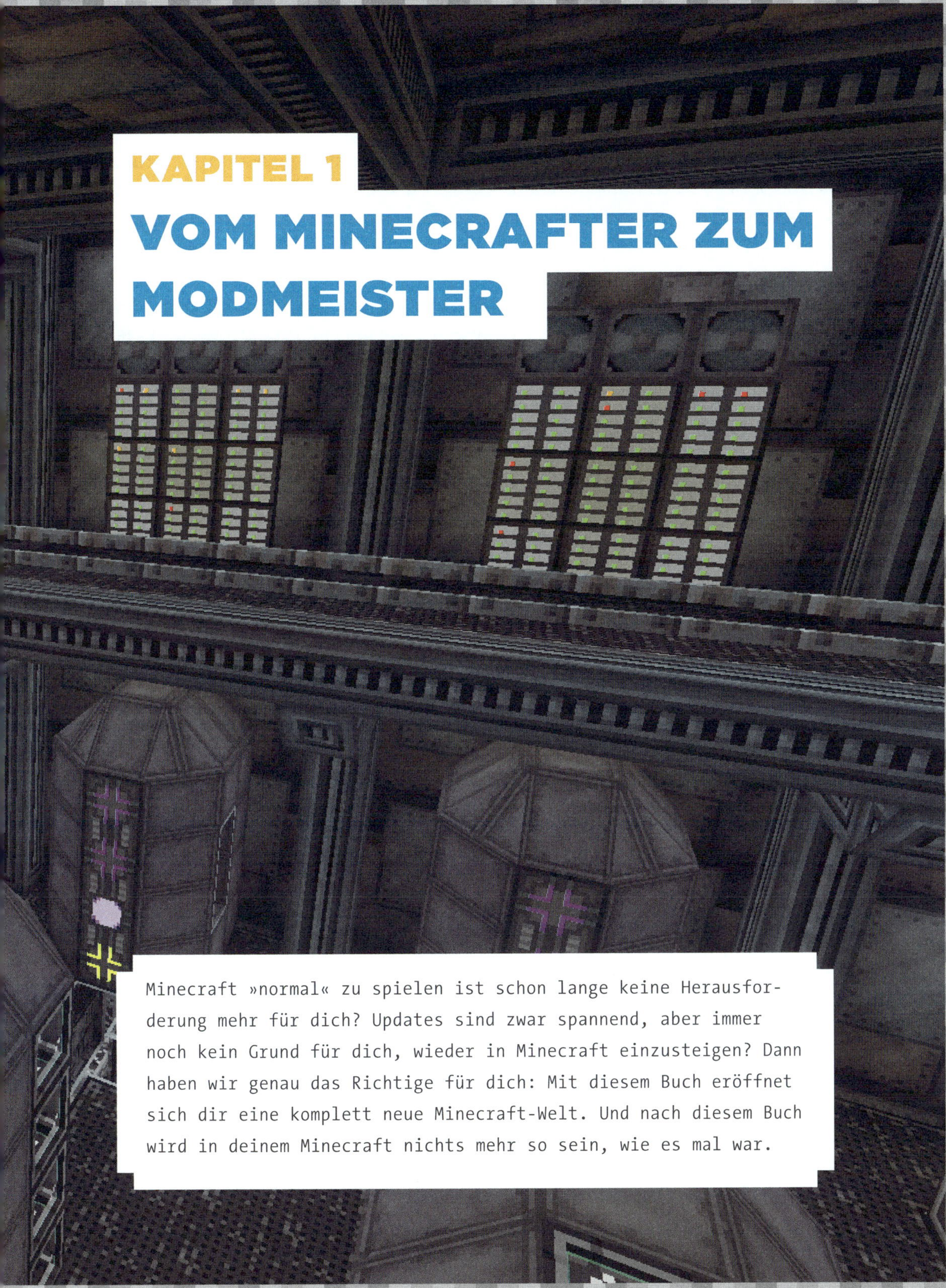

Minecraft »normal« zu spielen ist schon lange keine Herausforderung mehr für dich? Updates sind zwar spannend, aber immer noch kein Grund für dich, wieder in Minecraft einzusteigen? Dann haben wir genau das Richtige für dich: Mit diesem Buch eröffnet sich dir eine komplett neue Minecraft-Welt. Und nach diesem Buch wird in deinem Minecraft nichts mehr so sein, wie es mal war.

# GENUG VON VANILLA MINECRAFT?

Minecraft ist eines der erfolgreichsten und populärsten Spiele unserer Zeit. Mittlerweile gibt es Minecraft schon länger als zehn Jahre. Als es am 17. Mai 2009 »das Licht der Welt erblickte«, hat wohl niemand mit diesem Erfolg gerechnet. Ein großer Pluspunkt ist natürlich, dass Minecraft stets weiterentwickelt und mit Updates versorgt wird. Mit Version 1.18 wurde die Minecraft-Welt noch einmal größer und vor allem auch tiefer. Wenn man sich vorher in die Welt nach unten gegraben hatte, war Schluss bei Ebene 0. Mit Version 1.18 geht es allerdings noch einmal ganze 64 Ebenen tiefer in die Minecraft-Welt, also bis −64. Mit Version 1.19 warten neue Gegner auf uns. Man kann also sagen, dass es in und um Minecraft herum weiterhin spannend bleibt. Das ist natürlich mit ein Grund dafür, dass sich Minecraft immer noch hervorragend verkauft.

Zählt man alle verfügbaren Plattformen wie Bedrock (Konsole, Mobile und Windows) und die Java-Version zusammen, ist Minecraft mit 238 Millionen (Stand: April 2022) verkauften Exemplaren das erfolgreichste Spiel auf unserem Planeten. Und aus gutem Grund! Kein anderes Spiel bietet so viele verschiedene Möglichkeiten, es selbst zu gestalten. Ob du nun eine riesige Stadt erschaffen möchtest, auf große Entdeckungstour gehst oder einfach nur die beste Möglichkeit suchst, um dich gegen die nächtlichen Monsterangriffe zur Wehr zu setzen (allein auf dem heimischen Rechner oder mit der gesamten Community auf einem Server), nach einiger Zeit kennst du eben schon alles!

Wenn auch die regelmäßigen, offiziellen Updates viele neue Inhalte bereithalten, hast du diese nach wenigen Stunden Spielzeit schon meist alle gesehen und musst dann wieder auf das nächste Update warten. Zu unserem Glück gibt es allerdings einige programmierbegabte Minecraft-Spieler, denen die offiziellen Updates nicht ausreichten; und so programmierten sie kurzerhand Modifikationen für Minecraft, die Mods. Damit ergeben sich nun wirklich nahezu unendliche Möglichkeiten. Diese Mods kann sich nämlich jeder beliebig aus dem Internet herunterladen und sie sich in sein eigenes Minecraft einbauen. Wie das am einfachsten geht und welche Modifikationen sich lohnen, zeigen wir dir hier in diesem Buch.

**Vanilla Minecraft**

Als *Vanilla Minecraft* wird die unveränderte, also die originale Version des Spiels bezeichnet. Der Ausdruck »Vanilla« kommt aus dem Amerikanischen, wo etwas Normales oder Gewöhnliches ohne Extras oder Besonderheiten in Anlehnung an die beliebteste, aber eben etwas langweilige Eissorte Vanille gern *plain vanilla* genannt wird.

Vanilla Minecraft kommt also ganz ohne Modifikationen oder andere spielverändernde Maßnahmen von Dritten aus. Bei vielen Spielern liegt das aber einfach nur daran, dass sie nicht wissen, wie man Minecraft moddet, also Mods installiert und benutzt. Es wird Zeit, dass sich das ändert!

Eine Vanilla-Minecraft-Welt. Ein bisschen langweilig, oder?

# WARUM DIESES BUCH?

Minecraft ist ein großartiges Spiel, doch irgendwann kommt jeder an den Punkt, an dem er (oder sie) alles schon zig Mal gesehen und gefühlte hundertmal gebaut hat. Dann wartest du wieder auf das nächste Minecraft-Update, das, wenn wir ehrlich sind, meist auch nicht sooo viel Neues mitbringt. Und genau da kommen die Modifikationen ins Spiel!

Windmühle mit Immersive Engineering

Modifikationen, also Mods, erweitern das Minecraft-Universum mit einem Schlag um ein Vielfaches. Die meisten Mods enthalten neue Items, Blöcke, Biome, Rezepte und/oder GUIs (Graphical User Interfaces wie die Werkzeugleiste, die Lebens- und Hungerleiste, eben all das, was der Spieler sieht), so manche komplett neuen Funktionen, Spielmechaniken oder sogar Animationen! Das klingt spannend, aber auch ein bisschen kompliziert. Wie lädst du Mods herunter, und wie installierst du sie? Wo findest du coole Mods, und welche Mods eignen sich für welchen Spieler? Wir zeigen es dir in diesem Buch, weil wir finden, dass Minecraft-Mods etwas für alle bieten. Die Einstiegshürde ist viel geringer, als du vermutlich denkst! Mit wenigen Klicks bekommst du ein komplett anderes, schöneres und umfangreicheres Minecraft.

Taverne, gebaut mit Chisels and Bits und Decocraft, gemütliche Mittelalter-Atmosphäre inklusive

Vierer-Turbinenblock aus Extreme Reactors – perfekt für Fans futuristischer Technik

Tinkers' Construct, kombiniert mit Immersive Engineering für ein bisschen Steampunk-Feeling

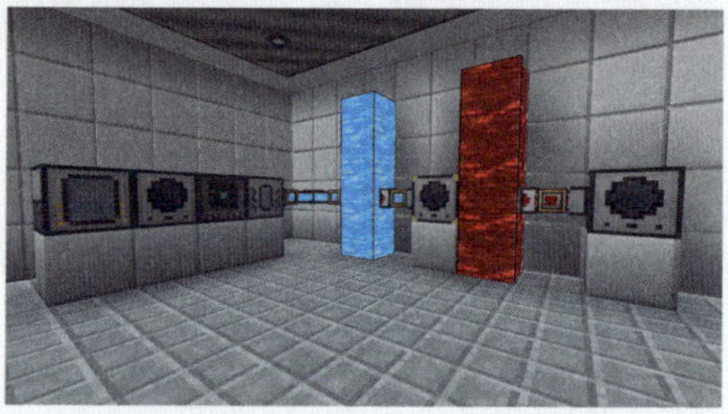

Labor aus Chisel 2 und Thermal Expansion – sind das viele Geräte!

**Wieso auf Englisch?**

Wie du im Laufe des Buches bemerken wirst, sind Items und Blöcke aus Modifikationen englisch und nicht deutsch benannt. Wir haben uns dafür entschieden, weil viele Modifikationen entweder nicht komplett, gar nicht oder auch falsch ins Deutsche übersetzt worden sind. Deshalb solltest du am besten auch dein Spiel auf die Sprache Englisch umstellen, um alles besser verfolgen zu können.

# WER WIR SIND

Selbst vorstellen kann sich jeder; deshalb haben wir uns entschieden, uns gegenseitig vorzustellen. Das ist außerdem lustiger. So bekommst du ein ungefähres Bild davon, wer dir dieses Buch präsentiert.

Das ist Peter Debitor. Seinen Spitznamen hat er übrigens von einer herumliegenden Rechnung, auf der das Wort *Debitor* stand (lat. *debere* = schulden), aber das werden die meisten sicherlich schon wissen. Er spielt seit 2010 Minecraft und hat sich nach seinem Kfz-Meister 2013 mit YouTube selbstständig gemacht. Im gleichen Jahr hat er auch angefangen, mit Modpacks zu spielen. Dementsprechend hat er sehr viel Erfahrung in diesem Bereich sammeln können, und ich würde sagen, dass er einer *der* deutschen Modpack-Experten ist. Epische Gebäude und Modpack-Anlagen sind seine Stärke. Manchmal wird mir Peters Perfektionismus auch etwas zu viel: »Können wir den ganzen Raum um einen Block nach links versetzen?«

Peter aka Debitor mit seinem Minecraft-Skin

Das ist Heiko alias CastCrafter (kurz Castn). Heiko ist mittlerweile einer der erfahrensten und besten Minecraft-Spieler im deutschsprachigen Raum. Er hat sich damals für eines meiner »Minecraft Let's Plays« als Helfer beworben und konnte sich gegen 1.200 andere Bewerber durchsetzen. Er spielt Minecraft bereits seit der Beta-Version und war seit Anfang des Moddings dabei. Eigentlich fällt mir tatsächlich kein anderer Spieler, der sich besser mit Minecraft-Modifikationen auskennt als Heiko. Er hat sogar selbst mal eine Modifikation (Travel Anchor) geschrieben, die bereits mehrere Millionen Mal heruntergeladen worden ist. Zu all dem hat Heiko auch noch 3D-Design studiert, was du mittlerweile auch an seinen YouTube-Vorschaubildern sehen kannst. Für dieses Buch kann ich mir keinen besseren Mitautor vorstellen, der sich nicht nur mit der Materie so gut auskennt wie kein anderer, sondern auch genauso viel Spaß daran hat wie ich. Das Tempo seiner Videos mag für den einen oder anderen viel zu schnell sein, aber zum Glück kann man YouTube ja langsamer ablaufen lassen.

Heiko aka CastCrafter mit seinem Minecraft-Skin

# KAPITEL 2
# MODPACKS

Es gibt mittlerweile unzählige Modifikationen, die alle einzeln zu installieren ziemlich aufwendig wäre. Daher haben sich einige Leute die Mühe gemacht, eine Auswahl an Modifikationen zusammenzustellen und diese dann gebündelt in ein Minecraft-Spiel einzubinden. Diese Pakete nennt man Modpacks (abgeleitet von Modification Package). Damit du hier den Überblick behältst, haben wir dir eine kleine Auswahl von Modpacks zusammengestellt, darunter natürlich auch das Modpack zu diesem Buch. Der Turm links mit dem Wächter drauf ist übrigens aus der Mod Battle Tower.

## WARUM WIR DIE 1.12ER-VERSION SPIELEN

Es ist dir bestimmt schon aufgefallen, dass das meiste aus diesem Buch an unser 1.12er-Modpack angepasst ist. Aber warum spielen wir so eine »alte« Minecraft-Version und kein aktuelles Modpack? In Minecraft werden immer bestimmte Versionen von Minecraft Modern priorisiert. Früher war es Version 1.7.10, dann war es lange Zeit Version 1.12.2, und mittlerweile laufen auch die Modpacks 1.16.5 und 1.18 richtig gut (ein paar populäre Beispiele nennen wir dir gleich). Eine unserer Lieblingsmodifikationen *EnderIO* gibt es momentan allerdings nur in Version 1.12.2 (davon hat CastCrafter auch Travel Anchor in die aktuelle Version geholt). Wir haben lange Zeit Version 1.12.2 in allen Variationen gespielt und sind von dieser Version immer noch am meisten überzeugt. Aber keine Sorge, wenn du das 1.12er-Modpack von uns gemeistert hast, kannst du dich an alle anderen Versionen ohne Probleme herantrauen. Es haben sich nämlich nicht viele Dinge in den neuen Versionen geändert. Wenn du das Autofahren lernen möchtest, benötigst du ja auch nicht das neuste Automodell.

## WAS SIND MODPACKS?

Es gibt mittlerweile wahnsinnig viele Modifikationen, und jeden Tag kommen neue hinzu: neue Kreaturen oder Ausrüstungsgegenstände, neue Zaubersprüche, Grafikeffekte usw.; Mods, die das Spielgeschehen einzigartig, intensiver und herausfordernder machen. Aber bei so vielen Einzel-Mods verliert man schnell den Überblick, und es wäre echt lästig, sie alle einzeln herunterladen und installieren zu müssen. Daher kam irgendwann jemand auf die Idee, seine Lieblings-Mods in einem Paket zu vereinen und sie so verschnürt zum Download anzubieten – die Modpacks waren »geboren«! Modpacks sind also inhaltlich irgendwie zusammenpassende Sammlungen von Modifikationen. Die meisten Modpacks haben ein bestimmtes Thema. Wir persönlich spielen am liebsten Technik-Modpacks. Maschinen sind nun mal genau unser Ding (Hey, Debitor ist nicht umsonst Kfz-Meister!), und der Bau von immer komplexeren Maschinen motiviert uns ungemein. Aber es gibt auch Modpacks, die ihren Schwerpunkt auf andere Themen als Technik legen. In diesem Kapitel stellen wir dir einige Modpacks vor, die uns besonders begeistert haben.

## Technik

Zuerst unser Lieblingsthema: Hier geht es hauptsächlich darum, mit viel Technik riesige Fabriken zu bauen und diese wiederum mit so viel Technik vollzustopfen, »dass es qualmt«. Die automatische Erzförderung mit gleichzeitiger Verarbeitung ist nur ein Beispiel; deiner Kreativität sind keine Grenzen gesetzt. Gerade die Mod *Immersive Engineering* bringt viele tolle und schöne Maschinen mit, die in Minecraft wirklich einzigartig sind. Was man sich auch noch anschauen sollte, ist die Mod *Create*. Gerade in den aktuellen Minecraft-Versionen ist diese Modifikation wirklich ein Hingucker. Zudem verfügt sie über ein eingebautes Tutorial.

Automatische Erzförderung und -verarbeitung in einem Technik-Modpack

## Magie

Technik ist nicht so dein Ding, aber du hast Lust, den Zauberstab zu schwingen oder vielleicht ein paar Hexen anzubeten? Dann sind Magie-Modpacks sicher etwas für dich. Die Mod *Botania* bringt neue mystische Blumen mit, in denen magische Energie (Mana) steckt, die du dir in Rezepten zunutze machen kannst. Flieg mit dem Besen durch die Luft, handle mit den Elfen um wertvolle Materialien, oder stell dich dem Bossgegner Gaia Guardian. Selbst vor Blutopfern macht Minecraft keinen Halt.

Botania-Portal zu Alfheim in einem Magie-Modpack

## Erkundung

Technik und Magie sind schön und gut, du willst aber raus in die Welt! Du bist sowieso nirgends zu Hause und immer unterwegs! Es gibt unzählige Mods, die Minecraft neue Dimensionen und Welten hinzufügen und die nur darauf warten, von dir erkundet zu werden. Nether kennt jeder, aber schon mal was von Aether gehört? Dort gibt es fliegende Inseln, fliegende Kühe, fliegende Schweine, fliegende Hasen usw., aber auch fliegende Monster wie den Wirbelwind, spannende Dungeons und haufenweise neue Blöcke.

Festung in einer neuen Dimension, dem Twilight Forest

## Quests

Eine weitere coole Variante von Modpacks sind die sogenannten Quest-Modpacks mit Quests oder Aufgaben, die dich durch die Story und die Mod leiten. Auch für alte Modpack-Hasen gibt es hier immer noch etwas zu entdecken, ob es dich zum Mond zieht oder durch die Zeitalter der Menschheit. Perfekt für Rollenspielfans und für alle, die gerne ein geführtes »an die Hand genommenes« Minecraft-Erlebnis haben wollen.

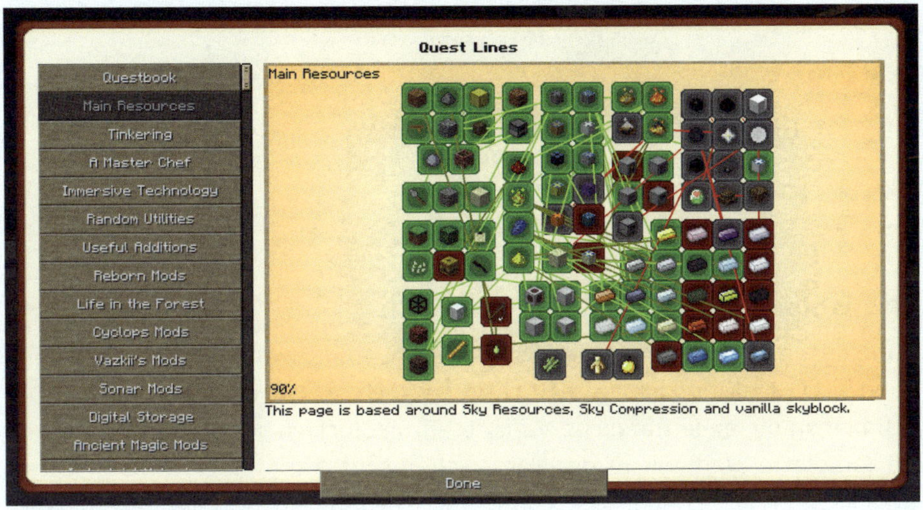


Quest-Buch

## Sky

Wenn du Sky-Modpacks ausprobieren willst, solltest du schon wissen, was du tust. Sky-Modpacks sind eher für Profis gedacht und beinhalten oft ziemlich eindrucksvolle Technik. Doch am Anfang findest du meistens nur einen Block Erde und einen Baum, sonst nichts. Bau daraus mal dein Imperium auf!

»Das geht nicht«, sagst du? Das geht schon! Viele Modifikationen gehen so Hand in Hand, dass du verschiedene Blöcke aus anderen Blöcken herstellst, die du aus anderen Blöcken zauberst. Im Großen und Ganzen vergrößerst du so Stück für Stück deine Basis. Aber denk daran, wenn du abrutschst und herunterfällst, sind meistens alle mit dir geführten Items weg.

Eine Sky-Insel

## Stoneblock

Du leidest an Höhenangst und hast Angst ständig vom Himmel zu fallen? Dann sind Sky-Modpacks nicht richtig für dich. In diesem Fall empfiehlt es sich hier, in die gegensätzliche Variante StoneBlock zu schauen. Hier besteht die komplette Welt, wie es der Name schon sagt, aus Steinen. Du startest in einer kleinen Höhle und musst dich so durch unzählige Quests schlagen. Dabei wird deine Höhle zur unterirdischen Mega-Basis. Der erste Teil ist übrigens ebenfalls in der 1.12er Version und auf jeden Fall einen Blick Wert.

Sieht langweilig aus, ist es aber nicht.

#### Expert

In Expert-Modpacks funktionieren die Rezepte und Spielmechaniken anders als im normalen Minecraft. Um ein bestimmtes Item zu bekommen, musst du also verschiedene Elemente aus verschiedenen Mods kombinieren. Expert-Modpacks richten sich, wie es der Name schon sagt, an die erfahrensten unter den Modpack-Spielern. Oder an die besonders Wagemutigen, die nach einer echten Herausforderung suchen und gerne knobeln.

Verändertes Rezept einer Chest (Truhe) in einem Expert-Modpack

## EMPFOHLENE MODPACKS

Da viele Modpacks immer ein wenig von allem haben, lassen sich die meisten schlecht kategorisieren. Damit du aber dennoch den Durchblick behältst, haben wir hier eine Liste von Modpacks für dich, auf die sich sicherlich ein Blick lohnen würde: (Wie du diese dann installierst, zeigen wir dir im nächsten Kapitel.)

- **All the Mods 7/8 (1.18.2/1-19):** Hauptsächlich Technikmodifikationen. Dieses Modpack gibt es schon seit Minecraft 1.10 und wird ständig upgedatet.
- **StoneBlock (1.12.2):** Hier startest du alleine gelassen in einer Höhle mit einer Vielzahl von Quests.
- **All Of Fabric 5 (1.18.2):** Hier findest du Technik und Magie. Dazu kommen über 1.000 Quests.
- **Create Live (1.18.2):** Der Fokus liegt hier auf der Mod Create und ist auch das zugrunde liegende Modpack für das alljährliche YouTube- und Twitch-Projekt. Besonders CastCrafter hat hierfür ein Händchen.
- **Divine Journey 2 (1.12.2):** Eines der größten 1.12 Packs mit über 1.600 Quests aufgeteilt in 30 Kapitel, die nur darauf warten, durchgespielt zu werden. Dieses Pack, obwohl es in der 1.12.2 ist, wird immer noch optimiert und angepasst.

- **Minecraft Time (1.12.2 Version 1.5):** Eins der ambitioniertesten Modpack-Projekte, in der Debitor eine riesige Modpack-Basis geschaffen hat. Viele Bilder aus diesem Buch stammen aus genau dieser Anlage. Hier findest du massenhaft Technik, gut ausbalanciert mit einer unserer Lieblingsmodifikationen EnderIO.
- **Magiculture 2 (1.12.2):** Ein sich ständig weiterentwickelndes Erkundungs- und Magie-Modpack.
- **RLCraft (1.12.2):** Ein ziemlich schwieriges und ein wenig mehr an Realismus gebundenes Modpack. Hier funktioniert vieles anders; es ist deshalb nur für erfahrene Spieler geeignet.
- **Valhelsia: Enchanced Vanilla (1.18.2):** Dies ist ein Erkundungs-Modpack. Du startest mit nur drei Herzen und schaltest nach und nach mehr Herzen und Fähigkeiten frei. Ganz nach dem Prinzip »Looten und Leveln«.
- **The Pixelmon Modpack (1.12.2):** Einfach, um zu zeigen, was alles möglich ist, findest du in diesem Modpack dein Lieblings-Pokémon. Dieses Pokémon kannst du hier leveln und gegen andere antreten lassen.
- **SkyFactory 4 (1.12.2):** Das ultimative Skyblock-Modpack. Hier startest du in luftiger Höhe auf einer kleinen Mini Insel. Halte dich ans Questbuch und lass dich überraschen.
- **Enigmatica 2 Expert (1.12.2):** Hier ist der Name Programm. Expert steht also auch für besonders schwer.
- **Roguelike Adventures and Dungeons (1.12.2):** Ein Quest-basiertes, an Erkundung gebundenes Modpack. Hier leveln neben deinem Charakter auch deine Waffen und Werkzeuge.
- **SevTech: Ages (1.12.2):** Ein Technik-Modpack, bei dem du durch verschieden Stufen des technischen Fortschrittes craftest.
- **Better Minecraft (1.19):** Ein Modpack, bei dem es mehr um das Bauen und Erkunden geht. Mit neuen Dimensionen neuen Biomen und neuen Gegnern.

### Die Sache mit der Aktualität

Du hältst hier ein toll geschriebenes Buch in den Händen. Aber wahrscheinlich gibt es mittlerweile von manchen, hier vorgestellten Modpacks neuere Versionen, da diese alle paar Tage ein Update bekommen. Das ist jedoch kein Problem: Die Richtung bleibt bei den vorgestellten Modpacks meist dieselbe. Also wenn es All The Mods 9 oder 10 gibt, unbedingt installieren und anschauen!

## DAS MODPACK ZUM BUCH

Wir dachten uns, dass ein speziell auf das Buch abgestimmtes Modpack noch cooler wäre. Es enthält alle ab Kapitel 5 vorgestellten Technik- und Deko-Mods, sodass du direkt loslegen kannst und nicht mühsam alles einzeln zusammensuchen musst. Damit ist es perfekt für deinen Einstieg in die Welt der Modpacks geeignet. Auf der letzten Seite des Inhaltsverzeichnisses steht, wie du das Modpack herunterladen kannst.

Alternativ kannst du es auch einfach mit dem Curse Launcher installieren. (Dieser wird im nächsten Kapitel erklärt und vorgestellt.) Viel Spaß damit!

# KAPITEL 3
# MODPACK LAUNCHER

Um ein Modpack überhaupt starten zu können, brauchst du einen sogenannten Launcher. Dieser vereinfacht das Verwalten verschiedener Instanzen, der ganzen Modifikationen, Configs und von anderem Kram, der mit einem großen Modpack kommt. Aber keine Angst, so kompliziert ist das nicht. Wir erklären dir in diesem Kapitel, wie's geht.

## WAS IST EIN MODPACK LAUNCHER?

Um Modpacks spielen zu können, wird meistens mit einem Modpack Launcher gearbeitet. Dieser funktioniert ähnlich wie der normale Minecraft Launcher (das Programm, das sich öffnet, wenn du Minecraft Java spielen willst). Diesen kennst du wahrscheinlich schon. Ein Modpack Launcher bietet aber weitere Vorteile:

Natürlich wäre es theoretisch möglich, ein Modpack mit dem normalen Minecraft Launcher zu spielen; allerdings kommt es dort häufig zu Problemen mit verschiedenen Modpacks. Und willst du mal mehr als ein Modpack installieren, wirst du sehr schnell feststellen, dass das nicht möglich ist. Du müsstest dann immer den kompletten Minecraft-Ordner ersetzen, was viel zu viel Arbeit ist.

Modpack Launcher halten eine sehr große Auswahl an Modpacks bereit, die einfach mit einem Klick heruntergeladen und installiert werden können. Du kannst auch mehrere Modpacks gleichzeitig installieren. Klicke einfach bei dem Modpack, das du spielen willst, auf **Starten**, und los geht der Spaß! Außerdem lässt sich in den meisten Launchern die Version des jeweiligen Modpacks auswählen, was das Updaten viel einfacher macht. Nicht zu vergessen ist, dass es durch die vom Launcher generierte Ordnerstruktur viel einfacher ist, Modpacks zu finden, zu verändern oder auch als ohne Launcher.

Das Einzige, was du für die meisten Launcher benötigst, ist neben deinem Minecraft-Account die aktuelle Java-Version. Diese holst du dir am besten von der offiziellen Seite *https://www.java.com/de/download* und installierst sie, bevor du den Launcher installierst. Wenn Minecraft schon bei dir läuft, solltest du diesen Schritt überspringen können.

## WELCHE MODPACK LAUNCHER GIBT ES?

Über die Jahre haben sich immer wieder neue Modpack Launcher in der Community etabliert. Den größten und meist genutzten Modpack Launcher stellen wir dir hier vor. Den CurseForge Launcher. Übrigens: Modpacks gibt es bisher nur für die PC-Java-Version; sorry, liebe Bedrock-Edition-Spieler! (Es soll aber am Mod-Support gearbeitet werden.)

Hier kannst du dir den CurseForge Launcher herunterladen:
*https://download.curseforge.com/*

> **Die Sache mit den Java-Einstellungen**
>
> Die Launcher brauchen, wie oben erwähnt, allesamt Java, und es ist wichtig, dass die Java-Einstellungen stimmen. Da umfangreiche Modpacks eine Menge Arbeitsspeicher benötigen, bietet es sich an, den verfügbaren Arbeitsspeicher für Minecraft zu erhöhen. Für Modpacks mit über 100 Modifikationen empfehlen wir, mindestens 6 GB einzustellen. Im CurseForge Launcher kannst du unter Umständen den Arbeitsspeicher noch viel höher einstellen. Sollte dein PC genug Arbeitsspeicher haben, stellst Du den Arbeitsspeicher einfach auf 12 GB (12.288 MB). Wo du den Arbeitsspeicher einstellst, zeigen wir dir bei der Vorstellung des CurseForge Launchers. Auch ist es möglich, Minecraft noch mehr Arbeitsspeicher zuzuweisen, aber mehr als 12 GB sind wirklich nicht notwendig.

## CurseForge Launcher

Der wohl bekannteste und somit auch meistgenutzte Launcher ist der CurseForge Launcher. Diesen stellen wir dir jetzt ausführlich vor. Der Launcher basiert auf der gleichnamigen Plattform Curse. Diese ist schon seit einiger Zeit Anlaufstelle Nummer eins für Modifikationen, Modpacks und vieles mehr. Neben Minecraft findest du hier ebenfalls Modifikationen für World of Warcraft, Terraria, Skyrim und für viele andere Spiele. Aber wir fokussieren uns jetzt natürlich auf Minecraft.

Die Startseite des CurseForge Launchers

Da, wie bereits erwähnt, der CurseForge Launcher nicht nur Minecraft- Modifikationen und Modpacks bereithält, habt ihr zu Beginn eine ziemlich große Auswahl an Spielen. Wähle hier also erst einmal Minecraft aus.

Minecraft muss ausgewählt werden.

Bei der Frage, wo der Mod-Ordner hinsoll, belässt du es in der Standard-Einstellung und gehst dann weiter mit **Continue**. Bevor du dir dann direkt ein Modpack auswählen kannst, geht es erst noch zu den Einstellungen. Dazu musst du einfach auf das Zahnrad unten links klicken.

Über das Zahnrad geht es in die Einstellungen.

Wenn du dann im Bereich der Einstellungen bist, kannst du bei **Languages** erst einmal die Sprache Deutsch auswählen (damit habt ihr dann CurseForge auf Deutsch).

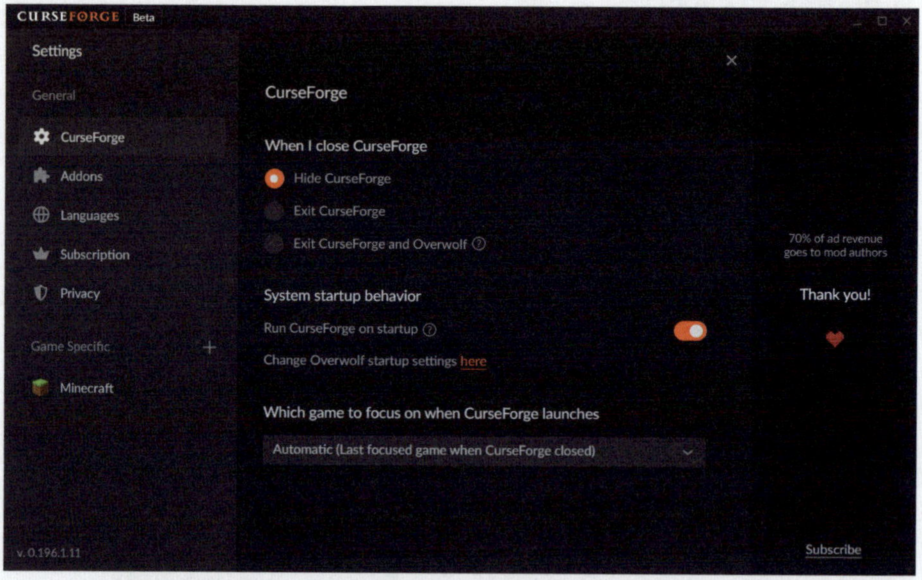


Auf der linken Seite gibt es den Punkt »Languages«.

Danach klickst du auf das Minecraft-Symbol.

Hier gibt es die Minecraft-Einstellungen.

Auf diesem Registerreiter kannst du nach unten scrollen – bis hin zu den Java-Einstellungen. Die meisten Modpacks sind mit 6 GB (6.144 MB) gut spielbar. Wir haben z. B. den Regler immer auf 12 GB, also ganz nach rechts gestellt. Natürlich funktioniert auch weniger Arbeitsspeicher, aber dann kann es passieren, dass Minecraft nicht mehr so flüssig läuft. Hier musst du also einfach mal ausprobieren. Dieser Punkt wird oft vergessen, und so häufen sich Kommentare, warum das Modpack nicht startet. Nachdem der Arbeitsspeicher eingestellt ist, kannst du das Fenster wieder schließen.

**Mit diesem Regler kannst du den Arbeitsspeicher festlegen.**

Um ein neues Modpack zu installieren, gehst du am besten auf den Registerreiter **Modpacks durchsuchen**.

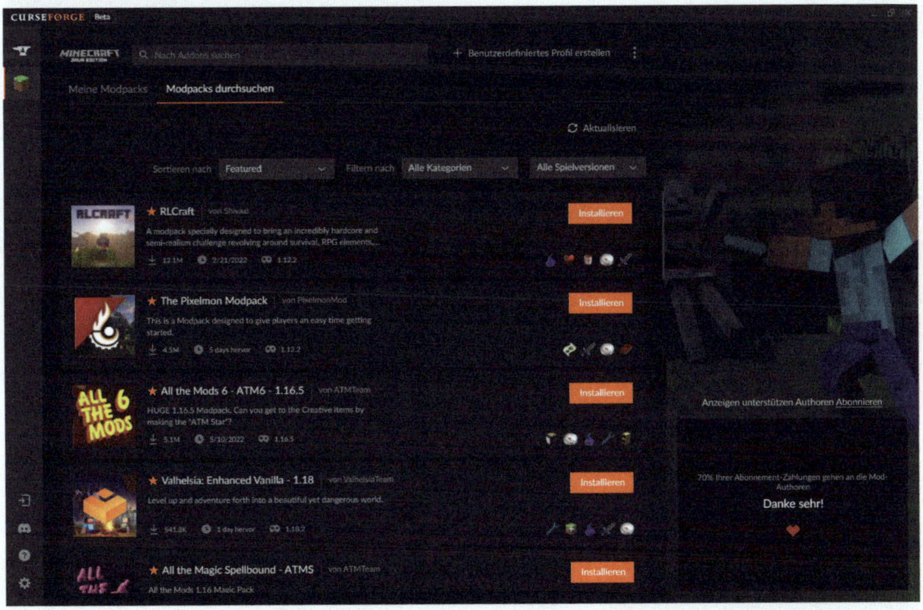


**Hier ist die Auswahl riesig. Gut, dass man vorsortieren kann!**

Hier kannst du u. a. nach Kategorie, Minecraft-Version oder Empfehlungen des Launchers sortieren. Wenn du ein Modpack gefunden hast, das dir gefällt, klickst du einfach auf **Installieren**. Probiere es doch am besten mit ..., ja genau, mit dem Modpack zum Buch aus (wie praktisch, dass wir extra eins für dich zusammengestellt haben)! Dazu musst du in der Suchleiste einfach »Mod School – Modbeginner to Modmaster« eingeben und ein wenig nach unten scrollen, bis du es gefunden hast. Dann klickst du einfach auf **Installieren**.

Hier brauchst du nur noch auf »Installieren« zu klicken.

Zum Starten musst du auf den Button »Spielen« klicken.

Nach der Installation befindet sich das Modpack auf dem Registerreiter **Meine Modpacks**. Wenn du ein Modpack starten möchtest, musst du eigentlich nur noch auf **Spielen** klicken. Dieses Symbol taucht auf, wenn du mit der Maus über ein Modpack hoverst.

Nun startet der normale Minecraft Launcher, der dann wiederum das Modpack startet. Eventuell musst du dich hier dann noch mit deinem Microsoft-Account einloggen, wie beim normalen Minecraft eben auch, und dann auf **Spielen** klicken.

Nur noch einmal auf »Spielen« klicken!

Jetzt startet dann aber wirklich das Modpack. Je nach Größe des Modpacks und Leistung deines Computers, kann das allerdings ein wenig dauern.

Als kleinen Bonus haben wir für dich auch eine Videoanleitung erstellt:

*https://www.rheinwerk-verlag.de/das-mods-buch_5608*

(Im mittleren Bereich findest du den Registerreiter **Material**.)

Du kannst natürlich beliebig viele Modpacks installieren. Sieh dich einfach mal um. Die Symbole am rechten Bildrand geben dir eine ungefähre Vorstellung von dem, was dich in dem Modpack erwartet. Fahre einfach mit der Maus über die Symbole. Dort erscheint dann ein kleiner Text, der dir erklärt, um welche Kategorie es sich handelt.

Kleine Symbole zeigen dir, was dich erwartet, zumindest ungefähr.

## Eigene Modpacks erstellen

Ein weiterer Vorteil des CurseForge Launchers ist, dass du dir relativ schnell ein Modpack selbst zusammenstellen kannst. Bei größeren Modpacks bedarf es allerdings noch Anpassungen an den Konfigurationsdateien. Dies wäre allerdings viel zu umfangreich, und wir könnten dir keine Modifikationen mehr zeigen. Aber die Grundlagen dazu folgen jetzt:

Gehe nun auf **+ Benutzerdefiniertes Profil erstellen** am oberen Bildrand.

Hier beginnt immer ein eigenes Modpack.

Nun erscheint das Fenster **Profil erstellen**. Hier kannst du entweder ein neues Profil, also Modpack erstellen oder ein schon vorhandenes Profil einfügen (dafür gibt es den Link **importieren**, aber das machen wir zu einem späteren Zeitpunkt.).

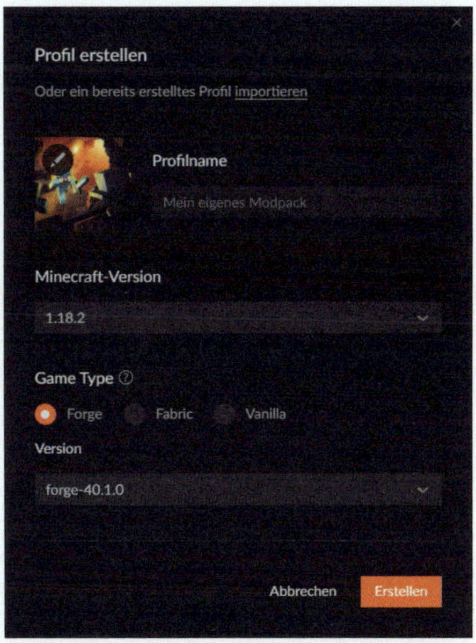

Hier gibst du deinem Modpack einen Namen.

Zuerst gibst du deinem Profil einen Namen. Im Anschluss wählst du die Minecraft-Version und den Game-Typ. Hier kannst du dich zwischen Forge, Fabric und Vanilla entscheiden. Forge und Fabric sind Modloader und halten verschiedene Arten von Modifikationen für dich bereit. Hier heißt es also einfach ausprobieren! Für unser Beispiel wählen wir jetzt **Forge** aus. Du kannst auch Vanilla-Profile anlegen, also Minecraft ganz ohne Modifikationen. Ganz unten bei Version lässt du immer die vorausgewählte Version stehen. Dann klickst du nur noch auf **erstellen**, und schon hast du dein eigenes Modpack. Natürlich noch ohne Modifikationen, aber das ändern wir sofort!

Klicke dazu auf das von dir erstellte Profil und dort auf **Mehr Inhalte hinzufügen**.

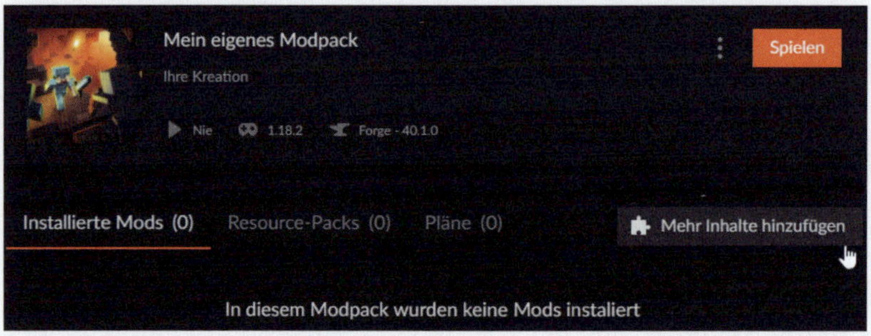


Hier geht es zu Hunderten Modifikationen.

Hier kannst du dich jetzt austoben. Je nach Version findest du hier immer mehrere Hundert Modifikationen, die darauf warten, gespielt und ausprobiert zu werden. Das klingt jetzt erstmal nach viel Input, aber nach der Lektüre dieses Buches kennst du ja schon ein paar Modifikationen und kannst diese dann gegebenenfalls erweitern.

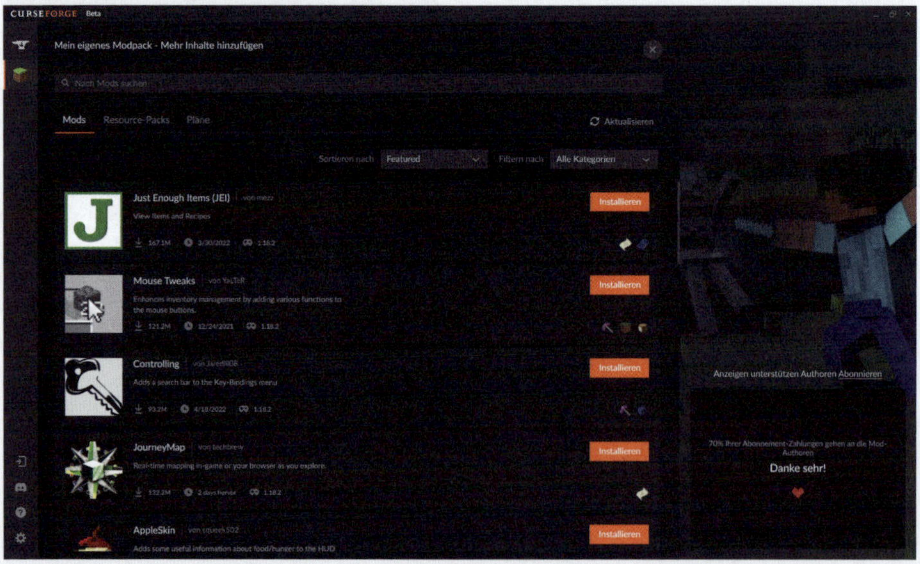


Eine riesige Auswahl an Modifikationen

Da wir aber gerade dabei sind, installierst du nun Just Enough Items (JEI) – dazu gibt's später noch mehr Input im Buch – und JourneyMap. Im Anschluss daran klickst du einfach auf das X.

Mit dem X geht es zurück!

Herzlichen Glückwunsch! Du hast dein erstes eigenes, wenn auch sehr kleines Modpack erstellt. Sobald du auf **Spielen** klickst, kannst du loslegen!

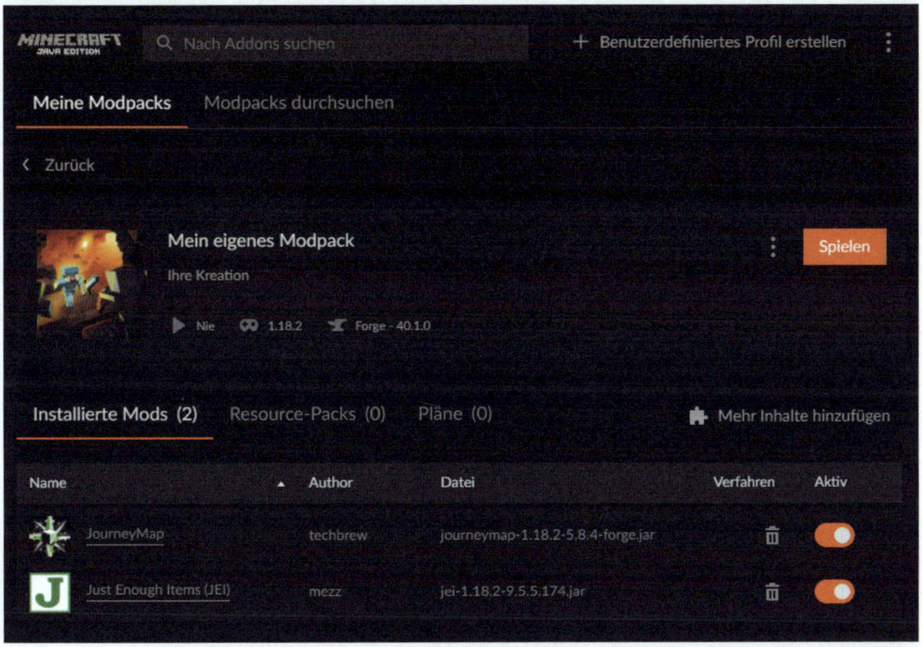


Dein erstes eigenes Modpack

## Modpack(-Profil) importieren

Eine wichtige Funktion gibt es noch bei CurseForge: das Ex- und Importieren von Modpacks. Wenn du auf die drei Punkte in deinem Modpack klickst, erscheinen eine Reihe von Menüpunkten. Hier kannst du dein selbst erstelltes Modpack ganz einfach exportieren und z. B. deinem Freund schicken. Oder du benutzt es einfach als kleine Sicherung, wenn du dein Modpack für später aufbewahren möchtest.

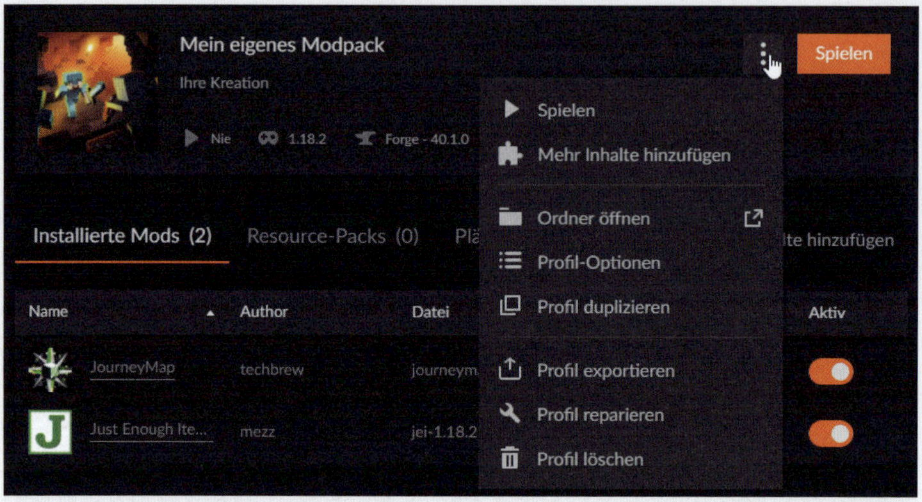


Mit den drei Punkten geht es in die Optionen.

Importieren kannst du dieses Modpack über den Button **+ Benutzerdefiniertes Profil erstellen** am oberen Bildrand. Um das auszuprobieren, kannst du dir das Modpack zum Buch über diesen Link herunterladen:

*https://www.rheinwerk-verlag.de/das-mods-buch_5608*

(Im mittleren Bereich findest du den Registerreiter **Material**.)

Nachdem du das Modpack auf deinen PC heruntergeladen hast, gehst du zurück in die Übersicht und klickst wieder auf den Button **+ Benutzerdefiniertes Profil erstellen**. Im nächsten Fenster klickst du dann auf **importieren** und wählst dann die soeben heruntergeladene Datei aus.

Hier kannst du importieren.

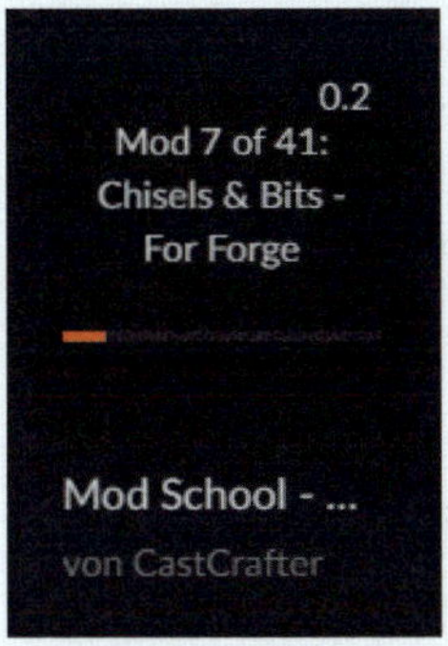


Das installierte Modpack

Die Installation beginnt direkt, und du kannst in wenigen Minuten anfangen zu spielen.

Jetzt weißt du, wie man Modpacks im CurseForge Launcher erstellt, installiert, importiert und spielt. Los geht's!

# KAPITEL 4
# START – SO BEGINNST DU, MIT EINEM MODPACK ZU SPIELEN

Du stehst in einer neuen Minecraft-Welt voller Modifikationen, und du hast absolut keinen Plan, was du zuerst machen sollst? Kein Problem. Wir helfen dir jetzt Schritt für Schritt, damit du der Mod-Meister wirst. Los geht's.

# ERST MAL ALLES WIE IMMER

Gleich etwas Wichtiges vorweg: In den meisten Modpacks gibt es eine ganze Menge neuer Items und Blöcke und dementsprechend auch sehr viele neue Rezepte, um sie zu verarbeiten oder herzustellen. Die Vanilla-Minecraft-Rezepte kannst du dir wahrscheinlich noch auswendig merken, aber mit Mods wird das quasi unmöglich, es sind einfach zu viele. Daher beinhalten eigentlich alle Modpacks (oder zumindest alle, die wir kennen) die Mod *JEI* (Just Enough Items). Sie zeigt dir an, wie Items hergestellt werden, quasi ein riesiges Rezeptbuch, um den Überblick zu behalten. Über die Suche findest du den gewünschten Block, mit der Taste R kannst du dir das Rezept anzeigen lassen. Da wir dir hier unmöglich alle wichtigen Rezepte zeigen können, solltest du also immer mal wieder einen Blick in dieses Rezeptbuch werfen. Sicher findest du dort auch noch andere interessante Items, die wir hier nicht vorgestellt haben.

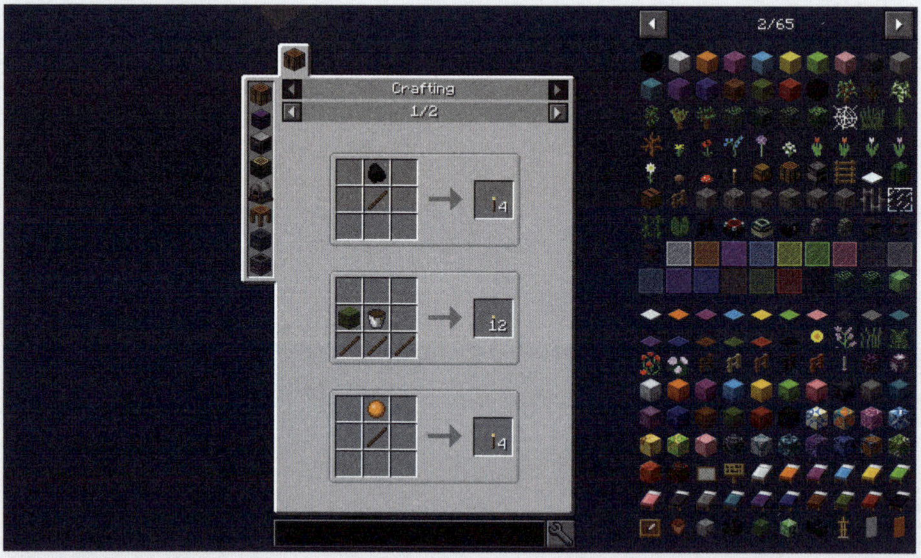


**Ein mächtiges Tool, die Mod JEI. Rechts siehst du die Liste mit allen Items, durch die du bequem blättern kannst.**

Mehr zu JEI findest du im Abschnitt »JEI, der Rezepte-Guru« ab Seite 74.

Ob du Vanilla spielst oder mit Mods, der Anfang ist immer gleich: Du startest in einer zufällig generierten Welt, an einem zufällig generierten Ort. Der kann sich aber, je nach Modifikation, stark vom normalen Minecraft unterscheiden.

Bestes Beispiel hierfür ist die Mod *Biomes O' Plenty*, die viele neue Gebiete hinzufügt. Hier kann es dir gut passieren, dass du in den Alpen oder in einem Kirschbaumwald startest. Auch in unserem Modpack zum Buch findest du z. B. eine fliegende Schleiminsel und andere neue Gegenden.

### WorldGen

Viele Modifikationen fügen dem Spiel neue Erze, Pflanzen oder sogar ganze Biome, also Landschaften oder besser Ökosysteme, hinzu. Wenn das geschieht, dann beeinflusst die Modifikation natürlich die *WorldGen*, das heißt die Weltengenerierung. Andere Modifikationen beinhalten aber nur neue Gegenstände und Funktionen, hier wird die WorldGen natürlich nicht beeinflusst. Die wohl größte und zugleich bekannteste Modifikation ist Biomes O' Plenty mit unzähligen neuen Biomen wie einem Bambuswald, Lavendelfeldern, tropischen Inseln und vielem mehr.

Slime Island der Mod Tinkers' Construct

### Versuch macht kluch – Probier es selbst aus!

Starte am besten selbst das Modpack *Minecraft School – Modbeginner to Modmaster* und arbeite die folgenden Schritte mit. Unser extra für dieses Buch erstelltes Modpack beinhaltet alle hier beschriebenen Modifikationen und leitet dich Schritt für Schritt durch die Welt.

Zu Beginn eines jeden neuen Minecraft-Abenteuers steht wie immer die Beschaffung der Basisausrüstung im Vordergrund. Starte also, wenn möglich, wie sonst auch: Fange damit an, mit deiner Hand ein wenig Holz abzubauen, »crafte«, also baue, daraus eine Werkbank und dann eine Spitzhacke aus Holz, mit der du mindestens 17 Bruchsteine abbauen kannst. Denn 17 Steine reichen gerade aus, um dir ein komplettes Toolset aus Steinen herzustellen:

- Schwert (2 Steine)
- Spitzhacke (3 Steine)
- Schaufel (1 Stein)
- Axt (3 Steine)
- Ofen (8 Steine)

**Der Start kann auch schwerer sein!**

In einigen Expert-Modpacks sind die normalen Minecraft-Tools deaktiviert, sodass du dir direkt welche aus der Mod Tinkers' Construct herstellen musst. Aber keine Angst: Unser Modpack ist eines für Einsteiger, daher kannst du ganz »normal« anfangen.

Der Ofen hilft dir dabei, deine erste Nahrung zuzubereiten. Die kannst du dir mit dem Schwert immer von den Tieren, die in deiner Nähe herumwandern, »holen«, indem du sie jagst und schlachtest. Alternativ kannst du auch Weizen anbauen (Samen erhältst du, indem du Grasbüschel erntest), aber das dauert ein wenig länger. In diesem Fall benötigst du zum Vorbereiten der Felder noch eine Harke, die weitere zwei Bruchsteine und zwei Stöcke kostet. Hast du deine Basisausrüstung, ein bisschen Essen, Fackeln und ein paar Blöcke Stein und Holz zusammen, kannst du loswandern und eine geeignete Höhle suchen oder anfangen, eine Mine zu graben. Diese wird dir dann deine ersten Mod-Materialien bescheren:

- Iron Ore (Eisenerz)
- Copper Ore (Kupfererz)
- Tin Ore (Zinnerz)
- Gold Ore (Golderz)
- Silver Ore (Silbererz)

usw.

Verschiedene Mod-Erze wie Kupfer, Draconium, Amber und Silber.

# BAUPLATZ OPTIMAL PLANEN

Auf der Suche nach einer Höhle kannst du gleichzeitig nach einem geeigneten Bauplatz für deine Basis Ausschau halten. Willst du ein großes Haus bauen, dann suche dir am besten eine ebene Fläche. Willst du lieber in den Bergen oder der Wüste leben? Auch kein Problem. Hier sind deiner Fantasie, wie immer, keine Grenzen gesetzt. Ideal ist ein Bauplatz in der Nähe der Grenze zwischen zwei Biomen, weil du dort leicht an viele verschiedene Arten von Blöcken herankommst.

Finde deinen Bauplatz.

Wenn du Glück hast, findest du unterwegs vielleicht sogar ein Dorf, in dem meistens eine kleine Smeltery (Schmelzerei) steht. Hier heißt es: Schnell einpacken! Auch Nahrung kann man in Dörfern gut »mitgehen« lassen, aber lass am besten noch etwas für die Dorfbewohner zurück.

Dorf mit Tinkers' Construct Smeltery

Markiere das Dorf am besten auf deiner Minimap. Vielleicht willst du ja später noch mit den Bewohnern handeln. Gerade am Anfang ist das eine gute Möglichkeit, um an Smaragde zu kommen. Wie du einen Wegpunkt oder *Waypoint* in deiner Minimap setzt, erfährst du im Kasten rechts.

Aber zurück zum Bauplatz. Er sollte am besten groß genug sein, um alle möglichen Maschinen gut unterzubringen. Breite dich ruhig aus und baue nicht zu sehr in die Höhe. Zu Beginn reicht erst einmal ein kleines Haus aus Cobblestones mit ein paar Truhen, einem Crafting Table und einem Bett.

Haus aus Bruchstein mit Werkbank, Bett und einer Truhe. Klein, aber fein und vor allem ein sicherer Ort für die Nacht.

### Warum lieber in die Breite, statt in die Höhe bauen?

Gerade wenn du mit Modifikationen arbeitest, solltest du im Hinterkopf behalten, dass viele Maschinen auf einem Fleck den Server bzw. dein Spiel stark beeinflussen können, vor allem was Schnelligkeit und Leistung, eben die Performance, angeht. Deswegen solltest du groß angelegte Anlagen vielleicht ein paar Blöcke entfernt von deiner Hauptbasis anlegen.

### Wegpunkt in der Minimap anlegen

Um einen Wegpunkt anzulegen, öffnest du mit der Taste J die Minimap und klickst dann im unteren Bereich auf **New**. Benenne deinen Wegpunkt und weise ihm eine Farbe zu. Wenn du zufrieden bist, musst du nur noch den **Save**-Button betätigen, und schon hast du deinen ersten Wegpunkt oder, wie es im Englischen heißt, *Waypoint* erstellt. Kleiner Tipp: Verschiedene Farben helfen dir, verschiedene Arten von Waypoints auseinanderzuhalten: z. B. Orange für Dörfer, Gelb für Wüstentempel, Grün für Sumpfhütten … Je konsequenter du deine Farbcodes verwendest, desto einfacher findest du dich später auf der Map zurecht.

Minimap öffnen und auf »New« klicken

Du hast ein Dorf in der Wüste gefunden.

Benennen, Farbe zuweisen und auf »Save« klicken

Das markierte Dorf auf der Minimap

# ERZVERDOPPLUNG UND ENERGIE

Die Basis steht, nun wird es interessant. Im Idealfall hast du einen kleinen Haufen Erze, Redstone, Kohle und vielleicht sogar schon einige Diamanten auf deiner Reise gefunden. Damit du die gefundenen Rohstoffe möglichst effizient verarbeiten kannst, sollte dein erstes Ziel eine Erzverdopplungsanlage sein. Das ist mit diversen Modifikationen möglich, z. B. *Tinkers' Construct*, *Thermal Expansion* oder *EnderIO*. Diese Modifikationen finden sich in sehr vielen Modpacks, unter anderem auch im Modpack zum Buch (wie praktisch!). Folgende Materialien benötigst du:

- 1 × Pulverizer
- 1 × Redstone Furnace
- 1 × Stirling Generator
- 2 × Truhe
- 1 × Hopper

Die Rezepte für diese Items findest du in der Mod JEI. Öffne dein Inventar und schau dir das Menü rechts an. Dort kannst du einfach eine Maschine suchen und dir das Rezept anzeigen lassen. Das JEI beschreiben wir noch mal ganz ausführlich in Kapitel 5, »Nützliche kleine Helfer«.

### Achtung, Hochspannung! Energie (RF und mehr)

Eine der größten Neuerungen, die Technik-Modpacks mitbringen, ist Energie, also quasi Strom. Die Energie kann erzeugt, gespeichert und von Maschinen verbraucht werden. Sie kommt in verschiedenen Einheiten daher, die bekannteste und meistgenutzte ist *RF* (Redstone Flux). Um den Energieverbrauch zu messen, gibt es noch die Einheit RF/t, das steht im Prinzip für »Energieeinheit pro *Tick*« (die Zeiteinheit in Minecraft, 1/20 einer Sekunde).

Grundsätzlich wird Energie über verschiedene Mod-Kabel übertragen. Mehr dazu erfährst du später in den entsprechenden Kapiteln. Wichtig zu merken: Energie wie RF ist kein Redstone und hat auch nichts damit zu tun. Neben RF gibt es noch weitere Einheiten, da sich die Modding Community leider nicht richtig einig wird. Einige Beispiele:

- FE (*Forge Energy*): Diese wird von Forge direkt bereitgestellt.
- µI (*microInfinity*): Benutzt EnderIO (siehe Kapitel 7).
- EU (*Energy Unit*): Ist hauptsächlich in *IndustrialCraft 2* zu finden.
- IF (*Industrial Flux*): Kommt von der Mod *Immersive Engineering*.
- *Tesla*: Ist eine Mod und gleichzeitig eine Energieeinheit, die als neuer Standard dienen soll, zumindest laut Entwickler. Ob das letztendlich auch funktionieren wird, bleibt abzuwarten.

Und so funktioniert es: Baue die Maschine auf, wie unten gezeigt. Im Anschluss musst du noch die Ein- und Ausgänge konfigurieren. Gehe dazu in die Maschine und klicke das Zahnrad an. Im Fenster kannst du die Ein- und Ausgänge des Pulverizers ❶ und des Redstone Furnace ❷ wie auf dem Bild konfigurieren. Wenn du jetzt in die oberste Truhe z. B. einen Block Eisenerz legst, wandert das Erz in den Pulverizer, wird dort zu zwei Einheiten Pulverized Iron und dann an den Redstone Furnace weitergeleitet. Dort wird dann jedes Pulverized Ore zu einem Eisenbarren verarbeitet, die wiederum in der zweiten Truhe landen. Vergiss dabei nicht, Kohle in den Stirling Generator zu legen. Wenn du genug Eisen hast, kannst du dir daraus ein komplettes Iron Equip bauen (also Rüstung und alle Werkzeuge aus Eisen). Das geht natürlich auch ohne Erzverdopplung, macht aber nur halb so viel Spaß, und der Verdoppler wird dir später noch viele Dienste erweisen. Mehr zu den Maschinen und Thermal Expansion erfährst du in Kapitel 8, »Thermal Expansion – wahnsinnig schnelle Produktion«.

Aufbau der Erzverdopplungsanlage

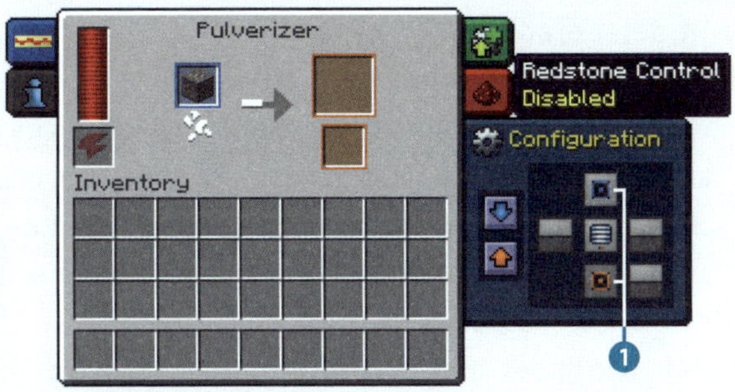


Pulverizer-Einstellungen

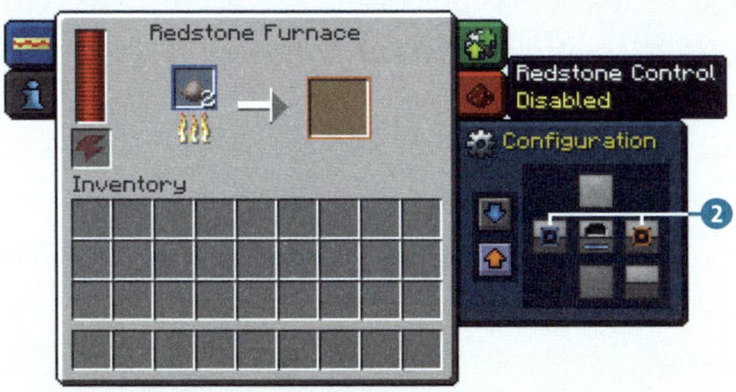


Redstone-Furnace-Einstellungen

### So laufen deine Maschinen immer – Chunks laden

Eine sehr wichtige Mechanik beim Spielen von Modpacks ist das Laden der Chunks. Ein Chunk stellt einen Bereich von 16 × 16 × 256 Blöcken dar. Die komplette Minecraft-Welt wird in solche Chunks unterteilt und generiert. Du kannst dir die Chunks mit [F3] + [G] anzeigen lassen. Normalerweise werden Chunks nur geladen, wenn du dich in ihnen oder zumindest in der Nähe davon befindest. Mit einem Chunk Loader wie den *Chunk Loading Ward* aus *Extra Utilities 2* kannst du das umgehen. Damit laufen beispielsweise deine Maschinen weiter, auch wenn du nicht in der Nähe bist. Den Chunk Loader stellst du einfach in deine Basis oder zu deinen Maschinen, und sie arbeiten weiter, auch wenn du dich nicht in der Nähe befindest. Das ist superhilfreich, wenn du automatische Farmen oder Verarbeitungen hast. Wir laden eigentlich immer zumindest die Chunks unserer Basis, damit dort alles weiterläuft.

## NAHRUNGSVERSORGUNG SICHERN

Mit den gerade gesammelten Rohstoffen kannst du dich jetzt um deine Nahrungsversorgung kümmern. Nichts nervt in Minecraft mehr als das ewige Verlangen nach Essen, oder? Manche Modpacks enthalten Modifikationen, die das Essensangebot reichlich erweitern. Das ist auf der einen Seite natürlich schön, aber auf der anderen Seite erschwert es unter Umständen deine Nahrungsversorgung, da du dich plötzlich ausgewogen ernähren musst und nicht den ganzen Tag nur Kekse essen kannst. Diese Modifikation haben wir nicht in unser Modpack aufgenommen, die Sorge um ausgewogene Ernährung reicht uns schon im echten Leben. Bleiben wir also vorerst beim Grundnahrungsmittel Brot, das bekanntlich aus Weizen hergestellt wird.

Es gibt eine sehr einfache, aber effektive Möglichkeit, um an ausreichend Weizen zu kommen. Die Hauptrolle spielt hier die *Watering Can* (Gießkanne) von Extra Utilities 2.

Folgende Materialien werden benötigt:

- 1 × Watering Can
- 1 × Harke
- Wasser
- Samen

### Dünger gegen den Hunger: Das Pflanzenwachstum beschleunigen

In Minecraft gibt es verschiedene Möglichkeiten, das Wachstum von z. B. Pflanzen aktiv zu beschleunigen. Die erste ist das altbekannte Knochenmehl. Du kannst es mit einem einfachen Klick auf die Pflanze anwenden und sie so zum Wachsen bringen. Die zweite Möglichkeit ist, den Tick lokal zu beschleunigen und der Pflanze somit vorzugaukeln, es sei schon viel mehr Zeit vergangen. Diesen Trick nutzt z. B. die Watering Can von Extra Utilities 2. Und so funktioniert's:

Minecraft ist ein Tick-basiertes Spiel (Tick = Zeiteinheit). Ein Game-Tick in Minecraft erfolgt alle 1/20 (= 0,05) Sekunden, also alle 50 Millisekunden. Items wie die Watering Can von Extra Utilities beschleunigen die Tick-Rate in einem 3 × 3-Feld, wodurch die Pflanzen öfter upgedatet werden und dadurch eine höhere Chance haben, zu wachsen.

Lege dir ein normales Feld an und streue die Samen aus, die du zur Verfügung hast. Um die Watering Can zu nutzen, musst du sie natürlich erst mit Wasser füllen. Klicke dazu mit der Watering Can in der Hand per Rechtsklick auf eine Wasserquelle und warte, bis sich der Balken gefüllt hat. Mit genügend Wasser kannst du jetzt deine Seeds gießen, indem du einmal mit rechts daraufklickst. Deine Pflanzen wachsen schneller, und du bekommst für sehr wenige Rohstoffe (die Watering Can ist wirklich günstig herzustellen) schnell eine Menge Essen zusammen. Die Kanne gießt so lange nach, bis du sie mit einem Rechtsklick deaktivierst oder bis ihr Wasservorrat erschöpft ist.

## BESSERE WERKZEUGE FÜR BESSERE WERKSTOFFE

So, der erste Hunger ist gestillt und die Vorratskiste voll, zurück zu den wichtigen Dingen des Lebens: den Werkzeugen.

Die Mod Tinkers' Construct, die in vielen Modpacks (unter anderem in unserem) enthalten ist, hat eine Menge davon. Sie sind relativ einfach zu bauen und gehören quasi zur Standard-Modpack-Ausrüstung. Natürlich gibt es je nach Modpack noch bessere Werkzeuge, aber meistens ist es sehr schwer, an sie heranzukommen.

Für den Start brauchst du zuerst eine Smeltery von Tinkers' Construct. Mit Glück konntest du schon eine aus einem Dorf mitnehmen, ansonsten benötigst du viel Ton, Sand und Kies. Diese craftest du zu Grout (eine Art Mörtelblock) und brennst sie anschließend zu Seared Bricks (Backsteinen). Damit kannst du dir dann alle notwendigen Blöcke für die Smeltery craften.

Für eine Smeltery müssen zuerst 3 × 3 Blöcke Seared Bricks in den Boden.

Für die Smeltery benötigst du:

- 18 × Seared Brick
- 2 × Smeltery Drain ①
- 2 × Faucet ②
- 1 × Smeltery Controller ③
- 1 × Seared Tank ④
- 1 × Casting Table ⑤
- 1 × Casting Basin ⑥

Die nächste Reihe besteht aus einem Controller und einem Tank. Der Rest wird mit Seared Bricks aufgefüllt. Daneben kommen das Casting Basin und der Casting Table.

Die nächste Reihe wird wieder mit Seared Bricks aufgefüllt, während du über den beiden Castings die Drains jeweils mit Faucet platzierst.

Zum Beheizen benötigst du natürlich noch Lava. Im Anschluss baust du dir:

- Crafting Station (Fertigungsstation)
- Stencil Table (Matrizentisch)
- Pattern Chest (Truhe mit Mustern)
- Part Builder (Teilefertigungsstation)
- Tool Station (Werkzeugstation) bzw. Tool Forge (Werkzeugschmiede), sofern genug Material vorhanden ist

Hier siehst du alle Tinkers'-Construct-Tables in einer Reihe aufgebaut.

Nun hast du alles, was ein Schmiedelehrling braucht, um sich vernünftige Werkzeuge zu basteln. Die Tables kannst du irgendwo in der Nähe der Smeltery bauen, wichtig ist nur, dass sie in einer Reihe stehen.

Eins noch, bevor du richtig loslegen kannst: Wir müssen in den Nether, um dort spezielle Rohstoffe zu holen. Dafür brauchst du eine Obsidian-Spitzhacke.

## Eine Obsidian Pickaxe zum Mitnehmen, bitte

Crafte dir zuerst ein paar Blank Pattern (freie Muster, das Rezept findest du wie immer im JEI). Für eine Spitzhacke reichen drei, allerdings wirst du später noch mehr benötigen. Um die nötigen Patterns für eine Spitzhacke anzufertigen, legst du die Blank Patterns auf den Stencil Table und wählst die richtigen Teile aus. Für die Spitzhacke sind das:

- Pickaxe Head Pattern
- Binding Pattern
- Tool Rod Pattern

Anschließend wechselst du in den Part Builder. Das geht über die Registerreiter oben im Fenster, solange alle Tables direkt nebeneinanderstehen und miteinander verbunden sind. Im Part Builder wird aus einem Obsidian und dem Pattern der jeweilige Tool-Part. Erstelle dir einen Pickaxe Head, ein Tool Rod und ein Binding aus Obsidian. Anschließend wählst du in der Tool Station die Spitzhacke aus und fügst die drei Teile ein. Am Ende hast du noch die Möglichkeit, die Pickaxe zu benennen, und voilà: Dein erstes Tinkers'-Construct-Werkzeug ist fertig. Glückwunsch!

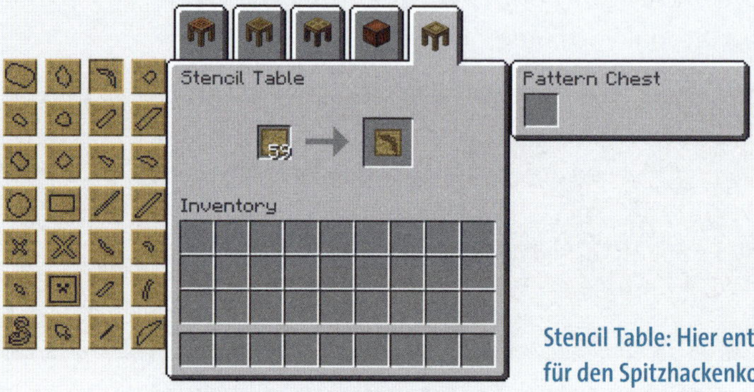


Stencil Table: Hier entsteht das Pattern für den Spitzhackenkopf.

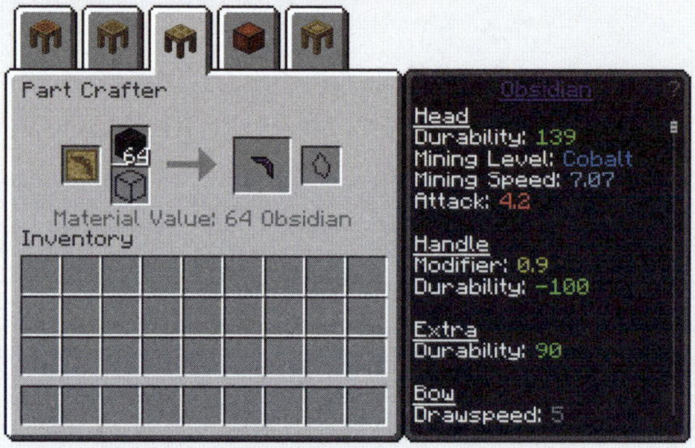


Part Builder: Aus dem Muster und einem Block Obsidian entsteht der Spitzhackenkopf. Rechts werden die Werte angezeigt.

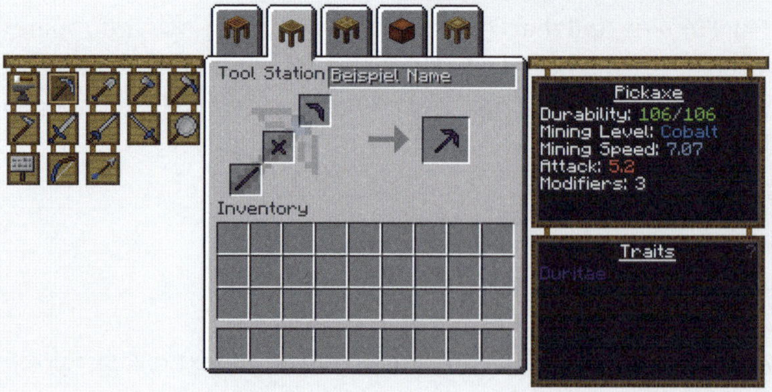


Tool Station: Hier setzt du die Einzelteile zusammen und erhältst eine funktionstüchtige Spitzhacke aus Obsidian.

# AB IN DEN NETHER

Mit deiner nagelneuen Obsidian Pickaxe und genügend Nahrung solltest du dich nun um Nether-Quarz, Ardite und Cobalt kümmern. Ardite und Cobalt sind zwei neue Erze aus der Mod, die sehr gut für Werkzeuge und Waffen geeignet sind.

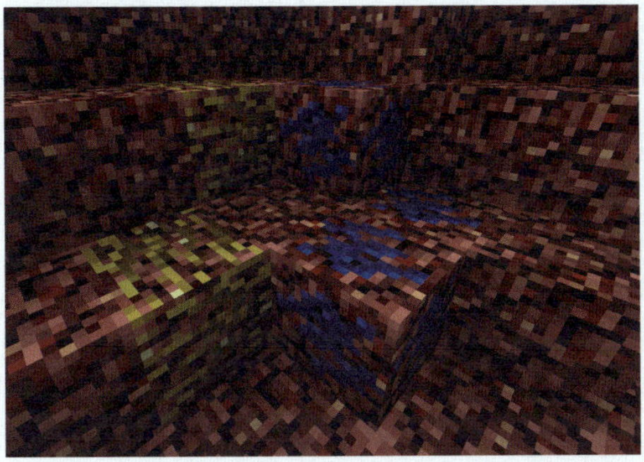

Ardite und Cobalt-Erz im Nether.

Dazu musst du in den Nether, die höllenartige Unterwelt von Minecraft. Also schnell ein Nether-Portal gebaut, und los geht die große Suche. Halte vor allem nach Nether-Quarz Ausschau und nimm dich vor üblen Nether-Bewohnern in Acht.

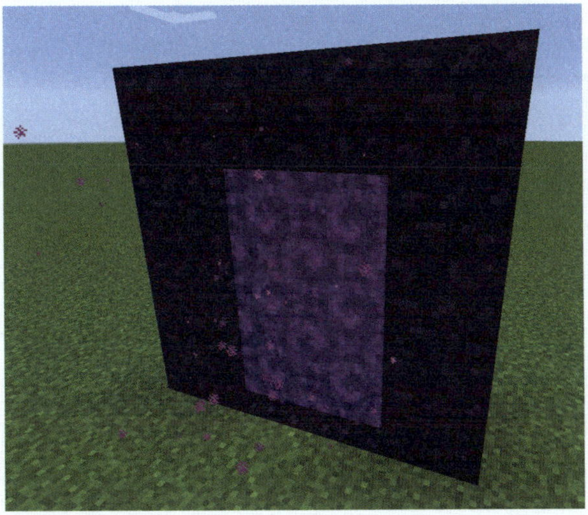

Für ein Nether-Portal setzt du 14 Obsidian-Blöcke als Rahmen zusammen, den du z. B. mit einem Feuerzeug entzündest. Die Obsidianecken kannst du auch weglassen.

Den Nether-Quarz brauchst du vor allem für Solarpanels und die unserer Meinung nach wichtigste Modifikation in allen Modpacks: das *ME-System* von *Applied Energistics 2*. Ardite und Cobalt solltest du für deine nächsten Werkzeuge mitnehmen.

### Was macht das ME-System so wichtig?

Das ME-System von Applied Energistics 2 ist das wohl beste Lagersystem in ganz Minecraft. Keine unzähligen Truhen mehr und keine Suche nach Items in unaufgeräumten Kisten. Stell dir vor, du lagerst einfach alles in einer einzigen, riesigen durchsuchbaren Truhe, die vollautomatisch für Ordnung sorgt. Das wäre auch eine extrem gute Erfindung für die reale Welt. Alles zum ME-System erfährst du ab Seite 206. Einen kleinen Teaser gibt's schon auf Seite 60.

## DAS BESTE WERKZEUG

Kehre nach deinem erfolgreichen Streifzug durch den Nether in die normale Welt zurück, um deine neuen Werkzeuge zu bauen. Anders als bei deiner Obsidian-Spitzhacke kannst du andere Materialien nicht einfach zu den gewünschten Werkzeugteilen craften. Höherwertige Rohstoffe wie Cobalt und Ardite oder auch Eisen müssen zuerst in der Schmelzerei geschmolzen und danach in Form gegossen werden. Also, auf zu deiner Schmiede!

### Achtung bei der Schmelzerei: Nicht alles gleichzeitig reinwerfen

Wirf auf keinen Fall wahllos deine Rohstoffe in die Smeltery! Es kann passieren, dass sich Materialien ungewollt vermischen und so neue Legierungen bilden, mit denen du nichts anfangen kannst. Also, alles schön der Reihe nach.

Crafting-Rezept für eine Metalllegierung: Gold und Silber wird zu Electrum, einer nützlichen Legierung.

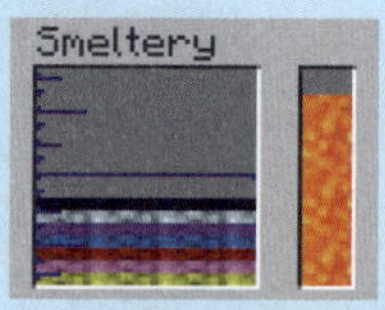


Vermischte Metalle in der Schmelzerei

Wie bereits erwähnt, werden Werkzeuge aus Cobalt gegossen und nicht einfach gecraftet, du brauchst also eine Negativform. Die muss aus Gold sein. Stell dir zuerst alle Tool-Parts für die gewünschten Werkzeuge her, wie bereits zuvor beschrieben. Stein genügt hier als Material. Von den Werkzeugteilen wird nämlich nur der Abdruck für die Form genommen.

- Stone Pickaxe Head
- Stone Binding
- Stone Tool Rod

Dann brauchst du sechs Goldbarren, die du in deiner Schmelzerei zu Liquid Gold schmilzt. Um mit dem Gold aus den Steinwerkzeugen eine Negativform herzustellen, legst du die Tool-Parts einzeln auf den Casting Table und übergießt sie jeweils mit Gold. Das Werkzeugteil aus Stein geht dabei kaputt (deshalb lohnt es sich nicht, höherwertiges Material dafür zu nehmen), aber du bekommst stattdessen eine Form aus Gold, die du immer wieder zum Herstellen von höherwertigen Werkzeugteilen verwenden kannst.

Jetzt hast du deine ersten Formen und kannst damit deine erste *richtige* Spitzhacke bauen. Für den Anfang empfehlen wir Cobalt für den Pickaxe Head und Ardite für das Binding und den Tool Rod.

Gießen einer Negativform aus Gold

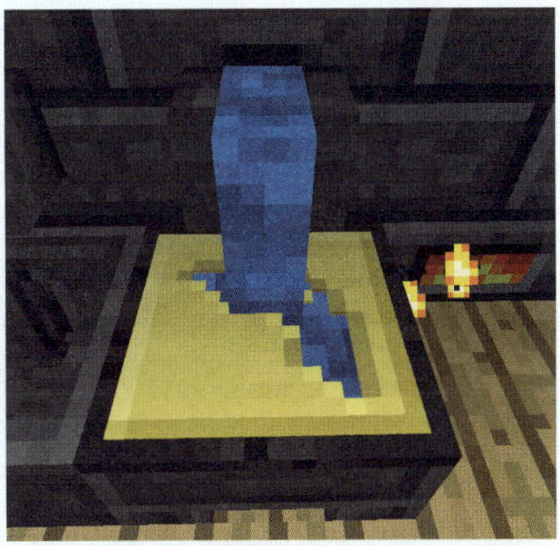

Gießen des Cobalt Pickaxe Heads. Die Form aus Gold kann wiederverwendet werden.

Anschließend kannst du die Spitzhacke in deiner Tool Station zusammenbauen. Das funktioniert genauso wie vorhin bei der Obsidian Pickaxe. Die anderen Tools kannst du dir aus folgenden Materialien bauen:

| Tool | Head Material | Binding Material | Handle Material |
|---|---|---|---|
| Spitzhacke | Cobalt | Paper | Ardite |
| Schaufel | Cobalt | Paper | Cobalt |
| Axt | Cobalt | Paper | Cobalt |

Außerdem lohnt es sich, auch gleich ein Schwert herzustellen:

| Tool | Blade Material | Guard Material | Handle Material |
|---|---|---|---|
| Langschwert | Manyullyn | Paper | Knochen |

Manyullyn erhältst du übrigens, indem du Cobalt und Ardite in der Schmiede mischst. Teile aus Papier und Knochen werden im Part Builder hergestellt, schau dir dafür noch mal die Abbildungen auf Seite 52 an.

## ROHSTOFFE ABBAUEN LEICHT GEMACHT

Neben der normalen Vanilla Pickaxe gibt es in Tinkers' Construct eine weitere Möglichkeit, Rohstoffe abzubauen, die viel schneller und effizienter arbeitet: den Hammer. Er baut bereits ohne Upgrades ein 3 × 3 Blöcke großes Feld ab.

Neun Blöcke gleichzeitig – der Hammer!

Den Hammer baust du dir wie bereits beschrieben. Natürlich benötigst du statt der Teile für eine Pickaxe die Teile für den Hammer. Um herauszufinden, welche das sind, klicke in der Tool Forge auf den Hammer und schau dir die aufgelisteten Teile unten rechts an.

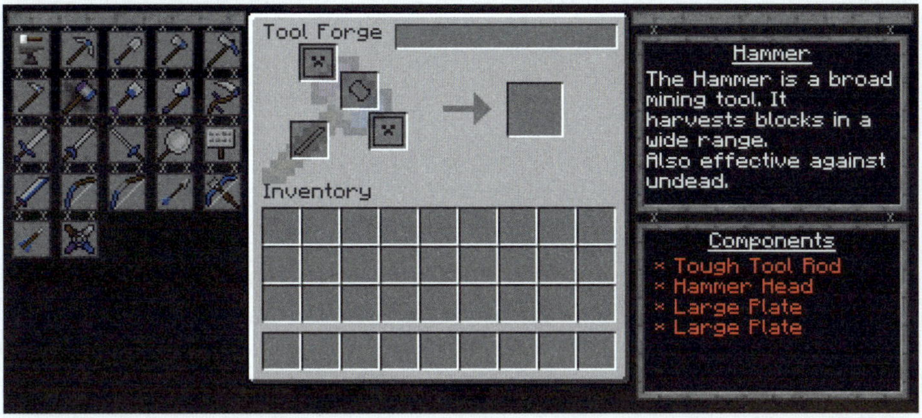


Bauplan für den Hammer in der Tool Forge

Erstelle dir anschließend die nötigen Casts und Pattern. Wir empfehlen als Materialien:

1× Cobalt Hammer Head

2× Cobalt Large Plate

1× Ardite Tough Tool Rod

Nachdem du den Hammer zusammengebaut hast, kannst du ihn noch upgraden. Im normalen Zustand hast du drei Slots für Verbesserungen frei, überleg dir also gut, was dir wichtig ist.

Für den Anfang würden wir dir empfehlen, den Hammer mit *Haste* (schnelleres Abbauen) und *Luck* (höhere Chance auf mehr Drops, z.B. bei Diamantenerz) zu verbessern. Für den Haste-Modifier benötigst du Redstone. Luck upgradest du mit Lapis Lazuli. Lege deinen Hammer in die Mitte der Tool Forges und platziere die anderen Materialien wie Lapis Lazuli bzw. Redstone darum.

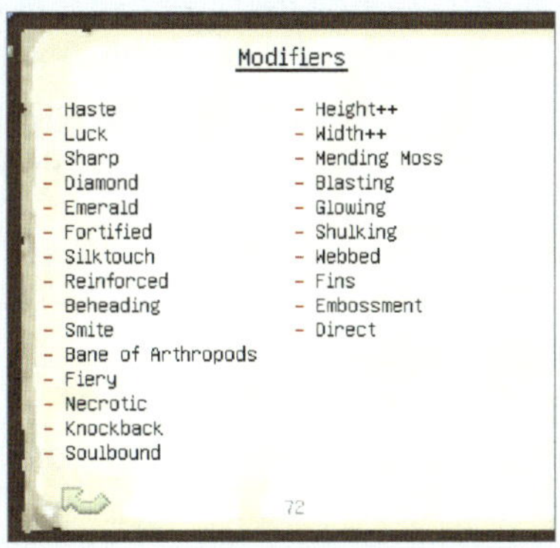


Verschiedene Modifier-Möglichkeiten

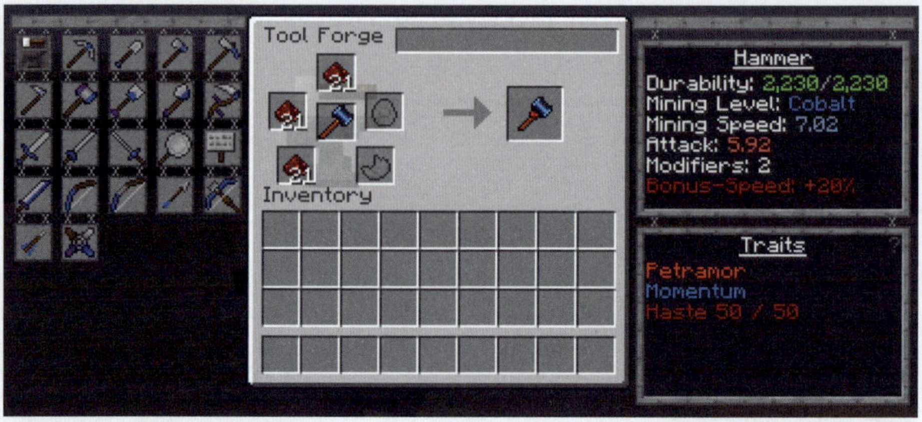


Der Hammer mit Redstone-Upgrade

Noch mehr zu Tinkers' Construct und Modifiern findest du in Kapitel 6, »Tinkers' Construct – bessere Werkzeuge gibt es nicht«.

# ENERGIE!

Jetzt wird es Zeit, eine bessere Energiequelle zu bauen, denn wir wollen ja auf die nächsten Maschinen vorbereitet sein. Die brauchen nämlich, wie du dir sicher vorstellen kannst, sehr viel mehr Energie. Unsere Empfehlung ist, mit den Solarzellen von EnderIO anzufangen, da die sehr leicht zu bauen sind. Bau dir am besten auch direkt ein paar *Capacitor Banks* (Batterien), um den Strom zu speichern und so einen kleinen Puffer zu haben, wenn mal mehrere Maschinen gleichzeitig eingeschaltet sind. Wenn z.B. das ME-System, die Sag Mill und der Alloy Smelter gleichzeitig laufen, sind die ersten Solarzellen ein wenig überfordert, dann ist es gut, vorausgeplant zu haben.

Photovoltaic Cells der Mod EnderIO

Baue für den Anfang am besten acht Solarzellen (Simple Photovoltaic Cell von EnderIO) und vier Capacitors. Falls das auf Dauer nicht genügt, lassen sich die Solarzellen auch upgraden.

Alternativ zu den Solarzellen kannst du auch mit der Mod Immersive Engineering (darauf gehen wir in Kapitel 13, »Die größten und schönsten Maschinen – Immersive Engineering«, näher ein) Energie erzeugen. Dazu brauchst du allerdings noch einen *Coke Oven* und einen *Blast Furnace*. Empfehlen würden wir dir *Water Wheels*, *Wind Mills* oder *Thermogeneratoren*. Der Vorteil bei dieser Energieerzeugung ist, dass du im Gegensatz zu den Solarzellen nicht zwingend den Tag und die Sonne benötigst, um Energie zu erzeugen, sie funktionieren auch nachts und/oder unterirdisch.

Du siehst, es gibt viele Wege, Strom zu produzieren. In diesem Abschnitt siehst du ein paar schöne Beispiele aus den Mods EnderIO und Immersive Engineering, die sich gut in diverse Settings einbauen lassen. In einer Mittelalterwelt sähen die Solarzellen reichlich fehl am Platz aus, das Water Wheel würde sich dagegen gut einfügen.

Water Wheel der Mod Immersive Engineering

Wind Mill der Mod Immersive Engineering

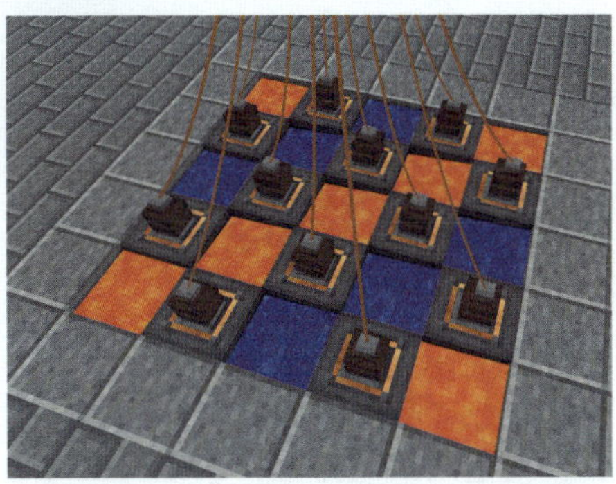

Die Thermoelectric Generators der Mod Immersive Engineering erzeugen Energie aus dem Temperaturunterschied zwischen einer heißen (Lava) und einer kalten Seite (Wasser).

# VOLLAUTOMATISCHES LAGERSYSTEM

Vorhin haben wir kurz über die geordnete Lagerung von Items gesprochen. Dafür kommt eine unserer Lieblings-Mods, *Applied Energistics 2*, zum Einsatz. Diese Mod erleichtert dir das Sortieren und Kategorisieren von Gegenständen mithilfe seines ME-Systems und ermöglicht zudem eine platzsparende Lagerung. Denn nichts ist ärgerlicher, als seine Items in schlecht sortierten Truhen suchen zu müssen, bis man alle Teile zum Craften gefunden hat. (Und wenn man dann auch noch Hunger hat …)

Mithilfe von AE2 lagerst du deine Items in *Storage Cells* (sozusagen Disketten für Items), kannst über ein Terminal direkt auf alle Items gleichzeitig zugreifen und sie sogar gleich vercraften. Du kannst mit einem sehr einfachen System starten. Für den späteren Spielverlauf wird es wahrscheinlich nötig sein, dass du das System ausbaust, da die Menge der speicherbaren Items mit der Größe des Systems wächst. Das Terminal hat oben eine Suchleiste für Items, und wie du in der Abbildung rechts sehen kannst, sind die Items nicht auf die normalen Stackgrößen begrenzt.

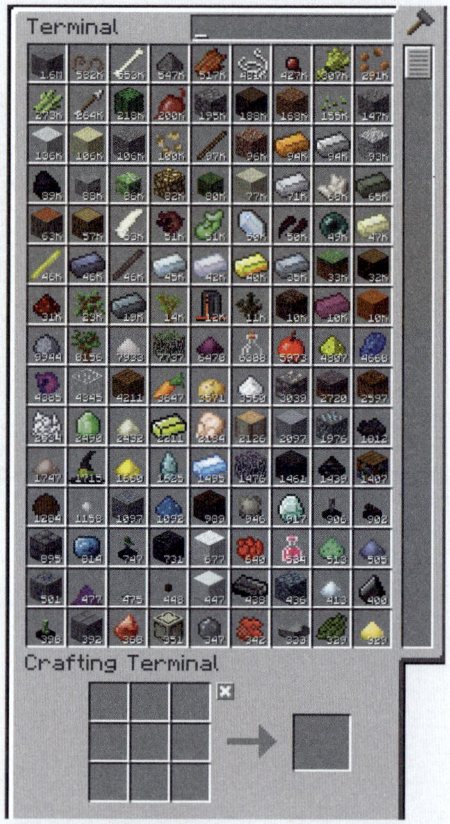


Lagerung in einem ME-System: Alles schön gestapelt oder »gestackt« und mit einer Suchfunktion, um schnell das gewünschte Item zu finden. Würden wir uns auch für zu Hause wünschen.

Lagerung ohne ME-System: Chaos pur!

### Meteoritenjagd

Wenn du mal wieder unterwegs bist, halte nach Meteoriten Ausschau. Deren Material, den *Skystone*, brauchst du nämlich später zum Craften, aber das Wichtigste befindet sich im Inneren des Meteoriten: eine Truhe mit einer zufälligen Anzahl an Pressen. Mit den Pressen und einem Inscriber kannst du dir Prozessoren craften. Es gibt insgesamt vier verschiedene, die du vor dem nächsten Schritt gefunden haben solltest:

- Inscriber Calculation Press
- Inscriber Engineering Press
- Inscriber Logic Press
- Inscriber Silicon Press

Wenn du keine Meteoriten findest, kann dir der Meteorite Compass helfen. Er zeigt immer auf den nächstgelegenen Meteoriten. Aber Achtung: Das kann auch ein bereits »geplünderter« sein. Zu Meteoriten kommen wir auf Seite 202 noch einmal.

Der Compass zeigt den Weg zum Meteoriten, der in einem eindrucksvollen Krater liegt.

Für das Basis-ME-System brauchst du fünf verschiedene Teile:

- 1 × Energy Acceptor
- 1 × Drive
- 4 × ME Class Cable Fluix
- 1 × ME Crafting Terminal
- 4 × 1k ME Storage Cell

Stell die Komponenten auf, wie in der Abbildung unten zu sehen. Wichtig ist, dass die Applied-Energistics-Blöcke mindestens auf einer Seite miteinander verbunden sind. Das ME-System benötigt immer Strom, daher schließt du den Energy Acceptor einfach an eine deiner Energiequellen an (siehe Kabel links). In das Drive legst du deine Storage Cells. Jetzt musst du noch mit einem ME-Kabel das Terminal anschließen, und fertig ist dein erstes ME-System! Zum Benutzen klickst du mit rechts auf das Crafting Terminal. Die Bedienung ist die gleiche wie die einer normalen Chest: einfach Sachen reinlegen, rausholen oder ... craften! Als Besonderheit hat das Crafting Terminal nämlich ein Crafting Grid, ist also quasi Truhe und Werkbank in einem.

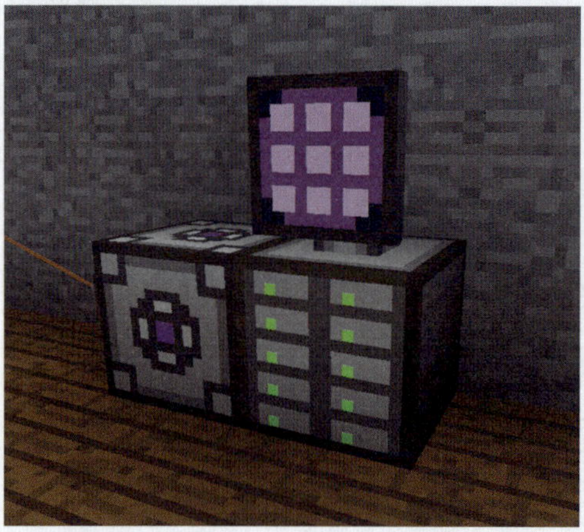

**Ein einfaches ME-System: Links der Energy Acceptor mit dem Energieanschluss, daneben das Drive, in das die Storage Cells kommen, darüber, mit einem Glass Cable verbunden, das Crafting Terminal**

# DIE BESTE VERARBEITUNG VON ERZEN

Mit deinem ME-System hast du jetzt die Möglichkeit, viele Dinge zu automatisieren. Eine der ersten Arbeiten, die das System dir abnehmen kann, ist die Verarbeitung von Erzen. Wenn du also vollbepackt und müde von einer langen Mining- bzw. Erkundungstour wiederkommst und überhaupt keine Lust auf die manuelle Verarbeitung deiner Erze hast, kannst du die Rohstoffe einfach in deinem System einlagern, das sie automatisch für dich zu Barren weiterverarbeitet. Dafür benötigst du, neben dem bereits vorhandenen System zur Verarbeitung deiner Erze aus dem Abschnitt »Erzverdopplung und Energie« auf Seite 46 einen *Import* und einen *Export Bus*. Damit können Items aus dem

ME-System exportiert und wieder importiert werden. Den Export Bus schließt du an die Chest deines Pulverizers an.

Jetzt musst du nur noch zwei Capacity Cards in den Export Bus legen, und du kannst bis zu neun Erze einstellen, die automatisch in den Pulverizer geleitet werden. Ohne diese Cards hättest du nur einen Slot, um Items einzustellen.

Eingestellter Export Bus mit Erzen

Automatische Erzverarbeitung mit dem Export Bus

Nachdem die Erze automatisch in der Anlage zu Ingots eingeschmolzen wurden, kannst du sie über den Import Bus direkt wieder in dein ME-System leiten. Diesmal brauchst du keine Capacity Cards, weil einfach alles direkt ins System überführt wird.

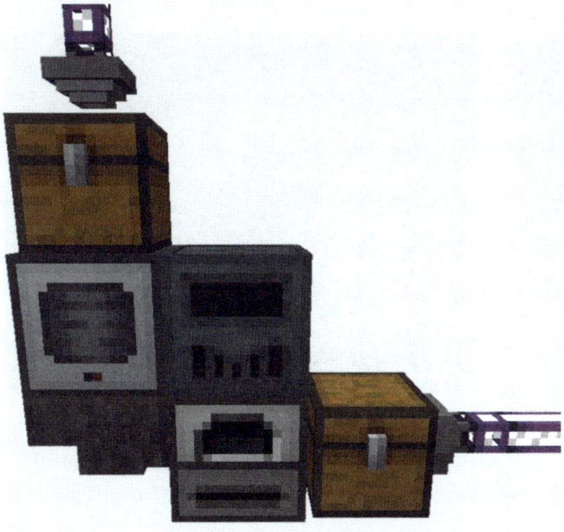

Fertiger Aufbau mit Import und Export Bus. Frohes Schmelzen!

# MEHR STROM, MEHR SPASS

Je nach Größe deines ME-Systems werden die ersten Solarzellen langsam schlapp machen. Da die nächsten Schritte und Maschinen alle noch sehr viel mehr Strom benötigen werden, solltest du dich jetzt schon mal darum kümmern. Mit genügend Strom kannst du z. B. automatische Farmen bauen oder Rohstoffe für dich farmen lassen.

Die beste Methode, um im frühen bis mittleren Spielverlauf an viel Strom zu kommen, ist ein Reaktor der Mod *Extreme Reactors*, die auch im Modpack zum Buch enthalten ist. Du wirst eine Menge Kohle benötigen, außerdem ein bisschen Eisen sowie den Brennstoff Yellorium.

## Reaktorbau für Anfänger

Der Reaktor von Extreme Reactors ist ein *Multiblock*. In ihm werden Brennstoffe, wie z. B. Yellorium, verbrannt, um Energie zu erzeugen. Baue den Reaktor auf, wie in den folgenden Abbildungen gezeigt. Du benötigst:

- 22 × Reactor Casing
- 1 × Reactor Controller (1)
- 1 × Reactor Redstone Flux Power Tap (2)
- 1 × Reactor Fuel Rod (3)
- 1 × Reactor Access Port (4)
- 1 × Reactor Control Rod (5)

Reaktoraufbau – Ebene 1. Ein 3 × 3 Feld aus Reactor Casings

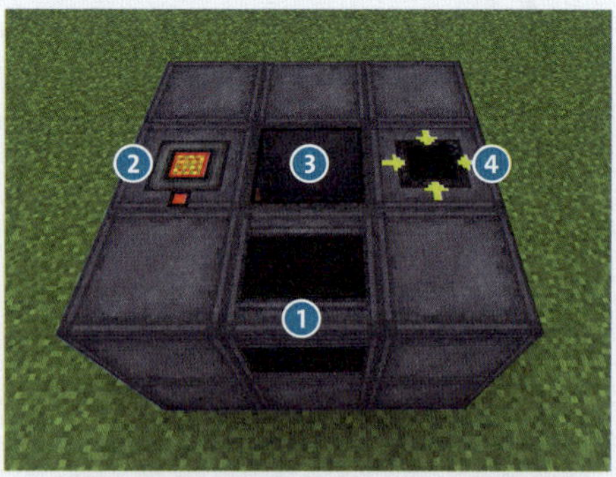


Reaktoraufbau – Ebene 2. In der Mitte ein Reactor Fuel Rod, vorne der Reactor Controller, rechts der Reactor Access Port und links der Power Tap

Reaktoraufbau – Ebene 3. In der Mitte der Reactor Control Rod

Der fertige Reaktor als Multiblock

### Was ist ein Multiblock?

Als Multiblock wird in Minecraft eine Maschine oder Ähnliches bezeichnet, die aus mehreren normalen Blöcken zu einem »großen« zusammengesetzt wird. Sobald die Struktur fertig zusammengesetzt ist, verschmilzt sie und verändert dabei ein bisschen ihr Aussehen. Daran erkennst du auch, ob du alles richtig gemacht hast. Es gibt sehr viele Modifikationen, die mit Multiblocks arbeiten, die beeindruckendste ist immer noch Immersive Engineering. Mehr zur Mod Immersive Engineering erfährst du in Kapitel 13, »Die größten und schönsten Maschinen – Immersive Engineering«.

Vergleich zwischen dem normalen Aufbau links und einem Multiblock rechts (Crusher der Mod Immersive Engineering)

Um den Reaktor in Betrieb zu nehmen, legst du ein wenig Yellorium in den Reactor Access Port, klickst anschließend in den Reactor Controller und unten links auf **Activate Reactor**.

Das ist zunächst einmal ein Basisreaktor, der aber fürs Erste völlig ausreicht. Später können wir einen sich selbst steuernden und sich selbst versorgenden Reaktor bauen. Mehr zum Thema Extreme Reactors erfährst du in Kapitel 12, »Extreme Reactors«.

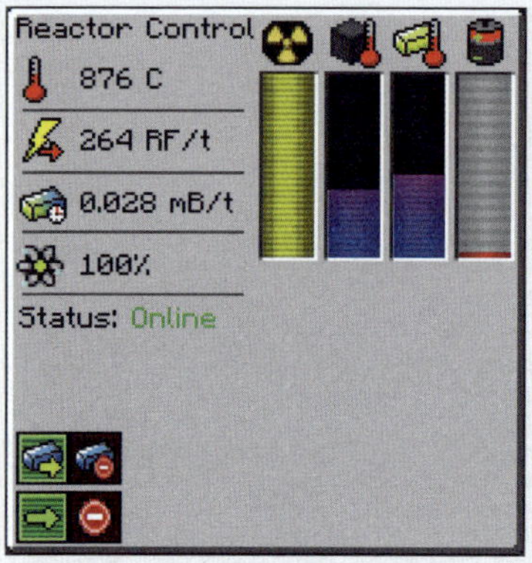


Die Benutzeroberfläche des Reaktors

## AUTOMATISCHE FARMEN – VOM WEIZEN BIS ZUM BAUM

Du hast Strom, ein wenig Essen und ein schönes Lagersystem. Dann wird es jetzt auch endlich Zeit, die *Farmen* anzuschmeißen. Eine Farm ist alles, was irgendwie automatisch Dinge produziert und/oder erntet. Später wirst du noch weitere Farmarten kennenlernen, aber fangen wir mit den drei wichtigsten an.

### Baumfarm

Für die automatische Baumfarm benötigst du:

- 1× Plant Gatherer
- 1× Plant Sower
- 4× Itemduct
- 1× Servo
- 1× ME Import Bus

Grundsätzlich funktioniert die Baumfarm so: Ist ein Baum ausgewachsen, wird er von dem Plant Gatherer aus der Mod *Industrial Foregoing* abgebaut. Es entstehen Holz, Setzlinge und im Fall der Eichen auch Äpfel. Die Setzlinge werden über eine Whitelist in den Plant Sower geleitet, der für das An- und Nachpflanzen der Setzlinge zuständig ist. Die anderen Items werden in das Lagersystem importiert.

Der Aufbau der Baumfarm ist relativ einfach. Der Plant Gatherer wird direkt vor einem Baum aufgestellt. Die Zackentextur muss in Richtung des Baumes zeigen. Wenn der Plant Gatherer erst einmal begonnen hat, Holz abzubauen, wird er damit weitermachen und alles Holz abbauen, das durch Logs oder Leaves mit diesem Basisblock verbunden ist. Pass also in der Nähe von Wäldern etwas auf, dass nicht unbeabsichtigt der ganze Wald oder gar Häuser abgeholzt werden. Nach dem Abbauen müssen die Setzlinge wieder angebaut werden, damit bald ein neuer Baum da ist, den der Plant Gatherer wieder abholzen kann. Diesen Job übernimmt der Plant Sower, der dafür die Seeds erhalten muss. Es gilt also, die Items, die beim Abbauen eines Baumes anfallen, aufzuteilen. Verbinde dazu die Unterseite des Plant Gatherers mit dem Plant Sower, wie unten zu sehen ist, und setze den Servo in das Itemduct ein. Um eine Whitelist anzulegen, klickst du mit der leeren Hand auf den Servo und stellst ihn so ein, wie es in der Abbildung zu sehen ist.

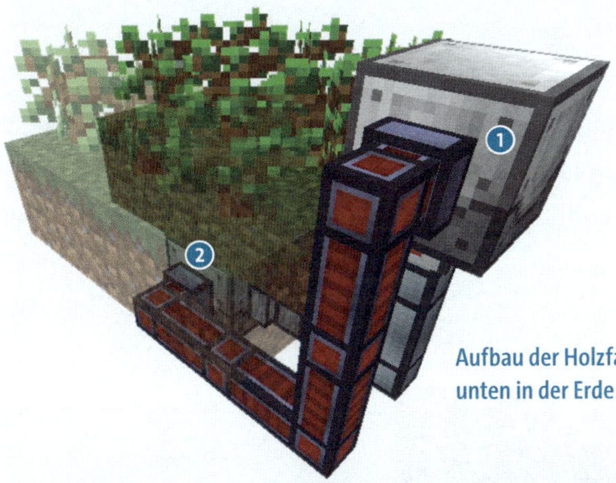


Aufbau der Holzfarm, oben der Plant Gatherer 1, unten in der Erde der Plant Sower 2

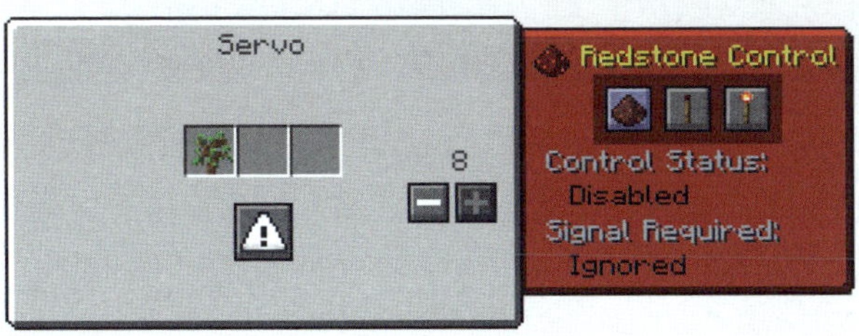


Einstellungen für den Servo am Plant Gatherer

Jetzt werden anfallende Setzlinge automatisch in den Plant Sower transportiert und immer wieder angepflanzt, damit neue Bäume wachsen können. Die restlichen Items wie Holz oder Äpfel werden über einen Import Bus in das Lagersystem importiert. Um sicherzugehen, dass die Setzlinge nicht im Lagersystem landen, legst du dafür eine Blacklist mit einem Setzling an. Dadurch werden nur Items importiert, die *keine* Setzlinge sind. Zum Schluss schließt du alle Maschinen an den Strom an, und die Holzfarm legt los.

## Steinfarm

Schauen wir uns als Nächstes die Steinfarm an. Dafür benötigst du:

- 1× Eimer Lava
- 1× Eimer Wasser
- 1× Mechanical Miner
- 1× Truhe
- 1× Redstone Furnace
- 1× ME Import Bus

Das Prinzip der automatischen Steinfarm basiert auf der normalen Vanilla Cobblestone Farm. Allerdings ist mit Modpacks kein Spieler nötig, der die ganze Zeit den generierten Stein abbaut. Das übernimmt nämlich der *Mechanical Miner* für dich.

Beginne damit, dir eine Vanilla Cobblestone Farm zu bauen. Hierfür gibt es verschiedene Designs, wir erklären die Funktionsweise an dem hier abgebildeten.

Normale Cobblestone Farm: Baust du den Steinblock ab, treffen Wasser und Lava aufeinander und erzeugen einen neuen.

Damit du deine wertvolle Zeit nicht mit dem mühsamen Abbauen von Cobblestone verschwenden musst, wird nun der Mechanical Miner aus Extra Utilities 2 angeschlossen. Dieser sehr einfach herzustellende Block baut für dich fast alles ab, was ihm vorgesetzt wird. Er benötigt dafür nicht einmal Strom oder eine Redstone Clock (einen Taktgeber). Stelle den Mechanical Miner einfach mit der richtigen Seite an deinen Cobblestone Generator, wie in der folgenden Abbildung zu sehen ist. Jetzt kannst du einfach den Cobblestone aus dem

Mechanical Miner importieren oder in eine Truhe leiten. Wenn du vorhast, aus dem Cobblestone Stone zu brennen, gibt es sogar die Möglichkeit, das über einen weiteren kleinen Schritt ebenfalls zu automatisieren.

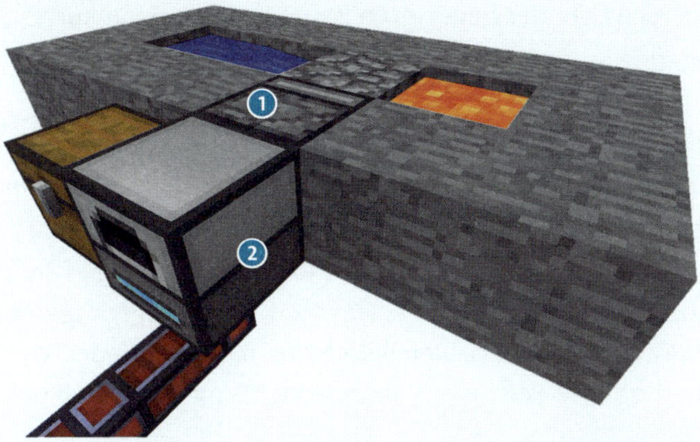


Steinfarm mit Mechanical Miner ❶, davor der Redstone Furnace ❷, angeschlossen an Strom

Alles, was du dafür benötigst, ist ein Powered Furnace. Der wird statt der Chest hinter den Mechanical Miner gesetzt. Damit die Items im richtigen Slot landen, musst du die Seitenkonfiguration richtig einstellen. Der Input sollte an der Maschine hinten und der Output oben oder unten sein. Schau dir die Abbildung unten an und stell den Furnace entsprechend ein.

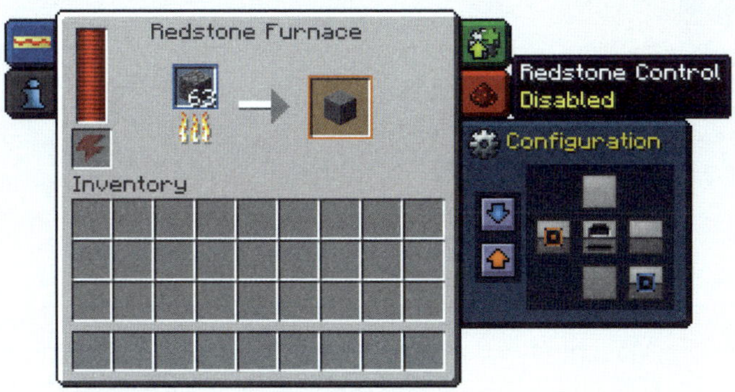


Einstellungen am Powered Furnace

Dadurch wird der Cobblestone direkt in den Ofen gelegt und gebrannt. Der fertige Cleanstone wird automatisch in dein Lagersystem importiert, und du hast immer einen Nachschub an Baumaterial.

## Weizenfarm

Auch deine Nahrungsversorgung kannst du automatisieren, damit du nicht verhungerst oder ewig mit einer Gießkanne über dein Feld laufen musst. Die Weizenfarm macht's möglich. Die Liste der benötigten Bauteile ist denkbar kurz:

- 2 × Range Addon, Tier: 2

Als Grundlage verwenden wir die automatische Holzfarm von eben. Da die Reichweite der Maschinen allerdings etwas begrenzt ist und du sicher gleich ein großes Feld Weizen anbauen möchtest, musst du deine Maschinen upgraden.

Die Standardreichweite des Plant Gatherers und des Plant Sowers ist ein 3 × 3 Blöcke großes Feld vor bzw. über der Maschine. Die Mod Industrial Foregoing bietet verschiedene Upgrades, um diese Reichweite zu erhöhen. Jedes Upgrade ab Tier 1 (Stufe 1) erhöht die Reichweite in jede Richtung *vor* dem Block um die Zahl des Tiers, also der Stufe.

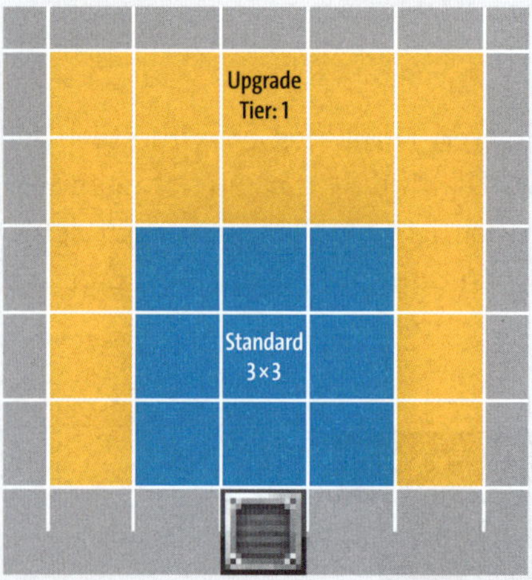


**Unterschied zwischen der normalen Reichweite und der nach dem Tier-1-Upgrade**

Das Tier-1-Upgrade erhöht die Reichweite um einen Block nach links und rechts und zwei nach vorne, da die Maschine nur in eine Richtung arbeiten kann. Für den Anfang sollte ein Tier-2-Upgrade reichen, es erhöht die Reichweite auf ein 7 × 7 Blöcke großes Feld. Damit der Plant Sower Seeds und Saplings richtig anbauen kann, muss er in die Mitte des Feldes verschoben werden. Wenn du den gleichen Plant Gatherer verwendest, der schon auf deiner Holzfarm arbeitet (was du durchaus machen kannst!), solltest du die Whitelist so erweitern, dass auch Seeds nach unten in den Plant Sower geleitet werden.

Wenn zwei verschiedene Pflanzen auf dem gleichen Feld an- und abgebaut werden, kann es früher oder später dazu kommen, dass nur noch eine der beiden angebaut wird, da die Pflanzen eventuell nicht gleichmäßig ausgesät werden. Um das zu verhindern, kannst du die Slots im Plant Sower abschließen. Dadurch haben Seeds und Saplings jeweils einen reservierten Slot, und du kannst sogar festlegen, welche Pflanzen wo wachsen sollen. Achte dafür auf die farbigen Markierungen auf der Oberseite der Maschine. Die Slots sind auch entsprechend farbig markiert. Legst du fest, dass Seeds in den roten, grünen und gelben Slot kommen, werden sie auch auf dem Feld in der jeweiligen Region angebaut.

Umsetzung des Plant Sowers auf das Feld

Ist alles richtig eingestellt, ist das Upgrade der Farm fertig! Ausgewachsene Pflanzen werden abgebaut, Seeds und Saplings werden immer wieder neu angebaut, und die restlichen Items werden in das Lagersystem importiert.

## JETZT BIST DU DRAN

Herzlichen Glückwunsch! Du bist am Ende des Einstiegskapitels angelangt und damit vom Mod-Lehrling zum Mod-Gesellen aufgestiegen. Es liegt noch ein weiter Weg vor dir, um Mod-Meister zu werden, aber die nächsten Kapitel werden dir einen spannenden Einblick in viele Modifikationen bieten und helfen dir auf deinem Weg zum Technik-Modpack-Meister.

Crafting
1/1
Double Che

# KAPITEL 5
# NÜTZLICHE KLEINE HELFER

Manchmal sind es nicht die bombastischen neuen Welten und Items, die den wirklichen Unterschied machen, sondern die kleinen Dinge: Funktionen, die dir nervige Aufgaben abnehmen oder langes Rumklicken ersparen. Sie fügen dem Spiel zwar keinen neuen Content hinzu, dafür wäre das Spielen von Modpacks ohne sie aber auch um einiges schwerer.

# JEI, DER REZEPTE-GURU

So gut wie jede Mod bringt neue Items und Blöcke mit, die abgebaut, gecraftet, verwendet oder verbraucht werden können. Alle Rezepte von Vanilla Minecraft auswendig zu können ist schon beeindruckend, aber allein das Minecraft-Modpack *Mod School – Modbeginner to Modmaster* zum Buch enthält 7.000 neue Rezepte, die man sich beim besten Willen nicht alle merken kann. Und das sind nur die aus einem einzigen, mittelgroßen Modpack!

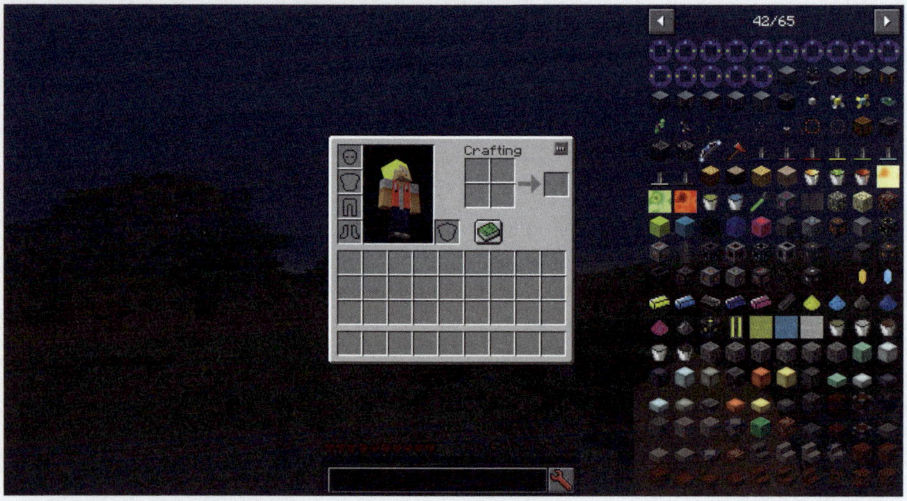


Rezepte und Items im JEI, direkt im Inventar

Damit du nicht jedes Mal im Internet nachschauen oder wirklich alles auswendig lernen musst, gibt es die Mod *JEI* (Just Enough Items). Aber Achtung: Wenn du einmal mit JEI gespielt hast, wirst du nie wieder ohne spielen wollen.

### Alle Items auf einen Blick

Wenn du unser Modpack zum Buch verwendest und dein Inventar öffnest, wird dir gleich etwas Ungewöhnliches auffallen. Die meisten Mod-Spieler kennen das Inventar schon gar nicht mehr anders, aber am Anfang ist es sicher etwas ungewohnt. Rechts wird dir eine Liste mit allen Items deines Modpacks angezeigt. Du kannst die Liste mit den Pfeilen oder mit dem Mausrad durchblättern, nach Begriffen, Mods, Farben und noch mehr filtern oder sie sogar durchsuchen, was echt sehr praktisch ist.

Um ein Item zu finden, kannst du den Namen oder einzelne Teile des Namens, beispielsweise »Stone«, in die Suchleiste eingeben. Dann werden dir alle Items angezeigt, die »Stone« in ihrem Namen tragen. Um die Suche noch genauer zu gestalten, gibt es auch andere Begriffe, die du verwenden kannst.

### Die mächtige Suchfunktion nutzen

Wie oben erwähnt, kannst du die Suche in JEI ganz fein einstellen und musst nicht einmal unbedingt den Namen eines Items kennen. Um diese Optionen zu aktivieren, klickst du auf den Schraubenschlüssel neben der Suchleiste, um in die Einstellungen zu kommen. Gehe dort zu **Search Options** und stelle alle Optionen auf **require_prefix**. Theoretisch würde hier auch **enabled** reichen, allerdings kann es dann passieren, dass du dann nach etwas suchst, das du eigentlich nicht willst. Neben der normalen Suche nach dem Namen hast du jetzt noch sechs weitere Optionen:

- **^Color:** Mit diesem Präfix kannst du dir alle Items mit einer bestimmten Farbe anzeigen lassen. »^yellow« zeigt dir z. B. alle Items an, die gelb sind oder Anteile davon haben.
- **%CreativeTab:** Mit diesem Präfix kannst du dir alle Items aus einem bestimmten Creative Tab anzeigen lassen. »%Redstone« zeigt dir z. B. alle Items aus dem Creative Tab Redstone an. Creative Tabs sind bereits vorsortierte Inventare im Creative Mode, also z. B. Redstone, Foodstuff, Tool, Decoration usw.
- **@ModName:** Mit diesem Präfix kannst du alle Items nach ihrer Mod filtern. »@EnderIO« zeigt dir z. B. alle Items aus der Mod EnderIO.
- **$OreDictionary:** Mit diesem Präfix kannst du dir alle Items aus einem Ore Dictionary anzeigen lassen. »$Iron« zeigt dir z. B. alle Items aus dem Iron Ore Dictionary an. Mehr zum Ore Dictionary findest du im Abschnitt »Nützliche Items« ab Seite 182.
- **&ResourceID:** Mit diesem Präfix kannst du dir alle Items mit dem jeweiligen Stichwort innerhalb der *Resource ID* anzeigen lassen. »&Iron« zeigt dir z. B. alle Items, die »Iron« in ihrer Resource ID haben. Die Resource ID ist der Name, den der Mod-Entwickler einem Item oder Block gibt. Du kannst sie dir mit [F3] + [H] anzeigen lassen.
- **#Tooltip:** Mit diesem Präfix kannst du die Tooltips von Items nach deinem Suchbegriff durchsuchen. So zeigt dir »#dirt« etwa alle Items, deren Tooltip »dirt« enthält.

### Geheimtipps von den Profis

Du kannst auch nach mehreren Items gleichzeitig suchen. Trenne dafür die einzelnen Einträge durch einen »|«. Halte dafür die Taste [Alt Gr] gedrückt und drücke dann die Taste rechts neben [⇧].

Beispiel: »Lapis Ore | Oak Wood | @EnderIO« sucht für dich Lapis Ore, Oak Wood und alle Items von EnderIO heraus und zeigt sie dir an.

Außerdem kannst du deine Suche detaillierter gestalten, indem du mehrere Schlagwörter, durch Leerzeichen getrennt, hintereinanderhängst. Willst du nur ein Item einer bestimmten Mod sehen, kannst du nach »@mod Itemname« suchen. »@EnderIO dust« zeigt dir z. B. nur die Items mit »dust« im Namen, die in EnderIO enthalten sind.

Alle oben beschriebenen Präfixe lassen sich so kombinieren. »@EnderIO ^Blue #part« zeigt dir also alle blauen Items, deren Tooltip »Part« enthält und die aus EnderIO stammen.

## Jedes Rezept mit einem Klick

Die wichtigste und wohl auch beste Funktion von JEI ist das Anzeigen von Rezepten. Egal, ob ein Item durch normales Crafting, Schmelzen oder etwas ganz Neues wie das *Fusion Crafting* der Mod *Draconic Evolution* hergestellt wird, JEI zeigt dir alle Rezepte. Um zu sehen, wie ein Item gebaut wird, halte den Mauszeiger darüber und drücke [R] (wie *recipe*, also Rezept). Es öffnet sich ein neues Fenster, und du siehst alle Wege, das Item herzustellen. Oft gibt es mehrere Möglichkeiten, wie du ein Item oder einen Block bauen kannst, wobei manche günstiger sind als andere. Es lohnt sich also immer, wenn du dir erst mal alle Möglichkeiten anschaust und dann entscheidest, wie du das Item am besten herstellst.

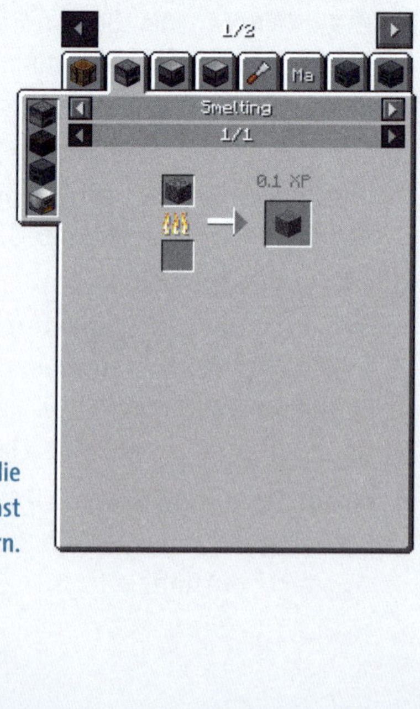


Ein Rezept für Stein. Über die Pfeiltasten und Registerreiter kannst du die Rezepte durchblättern.

## Jede Funktion mit einem Klick

Nachdem du weißt, *wie* alle Items hergestellt werden, wäre es noch praktisch zu wissen, *was* man damit machen kann. Neben der Möglichkeit, dir die Rezepte anzeigen zu lassen, kannst du mit JEI auch sehen, wofür jedes Item benutzt wird. Das ist besonders nützlich, wenn du ein Item oder einen Block findest, den du noch nicht kennst. Fahre dafür mit der Maus über das Item und drücke [U] (wie *use*, also Verwendung). Wieder geht ein neues Fenster auf, und du siehst alles, was du mit dem ausgewählten Item anstellen kannst, sei es die Verwendung in einem Crafting-Rezept, im Furnace oder in einer speziellen Mod-Maschine. Mit den kleinen Pfeilen kannst du durch die Seiten navigieren, falls das Item viele Verwendungen hat.

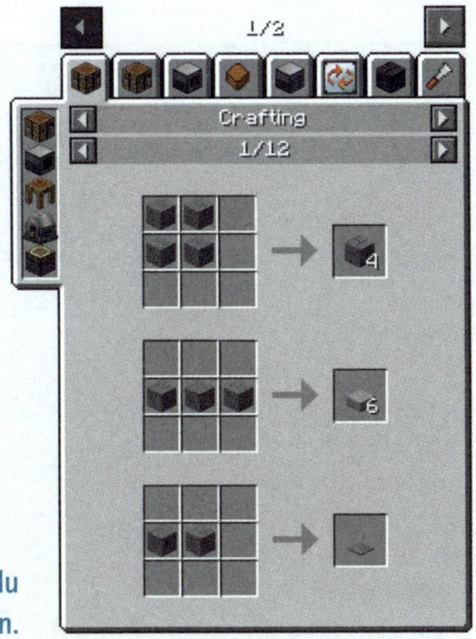


Verwendungsarten für Stone. Wie du siehst, lässt sich damit einiges anfangen.

## Einstellungen

Oben wurden schon kurz die Einstellungen von JEI angesprochen, aber es schadet nicht, sie sich noch mal genauer anzuschauen. Klicke also noch mal auf den kleinen Schraubenschlüssel neben der Suchleiste, um die Einstellungen zu öffnen. Dort kannst du folgende Optionen ändern:

- **Cheating Enabled**: **true/false** gibt dir die Möglichkeit, Items zu cheaten, wenn du OP (Operator auf einem Server) bist. Als Operator kannst du dein JEI so einstellen, dass es dir nicht nur die Rezepte für ein Item anzeigt, wenn du in der Liste darauf klickst, sondern es dir auch direkt gibt, du also nichts craften musst.
- **Item Hiding Mode**: **true/false** gibt dir die Möglichkeit, Items in JEI ein- oder auszublenden.
- **Center Search Bar**: **true/false** bestimmt, ob die Suchleiste in der Mitte oder rechts angezeigt wird.

- **Give Mode**: **inventory/mouse pickup** bestimmt, ob ein gecheatetes Item ins Inventar oder an die Maus gelegt wird.
- **Max Width**: **3–100** stellt ein, wie viele Items in der Liste maximal nebeneinander angezeigt werden.
- **Mod Name Format** gibt an, wie der Tooltip für das JEI-Fenster formatiert werden soll.

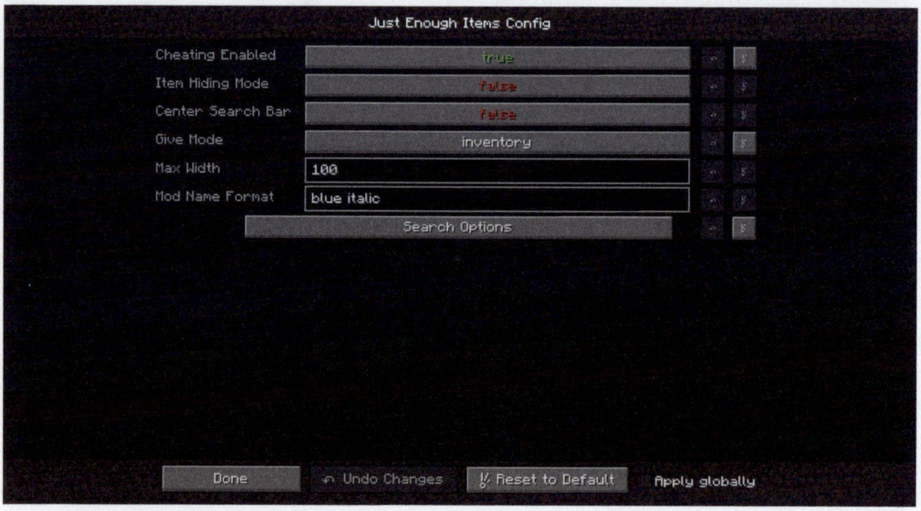


Die Einstellungen von JEI

# INVENTORY TWEAKS – ITEMS AUF KNOPFDRUCK SORTIEREN

In Vanilla Minecraft ist das Problem allgegenwärtig, aber auch mit Mods kann es dir passieren: Du hast haufenweise Kram angehäuft, der wild verstreut in unzähligen Truhen liegt, und du weißt überhaupt nicht mehr, was du alles hast. Einen bestimmten Gegenstand zu suchen dauert gefühlt Jahre. Das ME-System der Mod Applied Energistics 2 hilft hier enorm, aber fern der Basis oder falls du dir noch kein ME-System bauen willst/kannst, gibt es diese kleine Mod *Inventory Tweaks*, die dir zumindest beim Aufräumen hilft. Mit nur einem Mausklick wird deine Chest oder dein Inventar ordentlich sortiert. Inventory Tweaks ist auch im Modpack zum Buch enthalten.

**Ordnung ist das halbe (Minecraft-)Leben**

Um die Mod zu nutzen, genügt es, in einer Truhe oder in deinem Inventar die mittlere Maustaste zu drücken. Wenn du möchtest, kannst du die Tastenbelegung natürlich auch ändern. Gehe dafür in die **Optionen**, danach in die **Controls**. Such die Mod Inventory Tweaks und passe dort die Tastenbelegung an. Wenn du die Taste mehrmals drückst, wechselst du zwischen drei verschiedenen Sortiermodi: Der erste sortiert die Items einfach alle in einer Reihe, der zweite sortiert sie in Spalten und der dritte sortiert sie in Zeilen. In Truhen kannst du die Items auch direkt in einem bestimmten Modus sortieren, indem du die kleinen Buttons oben rechts in der Chest anklickst.

Unsortierte Doppel-Chest – da finde sich mal einer zurecht ...

Sortierte Doppel-Chest – Ordnung pur und keine verschwendeten Lagerplätze!

# FAST LEAF DECAY – EIN MUSS FÜR JEDEN HOLZFÄLLER

Zum Schluss noch ein kleiner Erntehelfer: Die Mod *Fast Leaf Decay* bietet zwar nur ein Feature, das ist dafür aber unglaublich nützlich. Wenn du einen Baum abbaust, lässt die Mod die verbliebenen Blätter viel schneller als normalerweise verschwinden. Nie wieder hässliche Blätter, die in der Luft schweben und *vielleicht irgendwann* doch noch etwas droppen. Dadurch bekommst du direkt alle Setzlinge und kannst sofort einen neuen Baum pflanzen, ohne darauf warten zu müssen, dass alle Blätter des alten Baumes verschwunden sind.

## KAPITEL 6

# TINKERS' CONSTRUCT – BESSERE WERKZEUGE GIBT ES NICHT

Die normalen Minecraft-Werkzeuge kennst du mittlerweile wahrscheinlich alle. Für Vanilla-Minecraft-Welten genügen sie vielleicht, aber wenn du Großes vorhast, wirst du nicht weit kommen (oder es wird seeehr lange dauern).
Die Lösung: Tinkers' Construct! Mit dieser Mod hast du praktisch unendlich viele Kombinationsmöglichkeiten bei den verschiedenen Werkzeugteilen. Sie lassen sich zu allen gängigen, aber auch komplett neuen Werkzeugen zusammenbauen.

# AUSWAHL FÜR ALLE! NEUE WERKZEUGE UND WAFFEN

Die Mod Tinkers' Construct bietet nicht nur eine super Alternative zu den schon bekannten Werkzeugen und Waffen aus Vanilla Minecraft, wie Spitzhacke, Schaufel, Schwert und Co., sondern fügt auch eine ganze Menge neuer hinzu. Das Besondere: Alle Tools in Tinkers' Construct werden aus einzelnen Teilen zusammengesetzt, die wiederum aus verschiedenen Materialien bestehen können. So ergibt sich eine ziemlich große Menge an Kombinationsmöglichkeiten. Zusammengebaut werden die Tools in der Tool Station oder der noch besseren Version davon, der Tool Forge, in der du höherwertige Werkzeuge herstellen kannst.

Bevor du damit beginnst, dir deine Tools zu bauen, solltest du ein bisschen mehr über Tool-Parts und Materialien wissen. Tool-Parts sind die Einzelteile, aus denen die Werkzeuge zusammengebaut werden. Grundsätzlich werden sie für die meisten Waffen und Werkzeuge in drei Hauptkategorien unterteilt. Für Bögen und Pfeile gibt es noch einmal andere, dazu aber später bei den Waffen mehr.

## Tool-Parts – Head

Zu den Head-Tool-Parts, also Kopf oder Blatt der Werkzeuge, zählen:

Pickaxe Head, Shovel Head, Axe Head, Kama Head, Hammer Head, Large Plate, Excavator Head, Broad Axe Head, Scythe Head, Sword Blade, Pan, Sign Plate, Large Sword Blade, Bow Limb, Arrow Head, Bolt Core, Knife Blade

Diese Tool-Parts bestimmen über die Durability (Haltbarkeit), den Mining Level (welche Blöcke ein Tool abbauen kann), über Mining Speed (Abbaugeschwindigkeit, gibt an, wie schnell dein Tool ist) und Attack deiner Waffe oder deines Werkzeugs (wie viel Schaden dein Tool verursacht).

## Tool-Parts – Extra

Zu den Extra-Tool-Parts zählen:

Large Plate, Tough Tool Binding, Wide Guard, Hand Guard, Cross Guard, Knife Blade, Tough Tool Rod, Binding

Sie bestimmen ebenfalls über die Durability deines Werkzeugs oder deiner Waffe.

## Tool-Parts – Handle

Zu den Handle-Tool-Parts, also den Stielen oder Griffen unter den Werkzeugteilen, zählen:

Tool Rod, Tough Tool Rod

Der Handle deiner Waffe oder deines Werkzeugs bestimmt die Durability (die gesamte Haltbarkeit des Tools wird mit diesem Wert multipliziert) und die Modifier.

## Zusammenbau und Werte

Um ein Werkzeug zu bauen, brauchst du ein Tool-Part von jeder Sorte. Aus den Werten dieser drei Einzelteile ergeben sich die Werte des fertigen Tools. Hier eine Beispielrechnung für die Haltbarkeit:

Obsidian Pickaxe Head (Durabiltiy: 139) + Paper Binding (Durability: 15) = 154

154 × Bone Tool Rod (Modifier: 1,1) = 169,4

169,4 + Bone Tool Rod (Durability: 50) = 219,4

Wie du siehst, wird immer zuerst der Head-Part mit dem Extra-Part verrechnet, die beiden Werte werden addiert. Danach wird mit dem Modifier (den der Handle vorgibt) multipliziert und schließlich die Durability des Handles dazuaddiert bzw. abgezogen, da dieser Wert auch negativ sein kann. Welchen Wert die jeweiligen Attribute haben, ist vom Material abhängig. Zusätzlich kann jedes Material eine Spezialfähigkeit haben.

Insgesamt gibt es 27 verschiedene Materialien, aus denen die einzelnen Teile bestehen können, je nach Modpack können es sogar noch mehr sein. Das macht 27 × 27 × 27 verschiedene Kombinationen. Viel Spaß beim Ausrechnen!

Während du noch rechnest, kannst du schon mal deine Werkstatt aufbauen, um die Tools zu bauen. In dieser Werkstatt wirst du Pattern (also Vorlagen oder Muster) erstellen, deine Tool-Parts craften und lagern und natürlich die Tools zusammensetzen.

Du benötigst: Crafting Station, Stencil Table, Pattern Chest, Part Builder, Part Chest und Tool Station oder Tool Forge. Stelle alle Werkbänke auf und achte darauf, dass sie sich berühren, damit du zwischen ihnen hin- und herspringen kannst, ohne das Menü verlassen zu müssen.

Hier siehst du die Werkbänke der Mod Tinkers' Construct in einer Reihe aufgestellt. Ganz rechts die Tool Station und die Tool Forge, du brauchst aber eigentlich nur eine von beiden.

Der Ablauf, um ein neues Tool zu bauen, ist eigentlich immer der gleiche:

1. Überlege dir zuerst, welches Tools du bauen willst, und schau in der Tool Station nach, welche Teile du dafür brauchst. Eine Liste aller Werkzeuge findest du ab Seite 93, die der Waffen ab Seite 96.
2. Erstelle dir am Stencil Table die benötigten Pattern und lege sie in die Pattern Chest. Wenn du gleich am Anfang alle Pattern erstellst, kannst du dir diesen Schritt später sparen, die Pattern sind nämlich wiederverwendbar.
3. Überlege dir, welche Materialien du für dein Tool verwenden willst. Bedenke dabei aber, dass einige gegossen werden müssen, du dafür also eine Smeltery brauchst. Benutze für den Anfang also am besten welche, die normal verarbeitet werden können. Wie du Tool-Parts aus höherwertigen Materialien herstellst, erfährst du im nächsten Abschnitt.
4. Baue dir im Part Builder die benötigten Tool-Parts. Wähle dafür das richtige Pattern aus und lege dein gewähltes Material in der richtigen Menge auf den Table. Um zu sehen, wie viel ein bestimmter Tool-Part kostet, fahre mit der Maus über dein Pattern. Dort werden dir die **Material Costs** angezeigt. Denk daran, dass du sowohl einen Head als auch ein Extra und einen Handle brauchst.
5. Setze dein neues Werkzeug oder deine neue Waffe in der Tool Station zusammen. Lege dazu die Teile in die passenden Slots. Wenn du willst, kannst du deinem Tool in der oberen Leiste noch einen Namen geben.

# DEINE EIGENE SCHMELZEREI!

Wir haben in Kapitel 4 schon mal über die Smeltery gesprochen. Manchmal findest du eine in Dörfern und kannst sie von dort, ehm ... ausleihen, aber wenn du Pech bei der Dorfsuche hattest oder sie unbedingt selbst bauen möchtest, findest du dort die Anleitung dafür. Brauchen wirst du sie auf jeden Fall. In der Smeltery kannst du nämlich bessere Materialien für deine Werkzeuge und Waffen verarbeiten, z. B. Feststoffe wie ein Iron Ingot zu flüssigem Metall schmelzen und in Form gießen.

Wir empfehlen dir (natürlich!), wenn du kannst, entweder direkt eine etwas größere Smeltery zu bauen oder zumindest Platz für eine spätere Vergrößerung zu lassen, damit du nicht dein ganzes Haus umbauen musst, sobald dir die Kapazität deiner ersten Smeltery zu klein wird. Die Smeltery kann auch in die Höhe gebaut werden und bekommt dadurch weitere Slots.

Wenn die Schmiede (selbstgebaut oder »ausgeliehen«) steht, kannst du gleich mal was einschmelzen. Klick in den Smeltery Controller, leg die Items hinein und warte, bis der Balken gefüllt ist und der geschmolzene Rohstoff rechts auftaucht.

### Was tun bei Flüssigkeitenstau?

Manchmal kommt es vor, dass du mehrere Flüssigkeiten in der Smeltery hast, ob vermischt oder pur. Die Smeltery gießt immer zuerst die Flüssigkeit am Boden aus.

Um die Positionen der Flüssigkeiten zu ändern und damit festzulegen, welche als Erstes ausgegossen wird, klickst du mit der Maus auf die entsprechende Flüssigkeit. Sie wird dadurch auf die unterste Ebene geschoben und somit zuerst ausgegossen.

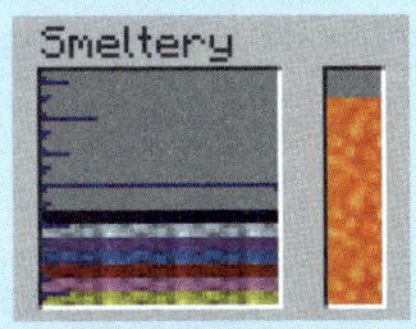


Verschiedene Flüssigkeiten in der Smeltery

Jetzt, da deine Smeltery steht und du vielleicht schon ein paar Metalle geschmolzen hast, fehlt nur noch eine kleine Sache, um endlich Tool-Parts aus gießbaren Materialien herstellen zu können: die Casts, also die Gussformen. Du kannst sie aus Clay oder Gold herstellen. Clay Casts sind nur einmal verwendbar, gehen beim Gießen also kaputt. Pro Cast benötigst du zwei Einheiten Clay. Casts aus Gold halten ewig, daher empfehlen wir dir, gleich Gold Casts zu bauen. Jede Gold Cast benötigt zwei Einheiten Gold, und es gibt sie in den gleichen Ausführungen wie auch die Patterns. So erstellst du dir eine Cast:

1. Baue dir im Part Builder den jeweiligen Tool-Part (beispielsweise Pickaxe Head) aus einem billigen Material wie Holz oder Stein. Achtung: Der Tool-Part geht beim Erstellen der Cast kaputt, es lohnt sich also nicht, hochwertige Materialien zu verwenden!
2. Schmilz für jede Cast, die du erstellen willst, zwei Einheiten Clay oder Gold in der Smeltery ein.
3. Lege deinen Tool-Part (beispielsweise Pickaxe Head) auf den Casting Table.
4. Klicke mit der rechten Maustaste auf das Faucet und warte, bis der Clay bzw. das Gold gegossen und abgekühlt ist.

Das war's schon, fertig ist deine erste Cast. Auf die gleiche Weise kannst du dir alle Casts für alle Tool-Parts bis auf Bowstring und Fletching erstellen. Wenn du alle Casts für die Tool-Parts, die du in deinem Werkzeug verwenden willst, zusammen hast, geht es ans Gießen der eigentlichen Tool-Parts:

1. Überlege dir, welches Material du für welchen Tool-Part verwenden möchtest.
2. Schmilz die entsprechenden Rohstoffe in der Smeltery ein.
3. Lege die Cast in den Casting Table und klicke auf das Faucet, um das Tool-Part zu gießen. Warte, bis das Metall abgekühlt ist, und nimm Cast und Tool-Part aus dem Casting Table.
4. Wiederhole die letzten beiden Schritte, bis du alle Teile für dein Werkzeug oder deine Waffe zusammen hast.
5. Baue das Werkzeug oder die Waffe in der Tool Station oder Tool Forge zusammen. Fertig!

## MODIFIER

Dein schönes neues Tool kannst du es jetzt noch weiter verbessern. In Vanilla Minecraft würdest du es auf einem Enchanting Table verzaubern und so Zusatzeigenschaften, wie z. B. Efficiency (Effizienz), Luck (Glück) oder Unbreakable (Unzerstörbarkeit), bekommen. Die Waffen und Werkzeuge von Tinkers' Construct können allerdings nicht verzaubert werden. Stattdessen gibt es die *Modifier*, die wir schon kurz angesprochen haben. Normalerweise können

Tools nur drei Modifier aufnehmen, es gibt aber Möglichkeiten, die Anzahl der Modifier zu erhöhen.

Schau dir z. B. die Pickaxe aus dem Kasten an. Wir haben für das Tool Binding Paper verwendet. Das bringt zwar nur sehr wenig Durability, dafür aber den Spezialeffekt *Writable* (beschreibbar), der einen weiteren Modifier-Platz hinzufügt. Demnach haben wir für unsere Pickaxe jetzt vier statt normal nur drei Modifier-Plätze zur Verfügung.

Eine weitere Möglichkeit, die Anzahl der Modifier zu erhöhen, bietet die Mod Tinkers' Tool Leveling (siehe Seite 93), die deine Tools durch Gebrauch hochleveln lässt.

Um ein Tool mit einem Modifier zu verbessern, brauchst du natürlich das Tool selbst, eine Tool Station oder Tool Forge und die Materialien zum Modifizieren. Wir verbessern unsere Pickaxe meist mit Redstone für Haste und Lapis Lazuli für Luck. Welche Modifier es gibt, was sie machen und welche Items sie benötigen, haben wir ab der nächsten Seite für dich aufgelistet. Grundsätzlich läuft die Verbesserung so ab:

1. Lege dein Tool (hier die Pickaxe) in die Mitte der Tool Station/Tool Forge.
2. Lege die Items für deinen Modifier (z. B. Redstone für Haste) in die freien Slots um das Tool.
3. Schaue dir auf der rechten Seite das Endergebnis an und nimm dein Tool heraus, sobald du zufrieden bist.

Einige Modifier, wie z. B. Haste, haben mehrere Stufen, ähnlich wie die Verzauberungen in Vanilla Minecraft (Efficiency 1–5). Die erste Stufe von Haste braucht 50 Redstones, die zweite schon 100. Dabei musst du nicht direkt alle Rohstoffe haben. Du kannst auch am Anfang nur mit 10 Redstones upgraden, allerdings bekommst du dementsprechend auch einen geringeren Bonus. Den Rest kannst du dann später hinzufügen, um dein Werkzeug weiter zu verbessern.

### Achtung: Spezialeffekte doppelt gemoppelt

Wie schon erwähnt, haben alle Materialien, aus denen du Tool-Parts herstellen kannst, einen Spezialeffekt. Einige davon überschneiden sich auch mit den Eigenschaften der Modifier. Willst du z. B. eine Pickaxe mit *Silk Touch* haben, kannst du dir einen Tool-Part aus Sponge (Schwamm) bauen, da dieses Material den Spezialeffekt *Squeaky* hat, wodurch dein Tool Silk Touch bekommt (und keinen Schaden mehr macht). So kannst du dir später den Modifier dafür sparen. Hier hilft etwas Vorausplanung oder viel Ausprobieren.

Nun zur Liste der Modifier, mit denen du deine Tools verbessern kannst:

- **Haste**: Schneller! Wirkt wie die Verzauberung Efficiency.

  Benötigt: Redstone

  Effekt:

  – Mining Speed (schnellerer Abbau) auf Werkzeugen

  – Attack Speed (schnellere Attacke) auf Waffen

  – mehrere Stufen

- **Luck**: Mehr von allem! Wirkt wie die Verzauberungen Luck oder Looting.

  Benötigt: Lapis Lazuli

  Effekt:

  – Luck auf Werkzeugen

  – Looting auf Waffen

  – Benötigt nur einen Modifier.

  – mehrere Stufen

  – nicht kompatibel mit dem Modifier Silk Touch

- **Sharp**: Mehr Schaden! Wirkt wie die Verzauberung Sharpness.

  Benötigt: Quartz

  Effekt:

  – Erhöht den Angriffsschaden.

  – Skaliert unterschiedlich auf verschiedenen Waffen.

  – mehrere Stufen

- **Diamond**: Schimmernd!

  Benötigt: Diamond

  Effekt:

  – Extra-Haltbarkeit

  – Erhöht die Tool Stats, also die Werte, ein wenig.

  – Erhöht den Mining Level bis maximal Obsidian.

  – nur eine Stufe

- **Emerald**: Schon wieder kaputt?

  Benötigt: Emerald

  Effekt:

  – Erhöht die Standardhaltbarkeit um 50 %.

- Mining Level wird auf Iron erhöht.
- nur eine Stufe

- **Fortified**: Nicht stark genug!

  Benötigt: Sharpening Kit, Flint

  Effekt:
  - Setzt den Mining Level auf das des Sharpening Kits.
  - Kann den Mining Level auch verringern.
  - »Verbraucht« keinen Modifier.

- **Silk Touch**: Blöcke wie sie sind! Wirkt wie die Verzauberung Silk Touch.

  Benötigt: Silky Jewel

  Effekt:
  - Baut Blöcke so ab, wie sie sind.
  - Nicht kompatibel mit dem Modifier Luck.
  - nur eine Stufe

- **Reinforced**: Stärke! Wirkt wie die Verzauberung Unbreakable.

  Benötigt: Reinforcement

  Effekt:
  - Chance, dass keine Haltbarkeit verbraucht wird
  - Mehrere Stufen, jede Stufe gibt 20 %.
  - Bei 100 % wird das Tool »unkaputtbar«.

- **Beheading**: Ab mit dem Kopf!

  Benötigt: Obsidian, Ender Pearl

  Effekt:
  - Chance, dass Gegner ihren Kopf droppen
  - mehrere Stufen
  - pro Stufe 10 % Chance (Beheading = 100 %)

- **Smite**: Zerschmetternd! Wirkt wie die Verzauberung Smite.

  Benötigt: Consecrated Soil

  Effekt:
  - mehr Schaden gegen untote Gegner
  - mehrere Stufen

- **Bane of Arthropods**: Zu viele Augen! Wirkt wie die Verzauberung Bane of Arthropods.

  Benötigt: Fermented Spider Eye

  Effekt:

  – mehr Schaden gegen Spinnen und Silberfische
  – mehrere Stufen

- **Fiery**: Heiß! Wirkt wie die Verzauberung Fire Aspect.

  Benötigt: Blaze Powder

  Effekt:

  – Steckt Gegner in Brand.
  – Extra-Feuerschaden pro Schlag
  – mehrere Stufen

- **Necrotic**: Lifesteal!

  Benötigt: Necrotic Bone

  Effekt:

  – Heilt dich, wenn du Schaden nimmst.
  – mehrere Stufen

- **Knockback**: Weg da! Wirkt wie die Verzauberung Knockback

  Benötigt: Piston (Kolben)

  Effekt:

  – Wirft Gegner beim Angriff zurück.
  – mehrere Stufen

- **Soulbound**: Für immer bei dir!

  Benötigt: Nether Star

  Effekt:

  – Dein Tool bleibt bei deinem Tod im Inventar.
  – nur einmal nutzbar
  – »Verbraucht« keinen Modifier.

- **Height++**: Zu niedrig!

  Benötigt: Expander (Vertical)

  Effekt:

  – Erhöht die Abbauhöhe.

- Funktioniert nur auf Blöcken.
- Kann mit Width++ kombiniert werden.

■ **Width++**: Zu schmal!

Benötigt: Expander (Horizontal)

Effekt:

- Erhöht die Abbaubreite.
- Funktioniert nur auf Blöcken.
- Kann mit Height++ kombiniert werden.

■ **Mending Moss**: Selbstreparierend! Wirkt wie die Verzauberung Mending.

Benötigt: Mending Moss

Effekt:

- Speichert aufgesammelte XP
- mehrere Stufen
- Je höher die Stufe, desto mehr XP können gespeichert werden.
- Repariert dein Tool langsam.
- Tool muss in der Hotbar oder Offhand sein, um repariert zu werden.

■ **Blasting**: Boom!

Benötigt: TNT

Effekt:

- Baut Blöcke sehr schnell ab.
- Tools wie Hammer oder Excavator bauen auch ineffektive Blöcke ab.
- Es besteht die Wahrscheinlichkeit, dass die abgebauten Blöcke zerstört werden.
- Benötigt nur einen Modifier.
- mehrere Stufen

■ **Glowing**: Es werde Licht!

Benötigt: 2 × Glowstone Dust, Eye of Ender

Effekt:

- Erlaubt das Platzieren einer Lichtquelle.
- Kostet Haltbarkeit.

■ **Shulking**: Schwebe!

Benötigt: Popped Chorus Fruit

Effekt:

- Bringt Gegner zum Fliegen.
- Je höher die Stufe, desto länger schweben Gegner.
- mehrere Stufen
- Benötigt nur einen Modifier.

- **Webbed**: Langsamer!

  Benötigt: Cobweb

  Effekt:

  - Verlangsamt Gegner.
  - mehrere Stufen
  - Je höher die Stufe, desto stärker werden Gegner verlangsamt.

- **Fins**: Unter Wasser!

  Benötigt: 2 × Raw Fish

  Effekt:

  - Projektile ignorieren Wasser.

- **Embossment**: Plus eins!

  Benötigt: Tool-Part, Green Slime Crystal, Blue Slime Crystal, Magma Slime Crystal, Block of Gold

  Effekt:

  - Fügt die Eigenschaften des Tool-Parts dem Tool hinzu.
  - Kann nur einmal benutzt und nicht geändert werden.
  - »Verbraucht« keinen Modifier.

### Durch andere Mods hinzugefügt

Auch ein paar weitere Mods fügen zusätzliche Modifier hinzu. Eine davon ist z. B. EnderIO.

- **Direct**: Alles meins!

  Benötigt: Vibrant Large Plate

  Effekt:

  - Teleportiert abgebaute Blöcke direkt in dein Inventar.

## Tinkers' Tool Leveling – wenn Tools Erfahrungen sammeln

Die Mod Tinkers' Tool Leveling ist eine Add-on-Mod für Tinkers' Construct, das heißt, ohne Tinkers' Construct selbst ist sie nutzlos, mit ihr zusammen aber der absolute Hammer!

Tinkers' Tool Leveling fügt ein System ein, mit dem du deine Tools leveln kannst. Das heißt, du sammelst also Erfahrungspunkte oder kurz XP, wenn du dein Werkzeug oder deine Waffe benutzt, über die du wiederum weitere Modifier erhalten kannst.

Für den ersten Level benötigst du bei den meisten Tools 500 XP. Ein paar Ausnahmen sind der Hammer, der Excavator, die Lumberaxe und die Scythe, da sie mehrere Blöcke gleichzeitig abbauen und so schnell viele XP bekommen. Diese Tools brauchen 4.500 XP für den ersten Level. Alle nächsten Level kosten immer doppelt so viel wie der aktuelle Level. Eine Grenze für die Level und damit für die Modifier gibt es bislang nicht.

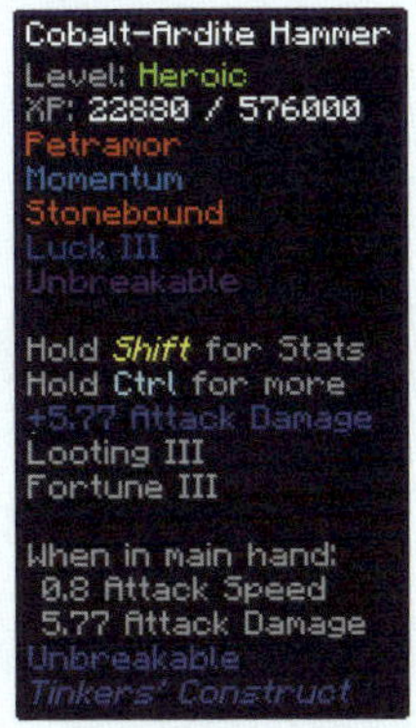


Cobalt Ardite Hammer mit 22.880 XP!

# WERKZEUGE

Du weißt jetzt alles über Tool-Parts, Materialien, Modifier und das Leveln von Werkzeugen. Was du noch nicht weißt, ist, welche Werkzeuge Tinkers' Construct überhaupt mitbringt und wofür sie gut sind. Einige werden dir bekannt vorkommen, denn sie dienen als Ersatz für Vanilla-Werkzeuge, aber es gibt auch komplett neue wie den Hammer oder das Mattock, eine Art Mischung aus Hacke und Schaufel. Lass dich überraschen!

## Pickaxe

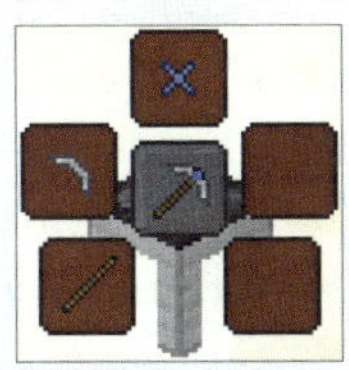

Die gute alte Pickaxe, ohne sie geht gar nichts. Sie hat die gleichen Eigenschaften wie eine normale Minecraft-Spitzhacke, besteht aber, typisch für Tinkers' Construct, aus drei Tool-Parts:

- Pickaxe Head
- Tool Binding
- Tool Rod

### Shovel

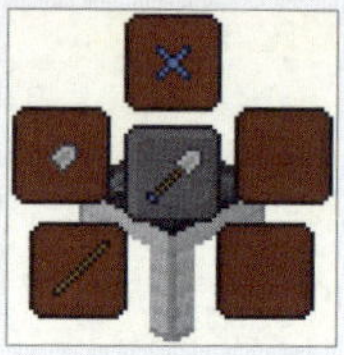

Auch die Shovel hat die gleichen Eigenschaften wie eine normale Minecraft-Schaufel. Sie besteht aus diesen drei Teilen:

- Shovel Head
- Tool Binding
- Tool Rod

### Hatchet

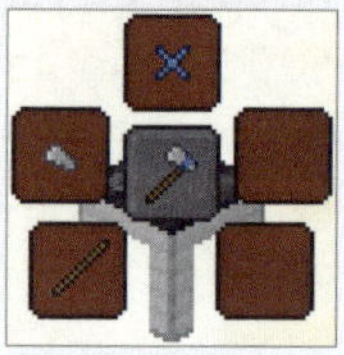

Das Hatchet ist vergleichbar mit der normalen Minecraft-Axt, hat allerdings noch ein paar zusätzliche Eigenschaften. Es baut nämlich auch Blätter sehr schnell ab und verbraucht dabei keine Haltbarkeit. Für das Hatchet benötigst du folgende Teile:

- Axe Head
- Tool Binding
- Tool Rod

### Mattock

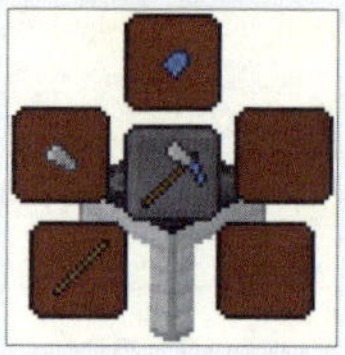

Das Mattock ist eine Kombination aus Schaufel, Axt und Hacke. Damit ist es ein super Allround-Werkzeug. Es baut Dirt genauso schnell ab wie eine Shovel, dafür aber Sand, Gravel und Soul Sand langsamer. Das Mattock besteht aus diesen drei Tool-Parts:

- Shovel Head
- Axe Head
- Tool Rod

### Kama

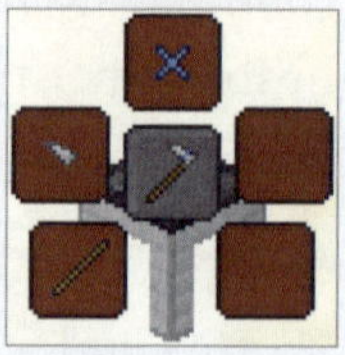

Das Kama ist am ehesten mit einer Schere zu vergleichen. Mit dem Kama kannst du Pflanzen wie mit einer Schere abbauen und Tiere (z. B. Schafe) scheren. Außerdem kannst du Angebautes, wie z. B. Weizen, damit abernten. Dabei sät das Kama automatisch neue Samen für dich aus.

Das Kama besteht aus diesen Teilen:

- Kama Head
- Tool Binding
- Tool Rod

## Hammer

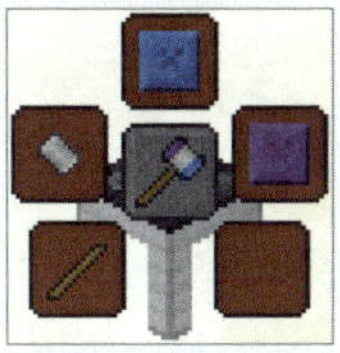

Der Hammer ist ein super Abbauwerkzeug für Stein und Erze. Er baut Blöcke in einem 3 × 3 Blöcke großen Feld ab. Der Hammer ist also perfekt, um auf langen Mining-Trips schnell große Tunnel zu graben oder große Erzvorkommen abzubauen. Achtung: Der Hammer besteht aus vier Tool-Parts:

- 2 × Large Plate
- Hammer Head
- Tough Tool Rod

## Excavator

Der Excavator ist die ideale Ergänzung zum Hammer. Er ist ein super Abbauwerkzeug für Dirt, Sand usw. Auch er baut Blöcke in einem 3 × 3-Feld ab und ist super, um große Terraforming-Arbeiten zu erledigen. Der Excavator besteht aus diesen vier Tool-Parts:

- Large Plate
- Tough Tool Binding
- Excavator Head
- Tough Tool Rod

## Lumberaxe

Die Lumberaxe verhält sich ähnlich wie Hammer und Excavator, ist aber für Holz gedacht. Sie holzt komplette Bäume direkt ab und kann auch normales Holz in einem 3 × 3 Blöcke großen Feld abholzen. Einen Baum holzt die Lumberaxe allerdings nur dann im Ganzen ab, wenn er noch Blätter hat, also noch komplett »am Stück« ist. Die Lumberaxe besteht ebenfalls aus vier Tool-Parts:

- Large Plate
- Tough Tool Binding
- Broad Axe Head
- Tough Tool Rod

### Scythe

Die Scythe ist eine Mischung aus Werkzeug und Waffe. Als Waffe hat sie einen ziemlich großen Radius. Sie baut Pflanzen und Gras in einem 3 × 3 Blöcke großen Feld ab und pflanzt direkt neue Seeds nach. Die Scythe besteht aus vier Tool-Parts:

- Tough Tool Binding
- 2 × Tough Tool Rod
- Scythe Head

> **Doppelt effektiv handwerkern**
>
> Ein kleiner Fun Fact zum Schluss: Die Werkzeuge von Tinkers' Construct haben die Eigenschaft, dass du zwei Tools gleichzeitig nutzen kannst. Nimm dafür ein Tool in die Main Hand und ein anderes in die Offhand (Zweithand). Wenn du einen Block abbaust, wird automatisch das effektivere Tool ausgewählt, und das ganz ohne, dass du etwas machen musst! Das ist besonders cool, wenn du auf einer Mining Tour bist und zwischen dem Stone immer wieder ein wenig Dirt oder Gravel auftaucht.

## WAFFEN

Auch an neuen (und alten) Waffen hat Tinkers' Construct einiges zu bieten, sowohl für den Nah- als auch für den Fernkampf. Die Waffen sind meist nicht nur viel stärker als die Vanilla-Waffen, sondern haben teils noch besondere Eigenschaften. Und natürlich können sie mit Modifiern geupgradet werden.

### Broadsword

Das Broadsword ist eine gute Standardwaffe mit gutem Schaden und einer Schwingattacke, um Gegner zurückzustoßen. Außerdem belegt es nur eine Hand und entspricht damit dem normalen Schwert aus Vanilla Minecraft. Es besteht aus diesen drei Tool-Parts:

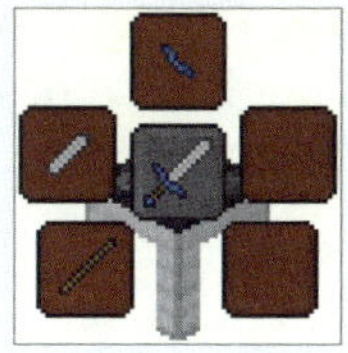

- Sword Blade
- Wide Guard
- Tool Rod

### Longsword

Das Longsword ist eine offensive Waffe. Es hat eine geringe Angriffsgeschwindigkeit, aber wenn es trifft, tut es richtig weh. Außerdem hat es die Spezialattacke *Lunge*, die du mit Rechtsklick aufladen kannst, um dann einen kurzen Sprung nach vorne zu machen. Es ist ein Zweihänder, benötigt also beide Hände, sodass du keine Offhand nutzen kannst. Für das Longsword benötigst du diese drei Tool-Parts:

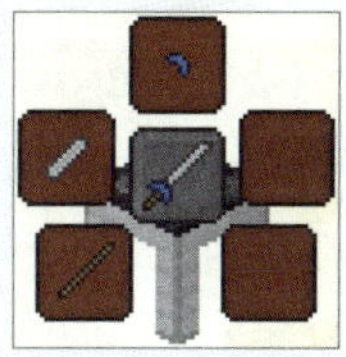

- Sword Blade
- Hand Guard
- Tool Rod

### Rapier

Das Rapier ist wegen seiner Rüstungsdurchdringung vor allem gut gegen gepanzerte Gegner. Er hat eine sehr hohe Angriffsgeschwindigkeit, verursacht dafür aber wenig Schaden. Außerdem hat es mit Rechtsklick die Spezialattacke *Backpedal*, die dich ein wenig nach hinten hüpfen lässt. Es benötigt beide Hände. Das Rapier besteht aus diesen drei Tool-Parts:

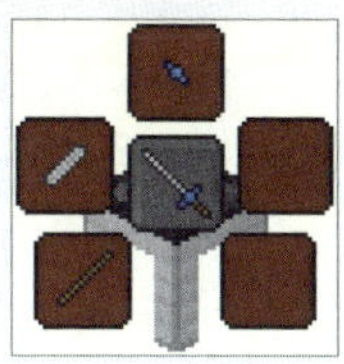

- Sword Blade
- Cross Guard
- Tool Rod

## Frypan

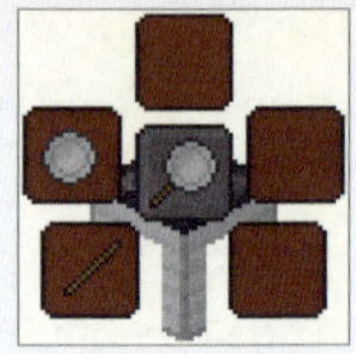

Die Frypan verursacht durch ihr Gewicht nur mittleren Schaden, hat dafür aber immer einen Knockback-Effekt, stößt deinen Gegner also zurück. Außerdem kannst du mit Rechtsklick die Spezialattacke *Charged Blow* aufladen, die deine Gegner weit zurückwirft und Bonusschaden anrichtet. Diese Spezialattacke kocht zudem alle Drops, die durch einen Kill entstehen. Guten Appetit! Die Frypan besteht nur aus zwei Tool-Parts:

- Pan
- Tool Rod

## Battlesign

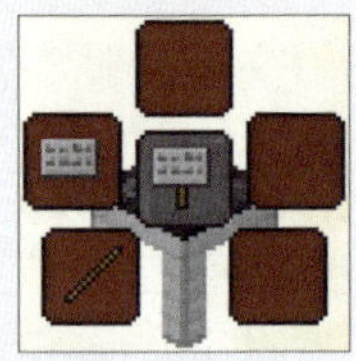

Das Battlesign ist eine defensive Waffe mit wenig Schaden, die aber auch als Schild dient. Mit Rechtsklick kannst du blocken, wodurch du den Schaden verringerst und einen Teil reflektierst. Außerdem werden Projektile wie Pfeile reflektiert. Das Battlesign besteht aus zwei Tool-Parts:

- Sign Plate
- Tool Rod

## Cleaver

Der Cleaver ist eine reine Offensivwaffe. Er verursacht sehr viel Schaden, ist dafür aber sehr langsam und schwer zu handhaben. Der Cleaver hat standardmäßig den *Beheading-II*-Effekt, wodurch die Chance besteht, dass dein Gegner seinen Kopf droppt. Der Cleaver benötigt beide Hände und besteht aus insgesamt vier Tool-Parts:

- Large Plate
- 2 × Tough Tool Rod
- Large Sword Blade

## Shortbow

Der Shortbow ist eine gute erste Option für den Fernkampf. Er schießt schneller als der Vanilla-Bogen, und du kannst dich während es Spannens schneller bewegen. Dafür verursacht er aber weniger Schaden. Der Shortbow kann sowohl mit Pfeilen von Tinkers' Construct als auch mit Vanilla-Pfeilen benutzt werden, allerdings sind normale Pfeile weniger effektiv. Der Shortbow besteht aus diesen drei Tool-Parts:

- 2 × Bow Limb
- Bowstring

## Longbow

Der Longbow ist die perfekte Waffe für weite Distanzen. Er schießt zwar relativ langsam, verursacht dafür aber sehr viel Schaden. Du kannst ihn mit normalen Vanilla-Pfeilen benutzen, die sind aber nicht besonders effektiv, oder gleich mit Tinkers'-Pfeilen, wozu wir dir raten würden. Folgende Tool-Parts benötigst du:

- 2 × Bow Limb
- Bowstring
- Large Plate

## Arrow

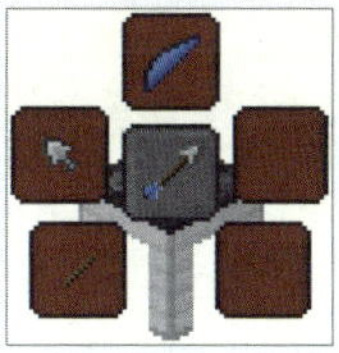

Der Arrow ist die Munition für alle Bögen von Tinkers' Construct: Ein Pfeil kann mehrmals verschossen und wieder aufgesammelt werden. Der Schaden richtet sich nach den für Bogen und Pfeile verwendeten Materialien. Für Pfeile benötigst du die folgenden Tool-Parts:

- Arrow Head
- Arrowshaft
- Fletching

### Crossbow

Der Crossbow ist eine sehr starke Waffe auf die Distanz. Er muss vor dem Schuss geladen und gespannt werden, was relativ lange dauert, aber da der Crossbow sehr viel Schaden verursacht, reicht meistens schon ein Bolzen aus, um das Ziel zu töten. Die Bolzen durchschlagen zudem einen Teil der Rüstung.

Der Crossbow kann nur in der Tool Forge gebaut werden. Du benötigst die folgenden Tool-Parts:

- Tough Tool Binding
- Crossbow Limb
- Crossbow Body
- Bowstring

### Bolt

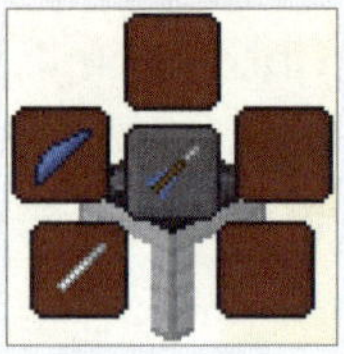

Der Bolt ist die Munition für den Crossbow. Er ist ein starkes und rüstungdurchdringendes Geschoss, das sehr viel Schaden anrichtet. Er kann nur in Kombination mit dem Crossbow verwendet werden. Der Schaden ist von den für Crossbow und Bolt verwendeten Materialien abhängig. Die Bolts bestehen aus zwei Tool-Parts:

- Bolt Core
- Fletching

### Shuriken

Shurikens sind kleine Wurfsterne, perfekt auf kurze oder mittlere Distanz. Sie sind stack-, also stapelbar, und können auch aus der Offhand geworfen werden. Solange sie keinen Gegner treffen, kannst du sie auch wieder aufsammeln. Sie können nur in der Tool Forge hergestellt werden. Pro Shuriken benötigst du:

- 4 × Shuriken Blade

# DER GRÖSSTE OFEN!

Neben der in Kapitel 4 beschriebenen Smeltery, die für das Schmelzen von Erzen und Rohstoffen sowie das Herstellen von Legierungen da ist, gibt es in Tinkers' Construct auch noch einen riesigen Ofen: den Seared Furnace. Der ist quasi der König unter den Öfen, the one to rule them all – ein Monster. Er schmilzt bis zu 16 Items gleichzeitig und kocht nebenbei noch Abendessen.

## So wird der Ofen gebaut

Wie auch die Smeltery ist der Seared Furnace ein Multiblock. Der Ofen kann in jede Größe von 3 × 3 bis 11 × 11 Blöcken gebaut werden. Für die Höhe gibt es keine Grenze, allerdings muss er mindestens drei Blöcke hoch sein. Je größer der Ofen, desto mehr Items kann er gleichzeitig halten und bearbeiten. Logisch, oder? Für den Aufbau braucht der Ofen einen Boden, ein Dach sowie vier Wände. Er kann mit jeder Art von Seared Bricks gebaut werden. Damit der Ofen auch funktioniert, braucht er analog zur Smeltery einen Seared Furnace Controller und mindestens einen Seared Tank, der sich am äußeren Rand befinden muss. Das Dach kann auch mit Slabs oder Stairs gebaut werden.

Furnace in 5 × 5 Blöcken, Aufbaustufe 1. Es reicht, wenn die Bodenplatte 3 × 3 Blöcke groß ist.

Furnace, Aufbaustufe 2

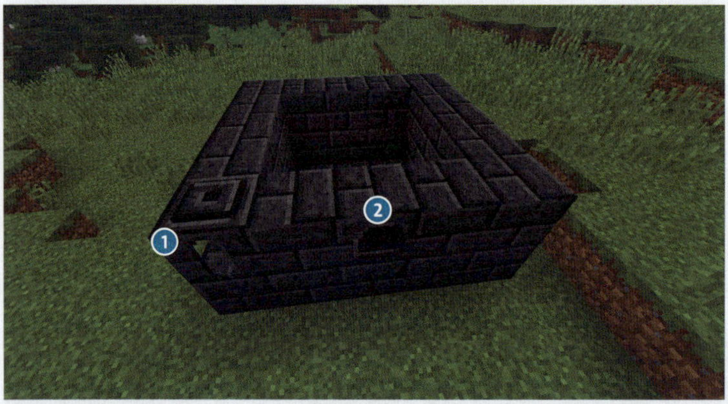


Furnace, Aufbaustufe 3 mit Tank 1 und Controller 2

Furnace, Aufbaustufe 4 mit Lava im Tank

Um den Seared Furnace zu betreiben, brauchst du wie auch schon bei der Smeltery einen flüssigen Brennstoff wie Lava. Fülle sie mit einem Bucket in den Seared Tank. Um Items zu schmelzen, legst du sie einfach in den Furnace. Es können bis zu 16 Items gleichzeitig geschmolzen werden. Du kannst im Seared Furnace alles verarbeiten, was du auch in einen normalen Furnace legen kannst.

Allerdings ist es meistens sinnvoller, Erze in der Smeltery zu verarbeiten, denn sie verdoppelt sie direkt, was der Seared Furnace nicht macht. Anders sieht es mit Essen aus. Der Seared Furnace kocht Essen nämlich viel schneller als ein normaler Furnace.

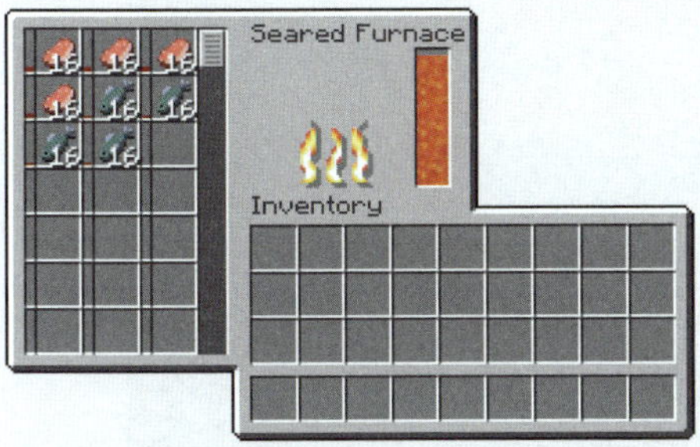


Ungekochte Items im Seared Furnace

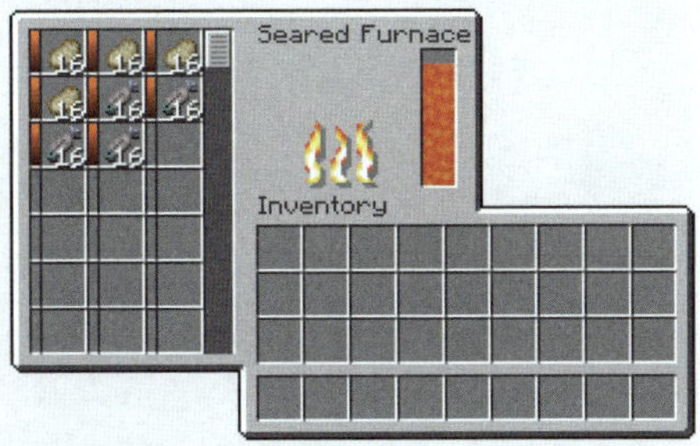


Gekochte Items im Seared Furnace

## ALLE FLÜSSIGKEITEN IN EINEM TANK

Du kannst die Smeltery auch zum Lagern von geschmolzenen Metallen nutzen, aber so richtig praktisch ist das nicht, denn du willst ja auch damit arbeiten. Zum Glück gibt es den Tinkers' Tank. Das ist ein riesiger Tank, der alle möglichen Flüssigkeiten speichern kann – und das auch in viel größeren Mengen als die Smeltery. Außerdem benötigt er keine Hitze. Das heißt aber auch, dass er nicht zum Schmelzen geeignet ist und dass du damit keine Legierungen herstellen kannst, er ist wirklich nur zur Lagerung gedacht.

### So wird der Tank gebaut

Der Tinkers' Tank kann in jeder Größe von 3 × 3 bis 11 × 11 Blöcken gebaut werden. Für die Höhe gibt es keine Obergrenze, allerdings muss auch er mindestens drei Blöcke hoch sein, um zu funktionieren. Je größer der Tank, desto mehr Flüssigkeiten kann er halten. Für den Aufbau muss der Tank einen Boden, eine Decke sowie vier Wände haben. Er kann mit jeder Art von Seared Bricks, Glass oder Drains gebaut werden. Der Boden und die Decke des Tanks müssen allerdings aus Seared Bricks oder Drains bestehen. Damit der Tank funktionsfähig ist, werden ein Tinkers' Tank Controller und mindestens eine Drain benötigt. Der Tinkers' Tank ist richtig aufgebaut, wenn im Tinkers' Tank Controller eine blaue Flüssigkeit zu sehen ist.

Tinkers' Tank, Aufbaustufe 1

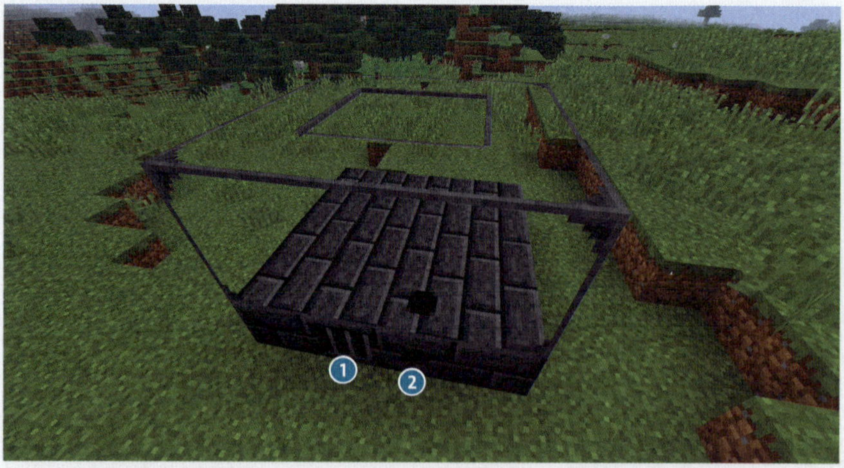


Tinkers' Tank, Aufbaustufe 2 mit Controller 1 und Drain 2

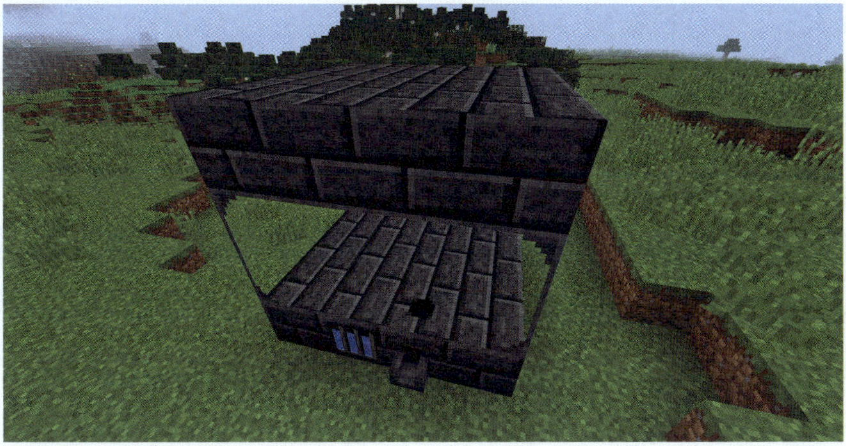

Tinkers' Tank, Aufbaustufe 3

Um den Tinkers' Tank zu benutzen, reicht es, mit einem Bucket voller Flüssigkeit auf eine der Drains oder Seared Bricks zu klicken. Die Flüssigkeit wird in den Tank gefüllt, und der Eimer leert sich.

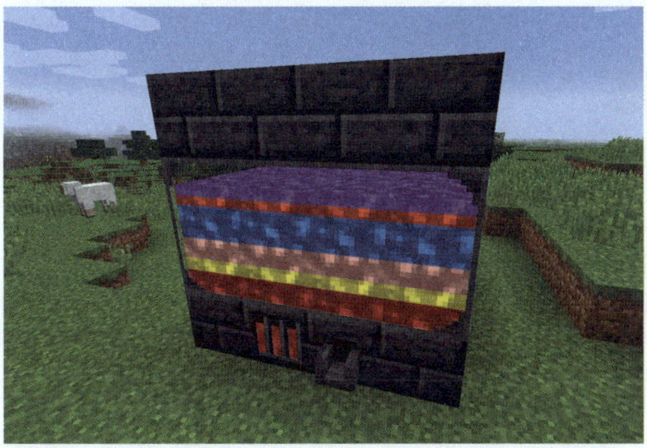

Tinkers' Tank mit Flüssigkeiten

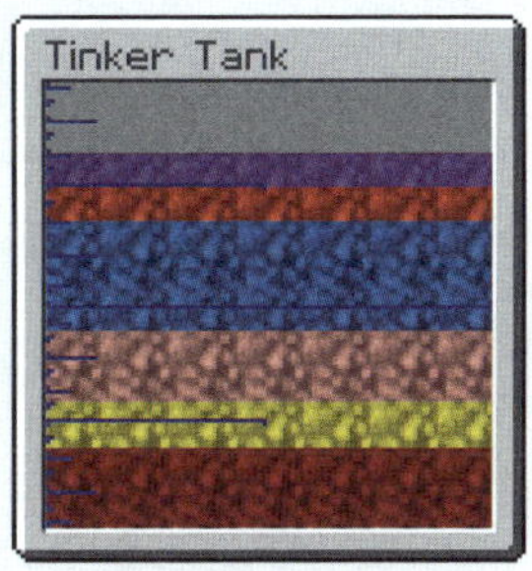


Flüssigkeiten im Tinkers' Tank

Die im Tank gelagerten Flüssigkeiten kannst du nutzen, um Tool-Parts, Ingots oder Blöcke zu gießen. Baue dafür einfach ein Faucet an eine Drain und stelle einen Casting Table oder ein Casting Basin darunter. Dann musst du nur noch die richtige Form einlegen – und fertig! Wie auch schon bei der Smeltery kannst du mit einem Klick auf die jeweilige Flüssigkeit bestimmen, welche zuerst ausgegossen werden soll.

# NEUE INSELN – DIE WORLDGEN IN TINKERS' CONSTRUCT

Tinkers' Construct fügt Minecraft zwar hauptsächlich neue Werkzeuge und Geräte zur Verarbeitung hinzu (*to tinker* heißt übrigens so viel wie basteln oder herumtüfteln), aber es verändert auch die Weltengenerierung ein bisschen. Wenn du nicht gerade dauernd in den Himmel schaust, wird dir das aber nicht sofort auffallen. Über den Wolken werden kleine, ungefähr 30 Block große fliegende Inseln generiert. Wir bezeichnen sie gerne als Slime-Inseln, da sie komplett aus Slime-Blöcken, Slime Dirt, Slime-Bäumen, Slime-Wasser und anderem Slime-Kram bestehen. Auf den Inseln spawnen natürlich auch Tinkers' Construct Slimes. Zusammen mit den Blöcken der Inseln sind sie deshalb eine super Quelle für die sonst eher schwer zu bekommenden Slimes. Die Bäume droppen sogar Slime Saplings, die du zu Hause auf Slimey Dirt anbauen kannst.

Tinkers' Slime-Insel im Himmel

Die Inseln gibt es nicht nur in der Overworld, sondern auch im Nether. Hier werden die Inseln in Lavaseen generiert. Aber Vorsicht! Gefüllt sind diese Inseln nicht mit harmlosen Slime-Water, sondern mit Lava. Auch die Monster spawnen als ihr Gegenstück, sprich: Auf den Inseln im Nether spawnen

Magma Slimes, keine normalen. Die wiederum sind aber eine prima Quelle für Magmacreme.

Tinkers' Magma-Insel im Nether

# KAPITEL 7
# ENDERIO – FÜR ALLE ETWAS DABEI

Eine unserer absoluten Lieblings-Mods ist EnderIO. Keine Modifikation bietet so eine große Vielfalt an Inhalten wie sie. Selbst wenn du nur mit EnderIO spielst, hast du schon genug zu tun. Was du alles mit dieser Mod anstellen kannst, zeigen wir dir in diesem Kapitel.

## WAS KANN ENDERIO?

EnderIO ist eine der umfangsreichsten und (wahrscheinlich deswegen auch) erfolgreichsten Modifikationen für Minecraft. Allein die Entwicklung der Mod für Minecraft 1.12 hat mehr als 900 Stunden in Anspruch genommen, sagen die Entwickler. Das zeigt zum einen, wie umfangreich diese Mod ist, und zum anderen, wie engagiert die Entwickler sind. Und die viele Arbeit hat sich gelohnt, über 20 Millionen Downloads auf Curse.com sprechen für sich. In EnderIO gibt es so spannende Sachen wie Teleportation, Steuerung des Wetters, Monsterfarmen mit elektrisch betriebenen Spawnern, eine sehr schnelle Erzverarbeitung, neue Rüstungen und einen Minecraft-Level-Obelisken, in dem du deine Level aufbewahren kannst ... Die komplette Auflistung der neuen Inhalte würde eine Weile dauern. Und die unscheinbarsten Neuerungen sind meistens sogar die coolsten: Allein die Leitungen (Conduits) von EnderIO lohnen sich total. Items, Strom, Flüssigkeiten, Redstone-Signale und sogar ME-Verbindungen kannst du alle durch einen einzigen Block verlegen. Das kann keine andere Mod. Du siehst, wir sind begeistert! Und wenn du Bock auf Technikkram hast, wirst du es auch sein. Legen wir los!

## DIESE ITEMS SOLLTEST DU KENNEN

Damit du die nächsten Seiten besser verstehst, fangen wir erst mal mit den Basics an. Wie bei jeder Mod gibt es auch in EnderIO Eigenarten, die du kennen solltest, bevor du richtig in die Mod einsteigst, sonst geht viel vom Potenzial und wahrscheinlich auch vom Spaß verloren.

### Grains of Infinity

*Grains of Infinity* sind in EnderIO ein wichtiges Grundmaterial. Natürlich brauchst du auch andere Blöcke wie Steine, Gold und Redstone, aber wie du da rankommst, weißt du ja schon. Für Grains of Infinity musst du dich bis zum Bedrock durchgraben und ihn dann mit einem Feuerzeug anzünden. Sobald das Feuer von alleine ausgeht, hast du eine Chance von ungefähr 50 %, dass Grains of Infinity entstehen. Am besten ist es, wenn du auf deiner Tour zum Bedrock sehr viele Feuerzeuge mitnimmst, denn Grains of Infinity wirst du ziemlich oft zum Craften benötigen, da lohnt es sich, gleich ein paar mehr zu besorgen.

Dropchance der Grains of Infinity

## Organic Green und Black Dye

Die beiden Materialien *Organic Green Dye* und *Organic Black Dye* benötigst du, um die verbesserten Maschinen aus EnderIO zu craften. Mehr zu den Maschinen erfährst du ab Seite 119, hier kümmern wir uns erst mal darum, wie du an die Materialien herankommst.

Organic Green Dye bekommst du am einfachsten, indem du normale Leaves von Bäumen in eine Simple Sag Mill steckst. Die daraus gewonnenen Clippings and Trimmings packst du dann zusammen mit einem Slime Ball in einen Simple Alloy Smelter und heraus kommt Organic Green Dye.

Organic Black Dye stellst du ähnlich her, hier benötigst du neben einem Slime Ball aber noch Coal Powder, für das du zuerst Coal in der Sag Mill verarbeiten musst. Coal Powder und Slime Ball kommen zusammen in den Simple Alloy Smelter, und es entsteht Organic Black Dye.

## Alle Conduits auf einen Blick

Kommen wir zu den bereits angesprochenen Conduits. In EnderIO gibt es vier Arten davon, die zum Teil noch mal Unterarten haben. Der *Item Conduit* transferiert, wie der Name schon andeutet, Items. Dann gibt es noch drei *Fluid Conduits* für Flüssigkeiten, drei verschiedene *Energy Conduits* für Energie und den *Redstone Conduit*, um Redstone-Signale weiterzuleiten. Solltest du die Mod *Applied Energistics 2* (im Modpack zum Buch enthalten, wir kommen in Kapitel 9, »Endlich mehr Platz!«, noch einmal genauer darauf zurück) installiert haben, gibt es zusätzlich noch den *ME Conduit*. Die verschiedenen Fluid und Energy Conduits unterscheiden sich hauptsächlich in ihrer Kapazität.

| Symbol | Conduit-Name | Wofür geeignet? | Maximale Kapazität |
|---|---|---|---|
| | Item Conduit | Items | |
| | Redstone Conduit | Redstone-Signal | |
| | Fluid Conduit | Flüssigkeiten | 50 mB/t |
| | Pressurized Fluid Conduit | Flüssigkeiten | 100 mB/t |
| | Ender Fluid Conduit (erlaubt es, verschiedene Flüssigkeiten über eine Leitung zu schicken) | Flüssigkeiten | 200 mB/t |
| | Energy Conduit | Energie | 640 µl/t |
| | Enhanced Energy Conduit | Energie | 5.120 µl/t |
| | Ender Energy Conduit | Energie | 20.480 µl/t |
| | ME Conduit | ME-Verbindungen | 8 Kanäle |
| | Dense ME Conduit | ME-Verbindungen | 32 Kanäle |

Leitungen für Dinge, Flüssigkeiten, Energie. Was die Maßeinheit »mB/t« bedeutet, erfährst du im Kasten.

Übrigens: *MicroInfinity* (µl) ist die Energieeinheit in EnderIO und ist eigentlich genau dasselbe wie das bekanntere *Redstone Flux*, kurz RF (mehr dazu im Abschnitt »Erzverdopplung und Energie« auf Seite 46). Willst du den Verbrauch von Energie in einer bestimmten Zeit bemessen, nutzt du die Angabe µl/t (= µl pro Tick, was die Zeiteinheit in Minecraft ist, 1/20 einer Sekunde). Die Kanäle der ME-Verbindungen nehmen wir uns in Kapitel 9, »Endlich mehr Platz!«, vor.

### mB (Millibucket) – die Einheit für Flüssigkeiten

Die Abkürzung *mB* wird dir in diesem Buch noch öfter begegnen. mB ist die Abkürzung für Millibuckets, die Maßeinheit für Flüssigkeiten in Mods. Ein normaler Minecraft-Bucket fasst, na ja, einen Bucket eben. Das lässt sich aufteilen in 1.000 mB (also 1.000 Millibuckets, ähnlich wie Liter und Milliliter in der realen Welt). Ein halber Bucket hat also 500 mB und ein viertel Bucket 250 mB. Verbraucht oder erzeugt eine Maschine Flüssigkeiten oder werden Flüssigkeiten übertragen, dann ist von mB/t die Rede. Diese Einheit gibt die Fließgeschwindigkeit an, also ähnlich wie bei Energie, nämlich dass eine bestimmte Menge an Flüssigkeit pro Tick erzeugt, verbraucht oder auch übertragen wird.

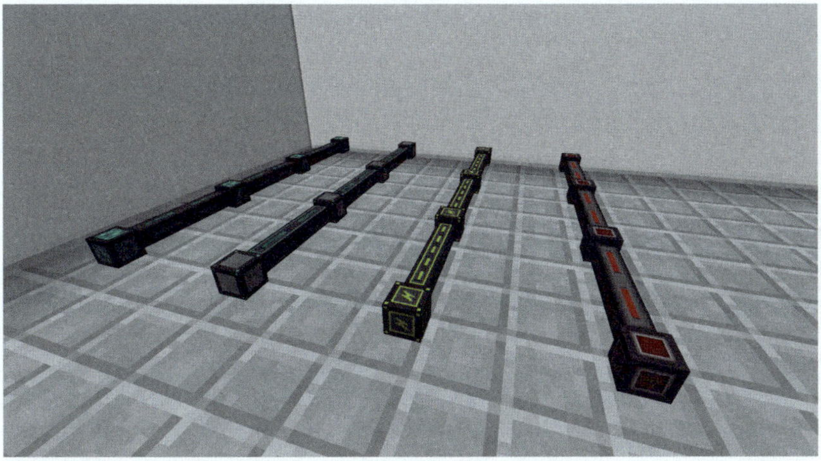

Konventionelle Leitungsverlegung, brav nebeneinander ausgelegt

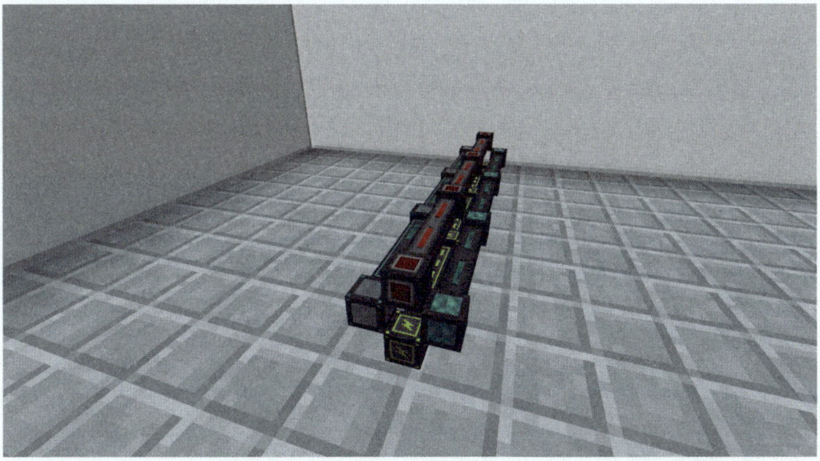

Leitungsverlegung 2.0: Mit EnderIO kannst du mehrere Arten von Conduits im selben Block verbauen. Spart Platz und sieht viel aufgeräumter aus.

### *Item Conduits richtig einstellen*

Wenn du Leitungen verlegst und sie z. B. an einer Chest anschließt, bildet sich ein kleiner Sockel an der Chest. Wenn du auf diesen Sockel klickst, kannst du die Conduits einstellen. Das ist z. B. dann sinnvoll, wenn du nur bestimmte Items/Flüssigkeiten in die Chest hinein- oder aus der Chest herauslassen willst. Hier ist ein kleines Beispiel: Wir wollen aus der linken Truhe das Gold und das Eisen herausziehen und getrennt in die Truhen rechts einsortieren.

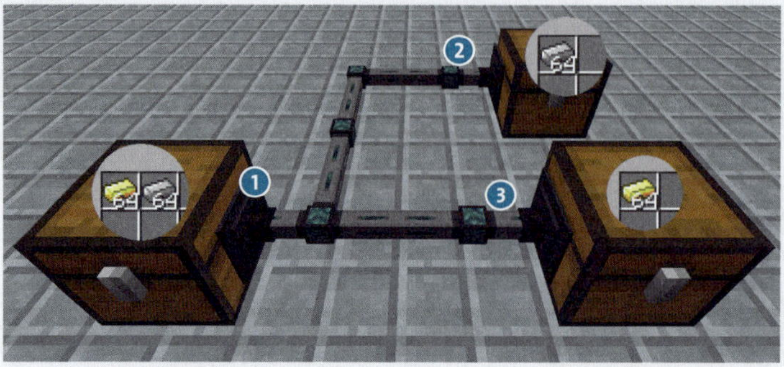

Ein einfacher Sortiermechanismus in EnderIO

Für das Beispiel mit den drei Chests brauchst du:

- 3 × Truhe
- 5 × Item Conduit
- 2 × Basic Item Filter
- 64 × Iron Ingot
- 64 × Gold Ingot

1. Baue die drei Chests und die fünf Conduits wie in der Abbildung oben auf.
2. Stelle den Conduit an der linken Chest ❶ auf **Extract** und auf **always active**. Das bewirkt, dass alles, was sich in dieser Chest befindet, aus der Chest gezogen wird.

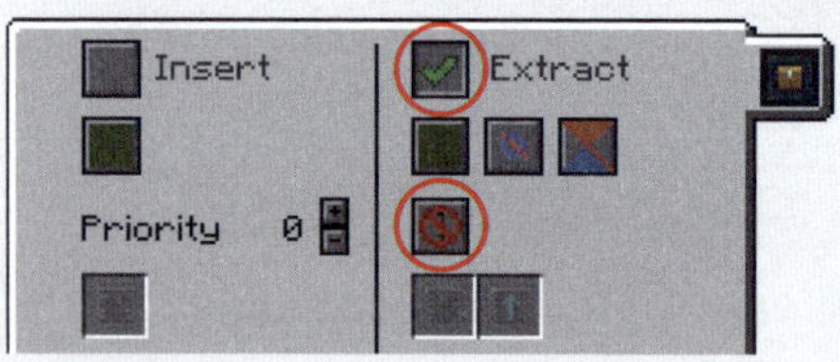


Conduit-Einstellungen für die linke Chest

3. Die Sachen müssen aber natürlich auch irgendwohin. Also musst du die Ziel-Truhen ❷ und ❸ entsprechend einstellen. Das geht im Grunde genommen genauso, nur setzt du dieses Mal einen Haken bei **Insert**.
4. Danach musst du noch einen Basic Item Filter einlegen und im Anschluss auf **Edit Filter Settings** klicken. An der einen Chest stellst du Gold ein und an der anderen Eisen. Wenn du jetzt Gold und/oder Eisen in die linke Chest legst, wird es in den rechten Chests sortiert abgelegt. Fertig!

Den Basic Item Filter einlegen, ...

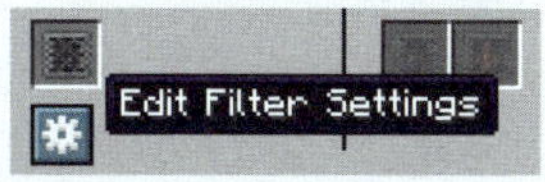


... in die Settings gehen, ...

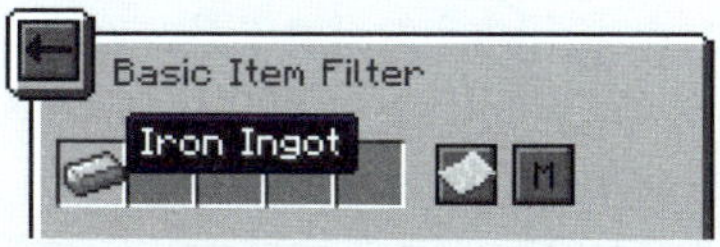


... in der einen Chest Iron Ingot im Filter einstellen ...

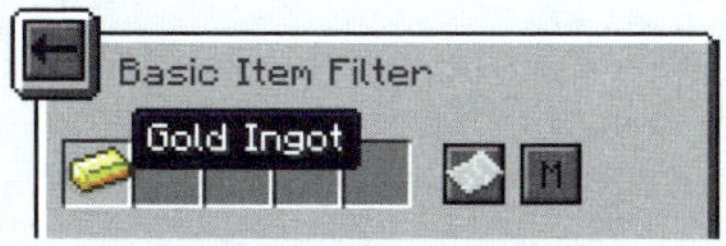


... und Gold Ingot in der anderen.

Du kannst dieses Sortiermodell natürlich beliebig um weitere Leitungen und Ziele (Chests oder Maschinen) erweitern.

### Yeta Wrench in EnderIO

Ein weiteres kleines, für EnderIO und die Conduits aber unverzichtbares Item ist die *Yeta Wrench*. Sie ist ein super Werkzeug, um schnell und einfach große Maschinen abzubauen, z. B., wenn du in eine größere Basis umziehst.

Rezept der Yeta Wrench

Die Yeta Wrench stellst du aus drei Einheiten Electrical Steel und einem Wheel her.

Mit der Yeta Wrench kannst du in Sekundenschnelle Maschinen und Conduits abbauen. Mit einer Pickaxe funktioniert das zwar auch, es dauert aber viel länger. Außerdem, und das ist vielleicht noch wichtiger, lassen sich mit der Yeta Wrench Conduits konfigurieren. Mit gedrückter [⇧]-Taste kannst du mit dem Mausrad zwischen den einzelnen Conduits wechseln und sie mit Rechtsklick dann entfernen.

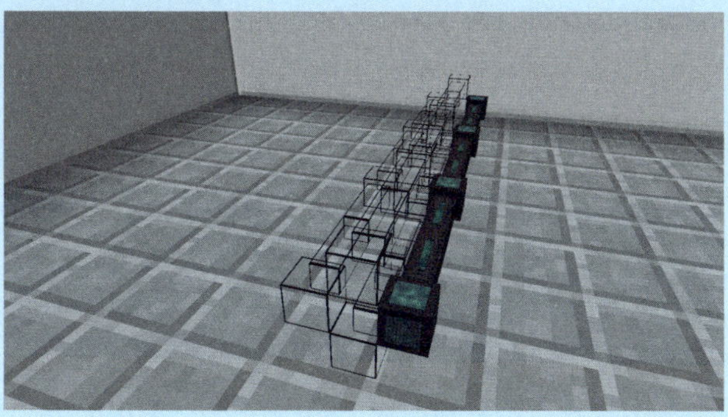

Mit der Yeta Wrench in der Hand kannst du mit [⇧] + Mausrad die einzelnen Conduits durchschalten, um den Überblick zu behalten.

## Einstellungen von Maschinen

Jetzt kennst du dich schon grob mit den Item Conduits aus und weißt, wie man sie einstellt. Die anderen Conduits sind im Prinzip ähnlich, wir schauen sie uns später noch einmal genau an.

Nun aber erst mal zu den Maschinen. Eine Maschine ist in EnderIO ein Block, der Energie verbraucht und irgendetwas verarbeitet oder herstellt. Der Alloy Smelter kann z. B. Gegenstände schmelzen, die Sag Mill kann Cobblestone zu Gravel zerbröseln usw. Von nahezu jeder Maschine gibt es drei Versionen: Simple (einfach, das heißt langsam), Normal (normal, auch im Tempo) und Enhanced (verbessert, das heißt schnell). Der Unterschied besteht in der Geschwindigkeit, mit der die Maschinen arbeiten.

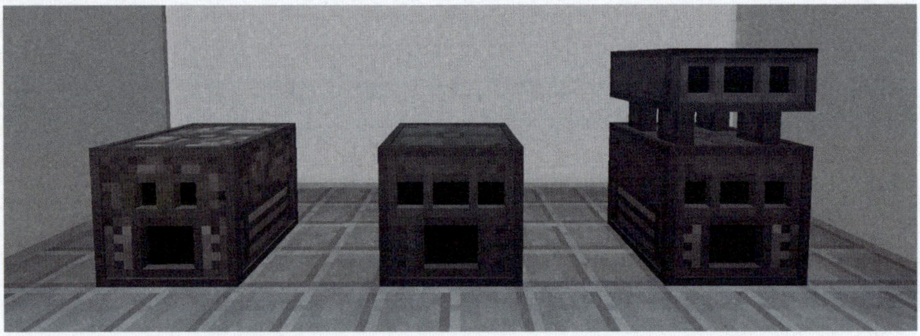

Links ein Simple Alloy Smelter (langsam, guckt auch ein bisschen dümmlich), in der Mitte ein normaler Alloy Smelter und rechts der Enhanced Alloy Smelter (schnell)

Jede Maschine hat außerdem ein Einstellungsmenü, das wir uns jetzt anschauen. Du kannst nämlich nicht nur Conduits einstellen, sondern auch die Maschinen selbst, an denen die Conduits angeschlossen sind. Mach einen Rechtsklick auf die Maschine und klicke dann mit links auf das Zahnrad.

Konfigurationseinstellungen in einer Maschine

Hier kannst du z. B. einstellen, ob eine Maschine eigenständig aus dem benachbarten Block etwas herausnehmen oder dort hineinstecken soll. Als Quelle bzw. Ziel kann eine andere Maschine oder aber auch nur eine Truhe dienen.

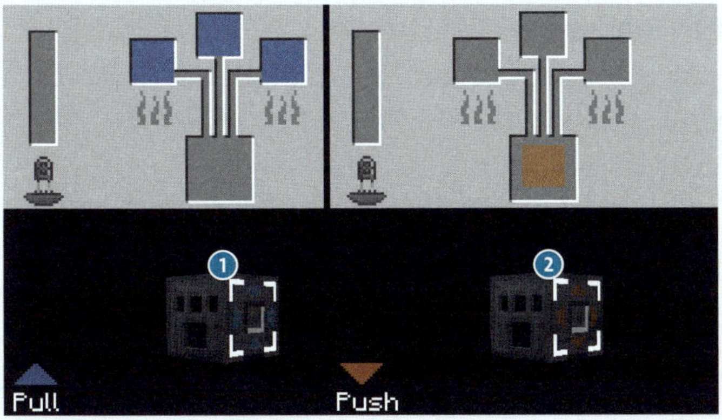


Rechtsklick auf eine Maschinenseite im Konfigurationsmenü der Maschine. Hier wird etwas aus dem benachbarten Block herausgezogen (»Pull«, in Blau, ❶) bzw. in dem benachbarten Block abgelegt (»Push«, in Braun, ❷).

Zudem braucht jede Maschine einen Capacitor, um arbeiten zu können. Der Capacitor speichert Energie und gibt sie in der richtigen Dosis an die Maschine ab. Capacitors gibt es wieder in mehreren Ausführungen, sodass du deine Maschinen individuell bestücken kannst.

| Symbol | Capacitor-Name | Verbrauch | Größe |
|---|---|---|---|
|  | Basic Capacitor | 30 µl/t | 100.000 µl |
|  | Double Layer Capacitor | 90 µl/t | 300.000 µl |
|  | Octadic Capacitor | 150 µl/t | 500.000 µl |

Die verschiedenen Capacitors

Grob gesagt gilt, je höher der Wert, desto schneller läuft deine Maschine. Auch der interne Speicher einer Maschine wird durch einen Capacitor vergrößert.

Capacitor in einer Maschine

## Der Furnace für alles – Alloy Smelter

Kommen wir zum Schluss zu einer Spezialität von EnderIO: dem *Alloy Smelter*. Viele der Materialen zum Craften von Maschinen und Gegenständen aus EnderIO müssen im Alloy Smelter hergestellt werden. Stell ihn dir wie den normalen Furnace vor, aber mit Add-ons. Der Alloy Smelter hat nämlich gleich drei Plätze zum Schmelzen und Braten/Backen. Du kannst mit ihm sehr schnell alle möglichen Vanilla-Items verarbeiten, also Sand zu Glas oder Erze zu Metallen, oder du craftest dir Mod-spezifische Items, indem du zwei oder drei verschiedene Items zu einem »verbäckst«.

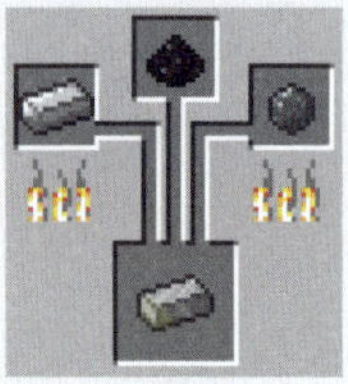

Electrical-Steel-Herstellung

Damit du auf Ideen kommst, was alles möglich ist, hier eine kleine Tabelle mit einer Auswahl an Rezepten für den Alloy Smelter.

| Produkt | Komponente 1 | Komponente 2 | Komponente 3 |
|---|---|---|---|
| Electrical Steel Ingot | Iron Ingot | Coal Powder | Silicon |
| Energetic Alloy | Redstone Dust | Gold Ingot | Glowstone Dust |
| Vibrant Alloy | Energetic Alloy | Ender Pearl | |
| Redstone Alloy | Redstone Dust | Silicon | |
| Conductive Iron | Redstone Dust | Iron Ingot | |
| Pulsating Iron | Iron Ingot | Ender Pearl | |
| Dark Steel | Iron Ingot | Coal Powder | Obsidian |
| Soularium | Soul Sand | Gold Ingot | |
| End Steel Ingot | Endstone | Dark Steel | Obsidian |

Eine Auswahl möglicher Produkte aus dem Alloy Smelter

Was du noch alles im Alloy Smelter verarbeiten kannst, verrät dir ein Blick ins *JEI*. Klicke dazu das Rezepte-Symbol im Alloy Smelter an.

Dazu kommen noch zwei Materialien, die du aus der Sag Mill erhältst. Stell dir die Sag Mill wie eine Mühle vor, die alles zerreibt. So auch Sand und Kohle.

- Coal Powder – Coal in der Sag Mill verarbeitet
- Silicon – Sand in der Sag Mill verarbeitet

Dies sind alle Materialien, die du für EnderIO aus dem Alloy Smelter und aus der Sag Mill brauchst. Wie du siehst, benötigst du eine Menge Ender Pearls. Sie bekommst du durch das Besiegen von Endermen, den Bewohnern des Endes, du musst aber nicht zwingend ins Ende, da sie sich manchmal auch in der normalen Welt blicken lassen.

Jetzt kennst du alle wichtigen Items, die EnderIO mitbringt und die dir im Laufe des Kapitels noch nützlich sein werden. Kommen wir zum wirklich spaßigen Teil: den Maschinen.

## MASCHINEN UND KONSTRUKTIONEN VON ENDERIO

Nun also zu den wirklich interessanten Maschinen und Konstruktionen. Wenn wir damit fertig sind, wirst du verstehen, warum diese Mod so beliebt und erfolgreich ist. Achtung: Jetzt wird es etwas komplizierter. Wenn du mal nicht weißt, wie du etwas craften sollst, denk daran, dass es immer noch das JEI gibt (siehe Seite 74). Es steht dir auch in EnderIO mit allen Crafting-Rezepten zur Seite, sodass eigentlich gar nichts schiefgehen kann.

Die hier vorgestellte Liste beinhaltet unsere Lieblingsinhalte der Mod. Natürlich gibt es noch einiges mehr in EnderIO zu entdecken, aber das wirst du im Laufe der Zeit auch selbst herausfinden. Hier also erst mal unsere persönlichen Highlights.

### Energie aus Sonne und Brennstoffen

Bisher war der erste Schritt in Richtung Energiewirtschaft immer die Gewinnung von Sonnenenergie. Das haben wir früher auch immer so gemacht. Bis wir genug Materialien dafür zusammen hatten, mussten wir uns mit dem *Stirling Generator* begnügen. Der schluckt alles Brennbare und verwandelt es in Energie. Damit ließen sich zu Beginn alle vorhandenen Maschinen versorgen, wenn auch nur sehr langsam. Prinzipiell könnte man natürlich einfach mehr als einen Generator bauen, das bedeutet dann aber auch, dass man mehr brennbare Materialien benötigt, was wieder Zeit frisst.

Eine bessere Lösung sind da die *Photovoltaic Cells* von EnderIO, da sie ganz auf die Zugabe von Brennmaterial verzichten. Sie laufen einfach immer, egal, ob du dich darum kümmerst oder nicht. Das heißt, zumindest solange die Sonne scheint. Wenn es dunkel wird, sollte dein Bett nicht weit weg sein, um die Nacht überspringen zu können. Bei Serverprojekten erkennt man die Fans der Solaranlagen ganz leicht daran, dass sie bei Einbruch der Dunkelheit immer nach dem Schlafengehen fragen. Aber trotz des kleinen Nachteils mit der Dunkelheit sind die Photovoltaic Cells eine zuverlässige und sehenswerte Investition. EnderIO stellt uns gleich vier verschiedene Photovoltaic Cells zur Verfügung. Das Schöne daran ist, dass du jede für sich bauen kannst oder aber auch ein vorhandenes, schwächeres Projekt zu einem stärkeren upgraden kannst. Schauen wir uns die verschiedenen Photovoltaic Cells kurz an.

16 Vibrant Photovoltaic Cells bringen es auf 2.560 µl/t.

| Symbol | Name | Produktion in µl/t |
|---|---|---|
| | Simple Photovoltaic Cell | 10 |
| | Photovoltaic Cell | 40 |
| | Advanced Photovoltaic Cell | 80 |
| | Vibrant Photovoltaic Cell | 160 |

Energieproduktionsvergleich der Photovoltaic Cells von EnderIO

## Energiespeicherung

Die Energie, die du herstellst, musst du auch irgendwo speichern, einerseits, um sie vielleicht auch mal nachts verwenden zu können, andererseits, weil du sicher manchmal mehr und manchmal weniger Energie benötigst, als gerade hergestellt wird, und du nicht dauernd an deinem Kraftwerk kleben willst. Mit einem großen Energiespeicher (*Capacitor Bank*) kannst du überschüssige Energie speichern und im Zweifel auch eine mangelnde Energieversorgung kompensieren, ohne dass gleich alles stillsteht. Auch hier gibt es wieder mehrere Varianten, und du kannst auch mehrere Blöcke zu einem Multiblock zusammenfassen.

| Symbol | Name | Kapazität | Maximal In/Out |
|---|---|---|---|
|  | Basic Capacitor Bank | 1.000.000 µl | 1.000 µl/t |
|  | Capacitor Bank | 5.000.000 µl | 5.000 µl/t |
|  | Vibrant Capacitor Bank | 25.000.000 µl | 25.000 µl/t |
|  | Creative Capacitor Bank | immer VOLL | 50.000 µl/t |

Die verschiedenen Capacitor Banks und ihre Kapazität und Leistung

Die verschieden großen Capacitor Banks können natürlich alle unterschiedlich viel Energie speichern und abgeben. Die Creative Capacitor Bank ist sogar immer voll, sie kannst du aber nur im Creative Mode bauen. Falls du die Begriffe zum Thema Energie nicht mehr auf dem Schirm hast, schau noch mal im Kasten auf Seite 46 nach.

Große Capacitor Bank mit Anzeige und angeschlossener Advanced Photovoltaic Cell

Wenn du jetzt z. B. drei Basic Capacitor Banks hast, stelle sie mal über- oder nebeneinander hin. Dann verbinden sie sich automatisch zu einem großen Multiblock. Die Eigenschaften der Capacitor Banks verbinden sich dadurch ebenfalls. So kannst du mit den drei Basic Capacitor Banks jetzt zusammen 3.000.000 µl speichern und 3.000 µl/t gleichzeitig auf- und entladen. Das Mischen der Capacitor Banks geht allerdings nicht. Du kannst also keine Basic

Capacitor Bank mit einer Vibrant Capacitor Bank verbinden, sie müssen alle von der gleichen Sorte sein. Aber du kannst hier eine schwache Capacitor Bank zu einer größeren upgraden, indem du sie zu der größeren Version »umcraftest«. Wie das geht, zeigt dir wieder das JEI.

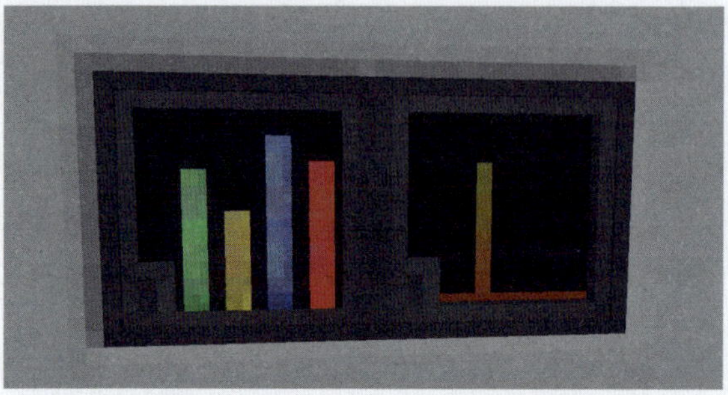

Ein Power Monitor, rechts der Graphic Monitor mit bewegtem Liniendiagramm

Für die Kontrollfreaks haben wir noch etwas Besonderes: Mit dem craftbaren *Power* bzw. *Graphic Monitor* kannst du dir deinen gesamten Energiehaushalt anzeigen lassen. Damit kannst du sehen, wie viel Energie sich in den Conduits, Capacitors und Maschinen befindet, vorausgesetzt, alles ist mit Conduits verbunden. Darüber hinaus siehst du auch, wie viel Energie überhaupt produziert bzw. verbraucht wird. Über den zweiten Registerreiter im Power Monitor (siehe Abbildung auf der nächsten Seite oben) kannst du sogar einstellen, dass eine Maschine ein Redstone-Signal ausgeben soll, wenn z. B. die Capacitors zu 95 % gefüllt sind. Mit diesem Signal kannst du dann deine Energieproduktion abstellen, wenn du das Signal wieder zurück an dein Kraftwerk leitest. Bei Solar Panels lohnt sich das natürlich nicht, da sie ja nichts verbrauchen. Aber wenn du einen Generator hast, der Treibstoff verbraucht, kannst du hier ein bisschen Treibstoff einsparen. Im Graphic Monitor hast du zudem, wie der Name schon vermuten lässt, eine grafische Anzeige.

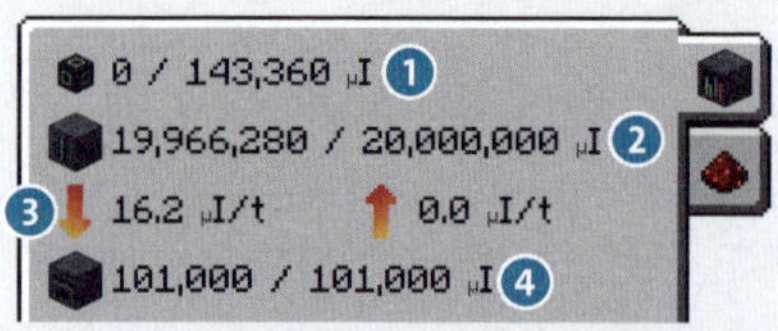


Der Power Monitor zeigt die Energie an, die gerade durch deine Conduits geleitet wird ❶, die Energie in deinem Capacitor ❷, wobei die Pfeile deutlich machen, ob Energie in den Capacitor hineingeführt wird (rechter Pfeil) oder heraus ❸ und wie viel Energie gerade in den Maschinen gespeichert wird ❹.

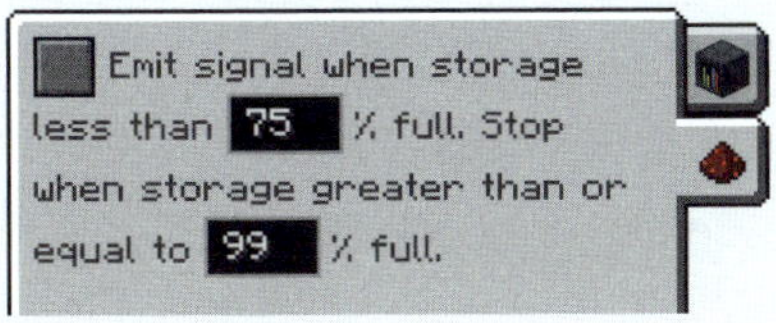


Die Einstellungen im Power Monitor für das Redstone-Signal

Ein Block, der beim Thema Energiespeicherung noch erwähnt werden sollte, ist die *Gauge*, die Pegelstandanzeige. Durch sie kannst du dir mit [⇧] + Rechtsklick auf eine beliebige Maschine den jeweiligen Energiestand anzeigen zu lassen. Verwendet haben wir sie ehrlich gesagt noch nie, aber schön sieht es auf jeden Fall aus. Vielleicht findest du sie ja praktisch, und wir haben den wahren Nutzen dieses Blocks nur noch nicht erkannt!

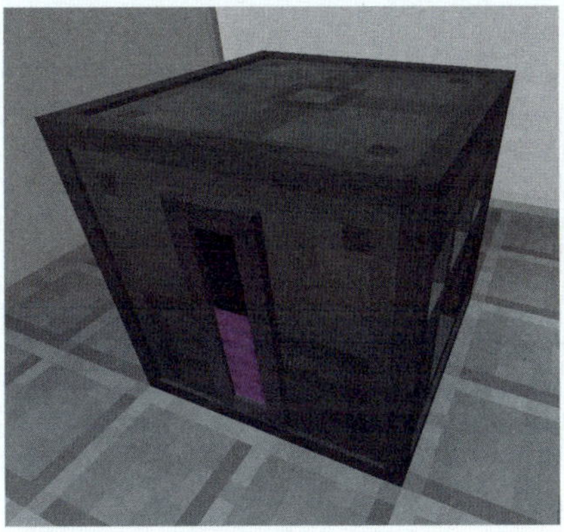

Der Alloy Smelter mit Gauge

## Automatische Erzverarbeitung in EnderIO

Auch EnderIO bietet einiges, um dir die Verarbeitung von Erzen zu erleichtern. Wenn du nach einer langen Höllentour mit den Taschen voll Erzen nach Hause kommst, wartet am besten schon die Sag-Mill-Alloy-Smelter-Kombi auf dich, die deine Ores automatisch schmilzt und die Ingots gleich verdoppelt. Dabei ist der Aufbau sehr kompakt und findet auch in der kleinsten Hütte noch Platz. Du brauchst:

- 2 × Truhe
- 1 × Sag Mill
- 1 × Alloy Smelter

- 4 × Energy Conduit
- 3 × Basic Capacitor
- 1 × Stirling Generator (eine andere Energiequelle tut's auch)

Die Rezepte für die Einzelteile findest du im JEI. Wenn du alle Teile zusammen hast, baue sie nebeneinander auf.

Die automatische Erzverarbeitung von vorne

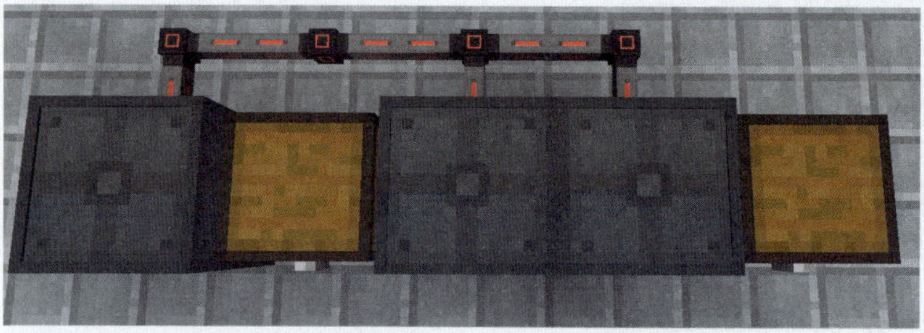

Der Aufbau der Erzverarbeitung von oben. Achte darauf, dass die Conduits richtig verlegt werden.

Stell ganz links zuerst den Stirling Generator auf, gefolgt von einer Chest. Daneben kommen Sag Mill und Alloy Smelter. Zu guter Letzt brauchst du noch eine weitere Chest, die die fertigen Rohstoffe wieder aufnimmt. Die Maschinen verbindest du dann per Energy Conduit mit dem Stirling Generator. Jetzt legst du in jede Maschine einen Capacitor und in den Stirling Generator noch einen Brennstoff, z. B. Kohle, damit er die benötigte Energie erzeugt. Schon ist die automatische Erzverdopplung fertig, zumindest vom Aufbau her. Denn was noch fehlt, ist die richtige Konfiguration: Stelle bei Sag Mill und Alloy Smelter den Input jeweils auf die linke und den Output auf die rechte Seite. Wenn du jetzt Erze in die linke Truhe legst, landen sie nach wenigen Minuten als Ingots in der rechten Truhe – und zwar schon verdoppelt. Das liegt daran, dass die Sag Mill die Ores zu zwei Einheiten Dust verarbeitet und der Alloy Smelter aus jedem Dust wieder einen Ingot macht.

## Die Farming Station

EnderIO bietet auch was für die Farmer unter uns. Wenn du – verständlicherweise – keine Lust hast, ständig Bäume zu fällen oder dauernd vergisst, deinen Weizen zu ernten, dann ist die Farming Station genau das Richtige für dich. Mit ihr kannst du, ähnlich wie mit dem Aufbau der automatischen Farmen von Seite 66 (die mit Tools der Mod Industrial Foregoing gebaut wurden), alles, was sich anbauen lässt, automatisieren. Dabei gilt: Je größer das Feld, desto mehr Energie wird gebraucht. Je nach Wahl des Capacitors kannst du so also auch größere Anlagen realisieren. Schau dir die Tabelle an, um den richtigen Capacitor für dein Feld zu finden.

Eine einfache Farming Station mit EnderIO

| Symbol | Name | Feldgröße | Energieverbrauch |
|---|---|---|---|
| | Basic Capacitor | 7 × 7 | 40 µI/t |
| | Double Layer Capacitor | 11 × 11 | 60 µI/t |
| | Octadic Capacitor | 15 × 15 | 100 µI/t |

Größeres Feld, mehr Energie – der passende Capacitor macht's möglich.

Für eine einfache Farming Station, die Weizen in einer Feldgröße von 7 × 7 Blöcken anbaut, benötigst du:

- 1 × Truhe
- 1 × Farming Station

- 1× Photovoltaic Cell
- 1× Basic Capacitor
- 1× Harke
- 47 × Samen

Du kannst selbstverständlich auch alle anderen anbaubaren Gemüsesorten anpflanzen oder Bäume, für die brauchst du dann aber Axt und Schere anstelle der Harke. Fangen wir aber erst mal mit dem Weizenfeld an. Such dir ein Stück Land, das groß genug ist, und platziere die Farming Station in der Mitte. Dann baust du auf einer Seite eine Chest daneben und stellst den Output der Maschine in Richtung der Chest. Jetzt kommt die Photovoltaic Cell auf die Farming Station. Am Schluss musst du nur noch den Capacitor, die Harke und die Samen in die Maschine legen und bist fertig.

Die Farming Station für Weizen von innen

Zur Funktionsweise: Die Farming Station verteilt die Samen auf das Feld, erntet den fertigen Weizen ab und packt ihn in die angeschlossene Chest. Wenn du noch Knochenmehl übrig hast, kannst du diesen Dünger in die dafür vorgesehenen Fächer oben rechts in der Farming Station legen (siehe Abbildung oben). Dann wächst alles noch mal viel schneller. Die Photovoltaic Cell versorgt die Maschine mit genau so viel Energie, dass sie gut arbeiten kann. Bedenke, dass ein Double Layer Capacitor oder ein Octadic Capacitor in der Maschine mehr Energie benötigen und demnach auch mehr Photovoltaic Cells. Dafür hast du dann im Gegenzug aber auch einen größeren Bereich abgedeckt und kannst mehr ernten (lassen).

## Dark-Steel-Rüstung – so schön kann Rüstung sein

Vom Farmen kommen wir nun zu etwas ganz anderem: Rüstungen. Damit haben wir uns bisher im Buch noch nicht wirklich beschäftigt, aber wichtig sind sie allemal. Und mit EnderIO sehen sie jetzt auch verdammt schick aus.

Links die Dark-Steel-Rüstung, rechts die Ender-Rüstung

Sobald du in der Lage bist, Dark Steel herzustellen, solltest du das auch tun. Sagen wir, so ... 24-mal. Dafür benötigst du:

- 24 × Iron Ingot
- 24 × Coal Powder/Dust
- 24 × Obsidian

Die drei Rohstoffe kommen zusammen in den Alloy Smelter und werden dort zu Dark Steel verschmolzen. Warum genau 24? Ganz einfach: Aus 24 Stück eines Materials kannst du dir eine komplette Rüstung bauen: 24 Leder, 24 Eisenbarren, 24 Gold ... immer 24.

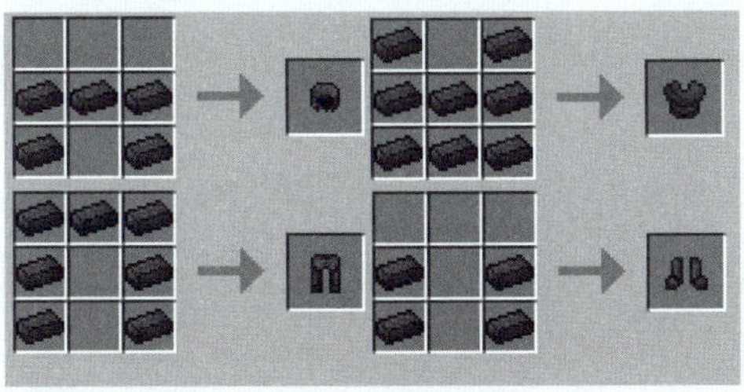

»Eine Dark-Steel-Rüstung zum Mitnehmen, bitte!«

Mit deinen frischen 24 Einheiten Dark Steel kannst du dir jetzt den Dark Helmet, die Dark Plate, die Dark Leggins und ein Paar Dark Boots herstellen. Zum einen schützt dich diese Rüstung jetzt ziemlich effektiv vor Schaden, zum anderen kannst du sie aber auch mit coolen Features ausstatten.

Und jetzt wird es interessant: Jedes Rüstungsteil lässt sich verbessern. Wir beginnen immer mit jeweils einem Vibrant Crystal pro Rüstungsteil, so wird jedes Teil mit einer Batterie bzw. einem Capacitor ausgestattet. Der Vibrant Crystal ist wichtig, damit die anderen Updates funktionieren. Um ihn mit der Rüstung zu verbinden, brauchst du einen Anvil.

Ebenfalls im Anvil kannst du deinen Helm (bereits mit Vibrant Crystal ausgestattet) mit einer Potion of Night Vision verbinden, wodurch du den Effekt *Night Vision* (Nachtsicht) erhältst. Achte darauf, dass du genug Level hast, denn das Zusammenfügen der Teile kostet dich insgesamt 20 Level (LVL). 4×4 LVL für die Vibrant Crystals und nochmal 4 LVL für die Night Vision.

Jetzt musst du die Rüstungsteile nur noch laden. Das geht entweder mit dem *Wired* oder dem *Wireless Charger*. Nach und nach kannst du deine Rüstung dann weiter upgraden. Die folgenden Tabellen bieten dir einen Überblick über die Verbesserungen, wobei es für jedes Rüstungsteil natürlich unterschiedliche Upgrades gibt.

| Upgrade allgemein | Benötigt | Effekt | XP-Kosten |
|---|---|---|---|
| Emporerement I | Vibrant Crystal | 100.000-Batterie | 4 LVL |
| Emporerement II | Basic Capacitor | Upgradet die Batterie auf 150.000. | 6 LVL |
| Emporerement III | Double-Layer Capacitor | Upgradet die Batterie auf 250.000. | 8 LVL |
| Emporerement IV | Octadic Capacitor | Upgradet die Batterie auf 1.000.000. | 12 LVL |

Die Grundlage: Energieversorgung für die Rüstung

Die Batterie dient dazu, weitere Rüstungsskills, wie z. B. Nachtsicht, Speed oder Sound Locator, mit Energie zu versorgen. Je mehr Energie du hast, desto länger halten deine Skills. Zusätzlich absorbieren gepowerte Rüstungsteile 50–85 % deines Schadens.

| Upgrade Helmet | Benötigt | Effekt | XP-Kosten |
|---|---|---|---|
| Sound Locator | Note Block | Zeigt in der Nähe befindliche Töne an. | 4 LVL |
| Night Vision | Potion of Night Vision | Nachtsicht | 4 LVL |
| Solar I | Simple Photovoltaic Cell | Lädt die Rüstung auf 10 µl/t. | 4 LVL |
| Solar II | Photopolatic Cell | Lädt die Rüstung auf 40 µl/t. | 8 LVL |
| Solar III | Advanced Photovolataic Cells | Lädt die Rüstung auf 80 µl/t. | 24 LVL |

Upgrades speziell für den Helm

| Upgrade Plate | Benötigt | Effekt | XP-Kosten |
|---|---|---|---|
| Glider | Glider Wings | Gleiten | 4 LVL |
| Elytra | Elytra | längeres Gleiten | 10 LVL |

Upgrades speziell für den Brustpanzer

Beim Brustpanzer musst du dich für eins entscheiden: Ist einmal der Glider auf dem Rücken, kannst du keine Elytra mehr installieren. Aber es lohnt sich, schon am Anfang den Glider zu nehmen und sich später eine komplett neue Plate zu bauen, sobald man eine Elytra gefunden hat.

| Upgrade Leggins | Benötigt | Effekt | XP-Kosten |
|---|---|---|---|
| Speed I | Potion of Swiftness | erhöhte Bewegungsgeschwindigkeit | 4 LVL |
| Speed II | Potion of Swiftness | erhöhte Bewegungsgeschwindigkeit | 6 LVL |
| Speed III | Potion of Swiftness | erhöhte Bewegungsgeschwindigkeit | 8 LVL |

Upgrades speziell für die Hose

| Upgrade Boots | Benötigt | Effekt | XP-Kosten |
|---|---|---|---|
| Flippers | Lily Pad | schnelles Schwimmen | 4 LVL |
| Jump I | Piston | höher springen | 4 LVL |
| Jump II | Piston | noch höher springen | 6 LVL |
| Jump III | Piston | ganz hoch springen | 8 LVL |

Alle Upgrades für die Stiefel

Über andere Mods können auch weitere Rüstungsskills verfügbar sein, das hier sind nur die Skills von EnderIO. Du kannst übrigens alle Skills der kompletten Rüstung ein- und ausschalten, wenn du den entsprechenden Skills jeweils eine Taste in den Controls zuweist (**Optionen > Controls > EnderIO**).

### Die Ender-Rüstung – viel hilft viel

Neben der Dark-Steel-Rüstung gibt es in EnderIO noch die *Ender-Rüstung*, sie stellst du aus *End Steel Ingots* (insgesamt 24, 'ne?) und pro Rüstungsteil jeweils einer *Guardian Drone* her. Für die End Steel Ingots braust du *End Stone* (aus dem End, woher sonst) und für die Guardian Drone musst du einen Unterwassertempel aus Vanilla Minecraft gefunden haben. Dort findest du nämlich die benötigten *Prismarine Shards* und *Prismarine Crystals*, die du zu einer Guardian Drone vercraftest. Wie das genau geht, zeigt dir das JEI.

Für den Überblick hier noch einmal der Vergleich zwischen den beiden Rüstungen, die eben gezeigten Upgrades funktionieren auch mit der Ender-Rüstung.

| Dark-Steel-Rüstung | | | Ender-Rüstung | | |
|---|---|---|---|---|---|
| **Teil** | **Armor** | **Durability** | **Teil** | **Armor** | **Durability** |
| | +4 | 550 | | +2 | 385 |
| | +10 | 800 | | +6 | 560 |
| | +7 | 750 | | +5 | 525 |
| | +4 | 650 | | +2 | 455 |
| gesamt | +25 | 2.750 | gesamt | +15 | 1.925 |

Dark-Steel-Rüstung und Ender-Rüstung im direkten Vergleich. Upgrades kommen noch mal obendrauf.

Wie du siehst, können diese Rüstungen einiges. Der Armor-Wert sagt aus, wie viel Schaden du bei Angriffen nimmst: Je höher der Wert, desto weniger tut es weh. Die Durability der Rüstungen kann sich auch sehen lassen, sie ist höher als bei einer Rüstung aus Diamond, und du wirst lange Spaß daran haben, bevor du sie reparieren musst.

## Teleportieren für Anfänger

Teleportation ist ein ganz wichtiges Feature in EnderIO, und man merkt, dass sich die Entwickler Mühe damit gegeben haben. Wir sind bisher mit keiner anderen Mod so oft teleportiert wie mit EnderIO.

Je nachdem, wohin du willst, hast du verschiedene Möglichkeiten für einen Teleport. Wir stellen dir eine für die kurze Distanz (50 Blöcke) und eine für die lange, interdimensionale Teleportation vor. Wie du die verwendeten Blöcke und Items craftest, erfährst du wie immer über das JEI.

### *Travel Anchor*

Der *Travel Anchor* ist die beste Wahl, wenn es um kurze Distanzen geht. Er erspart unheimlich viele Laufwege und verbraucht keine Energie. Da er so platzsparend ist, kannst du ihn als kleinen Hausaufzug verwenden. Wenn du ihn setzt, kannst du ihm einen Namen geben (bei uns heißen sie immer recht unkreativ »Labor«, »Reaktor«, »Tierfarm«, »Schmiede« usw.) und einstellen, ob er nur für dich (private) oder auch für deine Freunde (public) funktionieren soll. Außerdem kannst du ihm ein individuelles Symbol zuweisen.

Der Travel Anchor

Am besten setzt du dir einen in deinen Crafting-Bereich und einen dahin, wo du gerade (um-)baust. Später hast du wahrscheinlich so wie wir einen in jedem Raum (man wird echt faul mit der Zeit …). Zum Teleportieren musst du dich nur auf den Travel Anchor stellen. Sobald du dort stehst, werden dir die anderen Travel Anchor angezeigt. Schau in Richtung deines Ziels und drücke die Leertaste, um dich zu teleportieren. So einfach kann ein Teleport sein.

Stell dich auf einen Travel Anchor und schaue zu deinem nächsten Ziel.

### *Staff of Traveling*

Der *Staff of Traveling* arbeitet mit dem Travel Anchor Hand in Hand. Eben musstest du noch auf dem Travel Anchor stehen, jetzt reicht es aus, wenn du *in die Richtung* eines Travel Anchors schaust und die rechte Maustaste drückst. Mit [⇧] + rechter Maustaste teleportierst du dich in einem kleinen Sprung (ca. 16 Blöcke weit) in die Richtung, in die du schaust. Der Staff of Traveling verbraucht bei jeder Aktion etwas seiner Energie. Sobald er leer ist, funktioniert er also auch nicht mehr. Allerdings lässt er sich ganz einfach wieder aufladen, entweder mit dem Wired oder dem Wireless Charger.

### *Telepad*

Das Telepad ist eine sehr materialaufwendige Art, sich zu teleportieren, aber auch eine sehr coole. Man fühlt sich fast wie im Transporterraum aus »Star Trek«. Wir brauchen ein großes Telepad (ein 3×3-Multiblock), um uns irgendwohin (in den Nether, ins End, ans andere Ende der Welt) zu teleportieren. Neben Energie wird dafür auch die Flüssigkeit *Dew of the Void* benötigt, die im *Vat* (einer Art Destillerie) hergestellt werden muss. Wie das Vat funktioniert, zeigen wir dir im Abschnitt »Verschiedene Flüssigkeiten herstellen« auf der nächsten Seite. Für den Aufbau des Telepads brauchst du folgende Materialien:

- Energie
- 9× Telepad
- 1× Fluid Tank
- 1× Fluid Conduit
- 1× Dialing Device
- 1× Coordinate Selector
- 1× Paper

Zuerst ordnest du die Telepads in einem 3×3 Blöcke großen Feld an. Sobald du den letzen Block gesetzt hast, werden sie zu einem unglaublich coolen Multiblock. Daneben stellst du das Dialing Device, den Fluid Tank, den du mit Fluid Conduits verbindest, und dann noch eine Energiequelle, die du mit dem Telepad und mit dem Dialing Device verbindest. Entweder nimmst du hier wieder eine Photovoltaic Cell oder was du eben gerade da hast.

Schnappe dir jetzt das Paper und den Coordinate Selector und gehe an die Position, an die du mit dem Telepad reisen möchtest. An dieser Stelle musst du mit dem Coordinate Selector rechtsklicken. Im Anschluss gibst du einen Namen für die Stelle ein, z.B. »Dunkler Wald«, und drückst auf **OK**. Jetzt verwandelt sich das Paper in deinem Inventar in ein *Location Printout* mit dem Namen, den du gewählt hast. Die legst du jetzt in das Dialing Device, und fertig ist dein erster Teleportationspunkt. Selbstverständlich kannst du das beliebig oft für verschiedene Orte machen und dir so quasi einen Katalog mit Reisezielen anlegen. Sobald du genug Dew of the Void (woher du diese merkwürdige Flüssigkeit bekommst, zeigen wir dir im nächsten Abschnitt) und Energie im

Telepad hast, brauchst du nur noch im Dialing Device dein Ziel einzustellen und auf **Teleport** zu drücken. Schwupp, bist du an jenem anderen Ort.

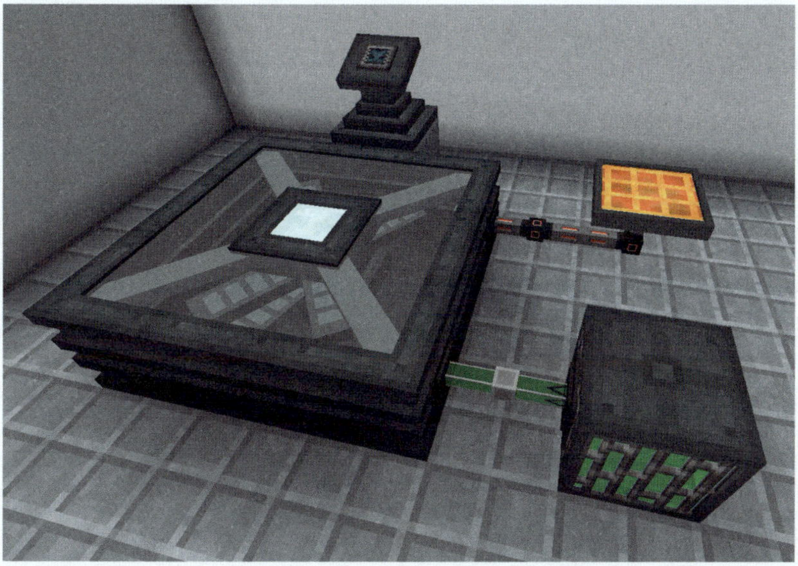

Aufbau des Telepads. Das ist schon eher »Teleportieren für Fortgeschrittene«.

## Verschiedene Flüssigkeiten herstellen

Es gibt nicht nur neue Blöcke und Items in EnderIO, sondern auch Flüssigkeiten. Mit ihnen kannst du eine Monsterfalle betreiben, das Wetter verändern, Teleportieren oder auch Energie erzeugen. Schauen wir uns zuerst alle Flüssigkeiten an und wie man sie herstellt.

Zunächst brauchst du dafür ein Vat (ein großer Bottich zum Mischen), der mit Energie versorgt wird. Je nach gewünschter Flüssigkeit macht es sogar Sinn, mehrere Vats zu bauen, um die Produktion zu vereinfachen. Fangen wir aber mit der Basisflüssigkeit an, der *Nutrient Distillation*. Aus Nutrient Distillation lässt sich mit dem *Zombie Generator* Energie machen, mit *Killer Joe* eine Monsterfalle bauen … und es ist die Grundzutat für Dew oft he Void, das du brauchst, um das Telepad von eben gerade zu betreiben.

Als erstes Projekt, um das Vat ein wenig kennenzulernen, bauen wir eine Nutrient-Destillationsanlage. Dafür brauchst du:

1× Vat

1× Basic Capacitor

- 4 × Reservoir
- 1 × Fluid Tank
- 2 × Fluid Conduit
- 1 × Energy Conduit
- 1 × Photovoltaic Cell
- 10 × Rotten Flesh
- 10 × Sugar

Die beiden letzten Zutaten können ausgetauscht werden, anstelle von Rotten Flesh kannst du auch Monsterköpfe nehmen, und anstelle von Sugar gehen zum Beispiel Pilze. Im JEI kannst du dir alle möglichen Flüssigkeitskombinationen und Flüssigkeitsrezepte anzeigen lassen. Hier findest du auch das Rezept für Dew of the Void, das du für das Telepad benötigst.

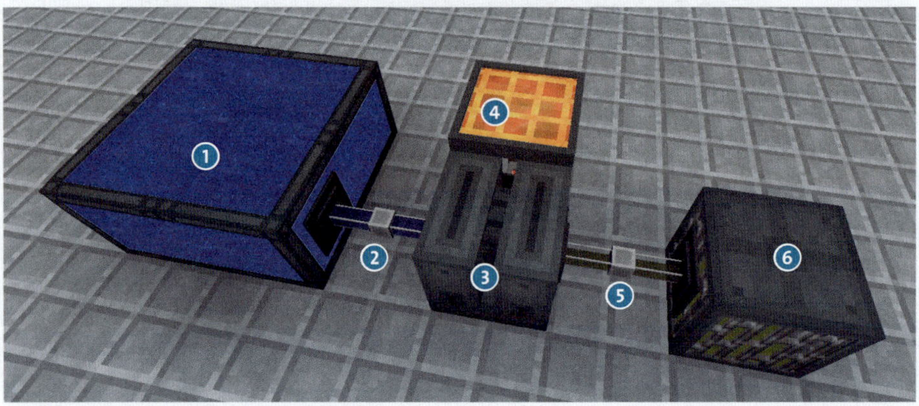

**Aufbau des Vats für die Nutrient Distillation**

1. Stelle zuerst das Reservoir ❶ auf und befülle es mit Wasser.
2. Daneben stellst du das Vat ❸ und verbindest es mit einem Fluid Conduit ❷. Stelle den Fluid Conduit so ein, dass das Wasser aus dem Reservoir in das Vat gepumpt wird.
3. Verbinde das Vat mit einer Stromquelle ❹. In diesem Beispiel ist es wieder die allseits beliebte Photovoltaic Cell.
4. Vom Vat geht es über einen Fluid Conduit ❺ (das Einstellen nicht vergessen) in einen Tank ❻.
5. Zu guter Letzt steckst du den Basic Capacitor in das Vat.

Wenn du jetzt die beiden Zutaten Sugar und Rotten Flesh in das Vat legst, fängt er an zu arbeiten und stellt dir aus den Zutaten zusammen mit Wasser Nutrient Distillation her. Das sammelt sich dann im Tank rechts ❻, woraus du es bequem entnehmen kannst.

## Aus Flüssigkeiten Energie erzeugen

Eben haben wir uns angesehen, wie du Nutrient Distillation mit dem Vat herstellen kannst. Daneben kann das Vat je nach Modpack noch viele weitere Flüssigkeiten herstellen, in JEI findest du alle Rezepte. Doch was stellt man jetzt damit an?

Na ja, da gibt es z. B. den *Zombie Generator* und den *Frank'n'Zombie Generator*. Die benötigen neben einem Capacitor auch Nutrient Distillation, um Energie herzustellen. Zusätzlich gibt es den *Ender Generator*, der mit der Flüssigkeit Dew of the Void Energie herstellt. Was aber viel interessanter scheint, ist der *Combustion Generator*, der durch das Verbrennen einer Flüssigkeit Energie erzeugt und dazu auch eine Kühlflüssigkeit (z. B. Wasser) benötigt. Hier können wir dir wieder das JEI ans Herz legen, alle Flüssigkeitsinformationen sind dort nachzulesen.

| Generator | Energieerzeugung |
|---|---|
| Zombie Generator | 80–120 µl/t |
| Frank'n'Zombie Generator | 120–180 µl/t |
| Ender Generator | 360–540 µl/t |
| Combustion Generator | 20–600 µl/t |

Je nach Flüssigkeit und eingestecktem Capacitor erzeugen die Generatoren unterschiedlich viel Energie.

Sind sie nicht hübsch? Zombie, Combustion und Enhanced Combustion Generator

## Monsterfalle mit Killer Joe und Powered Spawnern

Natürlich hat EnderIO auch Monsterfallen im Angebot. Denn was immer wieder aufs Neue Spaß macht, ist, dabei zuzusehen, wie Unmengen von Monstern ihre Beute und XP für dich fallen lassen. Oh ja … mit EnderIO ist es möglich, Monster nach Belieben spawnen zu lassen und ihre Beute und XP automatisch aufzuheben und zu speichern.

Nehmen wir mal an, du möchtest eine Enderman Farm bauen, einfach weil man bei EnderIO nie genug Ender Perls haben kann, und die werden halt nur von Endermen gedroppt. Da das etwas aufwendiger ist, fangen wir ganz vorne an.

### *Wir bauen uns eine Mobfarm mit EnderIO*

1. **Den Raum vorbereiten**
   Zuerst brauchst du einen Raum, in dem du die ganze Anlage aufbauen kannst. Für Spawner eignet sich immer ein 9 × 9 × 9-Raum, damit nicht aus Versehen etwas außerhalb deiner Monsterfalle spawnt. Dieser Kasten ist nachher der Raum, in dem deine Monster spawnen. Selbstverständlich kannst du auch mehr als einen Spawner verwenden, dann empfiehlt es sich natürlich, den Raum pro zusätzlichen Spawner einen Block höher (also 10 Blöcke hoch) zu bauen und die Spawner übereinander anzuordnen. Der erste Spawner kommt dabei genau in die Mitte, also nach 5 × 5 × 5.

   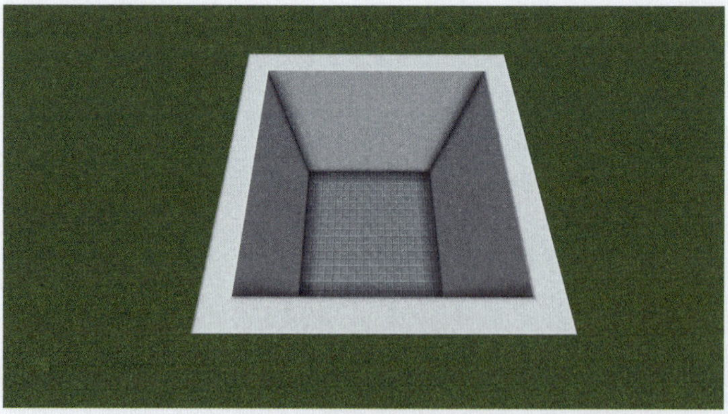

   Eine leere Kiste: Grundzustand der Monsterfarm, 9 × 9 × 9 Blöcke groß

2. **Vacuum Chest und XP Vacuum sammeln alles ein**
   Damit sich deine wertvolle Beute nicht in Luft auflöst (nach 5 Minuten verschwinden auf dem Boden liegende Items), musst du sie, so schnell es

geht, aufsammeln und einlagern. Hierfür eignet sich die *Vacuum Chest*, die alle auf dem Boden liegenden Items zu sich hin saugt und einsammelt, wunderbar. Das XP Vacuum macht das Gleiche mit den kleinen XP-Perlen. Also ab in die Werkstatt mit:

- 1× Vacuum Chest
- 1× XP Vacuum
- 5× Fluid Conduit
- 5× Item Conduit
- 1× Experience Obelisk
- 1× Truhe

Setze zuerst die Vacuum Chest und das XP Vacuum auf den Boden der Monsterfalle ❶. Verbinde die Vacuum Chest mit den Item Conduits ❷ und führe sie aus der Mobfarm heraus. Verbinde die Truhe ❸ mit dem Item Conduit. Das Gleiche machst du jetzt mit dem XP Vacuum und verbindest es mit den Fluid Conduits ❹ und einem *XP-Obelisken* ❺ am Ende. Die Obelisken lernst du gleich noch im nächsten Abschnitt näher kennen.

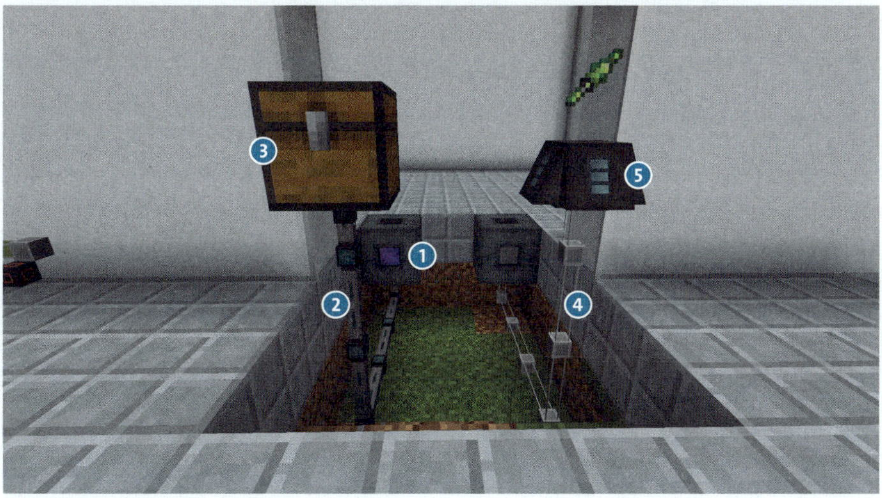


Monsterfalle mit XP Vacuum und Vacuum Chest

Denk daran, die Conduits richtig einzustellen, damit alles an seinen Platz kommt. Damit die XP-Punkte eingesaugt werden, musst du ein paar Level (mindestens drei) in den XP-Obelisken speichern und sie dann in das XP Vacuum füllen.

Der XP-Obelisk von innen. Drücke oben rechts auf den Knopf, um deine XP in den Obelisken zu legen.

Das machst du am besten mit einem Bucket: Mit dem Bucket in der Hand setzt du einen Rechtsklick auf den XP-Obelisken und im Anschluss einen Rechtsklick auf das XP Vacuum. Wenn du alles richtig gemacht hast, leuchtet die Mitte des XP Vacuums grün.

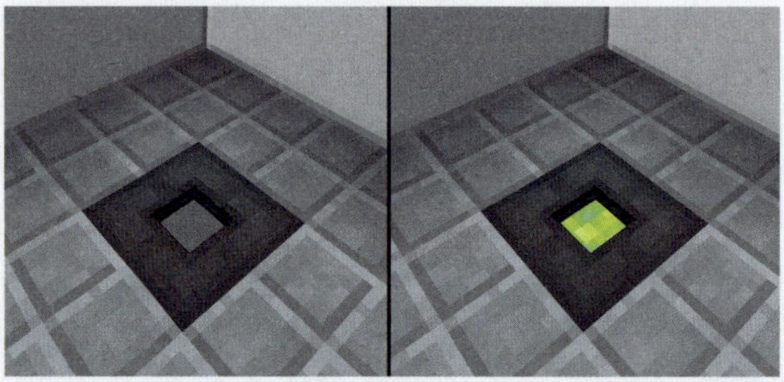

XP Vacuum, links leer, rechts mit XP gefüllt

3. **Den Killer Joe aufstellen und startklar machen**
   Der Killer Joe ist deine Tötungsmaschine, der die Monster in der Falle, nun ja, sagen wir … überredet, ihre Items und XP zu droppen. Ja, industrielle Produktion ist nicht zimperlich (und Killer namens Joe schon gar nicht …). Der Killer Joe besteht aus einem kleinen Zombiekopf im Glas, der mit einem Schwert ausgerüstet ist und alles angreift, was sich vor sein Glas wagt. Achtung: Auch Spieler werden von ihm nicht verschont. Das Einzige, was Joe zum Arbeiten braucht, ist Nutrient Distillation und ein Schwert – je stärker, desto besser. Wie du Nutrient Distillation herstellst, hast du ja schon auf Seite 133 gelernt. Kommen wir zum Rest der Monster-Items-Erntemaschine:

   1 × Killer Joe

   1 × Attractor Obelisk

   1 × Inhibitor Obelisk

   1 × Basic Capacitor

- 5 × Energy Conduit
- Fluid Conduits (die die XP zu deinem Vat führen)
- 1 × funktionierendes Vat-System mit Nutrient Distillation
- 2 × Soul Vial (Seelengefäße), gefüllt mit dem Monster, das du in der Falle spawnen lassen willst (in unserem Fall also zwei *Enderman Soul Vials*)
- 1 × Schwert, je stärker, desto besser (Verzauberungen wie Looting oder Sharpness gehen auch)

Stelle den Killer Joe vorne an die Monsterfalle zwischen die beiden Vacuum-Blöcke. Platziere den *Attractor Obelisk* auf dem Killer Joe und den *Inhibitor Obelisk* auf dem Attractor Obelisk. Gib deinem neuen Freund Joe das Schwert in die Hand und verbinde ihn mit einem Vat. Die Obelisken verbindest du mit einer Energiequelle. Stecke in den Attractor Obelisk ein Enderman Soul Vial und einen Basic Capacitor, in den Inhibitor Obelisk steckst du ebenfalls einen Basic Capacitor. Das ist jetzt ein bisschen viel auf einmal, aber vertrau uns einfach.

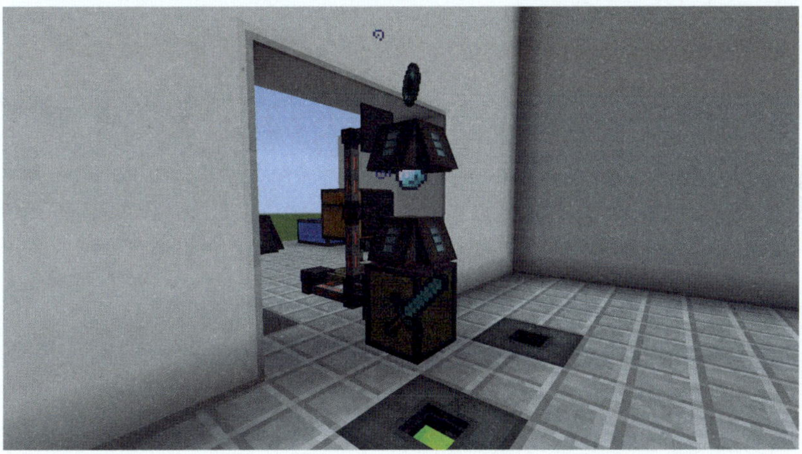

Der Killer Joe mit seinen beiden Obelisken

4. **Den Broken Spawner einsetzen**
   Kommen wir zum letzten und wichtigsten Schritt: Bis jetzt spawnt ja noch nicht wirklich viel in deiner Monsterfalle, der Spawner fehlt. Für diesen Schritt brauchst du einen *Broken Spawner*. Den findest du in Dungeons oder auch im Nether. Eigentlich musst du nur einen Vanilla Spawner finden und ihn abbauen, schon hast du einen Broken Spawner. Jetzt sind nur noch

das Soul Vial mit dem Enderman und ein *Soul Binder* notwendig, um beide miteinander zu verbinden.

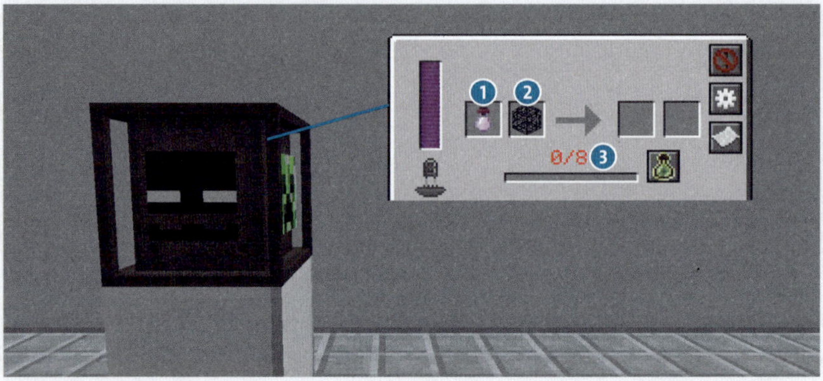


Der Soul Binder (verbindet Seelen mit Gegenständen, Bauanleitung im JEI): Soul Vial mit Enderman ❶, Broken Spawner ❷, zum Verbinden werden acht Level von dir benötigt ❸.

Du schließt also den Enderman in den Broken Spawner ein. Den musst du jetzt in einem Anvil mit einem *Powered Spawner*, eben einem, der angetrieben ist, verbinden, und fertig ist dein Endermen Spawner.

Stelle den Spawner in deiner Mobfarm auf und verbinde ihn mit Energie. Stecke zu guter Letzt noch einen Capacitor in den Powered Spawner, und dann geht es ab. Je größer der Capacitor ist, desto mehr Energie wird verbraucht, aber es spawnen pro Zyklus auch mehr Endermen. Zur Übersicht gibt es hier eine kleine Tabelle, damit du ungefähr weißt, wann du mit der ersten Beute rechnen kannst.

| Capacitor | Spawn-Rate | Energieverbrauch |
|---|---|---|
| Basic Capacitor | ~ 6/min | 320 µl/t |
| Double Layer Capacitor | ~ 12/min | 1.000 µl/t |
| Octadic Capacitor | ~ 22/min | 3.000 µl/t |

Spawn-Rate des Powered Spawners mit Verbrauch

Wenn du jetzt die Energiezufuhr startest, legt der Spawner los. Der Powered Spawner spawnt in regelmäßigen Abständen Endermen, der Attractor Obelisk zieht die Endermen zum Killer Joe, der mit genug Nutrient Distillation und dem Schwert auf die Endermen eindrischt. Damit sich die Endermen nicht wegteleportieren, hält der Inhibitor Obelisk dagegen und verhindert ihre

Flucht. Sobald ein Enderman tot ist und die Beute und XP auf den Boden fallen, ziehen die Vacuum-Blöcke beides ein und verteilen es auf die Chest und den XP-Obelisken, wo du sie bequem entnehmen kannst.

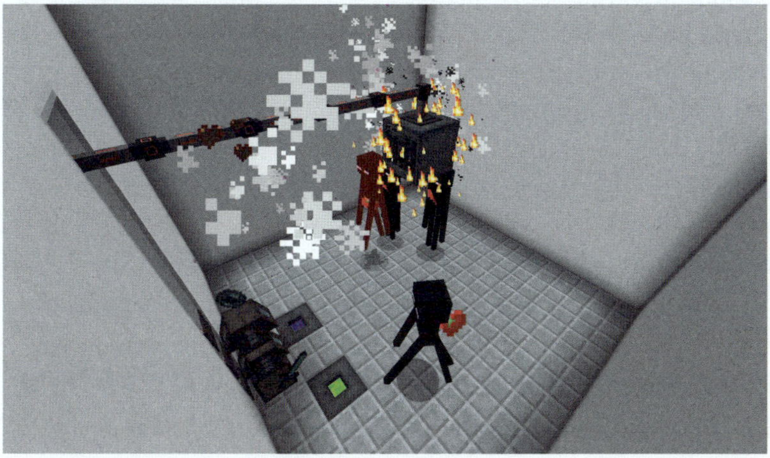

Die Monsterfalle in Aktion. Da schaut man doch gerne zu.

## Das sind aber viele Obelisken

Obelisken, gerade hast du schon kurz davon gehört. Diese Dinger sehen nicht nur cool aus, sie haben auch ziemlich abgefahrene Effekte. Wolltest du nicht schon immer deine XP speichern, bevor wieder etwas Schlimmes passiert? Oder willst du mal das Wetter beeinflussen? Sobald du deine erste Monsterfalle mit Endermen hast, wirst du dich nach einem dieser Obelisken sehnen. Hätten wir dieses Feature mal früher gekannt, dann hätten die Endermen damals nicht unser ganzes Haus in unserem Projekt Minecraft MARC zerlegt. Unser Scheitern ist in Folge 78 unseres Projekts Minecraft MARC zu bewundern: *http://r-wrk.de/642800*

Gestatten, hier sind die EnderIO-Obelisken:

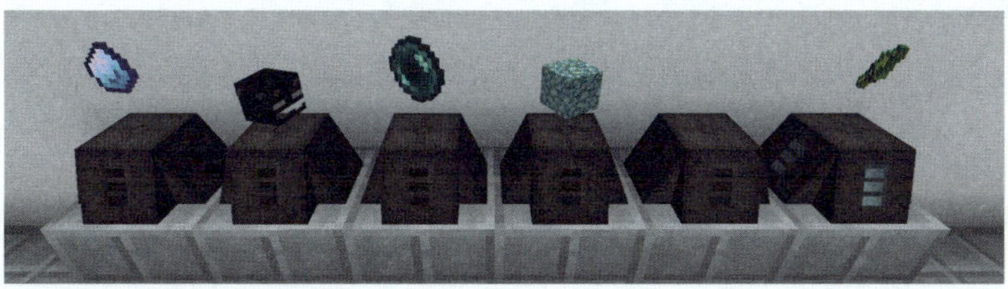

Alle Obelisken aus EnderIO

- **Attractor Obelisk:** Zieht Monster an.
- **Aversion Obelisk:** Verhindert, dass Monster spawnen.
- **Inhibitor Obelisk:** Verhindert jegliche Art von Teleportation. Eignet sich besonders gut für eine Monsterfalle mit Endermen, da sie sich dann nicht mehr rausteleportieren können. Achtung! Der Travel Anchor, der Staff of Traveling und auch das Telepad funktionieren natürlich auch nicht in seinem Radius.
- **Relocator Obelisk:** Es spawnen nur Monster, die zuvor per Soul Vial in den Relocator gesteckt wurden. Wenn du also einen Enderman als Soul Vial im Relocator hast, dann spawnen in seiner Umgebung auch nur noch Endermen. Das geht aber auch mit mehreren Soul Vials mit unterschiedlichen Monstern gleichzeitig.
- **Weather Obelisk:** Verändert das Wetter.
- **Experience Obelisk:** Speichert Level. Die Zugabe und Entnahme von Leveln ist jederzeit möglich.

Viele der Obelisken haben ein Inventar für Soul Vials. Soul Vials dienen dazu, Monster einzufangen. Dazu musst du mit einem Soul Vial auf ein Monster rechtsklicken, und schon befindet es sich in deiner Flasche. Und was macht man damit?

Nehmen wir mal an, du hast einen Zombie gefangen. Der lässt sich dann z. B. in den Attractor Obelisk einlegen. Der Attractor zieht jetzt nur noch Zombies an und keine anderen Monster mehr. Wenn du dasselbe Soul Vial in den Aversion Obelisk legst, dann spawnen in seinem Umkreis keine Zombies mehr usw. Die Reichweite der Obelisken wird, ähnlich wie bei der Farming Station, durch den eingelegten Capacitor bestimmt.

Inventar eines Obelisken mit Platz für Soul Vials. Ohne die macht der Obelisk gar nichts.

| Obelisk | Basic Capacitor | Double Layer Capacitor | Octadic Capacitor |
|---|---|---|---|
| Attractor | 16 | 32 | 64 |
| Aversion | 48 | 76 | 128 |
| Inihibitor | 32 | 48 | 80 |
| Relocator | 48 | 72 | 120 |

Reichweite der Obelisken in Blöcken

## Der Dimensional Transceiver

Das Beste haben wir uns für den Schluss aufgehoben: Das absolute Highlight der Mod EnderIO ist nämlich der *Dimensional Transceiver.* Mit ihm kannst du sozusagen per Funk alles Mögliche übertragen: Items, Energie, Flüssigkeiten ... – und das kabellos, das Conduits-Chaos kannst du dir in Zukunft also sparen.

Um das zu bewerkstelligen, sind mindestens zwei Dimensional Transceiver nötig: ein Sender und ein Empfänger. Die offizielle Begrenzung der Übertragungsrate bei Energie sind 20.480 µl/t, also genau das, was auch EnderIO Energy Conduits maximal übertragen könnten. Dazu kommt ein Energieverlust von 10 %, den du bei der Übertragung mit einberechnen musst. Allerdings ist das etwas, das man bei dem Zugewinn an Bequemlichkeit gerne in Kauf nimmt. Die Alternative wäre nämlich, immer alles mit Kabeln zu verbinden.

In diesem Beispiel übertragen wir Energie aus einer Photovoltaic Cell über zwei Dimensional Transceiver zu einer Capacitor Bank. In echt würde man das natürlich nie so aufbauen, weil man auch einfach die Photovoltaic Cell auf die Capacitor Bank bauen kann, aber um zu zeigen, wie der Transceiver funktioniert, ist es eben perfekt.

Zwei Dimensional Transceiver in Aktion

### *Den Dimensional Transceiver richtig konfigurieren*

Zum Einstellen des Transceivers musst du Kanäle anlegen und sie dann richtig einstellen. Außerdem braucht ein Transceiver immer Energie, damit er arbeiten kann, das gilt auch für die Übertragung von Items oder Flüssigkeiten. Legen wir aber erst mal einen Kanal für Energie an:

1. Um einen Kanal anzulegen, klickst du mit rechts auf den Sender-Transceiver, um in das Interface zu gelangen, und dann auf das Energie-Register ❷. Wenn du Energie übertragen möchtest, muss sich erst der Puffer ❶ füllen, bevor der Transceiver zu übertragen beginnt.

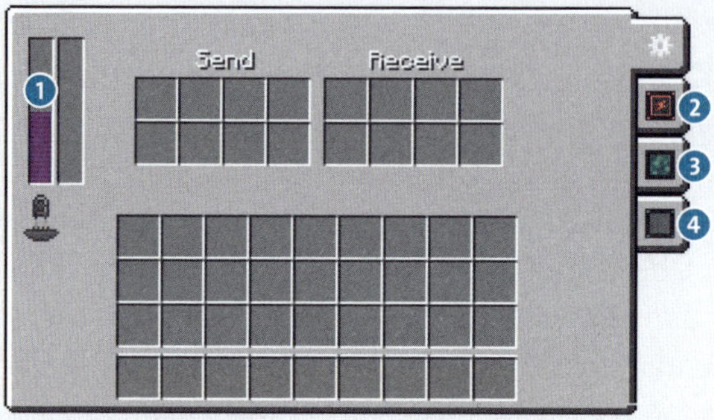


Energiepuffer ❶, Registerreiter für Energie ❷, für Items ❸ und für Flüssigkeiten ❹

2. Im Energie-Register legst du einen neuen Kanal an, indem du in das Feld oben links einen Namen eingibst ❺, für die Energieübertragung bietet sich da z. B. »Energie« an. Danach musst du noch auf das Plus ❻ klicken.

Namensfeld für den Kanal ❺. Sobald du das Plus ❻ klickst, erscheint der Kanal in der Auswahlliste ❼.

3. Den Kanalnamen siehst du jetzt in der Auswahlliste ❼. Mit dem Pfeilsymbol ❾ schiebst du ihn auf die Seite **Send** ❿. Der Transceiver ist nun fertig konfiguriert. Er sendet Energie auf dem Kanal **Energie**. Fehlt noch der Empfänger.

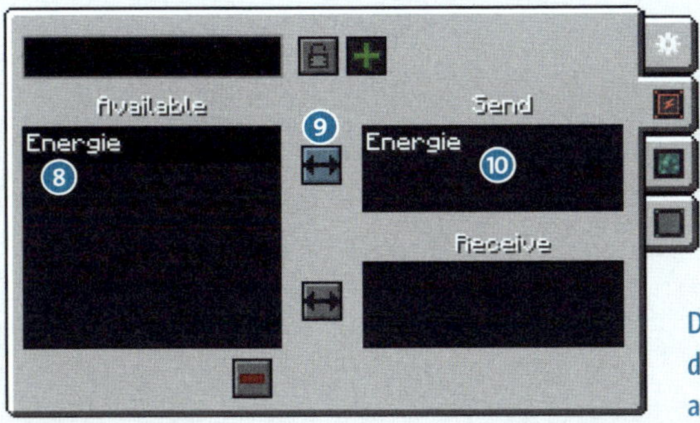


Der Energie-Kanal ⑧ wandert durch Klick auf das Pfeilsymbol ⑨ auf die Senden-Seite ⑩.

4. Klicke mit rechts auf den Transceiver, der empfangen soll. Hier gehst du wieder in das Energie-Register. Der eben erstellte **Energie**-Kanal ist schon anwählbar ⑪. Mit dem unteren Pfeilsymbol ⑫ schiebst du den Kanal auf die Seite **Receive** ⑬. Das war es schon, jetzt sind beide Transceiver konfiguriert: Der eine sendet, der andere empfängt.

Der eben erstellte Kanal ⑪ ist schon voreingestellt. Mit dem Pfeil ⑫ ziehst du den Kanal auf die Receive-Seite ⑬.

Um Items und Flüssigkeiten zu übertragen, kannst du zusätzlich zur Energie noch Kanäle für Items und Flüssigkeiten anlegen. Das geht im Prinzip genauso, findet nur in einem anderen Register statt. Wichtig ist an dieser Stelle noch zu sagen, dass die Chunks, in denen die Transceiver stehen, auch geladen sein müssen, damit alles funktioniert. Mehr zum Thema Chunk Loading findest du im Abschnitt »Erzverdopplung und Energie« auf Seite 48. Das waren im Großen und Ganzen alle Basics, die du über EnderIO wissen solltest. Wir hoffen, du konntest was Nützliches für dich mitnehmen. Weiter geht es mit einer neuen Modifikation!

KAPITEL 8

# THERMAL EXPANSION – WAHNSINNIG SCHNELLE PRODUKTION

Thermal Expansion ist eine tolle Mod, wenn du auf Maschinen und Elektrotechnik stehst. Vor allem für die Fans von automatisierter Rohstoffverarbeitung bietet sie einiges. Du wirst viel mit Redstone Flux arbeiten und überhaupt haufenweise Kram durch Leitungen hin- und herschicken. Und mit Kram meinen wir nicht nur Kram, sondern auch Energie oder sogar Spie… ach was, lies einfach das Kapitel!

# THERMAL EXPANSION – SCHNELLE MASCHINEN

Je weiter du im Spiel voranschreitest, desto mehr Items hast du für gewöhnlich rumfliegen. Gerade Erze und andere Items von automatischen Farmen solltest du so schnell wie möglich verarbeiten, damit alles effizient läuft und dir nichts die Maschinen verstopft. Das verlangsamt alles nur unnötig, und dann musst du auf Fehlersuche gehen und wieder irgendwo umbauen, damit es läuft, und dann läuft es immer noch nicht … Genau hier kommt *Thermal Expansion* ins Spiel. Diese Mod bietet für viele Arbeitsschritte die schnellsten Maschinen. Besonders gut wird die Mod mit ihren Geschwistern *Thermal Dynamics* und *Thermal Foundation*, die von den gleichen Entwicklern stammen und quasi aufeinander aufbauen. Mehr zu diesen beiden findest du ab Seite 172. Im Modpack zum Buch sind sie natürlich auch alle enthalten.

Thermal Expansion kann Energie erzeugen, sie speichern, in Maschinen verwenden und bietet Möglichkeiten, Energie, Items und Flüssigkeiten zu lagern und zu transportieren. Außerdem kann die Mod helfen, besondere Items zu erzeugen und kleine Gadgets zu craften.

# DIE WICHTIGSTEN WERKZEUGE UND ITEMS

Da die drei Mods Thermal Expansion, Thermal Foundation und Thermal Dynamics Hand in Hand gehen und sich einige Items teilen, greifen wir kurz ein bisschen vor und stellen dir die wichtigsten Komponenten direkt zu Beginn vor.

## Crescent Hammer

Der Crescent Hammer ist das wichtigste Werkzeug in der Thermal-Reihe. Mit ihm kannst du nämlich Maschinen und Blöcke konfigurieren. Mit der ⇧-Taste + Rechtsklick baust du alle Blöcke aus den drei Mods sofort ab. In vielen anderen Mods gibt es dafür eine Wrench, die den gleichen Zweck erfüllt, in der Thermal-Reihe heißt das Teil eben Crescent Hammer. Bau dir am besten gleich einen, du wirst ihn sowieso brauchen.

### Upgrade Kits

Du wirst hinter den Namen vieler Maschinen und Blöcke der Thermal-Reihe das Wort »(Basic)« lesen. Die Angabe in Klammern gibt an, auf welcher Stufe sich das Item gerade befindet. *Basic* ist die einfachste und damit schlechteste Stufe. Alle Kits bauen aufeinander auf, und es muss immer die Vorstufe installiert sein, um die nächste verwenden zu können. Es gibt Upgrade Kits in vier verschiedenen Stufen, die Reihenfolge ist immer gleich:

- Hardened Upgrade Kit
- Reinforced Upgrade Kit
- Signalum Upgrade Kit
- Resonant Upgrade Kit

Diese Kits verändern nicht nur das Aussehen von Maschinen und Blöcken, sondern verbessern sie auch immer auf verschiedene Art und Weise. Auf welche genau, kommt natürlich auf den verbesserten Block an. Bei Kisten führt ein Upgrade z. B. zu mehr Speicherplatz, bei Maschinen beschleunigt es die Verarbeitung und fügt weitere Augmentation Slots hinzu (mehr zu Augmentation erfährst du auf Seite 158). Außerdem können Upgrades die Kapazität von Flüssigkeiten oder Energie verbessern. Ein Upgrade kannst du einfach mit Rechtsklick auf den gewünschten Block installieren. Grob gesagt sind die Stufen von Basic bis Resonant also ein Levelsystem, dem du in der ganzen Mod immer wieder begegnen wirst.

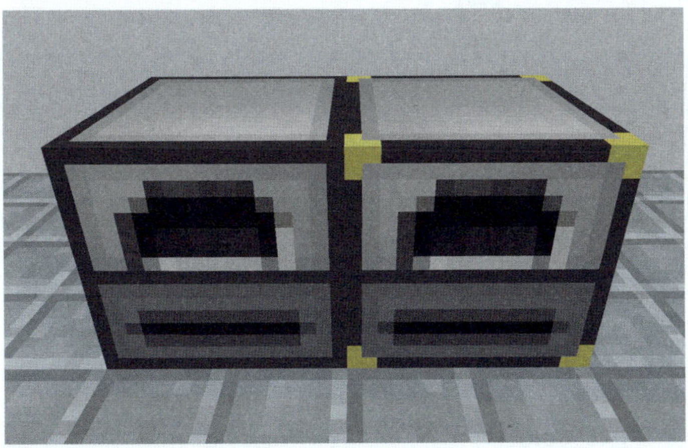

Links ein Basic Redstone Furnace, rechts einer mit Reinforced Upgrade – nicht nur hübscher, sondern auch besser!

## Conversion Kit – der große Bruder des Upgrade Kits

Wenn du keine Lust hast, jedes Mal alle Upgrades manuell zu installieren, kannst du dir auch ein Conversion Kit bauen. Ein Conversion Kit upgradet die Maschine direkt von Basic auf den jeweiligen Level, was superpraktisch ist, wenn du einen großen Aufbau mit vielen Maschinen planst und direkt alles auf einmal verbessern möchtest. Conversion Upgrades gibt es in drei Stufen, die Rezepte findest du wie immer im JEI:

1. Reinforced Conversion Kit
2. Signalum Conversion Kit
3. Resonant Conversion Kit

Da die erste Upgrade-Stufe nur ein Upgrade (das Hardened Upgrade) braucht, gibt es dafür natürlich kein Conversion Kit.

## Das Interface

Viele Maschinen und Blöcke der Thermal-Reihe haben ein Interface. Wie es aufgebaut ist und welche Funktion die verschiedenen Bereiche haben, erklären wir dir in diesem Abschnitt anhand des Redstone Furnace. Andere Maschinen sind ähnlich aufgebaut, du wirst dich also schnell zurechtfinden.

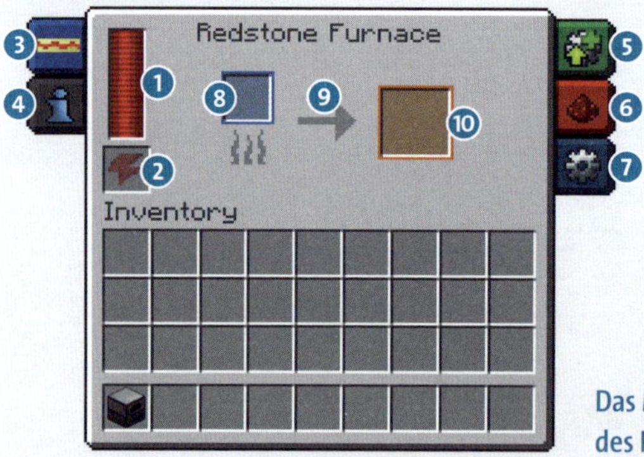


Das Maschinen-Interface des Redstone Furnace

❶ **Interner Energiespeicher:** Hier siehst du, wie viel Energie deine Maschine gespeichert hat.

❷ **Energy Input:** Hier kannst du einen Capacitor oder mit Energie aufgeladene Items (z. B. Werkzeuge) ablegen, um damit die Maschine mit Energie zu versorgen.

❸ **Energy:** Wenn du auf diesen Registerreiter klickst, wird dir angezeigt, wie viel Energie die Maschine derzeit verbraucht, maximal verbrauchen kann und im internen Speicher hat.

❹ **Info:** Wenn du auf diesen Registerreiter klickst, wird dir eine kurze Information zu der Maschine anzeigt.

❺ **Augmentation:** Über diesen Registerreiter kannst du Augmentations installieren. Damit du Slots dafür bekommst, benötigst du allerdings Upgrades, die haben wir eben schon erklärt.

❻ **Redstone:** Über diesen Registerreiter kannst du einstellen, ob die Maschine mit Redstone steuerbar sein soll, also ob z. B. ein Hebel sie an- und ausschalten soll.

❼ **Konfiguration:** Über diesen Registerreiter legst du den Eingang, Ausgang und mehr fest. Mehr dazu unten.

❽ **Input Slot:** Hier werden Items zur Verarbeitung abgelegt.

❾ **Progression:** Zeigt dir an, wie weit die Maschine mit der Verarbeitung ist. Aussehen kann variieren.

❿ **Output Slot:** Hier wird dein fertiges bzw. verarbeitetes Item abgelegt.

## Maschinen richtig einstellen

Dieser Abschnitt wird auch später noch wichtig sein, also merke dir gut, was hier geschrieben steht (oder leg dir ein Lesezeichen in die Seite)! Die Konfiguration von Thermal-Expansion-Maschinen funktioniert nämlich grundsätzlich immer gleich. Im Interface der Maschine findest du auf der rechten Seite einen Registerreiter mit dem Symbol eines kleinen Zahnrades (❼ in der Abbildung auf der vorherigen Seite). Wenn du ihn anklickst, öffnet sich ein neues kleines Fenster, in dem du die Seiten der Maschinen sehen kannst. Du kannst also an jeder Maschine festlegen, von welcher Seite Items angenommen und von welcher sie abgegeben werden.

Um die Seiten einzustellen, klickst du einfach mit links auf das jeweilige Kästchen und kannst so zwischen den Einstellungen wechseln. Das Feld unten rechts ist die Rückseite der Maschine. Wichtig sind besonders die Farben, denn Input und Output sind farbig markiert, damit du leichter erkennst, was du gerade einstellst. Hoffentlich bist du nicht farbenblind ...

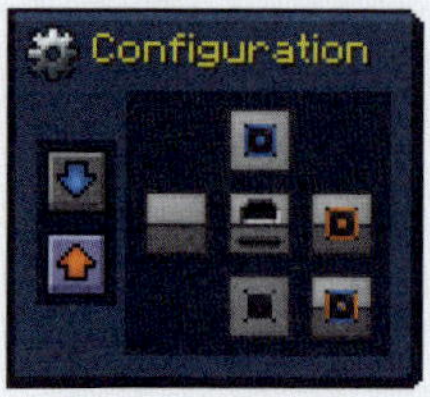


Seiteneinstellungen der Maschinen

- Blau heißt Eingang. Steht eine Seite auf Blau, werden dort Items, Energie und Flüssigkeiten an- und aufgenommen, im Beispiel also oben auf der Maschine.
- Orange heißt Ausgang. Items, Energie und Flüssigkeiten werden abgegeben. Hier im Beispiel ist das auf der rechten Seite der Maschine der Fall.
- Blau und Orange zusammen heißt, es wird gleichzeitig aufgenommen und abgegeben, in diesem Fall auf der Rückseite der Maschine.
- Leer/Grau heißt, dass für diese Seite keine Konfiguration vorgenommen wurde und nichts Besonderes passiert. Bei der im Beispiel gezeigten Maschine ist das unten und auf der linken Seite.

Außerdem gibt es in dem Fenster links noch einen blauen und einen orangefarbenen Pfeil. Diese Pfeile stehen für Auto-In- und -Output:

- Auto-Input (blauer Pfeil): Legt fest, ob eine Maschine Items oder Flüssigkeiten aus einem anliegenden Inventar selbstständig importieren darf.
- Auto-Output (orangefarbener Pfeil): Legt fest, ob eine Maschine das Endprodukt direkt in ein anliegendes Inventar ausgeben darf. Ansonsten bleibt es im Ofen liegen, oder du musst es selbst herausziehen.

Einige Maschinen haben noch mehr farbige Einstellungen, wie Lila oder Gelb. Diese Farben beziehen sich dann auf einen bestimmten Slot in dieser Maschine, der auch immer in der jeweiligen Farbe hervorgehoben wird.

Die Vorderseite kann bei den Maschinen übrigens nicht eingestellt werden. Mit ⇧-Taste + Rechtsklick auf das Kästchen kannst du alle Einstellungen auf den Standard zurücksetzen.

## Energie erzeugen

Da die meisten Items aus Thermal Expansion auf Energie basieren, solltest du erst einmal welche erzeugen, sonst macht der Rest keinen Spaß. Das funktioniert natürlich auch mit jeder anderen Energiequelle, die du eventuell schon hast, aber es gibt auch eigene, direkt von der Mod: die *Dynamos*. Es gibt sie in verschiedenen Ausführungen. Jeder Dynamo erzeugt aus anderen Items oder Flüssigkeiten Energie. Um direkt zu sehen, welcher Dynamo was braucht, kannst du einfach mit der Maus über das Item fahren und die ⇧-Taste drücken. Alternativ kannst du auch die Taste U benutzen, um zu sehen, was du mit einem Dynamo alles machen kannst. Bei den Dynamos ist wichtig, dass der Ausgang für Energie immer an der Oberseite liegt.

Alle Dynamos aus Thermal Expansion

Es gibt insgesamt sechs verschiedene Dynamos, die alle ein bisschen unterschiedlich sind:

- **Steam Dynamo:** Kohle + Wasser = 24.000 RF (Redstone Flux; mehr Infos zu den Energieeinheiten findest du im Abschnitt »Erzverdopplung und Energie« auf Seite 46)
- **Magmatic Dynamo:** Lava = 120.000 RF
- **Compression Dynamo:** Tree Oil = 1.000.000 RF
- **Reactant Dynamo:** Destabilized Redstone + Gunpowder = 100.000 RF
- **Enervation Dynamo:** Block of Redstone = 640.000 RF
- **Numismatic Dynamo:** Smaragd = 200.000 RF

Damit ein Dynamo funktioniert, muss er alle Items und/oder Flüssigkeiten haben, die er zum Betrieb benötigt. Der Steam Dynamo z. B. braucht einen festen Brennstoff wie Kohle und dazu noch Wasser. Beides wird verbraucht. Coal kannst du einfach so nachlegen oder eine Kiste mit einem Hopper anschließen. Für das Wasser kannst du den Aqueous Accumulator nutzen.

Schließe ihn einfach direkt an oder baue ein Fluiduct aus Thermal Dynamics dazwischen (mehr dazu ab Seite 172).

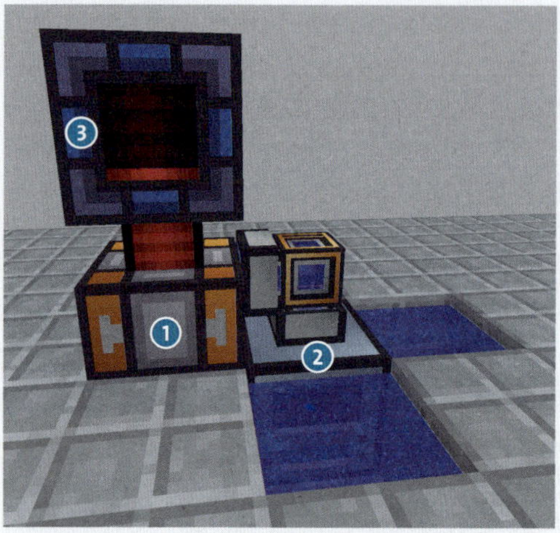

Ein Steam Dynamo ❶ mit automatischer Wasserzufuhr über einen Aqueous Accumulator ❷ und mit einer aufgesetzten Energy Cell ❸

## Energie speichern

Energie erzeugen ist eine Sache, Energie speichern eine andere. Es wäre also sinnvoll, sich als Nächstes einen Energiespeicher zu bauen, denn Maschinen benötigen natürlich konstant Energie, wenn sie arbeiten. Das wird in RF/t (Redstone Flux pro Tick) gemessen. Eine gute Maschine braucht z. B. 400 RF/t, um zu arbeiten. Es kann vorkommen, dass dein Dynamo zwar über einen langen Zeitraum eine große Menge Energie erzeugt, aber eben zu wenig RF/t. Der normale Steam Dynamo erzeugt mit Kohle 40 RF/t, was also viel zu wenig wäre, um die Maschine konstant mit den benötigten 400 RF/t zu versorgen.

Baust du dir einen Energiespeicher, kannst du die Energie im Voraus generieren, für später lagern und dann benutzen, genauso, wie du es von normalen Akkus her kennst. Die Dynamos haben zwar schon einen kleinen eingebauten Energiespeicher, aber es lohnt sich trotzdem, einen eigenen, richtigen zu bauen. Dann kannst du an den nämlich gleich mehrere Maschinen gleichzeitig anschließen, und der Akku ist schneller voll. Der erste, einfache Energiespeicher ist die Energy Cell (Basic). Sie kann 2 Millionen RF speichern und mit 1.000 RF/t Energie annehmen und abgeben. Die Energy Cell ist ein normaler Block mit sechs Seiten. Die Seiten können individuell konfiguriert werden, um einzustellen, an welcher Seite der Block Energie aufnehmen, abgeben oder gar nichts machen soll. Natürlich kannst du auf Energy Cells auch Upgrades installieren, um die Kapazität und die Übertragungsrate zu steigern.

| Symbol | Energy Cell Stufe | Energiespeicher | Übertragung |
|---|---|---|---|
|  | Basic | 2 Mio. RF | 1.000 RF/t |
|  | Hardened | 8 Mio. RF | 4.000 RF/t |
|  | Reinforced | 18 Mio. RF | 9.000 RF/t |
|  | Signalum | 32 Mio. RF | 16.000 RF/t |
|  | Resonant | 50 Mio. RF | 25.000 RF/t |

Speichergrößen und Übertragungsraten der einzelnen Upgrades der Energy Cell

Links eine normale Energy Cell, rechts eine mit Reinforced Upgrade. Man sieht ihr gar nicht an, dass sie neunmal so gut ist!

Um Energie aus deinem Dynamo in eine Energy Cell zu laden, stellst du sie einfach an den Output des Dynamos (orangefarben) und stellst in der Energy Cell die Seite, die mit dem Dynamo verbunden ist, auf Input (blau). Jetzt nimmt die Energy Cell RF auf und speichert es. Du kannst eine Energy Cell auch ohne Probleme abbauen und woanders wieder aufstellen, die Energie wird im Block gespeichert.

Dynamo mit Energieabgabe an eine Energy Cell

## Maschinen

Jetzt, wo du Energie erzeugen und speichern kannst, gilt es natürlich auch, sie zu verwenden. Dafür stellt Thermal Expansion verschiedene Maschinen und Geräte bereit. Konzentrieren wir uns erst einmal auf die Maschinen. Die können Items erzeugen oder sie verändern oder werden zum Craften gebraucht. Grundsätzlich gilt bei Maschinen, wie bei den meisten Blöcken der Thermal-Reihe, dass sie mit dem  Upgrade oder  Conversion Kit verbessert werden können. Durch die Verbesserungen werden die Maschinen schneller, bekommen einen größeren internen Energiespeicher und natürlich zusätzliche Augmentation Slots. Allerdings verbrauchen sie dann auch mehr Energie. Kleiner Tipp: Die Maschinen arbeiten schneller, wenn ihr interner Energiespeicher voll ist. Leert er sich, wird die Maschine langsamer. Eine konstante Energieversorgung ist also absolut zu empfehlen. Neben den aufgelisteten Augments gibt es auch noch welche, die in jeder Maschine oder in jeder, die einen sekundären Output hat, installiert werden können. Mehr Infos zu Augments findest du im nächsten Abschnitt.

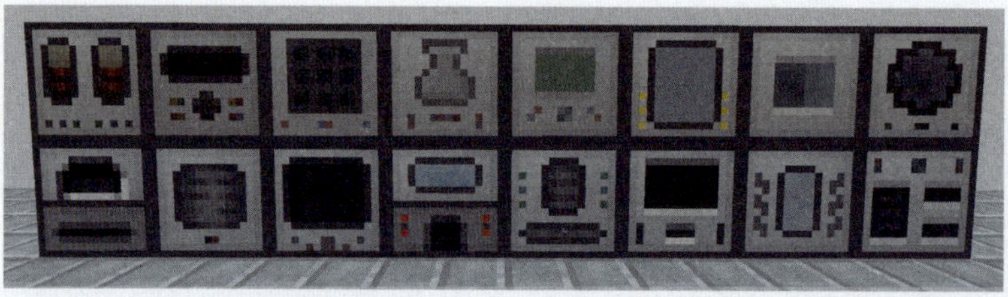

Alle Maschinen aus Thermal Expansion in der Übersicht

Einen Überblick über die Maschinen in Thermal Expansion und darüber, was sie tun, gibt dir die Tabelle.

| Symbol | Maschine | Beschreibung | Installierbare Augments |
|---|---|---|---|
|  | Redstone Furnace | Benutzt RF, um Items zu schmelzen. Verbraucht sehr wenig Energie, wenn er Essen kocht. | |
|  | Pulverizer | Zerkleinert Sachen. Eignet sich gut zur Verarbeitung und Umwandlung von Erzen. | |
|  | Sawmill | Schneidet Baumstämme zu Brettern und verarbeitet die meisten Items aus Holz weiter. | |

| Symbol | Maschine | Beschreibung | Installierbare Augments |
|---|---|---|---|
|  | Induction Smelter | Schmilzt Metalle und andere Dinge ein, die eine hohe Temperatur brauchen. Eignet sich gut, um Erze und bessere Blöcke zu verarbeiten. Kocht kein Essen. | |
|  | Phytopgenic Insolator | Führt Pflanzen Nährstoffe und Licht zu. Nicht gerade biologisch korrekt. Spendet Licht, wenn er aktiv ist. | Nutrient Recovery |
|  | Compactor | Benutzt viel Druck, um Items in eine andere Form wie Plates oder Blöcke zu pressen. | Numismatic Press<br>Gearworking Die |
|  | Magma Crucible | Macht aus kompatiblen Items Flüssigkeiten. | Pyroconvective Loop |
|  | Fractionating Still | Funktioniert wie eine Refinery und wird benutzt, um flüssige Brennstoffe zu raffinieren. | Reflux Column<br>Alchemical Retort |
|  | Fluid Transposer | Wird benutzt, um Items, die Flüssigkeiten speichern, zu befüllen oder zu leeren. | |
|  | Energetic Infuser | Lädt Items mit Energie auf. | Flux Linkage<br>Concentrator<br>Flux Reconstruction<br>Parabolic Flux Coupling |
|  | Centrifugal Separator | Separiert Items wieder in ihre Einzelteile. | Enstabulation Apparatus |
|  | Sequential Fabricator | Craftet automatisch Items. | Plattern Validation<br>Fluidic Fabrication |
|  | Alchemical Imbuer | Braut Tränke und verwendet sie als Flüssigkeiten. | Reagent Recovery |
|  | Arcane Ensorcellator | Kann bestimmte Verzauberungen herstellen. | |
|  | Glacial Precipitator | Gefriert Flüssigkeiten in Items. | |
|  | Igneous Extruder | Vermischt heiße und kalte Flüssigkeiten, um Items zu erschaffen. | Pyrociastic Injeciton<br>Clastic Deposition |

Übersicht der Maschinen aus Thermal Expansion

## Augmentation – alles in noch besser

Das Interface zum Installieren von Augments

Das Wort Augmentation hast du in den letzten Abschnitten schon ein paar Mal gelesen. Aber was ist das eigentlich? Die sogenannten *Augments* sind Verbesserungen für Maschinen und andere Blöcke, die du craften und dann in den dafür vorgesehenen Slot legen kannst. In einer Maschine kannst du maximal vier Augments installieren. Dafür muss sie aber mindestens auf Stufe Resonant sein. Die Basic-Version kann keine Augments aufnehmen. (Sonst wäre sie ja auch nicht mehr Basic, oder?)

Es gibt Augments für alle möglichen Anwendungen. Sie können Maschinen schneller machen, die Effizienz erhöhen, ihre Funktionsweise verändern oder spezialisieren und noch viel mehr. Es gibt Augments, die du in allen Maschinen verwenden kannst, andere wiederum sind nur für eine einzige Maschine gedacht. Einige Augments sind auch spezialisiert, diese Upgrades können dann nicht gemeinsam mit einem anderen spezialisierten Upgrade installiert werden. Schauen wir uns die Augments mal genauer an. Achtung, es sind echt viele! Die Angaben in den folgenden Tabellen beziehen sich übrigens auf den Grundzustand und werden nicht addiert.

### Auxiliary Reception Coil

Erhöht die maximale Energieausnutzung einer Maschine und damit auch ihre Geschwindigkeit. Kann bis zu viermal installiert werden.

| Installierte Augments | Multiplikator des maximalen Energieverbrauchs | Erhöhung des Energieverbrauchs |
|---|---|---|
| 1 | × 2 | + 10 % |
| 2 | × 3 | + 20 % |
| 3 | × 4 | + 30 % |
| 4 | × 5 | + 40 % |

Maximale Energieausnutzung von Maschinen in vier Ausbaustufen

### Auxiliary Sieve

Erhöht die Chance auf einen sekundären Drop in einer Maschine mit zwei Output Slots. Kann bis zu viermal installiert werden.

| Installierte Augments | Multiplikator der Chancen (~) | Erhöhung des Energieverbrauchs |
|---|---|---|
| 1 | ×1,18 | +10 % |
| 2 | ×1,43 | +20 % |
| 3 | ×1,82 | +30 % |
| 4 | ×2,5 | +40 % |

Chancenerhöhung auf sekundären Drop in vier Ausbaustufen

**Nullification Chamber**

Löscht den sekundären Drop einer Maschine, wenn der Slot oder Tank dafür voll ist. Kann nur in Maschinen installiert werden, die einen sekundären Output Slot haben, wie der Pulverizer oder Induction Smelter.

**Trivection Chamber**

Erhöht die Anzahl an gekochtem Essen, das ein Redstone Furnace produziert. Aus einem rohen Nahrungsmittel werden also immer mindestens zwei gekochte. Spezialisiertes Upgrade.

**Flux Anodizer**

Lässt den Redstone Furnace Erze effizienter verarbeiten. Aus einem Block Erz werden also immer mindestens zwei Ingots. Spezialisiertes Upgrade.

**Pyrolytic Conversion**

Erlaubt dem Redstone Furnace, organische Materialien wie Holz in Holzkohle oder Kohle zu Coal Coke mit Creosote Oil als Nebenprodukt zu verarbeiten. Spezialisiertes Upgrade.

**Tectonic Initiator**

Lässt den Pulverizer mithilfe von Tectonic Petrotheum Erze effizienter verarbeiten. Verbraucht 100 mB Tectonic Petrotheum und erhöht den Energieverbrauch um 50 %. Spezialisiertes Upgrade.

| Installierte Augments | Multiplikator der Chancen (~) |
|---|---|
| 1 | ×1,33 |
| 2 | ×1,67 |
| 3 | ×2,22 |
| 4 | ×3,33 |

Verbesserte Erzverarbeitung in vier Ausbaustufen

**Resin Funnel**

Erlaubt der Sawmill, Flüssigkeiten aus Holz zu extrahieren. Erhöht den Energieverbrauch um 50 %. Spezialisiertes Upgrade.

### Metallurgical Recovery

Erhöht im Induction Smelter die Chance, dass keine metallurgischen Fluxe wie Sand, Soul Sand, Cinnabar oder Rich Slag verbraucht werden.

| Installierte Augments | Erhöhung der Chancen | Erhöhung des Energieverbrauchs |
|---|---|---|
| 1 | 15 % | + 15 % |
| 2 | 30 % | + 30 % |
| 3 | 45 % | + 45 % |
| 4 | 60 % | + 60 % |

Verbesserter Schmelzvorgang in vier Ausbaustufen

### Pyro-Concentrator

Erlaubt dem Induction Smelter, mithilfe von Blazing Pyrotehum Erze effizienter zu verarbeiten. Erhöht den Energieverbrauch um 50 %. Spezialisiertes Upgrade.

### Nutrient Recovery

Erhöht im Phytogenic Insolator die Chance, dass kein Fertilizer (Phyto-Gro) verbraucht wird.

| Installierte Augments | Erhöhung der Chancen | Erhöhung des Energieverbrauchs |
|---|---|---|
| 1 | 20 % | + 15 % |
| 2 | 40 % | + 30 % |
| 3 | 60 % | + 45 % |
| 4 | 80 % | + 60 % |

Verbesserte Düngerverwertung in vier Ausbaustufen

### Sapling Infuser

Erlaubt dem Phytogenic Insolator, Bäume wachsen zu lassen.

### Monoculture Cycle

Verbietet dem Phytogenic Insolator, dass er den normalen Input Slot verbraucht. Stellt keine sekundären Produkte mehr her. Erhöht den Energieverbrauch um 50 %. Spezialisiertes Upgrade.

### Numismatic Press

Erlaubt es dem Compactor, Coins statt Plates herzustellen. Spezialisiertes Upgrade.

### Gearworking Die

Erlaubt es dem Compactor, Gears statt Plates herzustellen. Spezialisiertes Upgrade.

### Pyroconvective Loop

Erhöht die Geschwindigkeit eines Magma Crucibles, der Lava herstellt, sehr. Spezialisiertes Upgrade.

### Reflux Column

Erhöht den Output einer Fractionating Still für Fossil Fuels um 50 mB. Erhöht den Energieverbrauch um 100 %. Spezialisiertes Upgrade.

### Alchemical Retort

Erlaubt der Fractionating Still, Potions in flüssiger Form noch besser zu machen. Spezialisiertes Upgrade.

| Levelverbesserung | Fluid Input | Fluid Output |
|---|---|---|
| 2 zu 3 | 250 mB | 200 mB |
| 3 zu 4 | 200 mB | 150 mB |
| 1 zu 2 (mit Extended Potion) | 250 mB | 200 mB |
| 2 zu 3 (mit Extended Potion) | 200 mB | 150 mB |

Verbesserte Potion-Destillation in vier Ausbaustufen

### Flux Linkage Concentrator

Erhöht die Geschwindigkeit, in der der Energetic Infuser Items lädt. Wie viel schneller das passiert, hängt vom Tier der Maschine ab. Spezialisiertes Upgrade.

| Tier | Maximale Aufladerate |
|---|---|
| Basic | 2.000 RF/t |
| Hardened | 8.000 RF/t |
| Reinforced | 18.000 RF/t |
| Signalum | 32.000 RF/t |
| Resonant | 50.000 RF/t |

Zugewinn an Item-Ladegeschwindigkeit mit jedem Upgrade

### Flux Reconstruction

Erlaubt dem Energetic Infuser, kaputte Items mithilfe von Essence of Knowledge zu reparieren. Verbraucht 500 RF und 5 mB Essenz pro Haltbarkeitspunkt. Spezialisiertes Upgrade.

**Parabolic Flux Coupling**

Gibt dem Energetic Infuser die Möglichkeit, Flux Capacitors eines Spielers in bis zu 32 Blöcken Entfernung zu laden. Wie schnell, hängt vom Tier der Maschine ab. Spezialisiertes Upgrade.

| Tier | Maximale Aufladerate |
|---|---|
| Basic | 1.000 RF/t |
| Hardened | 4.000 RF/t |
| Reinforced | 9.000 RF/t |
| Signalum | 16.000 RF/t |
| Resonant | 25.000 RF/t |

Zugewinn an Ladegeschwindigkeit mit jedem Upgrade

**Enstabulation Apparatus**

Gibt dem Centrifugal Separator die Möglichkeit, mit Morbs (eine Art Pokéball für Monster) und Essence of Knowledge direkt die Drops von Mobs zu bekommen. Spezialisiertes Upgrade.

**Pattern Validation**

Lässt den Sequential Fabricator Items intelligenter verarbeiten, indem er zwei Slots für das Crafting reserviert, um eine Verstopfung zu verhindern. Außerdem wird Auto-Input freigeschaltet.

**Fluidic Fabrication**

Gibt dem Sequential Fabricator die Fähigkeit, Rezepte mit Flüssigkeiten mit z. B. einem Eimer zu craften.

**Reagent Recovery**

Erhöht beim Alchemical Imbuer die Chance, dass kein Reagent verbraucht wird.

| Installierte Augments | Erhöhung der Chancen | Erhöhung des Energieverbrauchs |
|---|---|---|
| 1 | 15 % | + 15 % |
| 2 | 30 % | + 30 % |
| 3 | 45 % | + 45 % |
| 4 | 60 % | + 60 % |

Verbesserte Reagenziennutzung in vier Ausbaustufen

**Pyroclastic Injection**

Erlaubt es dem Igneous Extruder, ohne Kühlflüssigkeit (Wasser) zu arbeiten. Spezialisiertes Upgrade.

**Auxiliary Transmission Coil**

Erhöht den Energie-Output eines Dynamos und damit seine Produktionsgeschwindigkeit.

| Installierte Augments | Multiplikator des maximalen Energie-Outputs |
|---|---|
| 1 | ×2 |
| 2 | ×3 |
| 3 | ×4 |
| 4 | ×5 |

Verbesserte Energieleistung in vier Ausbaustufen

**Fuel Catalyzer**

Erhöht die Menge an Energie, die ein Dynamo pro Einheit Brennstoff erzeugt.

| Installierte Augments | Erhöhung der Energie |
|---|---|
| 1 | +15 % |
| 2 | +30 % |
| 3 | +45 % |
| 4 | +60 % |

Verbesserte Brennstoffnutzung in vier Ausbaustufen

**Transmission Coil Ducting**

Gibt dem Dynamo die Möglichkeit, Items und Flüssigkeiten zusätzlich an seiner Oberseite anzunehmen, die sonst nur Energie abgeben kann.

**Excitation Fiel Limiter**

Stoppt die Energieproduktion eines Dynamos, wenn er keine Energie abgeben kann.

**Boiler Conversion**

Verwandelt einen Steam, Magmatic oder Compression Dynamo in einen Steam Boiler, wodurch er nicht direkt RF erzeugt, sondern aus Wasser Dampf generiert. Der Steam kann dann in einem zweiten Schritt in einer Turbine in RF umgewandelt werden, um mehr Energie zu erzeugen. Mit dem Upgrade ändert sich auch, wie viel Energie der Dynamo pro Fuel-Einheit erzeugt. Spezialisiertes Upgrade.

| Dynamo | Multiplikator des maximalen Energie-Outputs | Erhöhung der Energie |
|---|---|---|
| Steam | ×4 | +15 % |
| Magmatic | ×2 | −40 % |
| Compression | ×2 | −40 % |

Veränderte Energieleistung je Dynamo

**Turbine Conversion**
Erlaubt es dem Steam Dynamo, mit Dampf einer externen Quelle zu arbeiten. Spezialisiertes Upgrade.

**Isentropic Reservoir**
Erhöht die Menge an Energie, die der Magmatic Dynamo erzeugt, er verbraucht dann aber auch zusätzlich ein Kühlmittel.

**Closed-Loop Cooling**
Erlaubt es dem Compression Dynamo zu arbeiten, ohne dass er sein gespeichertes Coolant verbraucht.

**Ignition Plugs**
Erhöht die Menge an Energie, die der Compression Dynamo erzeugt. Der verbraucht dann aber Refined Fuel.

**Elemantal Catalyzer**
Erhöht die Menge an Energie, die der Reactant Dynamo durch Reaktionen zwischen elementaren Flüssigkeiten und Dust erzeugt.

**Disjunctive Extraction**
Ermöglicht es dem Enervation Dynamo, verzauberte Items als Brennstoff zu benutzen.

**Lapidary Calibration**
Erlaubt es dem Numismatic Dynamo, verschiedene Edelsteine als Brennstoff zu benutzen, und erhöht so die Energieproduktion.

| Brennstoff | Energie pro Einheit |
|---|---|
| Nether Quartz | 40.000 RF |
| Lapis Lazuli | 80.000 RF |
| Prismarine Shard | 150.000 RF |
| Emerald | 200.000 RF |
| Diamond | 1.200.000 RF |

Energieausbeute verschiedener Brennstoffe

Du siehst, hier gibt es einiges upzugraden. Bis du alle Möglichkeiten ausgeschöpft hast, wird eine ganze Weile vergehen. Selbst wir finden ab und zu noch Augments, die wir noch nicht kannten.

## Geräte

Das kleinere Gegenstück zu den Maschinen sind in Thermal Expansion die *Geräte*. Sie können z. B. Wasser pumpen, Items mit Energie laden, Items und Flüssigkeiten sortieren oder sogar löschen und noch vieles mehr. Der größte Unterschied zu den Maschinen besteht darin, dass Geräte keine Energiezufuhr benötigen. Außerdem kannst du Geräte nicht mit Upgrades oder Conversion Kits verbessern und wirst auch keinen Slot für Augments finden. Sie erfüllen immer nur einen Zweck, aber das gleich so gut, dass sie gar nicht besser gemacht werden müssen.

Alle Geräte aus Thermal Expansion in der Übersicht

Welche Geräte es so gibt und was sie können, verrät dir folgende Tabelle:

| Symbol | Gerät | Beschreibung |
|---|---|---|
|  | Aqueous Accumulator | Generiert Wasser, indem er es aus seiner Umgebung extrahiert. An vier Seiten von Wasser umgeben, arbeitet er sehr schnell. Funktioniert auch, wenn Regen darauf fällt. |
|  | Nullifier | Löscht alle Items, die er bekommt – quasi ein Mülleimer. |
|  | Thermal Mediator | Beschleunigt Maschinen, die direkt neben ihm stehen, indem er Kühlflüssigkeit verbraucht. |
|  | Arboreal Extractor | Extrahiert Flüssigkeiten aus einem anliegenden Baum. |
|  | Aquatic Entangler | Angelt Fische, wenn er über einem mindestens 5 × 5 × 2 Blöcke großen Wasserloch steht. |

| Symbol | Gerät | Beschreibung |
|---|---|---|
|  | Item Allocator | Speichert und transferiert Items zwischen anliegenden Blöcken und Transportsystemen wie Truhen oder Itemducts. |
|  | Fluid Allocator | Speichert und transferiert Flüssigkeiten zwischen anliegenden Blöcken und Transportsystemen wie Tanks oder Fluiducts. |
|  | Lexical Transmuter | Konvertiert Items nach dem Ore Dictionary – praktisch das Forge Lexicon in Blockform. |
|  | Insightful Condenser | Sammelt in der Nähe liegende XP-Kugeln ein und macht daraus Essence of Knowledge. |
|  | Decoctive Diffuser | Weitet den Effekt flüssiger Potions auf ein Areal von 9 × 9 × 9 Blöcken für normale Potions aus, für Splash Potions sogar auf 13 × 13 × 13 und für Lingering Potions auf 17 × 17 × 17 Blöcke. |

Übersicht der Geräte der Mod Thermal Expansion

Die Geräte aus Thermal Expansion bringen wirklich ein paar sehr coole Funktionen ins Spiel, und du wirst sie bald nicht mehr missen wollen. Da sie keine Energiezufuhr benötigen, können sie überall arbeiten, und du musst keine langen Stromleitungen legen.

## Items und Flüssigkeiten speichern

Thermal Expansion bietet nicht nur die Möglichkeit, Energie zu speichern, sondern auch Items und Flüssigkeiten. Das ist alles für sich genommen schon sehr praktisch, aber wie immer wird es vor allem dann interessant, wenn du es mit anderen Mods kombinierst. Mehr zu diesem Thema findest du in Kapitel 16, »Jetzt kommt alles zusammen – Mods kombinieren«. Jetzt aber erst mal zu den Aufbewahrungsmöglichkeiten.

### *Items im Cache*

Um Items zu lagern oder zu speichern, gibt es zwei Möglichkeiten. Die erste Möglichkeit ähnelt der Mod *Storage Drawers*, die wir in Kapitel 9 noch näher vorstellen. Denn der  Cache kann nur eine Sorte Items lagern, davon dann aber sehr viele. Allein in die Basic-Version passt schon 20.000 Mal das gleiche

Item rein. Der komplett upgegradete Cache kann das Item insgesamt eine halbe Million Mal speichern – 500.000 Items in einem Block!

Links ein normaler Cache, rechts ein abgeschlossener mit Reinforced Upgrade

Die Benutzung ist ganz einfach, der Cache funktioniert ähnlich wie ein Storage Drawer: ⇧-Taste + Rechtsklick bei leerer Hand schließen den Cache ab. Ein normaler Rechtsklick legt das Item aus der Hand in den Cache. Ein Doppelrechtsklick lagert alle gleichen Items aus dem Inventar ein. Mit Linksklick ziehst du ein Item heraus, und mit ⇧-Taste + Linksklick ziehst du einen ganzen Stack heraus.

### *Items in der Strongbox*

Die zweite Möglichkeit, Items zu lagern, ist die Strongbox. Sie ähnelt den *Iron Chests*, die wir uns auch in Kapitel 9 nochmal anschauen. Allerdings hat die Strongbox einen sehr großen Vorteil gegenüber der Iron Chest. Sie behält nämlich im Gegensatz zu normalen Chests ihren Inhalt, wenn sie abgebaut wird. So kannst du sie einfach mitnehmen und woanders wiederaufbauen. Die Strongbox hat dafür nur 18 Slots, was für eine Truhe relativ wenig ist. Zum Vergleich: Eine normale Minecraft-Chest hat 27 Slots. Aber auch bei der Strongbox gilt, wie bei den meisten Blöcken von Thermal Expansion: Sie kann mit Upgrades aus Thermal Foundation upgegradet werden und dann bis zu 81 Slots bekommen. Da kann eine normale Truhe nun echt nicht mehr mithalten.

Die Strongbox: links normal, rechts mit Reinforced Upgrade

### ***Flüssigkeiten im Portable Tank***

Die Option, Flüssigkeiten zu speichern, hast du mit dem Portable Tank. Wie der Name schon verrät, ist dieser Tank *portable*, also tragbar. Du kannst ihn ohne Probleme abbauen und mitnehmen, der Inhalt bleibt drin. Die Tanks lagern Flüssigkeiten immer in Millibuckets (mB). Zur Erinnerung: 1.000 mB sind ein Bucket. In einem Bucket kann man natürlich immer nur einen ganzen Bucket lagern (logisch, oder?), viele Rezepte und Maschinen brauchen aber eigentlich viel weniger. In solchen Fällen ist ein Tank also eine sinnvolle Anschaffung.

Links ein normaler Portable Tank, rechts einer mit Reinforced Upgrade und Flüssigkeit

Den Tank zu benutzen könnte einfacher nicht sein: Um Flüssigkeiten einzulagern, reicht es, mit einem vollen Bucket daraufzuklicken. Die Flüssigkeit landet damit sofort im Tank, und du kannst sie per Rechtsklick wieder herausnehmen. Natürlich kannst du den Tank auch an Maschinen anschließen oder ihn mit Leitungen verbinden. Dafür musst du allerdings seinen Eingang/Ausgang richtig einstellen. Der Tank kann in der Standardeinstellung nur von unten Flüssigkeiten annehmen und abgeben. Auch hier gelten wieder die Farbeinstellungen, die du auf Seite 152 kennengelernt hast. Anders als andere Maschinen und Blöcke hat der Tank kein Interface. Um ihn richtig einstellen zu können, benötigst du den Crescent Hammer, diese Art Wunderschraubenschlüssel, den wir dir ganz am Anfang des Kapitels vorgestellt haben. Einfach mit Rechtsklick auf den Tank klicken, während du den Crescent Hammer hältst, und schon ändert sich die Farbe am Boden des Tanks. Wir haben doch gesagt, du wirst das Ding noch brauchen!

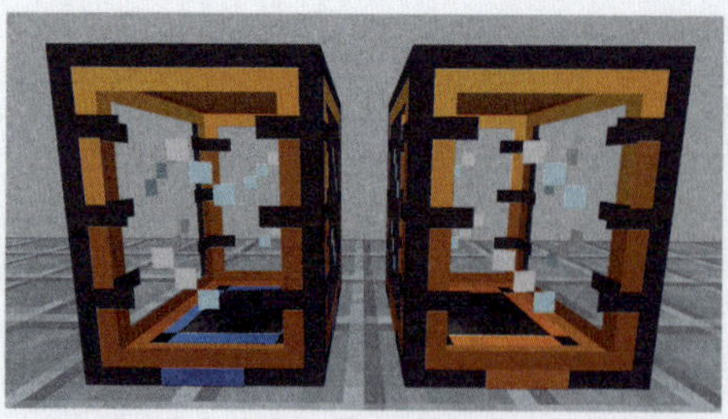

Linker Tank mit Eingang (blau) am Boden, rechter Tank mit Ausgang (orangefarben)

## Kleine Gadgets

Die Möglichkeit, Energie, Items und Flüssigkeiten zu speichern, ist nicht an feste Positionen gebunden. Du kannst alles auch für unterwegs einpacken und mitnehmen.

### *Energie zum Mitnehmen*

Eine Energy Cell ist zwar ganz toll, wenn man Maschinen und solche Dinge versorgen will, aber es gibt in Modpacks auch viele (tragbare) Items und Rüstungen, die Energie benötigen, um zu funktionieren. Um die zu laden, gibt es zwar auch eine Maschine, aber für eine Erkundungstour oder Ähnliches ist das natürlich nichts. Zum Glück gibt es den Flux Capacitor, eine Art Energy Cell für unterwegs. Der Flux Capacitor kann genau wie sein großer Bruder Energie speichern, allerdings nicht als Block, sondern als Item für das Inventar! Ein Capacitor kann dabei nicht nur Energie lagern, er kann deine Items oder Rüstung auch gleich laden, wenn du ihn im Inventar hast. Den Flux Capacitor gibt es in verschiedenen Größen, da er natürlich mit Upgrades versehen werden kann:

- **Basic:** 1.000.000 RF
- **Hardened:** 4.000.000 RF
- **Reinforced:** 9.000.000 RF
- **Signalum:** 16.000.000 RF
- **Resonant:** 25.000.000 RF

Um den Capacitor zu nutzen und Items oder die Rüstung zu laden, muss er in deiner Hotbar sein. Daraus kannst du ihn mit [⇧] + Rechtsklick aktivieren. Wenn er aktiv ist, leuchtet er rot. Der Capacitor hat drei verschiedene Modi, mit der Taste [V] kannst du zwischen ihnen wechseln:

- **Held Items:** Lädt das Item, das du gerade in der Hand hältst.
- **Worn Items:** Lädt deine Rüstung und alle »angezogenen« Items.
- **Equipment:** Lädt deine Rüstung und Offhand.

Wir benutzen oft Rüstungen oder Werkzeuge, die auf Energie basieren, da sie meistens stärker sind als reguläres Equipment. Da ist es immer praktisch, einen Capacitor dabei zu haben.

### *Items zum Mitnehmen*

Auch wenn eine Strongbox ihren Inhalt behält, wenn man sie abbaut, ist es schon sehr umständlich, sie immer wieder aufzustellen, ins Inventar zu schauen, wieder abzubauen und weiterzugehen. Nehmen wir doch einfach die Strongbox und schnallen sie uns auf den Rücken! Na ja, nicht ganz. Aber der Satchel ist quasi genau das: ein Rucksack, den du einfach im Inventar hast und auf den du mit Rechtsklick zugreifen kannst, wenn du ihn brauchst. Es gibt ihn aber nicht nur in den bekannten Stufen, sondern auch noch in einer speziellen Variante, die Items direkt löscht.

Die normalen Stufen kennst du bereits, die Größe ändert sich natürlich mit den Upgrades:

**Basic:** 9 Slots

**Hardened:** 18 Slots

**Reinforced:** 27 Slots

**Signalum:** 36 Slots

**Resonant:** 45 Slots

Der Satchel ist aber nicht einfach nur ein Rucksack. Er hat noch ein paar mehr Features. Mit V kannst du z. B. das **Auto-Pickup** aktivieren. Damit wandern alle Items, die du einsammelst, direkt in den Rucksack und nicht in dein Inventar. Das ist zwar ziemlich cool, müllt den Rucksack aber auch relativ schnell zu. Um das zu vermeiden, gibt es ein eingebautes Filtersystem. Mit ⇧ + Rechtsklick kommst du in dessen Einstellungen:

Das Satchel-Interface

1. **Filter Slots:** Hier legst du Items ab, die du aufsammeln möchtest oder auch nicht (siehe Punkt 2).
2. **Black-/Whitelist:** Hier stellst du zwischen *Black-* und *Whitelist* um. Whitelist bedeutet, dass *nur* die oben 1 abgelegten Items aufgenommen werden. Blacklist bedeutet genau das Gegenteil, nur die links abgelegten Items werden nicht aufgenommen, alles andere aber schon.
3. **Ore Dictionary:** Soll das Ore Dictionary benutzt werden oder nicht?

4. **Metadata:** Soll beim Aufsammeln auf Metadata geachtet werden oder nicht? (Beispiel: Soll die Haltbarkeit eines Werkzeugs betrachtet werden?)
5. **NBT:** Soll auf NBT-Daten (steht für *Named Binary Tag*) geachtet werden oder nicht?

Die großen Rucksäcke mit Upgrades haben auch mehr Slots in den Einstellungen, sodass du deine Black- bzw. Whitelist sehr fein einstellen kannst. Nützlich ist dieses Feature vor allem beim Minen. Setzt du Bruchstein auf die Blacklist, wird er einfach nicht mehr eingesammelt.

Das letzte, abgefahrene Feature ist die Möglichkeit, den Inhalt des Rucksacks direkt in ein anderes Inventar zu transferieren. Dafür reicht es, mit dem Rucksack in der Hand mit ⇧ + Rechtsklick auf eine Truhe oder Ähnliches zu klicken. Der Rucksack wird geleert, und die Items liegen in der Kiste, ganz ohne nerviges Umsortieren.

Der Void Satchel ist noch etwas besonderer als der normale Rucksack, denn er löscht einfach alles, was in ihn gelegt wird. Das klingt erst mal absurd, kann aber sehr nützlich sein. Auch der Void Satchel hat ein Interface, um eine Black- oder Whitelist einzustellen. Auch er kann mit V Items direkt einsammeln. Nehmen wir wieder die Mining-Tour als Beispiel: Mit dem normalen Rucksack bleibt der Cobblestone, wenn du ihn auf die Blacklist gesetzt hast, damit er nicht dein normales Inventar zumüllt, nämlich einfach auf dem Boden liegen und führt im schlimmsten Fall zu Laggs (du weißt schon, wenn auf einmal alles ... ganz ... langsaaaam ... – Moment, hat's dich auch grad erwischt?). Nimmst du eine Kombination aus einem normalen und einem Void Satchel mit, kannst du das ganz leicht vermeiden. Dafür stellst du im normalen Rucksack Cobblestone auf die Blacklist und im Void Satchel auf die Whitelist. Wenn du dann bei beiden mit V das **Auto-Pickup** aktivierst, kannst du minen, ohne von Cobblestone geplagt zu werden. Den Void Satchel kannst du natürlich auch immer als normale Mülltonne für unterwegs verwenden (denkt an die Umwelt!).

#### *Flüssigkeiten zum Mitnehmen*

Und auch von den Lagermöglichkeiten für Flüssigkeiten gibt es eine To-go-Version: das *Reservoir*. Du kannst es nutzen, um Flüssigkeiten zu lagern, zu transferieren oder dein Equipment zu befüllen. Das Reservoir gibt es in den bekannten Stufen mit unterschiedlichem Fassungsvermögen:

**Basic:** 10.000 mB, also 10 Buckets

**Hardened:** 40.000 mB, also 40 Buckets

- **Reinforced:** 90.000 mB, also 90 Buckets
- **Signalum:** 160.000 mB, also 160 Buckets
- **Resonant:** 250.000 mB, also 250 Buckets

Natürlich hat auch das Reservoir ein paar coole Extras. Mit [V] kannst du zwischen den verschiedenen Modi wechseln. Diesmal sind es allerdings nur zwei: **Fill** oder **Empty**. Auf **Fill** wird das Reservoir benutzt, um eine Maschine oder einen Block zu befüllen. In diesem Modus kannst du die Flüssigkeit auch in der Welt platzieren. Auf **Empty** wird das Reservoir benutzt, um Flüssigkeiten aus einer Maschine oder der echten Welt aufzunehmen. Mit [⇧] + Rechtsklick kannst du das Reservoir aktivieren. Wie auch schon der Capacitor wird es dann benutzt, um dein Equipment zu befüllen, solltest du mal irgendwo was Flüssiges benötigen.

# THERMAL DYNAMICS – TRANSPORTE HIER ENTLANG

Thermal Expansion selbst bietet keine Möglichkeit, Items, Flüssigkeiten und Energie zu leiten. Maschinen oder Truhen müssen immer direkt nebeneinanderstehen. Hier kommt Thermal Dynamics zum Einsatz, mit dieser Mod aus der Thermal-Reihe kannst du nämlich neben den üblichen Sachen sogar Spieler durch Leitungen schicken!

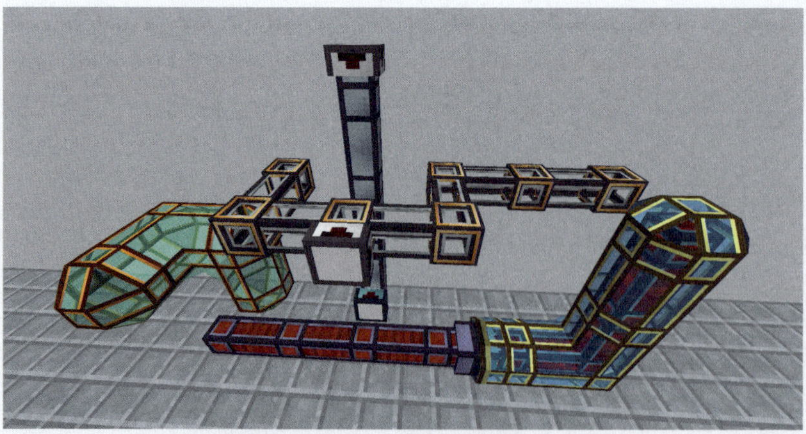

Ein paar Leitungen aus Thermal Dynamics. Könnte aber auch Kunst sein.

## Fluxduct – Energie leiten

Energie von A nach B zu transportieren kann kompliziert und teuer sein. Mit den Fluxducts aus Thermal Dynamics allerdings nicht, sie sind im Vergleich zu Leitungen anderer Mods billig und effizient. Es gibt sie in sechs verschiedenen Varianten, die unterschiedlich viel Energie leiten können:

- **Leadstone Fluxduct:** 1.000 RF/t
- **Hardened Fluxduct:** 4.000 RF/t
- **Redstone Energy Fluxduct:** 9.000 RF/t
- **Signalum Fluxduct:** 16.000 RF/t
- **Resonant Fluxduct:** 25.000 RF/t
- **Cryo-Stabilized Fluxduct:** unendlich RF/t

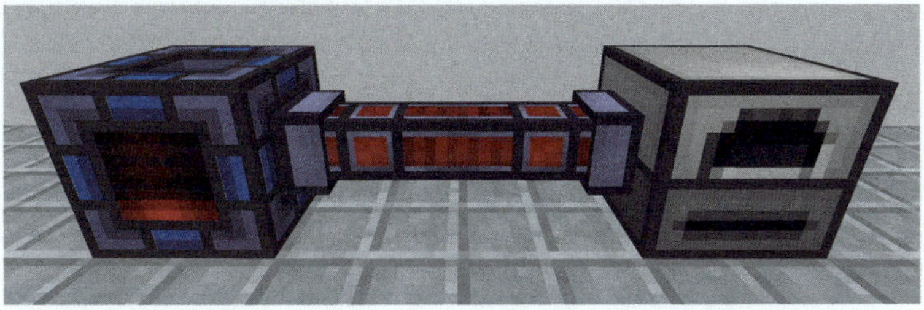

Eine einfache Energieverbindung zwischen Energy Cell und Maschine. Wär bei diesem Beispiel jetzt nicht nötig gewesen, aber es geht ja ums Prinzip ;-).

Um deine Energie von einer Energy Cell oder Energiequelle in eine Maschine zu bekommen, reicht es, die beiden Blöcke mit einem Fluxduct zu verbinden. Die RF/t (Redstone Flux pro Tick) bei einer Leitung oder einem Fluxduct geben die Übertragungsrate an. Braucht eine Maschine mehr Energie, als das Fluxduct schafft, wird ihr bald der Strom ausgehen. Das Gleiche gilt für die Energiequelle. Wenn du sehr viel Energie herstellst, willst du natürlich auch alles übertragen. Aber bevor du direkt eine bessere Leitung baust (was wieder teuer ist), kann es vielleicht schon reichen, einfach mehrere Leitungen anzuschließen. Die Übertragungsrate gilt nämlich immer für eine Verbindung. Wenn du also, wie in der Abbildung oben zu sehen, eine Energy Cell mit einem Leadstone Fluxduct an eine Maschine anschließt, kommen bei der Maschine 1.000 RF/t an. Wenn du jetzt jedoch eine zweite Verbindung zwischen Energy Cell und Maschine baust, kommen pro Verbindung 2.000 RF/t an, also direkt das Doppelte. Die Leitung in der Mitte kann dabei übrigens eine bleiben, es zählt nur, was an Energiequelle und Maschine angeschlossen ist.

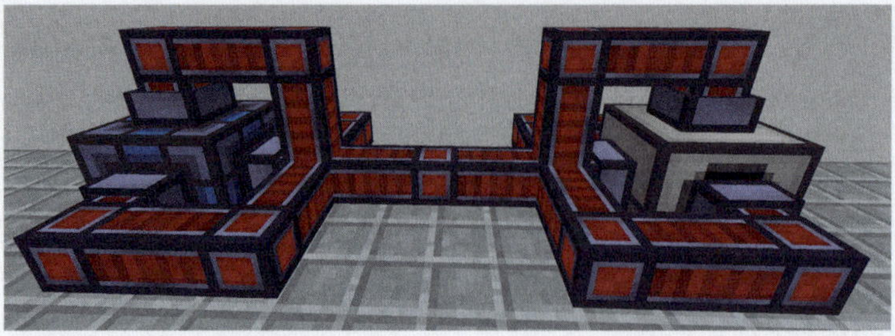

Vier Verbindungen für mehr RF/t. Wenn du den Platz hast, ist das eine günstigere Lösung als teurere bessere Leitungen.

### *Unendlich Energie leiten*

Nein, du hast dich bei der kleinen Leitungsübersicht eben nicht verlesen. Das Cryo-Stabilized Fluxduct kann wirklich *unendlich* viel RF/t leiten. Das klingt im ersten Moment vielleicht viel zu stark, ist es aber gar nicht. Denn bei seinem Preis lohnt es sich nicht, es überall zu verwenden, da man nur sehr selten SO viel Energie von A nach B transferieren muss. Unser Haupteinsatzzweck für die Leitung ist es, die Energie von einer sehr starken Quelle aus in einen Speicher zu transferieren; vom Speicher aus geht es dann mit normalen Leitungen weiter. Für diesen Zweck sind die Leitungen auf jeden Fall super. Unser Rekord für eine Energiequelle liegt bei mehreren Milliarden RF/t, dafür haben wir aber auch mehrere Reaktoren und Energiequellen gebaut. So viel wird man zwar niemals konstant benötigen, es sieht aber verdammt cool aus.

## Servos und Retriever – raus und rein mit dir

Bevor wir zum Leiten von Flüssigkeiten und Items kommen, solltest du dir noch ein paar andere nützliche Items anschauen.

### *Servos und Retriever*

Der Servo und der Retriever werden benutzt, um einer Leitung zu »sagen«, ob sie etwas aus einem Block ziehen soll und wenn ja, wie schnell. Um einen Servo zu installieren, klickst du mit ihm in der Hand auf den Verbindungspunkt zwischen Leitung und Block. Der Servo wird immer dort angebracht, wo du etwas herausziehen willst.

Der Retriever wird auf die gleiche Weise installiert, allerdings an der Seite, an der du etwas annehmen willst. Sind Servo und Retriever angebracht, kannst du sie mit Rechtsklick einstellen. Das Interface kommt dir wahrscheinlich schon bekannt vor. Bringst du Servo und Retriever an einem Itemduct an, hast du mehr Einstellungsmöglichkeiten als bei einem Fluiduct, dazu kommen wir gleich noch.

❶ **Mod Owner:** Hier kannst du sagen, ob die Mod, aus der ein Item kommt, berücksichtigt werden soll.

❷ **Transfer Mode:** Hier wird eingestellt, wie die Items aufgeteilt werden sollen:

- **Nearest First:** Die Items werden in das nächste angeschlossene Inventar gelegt.
- **Furthest First:** Die Items werden in das am weitesten entfernt angeschlossene Inventar gelegt.
- **Random:** Die Items werden zufällig auf die angeschlossenen Inventare verteilt.
- **Round Robin:** Die Items werden gleichmäßig zwischen allen angeschlossenen Inventaren aufgeteilt.

❸ **Stack Size:** Hier kannst du einstellen, wie viele Items pro Vorgang übertragen werden sollen.

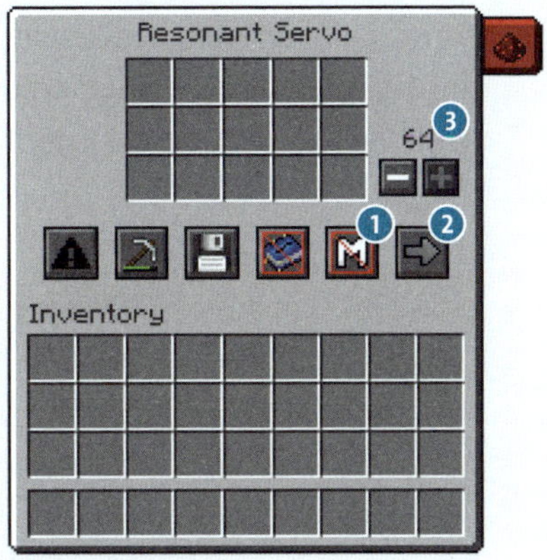

Das Interface eines Resonant Servos

Servo und Retriever gibt es in jeweils fünf verschiedenen Varianten.

| Servo/ Retriever | Basic | Hardened | Reinforced | Signalum | Resonant |
|---|---|---|---|---|---|
| Extraction-Rate | 3 Sekunden (also 60 Ticks) | 2 Sekunden | 1 Sekunde | 0,5 Sekunden | 0,5 Sekunden |
| Maximale Stack-Größe | 8 | 16 | 32 | 64 | 64 |
| Filter-optionen | Blacklist | Blacklist, Metadata | Blacklist, Metadata, NBT, Ore Dictionary, Mod Owner, Transfer Mode | Blacklist, Metadata, NBT, Ore Dictionary, Mod Owner, Transfer Mode | Blacklist, Metadata, NBT, Ore Dictionary, Mod Owner, Transfer Mode |
| Filter-Slots | 3 | 6 | 9 | 12 | 15 |
| Speed Boost | keiner | keiner | keiner | ×2 | ×3 |

| Fluiduct | Basic | Hardened | Reinforced | Signalum | Resonant |
|---|---|---|---|---|---|
| **Extraction-Rate** | 50 % | 75 % | 100 % | 150 % | 200 % |
| **Filter-optionen** | Blacklist, NBT | Blacklist, NBT | Blacklist, NBT | Blacklist, NBT | Blacklist, NBT |

Die verschiedenen Varianten und Upgrades von Servo, Retriever und Fluiduct

Bau dir doch mal eine kleine automatische Fertigung mit Sortierstation und probiere den Servo und den Retriever aus. Dir fallen beim Bauen bestimmt noch weitere Anwendungsmöglichkeiten ein.

## Fluiduct – Flüssigkeiten leiten

Flüssigkeiten transportierst oder besser leitest du per Fluiducts. In Thermal Expansion ist das besonders nützlich, wenn du eine Maschine dauerhaft mit Wasser versorgen willst oder musst, der nächste See aber ein Stück entfernt ist. Fluiducts sind außerdem nützlich, wenn du verschiedene Mods miteinander kombinierst. Manche Maschinen, wie z. B. der Aqueous Accumulator oder der Portable Tank, geben ihre Flüssigkeit direkt an das Fluiduct ab. Für andere Maschinen oder um bei einem Tank die Flüssigkeit nicht aus dem Boden ziehen zu müssen, sondern von der Seite ziehen zu können, benötigst du einen Servo.

Ein Fluiduct kann immer nur eine Flüssigkeit leiten und muss komplett leer sein, um eine neue aufnehmen zu können. Achtung: Wird das Fluiduct abgebaut, verliert es seinen Inhalt!

Fluiducts haben ein paar besondere Eigenschaften, und es gibt sie (wie immer) in verschiedenen Ausführungen. Wie viele mB/t (Millibuckets pro Tick) fließen können, hängt bis auf das Super-Laminar Fluiduct immer davon ab, welche Flüssigkeit gerade geleitet wird.

- **Fluiduct:** Die Basic-Variante. Kann keine extrem heißen oder kalten Flüssigkeiten wie Lava oder Gelid Cryotheum leiten.
- **Hardened Fluiduct:** Kann alle Flüssigkeiten leiten.
- **Signalum-Plated Fluiduct:** Kann alle Flüssigkeiten und zusätzlich 4.000 RF/t leiten.
- **Super-Laminar Fluiduct:** Kann alle Flüssigkeiten leiten. Überträgt unter Druck (d. h. ohne offene Leitungen, siehe den Abschnitt »Unendlich Flüssigkeit leiten« auf der nächsten Seite) unendlich viel mB/t.

Alle vier Versionen gibt es auch in einer Opaque-Variante, wodurch man den Inhalt nicht mehr sehen kann. Das kann dabei helfen, Laggs zu verringern, und sieht an manchen Stellen vielleicht etwas hübscher aus. Die Leitkapazität ändert sich dadurch aber nicht.

Flüssigkeit vom Tank in den Fluid Transposer leiten, hier mit einem normalen Fluiduct (man sieht die Flüssigkeit)

Um Flüssigkeiten mit den Fluiducts von A nach B zu leiten, reicht es, die beiden Blöcke miteinander zu verbinden. Willst du beispielsweise Wasser von einem Tank in einen Fluid Transposer leiten, baust du das Fluiduct dazwischen. Wie eben bei den Einstellungen schon erwähnt, müssen die Ein- und Ausgänge beider Blöcke richtig festgelegt werden.

### *Flüssigkeiten und Strom gleichzeitig*

Das Signalum-Plated Fluiduct hat noch ein weiteres Feature: Es kann Flüssigkeiten und Strom gleichzeitig übertragen. Das ist super nützlich, wenn du einen sehr kompakten Aufbau hast und entweder keine Lust hast, zwei Leitungen zu verlegen, oder auch einfach nicht genug Platz dafür da ist. Du kannst die Leitung wie alle anderen auch benutzen, nur dass du jetzt eben eine Quelle für Energie und für Flüssigkeiten anschließen musst. An der Maschine reicht dann eine Verbindung, um direkt beides zu übertragen.

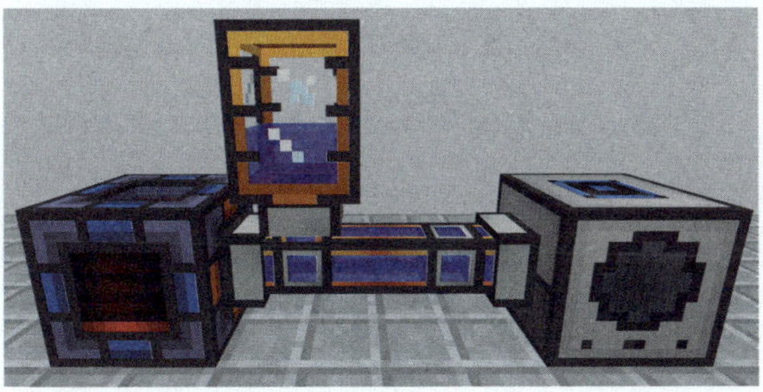

Platzsparender Aufbau: Signalum-Plated Fluiduct leitet Wasser und Energie gleichzeitig.

### *Unendlich Flüssigkeit leiten*

Wie schon bei den Fluxducts gibt es auch für Flüssigkeiten die Möglichkeit, unendlich viel davon zu leiten. Natürlich brauchst du hier auch erst einmal eine Quelle und Abnehmer, die so viel Flüssigkeit benötigen. Wir benutzen diese starken Fluiducts meist nur in Kombination mit anderen Mods, die einen Bedarf an so viel Flüssigkeit (im Normalfall Wasser) haben, z. B. den aktiv gekühlten Reaktor aus Extreme Reactors. Damit das mit der Übertragungsrate von »unendlich« funktionieren kann, musst du die Super-Laminar Fluiducts unter Druck setzen. Das heißt in diesem Fall, dass du keine offenen Anbindungen haben darfst, es muss also eine geschlossene Verbindung zwischen Eingang und Ausgang bestehen. Achte auch bei Um- und Anbauten darauf, dass die Verbindungen immer geschlossen sind, sonst funktioniert es nicht.

## Itemduct – Items transportieren

Natürlich gibt es auch eine Möglichkeit, Items über eine Distanz zu transportieren. Die Itemducts sind nicht nur sehr flexibel, sie können auch extrem schnell sein. Itemducts gibt es wieder in vier verschiedenen Varianten:

- **Itemduct:** Das normale Itemduct. Leitet einfach nur Items von einem Inventar ins nächste – Standard.
- **Vacuum Itemduct:** Zieht Items immer zu sich, auch wenn bereits vorher eine verfügbare Kiste angeschlossen ist – ein bisschen wie ein Staubsauger.
- **Dense Itemduct:** Das Gegenteil des Vacuum Itemducts. Ist eine Kiste an dieses Itemduct angeschlossen, bekommt sie Items immer zuletzt. Ein bisschen wie ein … voller Staubsauger? Keine Ahnung, ist schwer zu erklären, aber manchmal echt nützlich.
- **Signalum-Plated Itemduct:** Leitet neben Items gleichzeitig noch 4.000 RF/t. Die dazu passende Fluiduct-Version kennst du schon aus dem letzten Abschnitt.

Alle Itemducts gibt es noch in einer Opaque- und einer Impulse-Version. Die Opaque-Version kennst du schon, sie verhindert Laggs. Neu ist die Impulse-Version. Mit der werden die Items schneller verschickt als normal. Itemducts sind nämlich nicht magisch, das heißt, Items werden nicht einfach von A nach B teleportiert, sondern sie »fließen« genau wie Flüssigkeiten mit einer gewissen Geschwindigkeit. Damit die Itemducts überhaupt funktionieren, brauchen sie immer einen Servo oder Retriever.

## Viaduct – Spieler transportieren wie in »Super Mario«

Flüssigkeiten, Energie, Items … Der Gleichberechtigung halber sollte es für alles Ducts geben, auch für Spieler, oder? Dachten sich auch die Entwickler der Thermal-Reihe und haben die Viaducts in das Spiel eingebaut, die wie eine Rohrpost für Spieler funktionieren. Sie erinnern uns immer sehr an die grünen Rohre aus »Super Mario«. Eigentlich fehlen dazu auch nur noch die Soundeffekte, denn die Röhren schießen einen Spieler einfach hindurch, und du kannst mit ihnen große oder auch kleinere Distanzen schnell überwinden. Viaducts gibt es in drei verschiedenen Versionen:

- **Viaduct:** Transportiert Spieler langsam von A nach B (10 Blöcke pro Sekunde bzw. 2 Ticks pro Block).
- **Long-Range Viaduct:** Transportiert Spieler doppelt so schnell von A nach B wie die normalen Viaducts (20 Blöcke pro Sekunde).
- **Long-Range Linking Viaduct:** Wird benutzt, um eine Verbindung zwischen dem normalen und dem Long-Range Viaduct herzustellen.

### *So wirst du zu Mario*

Eine Viaduct-Strecke aufzubauen ist ganz einfach. Die Röhre braucht immer einen Ein- und Ausgang. Baue dir also einfach eine kurze Strecke mit normalen Viaducts, nimm den Crescent Hammer in die Hand und klicke damit auf beide Enden deiner Strecke, damit sie flach werden. Wenn sie das sind, kannst du mit der leeren Hand auf sie klicken, um sie einzustellen. Gib jedem Ende einen Namen und – falls du möchtest – auch ein Icon, indem du ein Item in den Slot legst. Wenn beide Seiten eingestellt sind, kannst du einfach auf eine flache Seite klicken und deinen Zielort auswählen. Du kannst auch mehrere Ziele an ein Viaduct anschließen, baue dafür einfach beliebig viele Abzweigungen und benenne die Enden der Röhren entsprechend. Jetzt kannst du von jedem Ende aus jedes angeschlossene Ziel auswählen.

Wenn dir normale Viaducts zu langsam werden, kannst du alternativ die Long-Range Viaducts benutzen. Bau sie einfach in deine Strecke ein, wobei du darauf achten musst, dass zwischen einem normalen und einem Long-Range Viaduct immer ein Long-Range Linking Viaduct eingebaut werden muss. Du benötigst also mindestens zwei Long-Range Linking Viaducts in deiner Strecke, denn die Long-Range Viaducts können nicht zu Ein- oder Ausgängen gemacht werden.

Damit alles richtig funktioniert, musst du noch mit der leeren Hand auf eines der Long-Range Linking Viaducts klicken. Das sucht sich dann seinen Partner – und fertig. Wenn du jetzt in deine Röhre steigst und ein Ziel auswählst, hältst du an dem Long-Range Linking Viaduct kurz an, und es erscheint ein Effekt. Dann bringt es dich auf Geschwindigkeit und schießt dich so durch die Röhre bis zu deinem Ziel. Düdü-dü düdü dü!

# THERMAL FOUNDATION – ROHSTOFFE UND WERKZEUGE

Die letzte und vielleicht sogar wichtigste Mod der drei Thermal-Mods ist Thermal Foundation. Sie ist eigentlich, wie der Name schon sagt, der Grundstein für die anderen beiden, denn ohne sie würden die meisten Maschinen gar nicht funktionieren, weil ihnen die Items und Blöcke aus Thermal Foundation fehlen würden. Die Mod liefert neue Rohstoffe und Crafting-Items für die anderen Mods: neue Erze, Ingots, Gears, Plates und Dust. Die meisten Items und Blöcke in der Mod haben für sich genommen keinen wirklichen Nutzen, sie werden nur zum Craften verwendet.

Neue Items und Blöcke in Thermal Foundation

## Neue Erze und Rohstoffe

In der Mod Thermal Foundation werden insgesamt 14 neue Erze hinzugefügt, darunter viele bekannte, die auch an das echte Leben erinnern, wie z. B. Copper (Kupfer), Tin (Zinn), Silver (Silber), Aluminium oder Lead (Blei). Aber auch ganz neue Erze und Rohstoffe sind dabei, die du so sicher noch nicht kanntest. Die Metalle lassen sich alle in verschiedene Formen bringen. Neben den normalen Ingots gibt es natürlich auch Blöcke, Nuggets, Dust, Plates, Gears, Coins und Glass.

### *Metalle*

Metalle werden zur Herstellung neuer Items und Rohstoffe wie Dust und Ingots oder für Waffen und Werkzeuge verwendet.

### Y5-35? Hä? Höhenangaben in Minecraft

Sicherlich weißt du das alles schon, doch für Vergessliche noch mal zur Erinnerung: Verschiedene Erze werden in Minecraft in verschiedenen Höhen (oder sollten wir besser sagen Tiefen?) generiert. Diese Position gibt die y-Koordinate wieder. Y5–35 bedeutet also, dass ein Erz in der Höhe zwischen 5 und 35 Blöcke über dem Bedrock generiert wird. Wo du dich gerade befindest, siehst du auf dem Debug-Bildschirm, den du über F3 einblenden kannst.

- **Copper:** Wird zwischen Y40–75 generiert.
- **Tin:** Wird zwischen Y5–30 generiert.
- **Silver:** Wird zwischen Y5–30 generiert.
- **Nickel:** Wird zwischen Y5–20 generiert.
- **Lead:** Wird zwischen Y15–35 generiert.

Die folgenden Erze werden normal nicht in der Welt generiert und sind deshalb auch nicht auf regulärem Weg erreichbar, sondern müssen über eine Config-Datei manuell aktiviert werden:

- Aluminum Ore
- Platinum Ore
- Iridium Ore
- Mana Infused Ore

Neben den Metallen gibt es noch andere Erze, die eigene Rohstoffe liefern und in anderen Dimensionen wie dem Nether oder End generiert werden. Sie lassen beim Abbauen Flüssigkeiten auslaufen. Benutzt du eine Spitzhacke mit Silk Touch, passiert das nicht.

- **Oil Sand:** Wird zwischen Y10–80 in Wüsten und ähnlichen Biomen generiert. Kommt auch selten im Untergrund zwischen Y30–60 in großen Vorkommen vor. Lässt beim Abbauen Crude Oil auslaufen, das nach kurzer Zeit verschwindet und nicht aufgesammelt werden kann.
- **Oil Shale:** Wird zwischen Y10–80 in Mesa, Ocean, Swampland und verschneiten Biomen generiert. Kommt auch selten im Untergrund zwischen Y20–60 in großen Vorkommen vor. Lässt beim Abbauen Crude Oil auslaufen, das nach kurzer Zeit verschwindet und nicht aufgesammelt werden kann.
- **Destabilized Redstone Ore:** Wird zwischen Y0–20 generiert. Lässt beim Abbauen Destabilized Redstone auslaufen, der nach kurzer Zeit verschwindet und nicht aufgesammelt werden kann.

- **Energized Netherrack:** Wird im Nether zwischen Y10–40 generiert. Lässt beim Abbauen Energized Glowstone auslaufen, der nach kurzer Zeit verschwindet und nicht aufgesammelt werden kann.
- **Resonant Endstone:** Wird im End zwischen Y10–80 generiert. Lässt beim Abbauen Resonant Ender auslaufen, das nach kurzer Zeit verschwindet und, wer hätte das gedacht, nicht aufgesammelt werden kann.

## Nützliche Items

Neben den bereits bekannten Upgrade und Conversion Kits gibt es in Thermal Foundation noch ein paar andere Items, die für mehr als nur zum Craften zu haben sind.

### *Signalum Security Lock*

Dieses kleine Vorhängeschloss ist super, wenn du zusammen mit anderen Leuten spielst. Es schließt Items und Maschinen so ab, dass du einstellen kannst, wer Zugriff darauf haben soll. Wenn du es mit Rechtsklick an einem Block anbringst oder mit kompatiblen Items zusammencraftest, erhältst du ein neues Einstellungsfeld. Wenn du es anklickst, erscheint ein Fenster, in dem du drei Möglichkeiten auswählen kannst, wer Zugriff auf deinen Block oder dein Item haben soll:

Die Security-Einstellungen: offen, nur für Freunde, oder ganz geschlossen

- **Public Access** (offenes Schloss): Jeder kann darauf zugreifen.
- **Restricted** (Schloss mit Herzchen): Nur Freunde können darauf zugreifen. Du kannst Freunde über `/cofh friend (add|remove|gui)` hinzufügen und entfernen.
- **Owner Only** (geschlossenes Schoss): Nur du hast Zugriff.

### *Redprint*

Mit dem Redprint kannst du die Einstellungen von einer Maschine zu einer anderen kopieren. Klicke dafür einfach mit dem Redprint in der Hand auf die Maschine, deren Einstellungen du kopieren willst. Jetzt wird der Name der Maschine auf dem Item angezeigt. Um die Einstellungen auf eine neue Maschine zu übertragen, klickst du wieder mit dem Redprint in der Hand auf den Block. Wichtig ist dabei zu wissen, dass du nur Einstellungen von gleichen

Maschinen aufeinander kopieren kannst. Du kannst also nicht die Einstellungen eines Redstone Furnace auf einen Pulverizer übertragen.

### *Forge Lexicon*

Das Forge Lexicon ist vor allem in großen Modpacks hilfreich. Es bringt nämlich Erze und Rohstoffe aus verschiedenen Mods mithilfe des Ore Dictionary auf einen Nenner, sodass du sie in allen Rezepten und Maschinen verwenden kannst, egal, aus welcher Mod sie stammen.

#### Ore Dictionary

Das Ore Dictionary ist wie eine Art Wörterbuch für alle Rohstoffe in Minecraft und dient vor allem dazu, eine Kompatibilität zwischen verschiedenen Mods und Crafting-Rezepten zu gewährleisten. Das Ganze ist am einfachsten über ein Beispiel zu erklären:

Viele Mods nutzen Copper als Rohstoff und fügen dem Spiel deshalb ihr eigenes Copper Ore, Ingots usw. hinzu. Damit man, wenn man mehrere Mods installiert hat, nicht auf einmal zwei oder noch mehr verschiedene Arten von Copper hat, können die Mod-Entwickler »ihrem« Copper auch einen Eintrag im Ore Dictionary zuweisen. Für Copper Ore wäre das dann z. B. »oreCopper«. Wenn du jetzt eine Maschine bauen willst, die Copper Ore benötigt, kann der Eintrag im Ore Dictionary für das Rezept angegeben werden, und es ist dementsprechend egal, welches der Kupfererze du zum Bauen verwendest. Das Ore Dictionary funktioniert auch für alle möglichen Items wie Barren, Nuggets, Blöcke usw.

Mit dem Forge Lexicon kannst du Rohstoffe von einer Mod manuell in die einer anderen Mod umwandeln. Aber wofür braucht man das, wenn es doch schon das Ore Dictionary gibt? Nicht jede Mod gibt im Crafting-Rezept das Ore Dictionary an, weshalb du dann für das Rezept genau *das* Copper brauchst, das angezeigt wird, meist eben das von der jeweiligen Mod. Mithilfe des Forge Lexicons kannst du ein Copper einer beliebigen Mod in das benötigte umwandeln. Es ist dabei hoffentlich klar, dass du Copper nicht einfach in Diamonds verwandeln kannst. Der Rohstoff bleibt schon der gleiche, nur die Ursprungs-Mod ändert sich. Und so geht's:

1. Öffne mit einem Rechtsklick das Buch und suche nach dem Rohstoff (z. B. nach »copper«), den du umwandeln möchtest.
2. Klicke auf den richtigen Eintrag (für Copper Ingots ist das **ingotCopper**) und bestätige per Haken.
3. Schließe das Buch und drücke auf der Tastatur [V], um in den Bearbeiten-Modus zu wechseln.

4. Öffne das Buch wieder und lege deinen Rohstoff in das linke Feld.

Der Eintrag im Forge Lexicon zu Copper

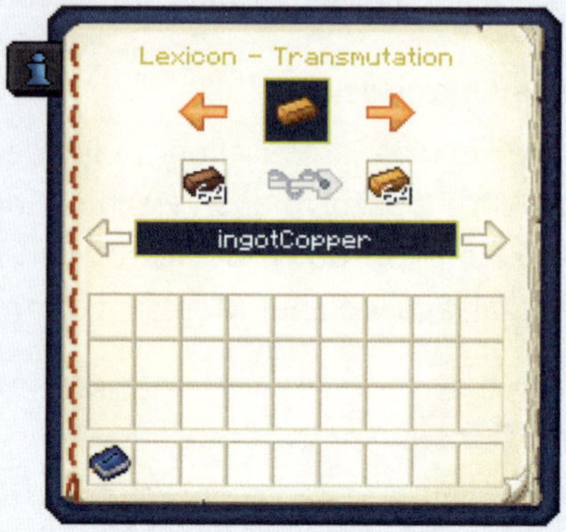

Umwandlung von Copper aus der Mod Immersive Engineering in Copper aus Thermal Foundation

5. Wähle über die Pfeile den gewünschten Rohstoff aus.
6. Klicke auf den mittleren Pfeil, um zu konvertieren. Danach kannst du den Rohstoff aus dem rechten Feld herausnehmen.

### *Tome Of Knowledge*

Dieses kleine Buch ist perfekt für Spieler, die gerne mal etwas unvorsichtig sind und oft sterben. Nicht nur die Items sind dann weg, sondern auch eine ganze Menge Experience (XP) geht verloren. Mit dem *Tome of Knowledge* gehört das der Vergangenheit an. Dieses Buch speichert deine XP auf seinen Seiten und schützt sie so vor deiner Tollpatschigkeit. Damit das Buch XP aufnimmt, musst du es in die Hand nehmen und [V] drücken. Damit schaltest du in den Auto-Collect-Modus. Um zu überprüfen, ob er an ist, kannst du auch mit gedrückter [⇧]-Taste über dem Buch hovern. Das Buch kann insgesamt 10.000 XP-Punkte speichern, was in etwa 63 Leveln entspricht. Deine XP ist natürlich nicht für immer im Buch verschlossen. Du kannst sie mit dem Buch in der Hand per [⇧]-Taste + Rechtsklick Level für Level wiederbekommen.

### *Multimeter*

Der Multimeter liefert dir Informationen über alle möglichen Maschinen, Leitungen und Speicher. Mit dem Multimeter in der Hand kannst du per Rechtsklick auslesen, wie viel Energie in einer Leitung gespeichert ist und wie viel sie überträgt. Damit kannst du z. B. sehen, ob eine Maschine genug Energie bekommt oder ob du deine Leitungen vielleicht verbessern solltest oder auch, wie viel Energie in einer Maschine oder Energy Cell gespeichert ist. Mit ⇧-Taste + Rechtsklick kannst du damit auch einige Maschinen und Blöcke sowie Viaducts einstellen.

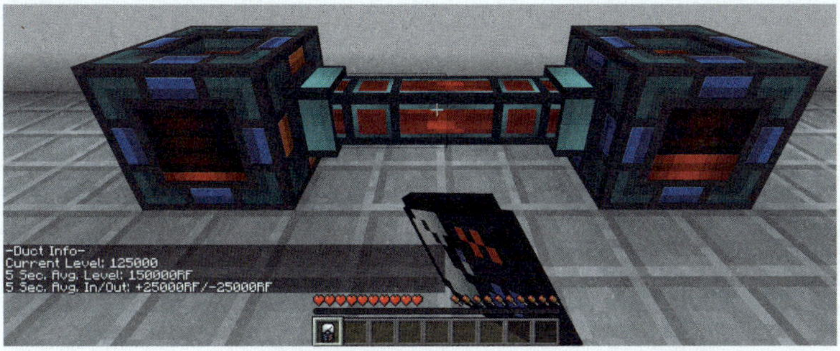


Energieinformationen eines Fluxducts mit dem Multimeter auslesen

## Besondere Blöcke und Flüssigkeiten

Wie schon erwähnt, sind viele der Items, Blöcke und Flüssigkeiten aus Thermal Foundation nur zum Craften da und haben selbst keinen wirklichen Zweck. Aber, wie sagt man so schön, Ausnahmen bestätigen die Regel. Denn auch in Thermal Foundation gibt es ein paar Blöcke und Flüssigkeiten, die durchaus besonders sind.

### *Hardened Glass*

Dieser Block hat nicht nur eine Besonderheit. Das *Hardened Glass* gibt es als Variante aus allen Thermal-Foundation-Metallen. Das Coole an dem Glass ist allerdings, dass es Blast Resistent ist. Du könntest also eine Ladung TNT neben deinem Fenster sprengen, und es bliebe unversehrt. Außerdem ist es Wither Resistent, kann also nicht von Withern kaputt gemacht werden. Du kannst damit also eine supercoole Wither Farm bauen, bei der du die Wither sogar sehen kannst! Das Glass kann zudem die Farbe von einem Beacon (einem Leuchtfeuer) verändern. Ein paar besondere Versionen von dem Glass, etwa Lumium, können sogar Licht spenden.

Hardened Glass bleibt nach einer Explosion komplett unbeeindruckt stehen, selbst wenn der Rest des Hauses weggekrümelt ist.

### *Heiß, heißer, Blazing Pyrotheum*

Mit dieser Flüssigkeit ist wirklich nicht zu spaßen. Blazing Pyrotheum ist die heißeste Flüssigkeit in den meisten Modpacks. Es ist so heiß, dass es sofort Feuer um sich herum verbreitet, egal, welches Material in der Nähe ist. Wenn es brennbare Blöcke berührt, werden sie sofort zerstört. Auch andere Blöcke werden beeinflusst, wenn sie mit der Flüssigkeit in Berührung kommen. Cobblestone wird zu Stone, Gras zu Erde und Sand zu Glas. Creeper explodieren sofort, wenn sie Blazing Pyrotheum berühren. Du kannst es außerdem als flüssigen Brennstoff in der Tinkers' Construct Smeltery verwenden, um dort noch höhere Temperaturen zu erreichen.

Blazing Pyrotheum steckt alles in Brand.

### *Kalt, kälter, Gelid Cryotheum*

Das Gegenteil von Blazing Pyrotheum ist die kälteste Flüssigkeit in den meisten Modpacks: Gelid Cryotheum. Es ist so kalt, dass es Blöcke in der Nähe mit Schnee bedeckt. Und auch Gelid Cryotheum beeinflusst Blöcke und Monster, die es berührt. Wasser wird zu Eis, Lava zu Obsidian und Energized Glowstone zu Glowstone. Gras und Blätter werden sofort zerstört, Zombies und Creeper verwandeln sich in Snow Golems. Da die Flüssigkeit so kalt ist, eignet sie sich perfekt als Kühlmittel. Das Cryo-Stabilized Fluxduct benutzt sie, um unendlich RF/t zu leiten, und auch für einen Reaktor der Mod Extreme Reactors ist Gelid Cryotheum oft die beste Kühlung.

Gelid Cryotheum verwandelt Zombies in Snow Golems.

### *Energized Glowstone – leichter als Luft*

Mit Energized Glowstone ist scheinbar nichts mehr so, wie es sein soll. Diese Flüssigkeit ist leichter als Luft und läuft nicht nach unten, sondern nach oben. Es ist praktisch flüssiger Glowstone, weshalb das Zeug auch Licht spendet. Wenn du es berührst, bekommst du die Effekte Speed 1 und Jump Boost 1 für 6 Sekunden sowie Glowing für 30 Sekunden. Die Quellblöcke von Energized Glowstone werden ab einer Höhe von Y120 zu festem Glowstone.

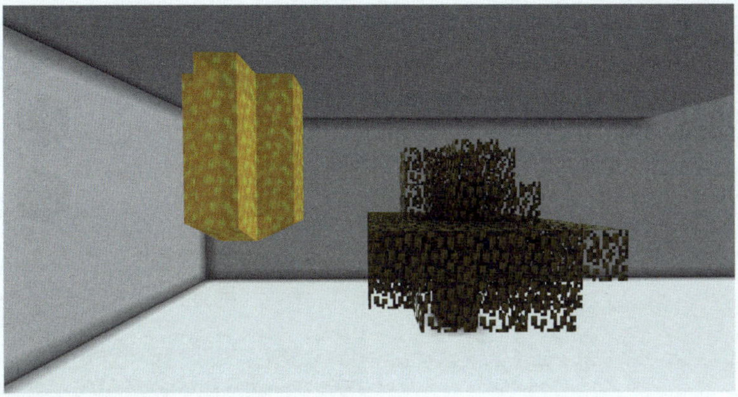

Energized Glowstone fließt nach oben und sammelt sich an der Decke.

### *Resonant Ender – Vorsicht Teleportation*

Resonant Ender ist eine richtige Multiplayer-Flüssigkeit. Sie wird aus Ender Pearls gewonnen und hat deshalb auch den gleichen Effekt. Wenn eine Entity, also ein Spieler, Items oder Monster, mit der Flüssigkeit in Berührung kommen, werden sie zufällig in einem 8-Block-Radius teleportiert. Das ist unglaublich lustig und vor allem in Kombination mit den Florbs (kurz für Fluid Orbs) aus Thermal Expansion perfekt, um deine Mitspieler zu trollen. Nebenbei ist die Flüssigkeit relativ kalt und deshalb ein super Kandidat für die Kühlung z. B. eines Reaktors.

# KAPITEL 9

# ENDLICH MEHR PLATZ!

In Vanilla Minecraft gibt es schon sehr viele Items. Aber wenn man mit einem größeren Modpack spielt, erhöht sich diese Zahl noch mal um ein Vielfaches. Zum Vergleich: Vanilla Minecraft hat ungefähr 1.100 Items, unser School-Modpack zum Buch hat dagegen schon 10.000! Um da den Überblick zu behalten, braucht man schon sehr viele Chests. Aber warum das Ganze nicht mit Modifikationen lösen? Auf den folgenden Seiten zeigen wir dir unter anderem unsere absolute Königs-Mod, wenn es um zu viele Items in zu vielen Truhen geht: Applied Energistics. Aber bevor wir dazu kommen, gibt es erst noch zwei andere Mods, mit denen du deine Lagerprobleme lösen kannst.

# DIE IRON CHEST – BESSER ALS JEDE NORMALE TRUHE

Unter den Top 10 der zuerst gebauten Items in Minecraft ist definitiv die Truhe. Man stapelt sie übereinander und nebeneinander, aber irgendwie ist immer noch zu wenig Platz in der guten alten Truhe. Zum Glück schafft die Mod *Iron Chests* genau an dieser Stelle Abhilfe. Der Name der Mod ist etwas unglücklich gewählt, denn es gibt hier nicht nur Iron Chests, sondern auch Versionen aus Copper, Silver, Diamond, Crystal und Obsidian.

Alle Iron Chests auf einen Blick

## Mehr Platz in weniger Truhen

Jede Chest aus Iron Chests kann unterschiedlich viele Items aufnehmen. Zudem kann man sie nebeneinander platzieren, was mit der Vanilla Chest nicht so einfach geht, weil sie immer gleich mit ihrem Nachbarn verschmilzt. In der normalen, einfachen Vanilla Chest stehen dir bekanntermaßen 27 Plätze zur Verfügung, in einer Doppel-Chest sind es 54. Die braucht dann aber auch doppelt so viel Platz beim Hinstellen.

Die sieben neuen Chests aus Iron Chests können da schon mehr. Anhand von der Tabelle rechts kannst du sehen, wie viele freie Plätze sich in der jeweiligen Truhe befinden. Achtung: Der Bau jeder nächstgrößeren Truhe benötigt immer die kleinere! Um auf die Diamond Chest upzugraden, brauchst du also die Gold Chest usw. Manche Chests stehen allerdings auf einer Ausbaustufe trotz unterschiedlicher Größe bzw. umgekehrt trotz gleicher Größe auf unterschiedlicher Ausbaustufe. So brauchst du, um die Iron Chest zu bauen, z. B. entweder die Wooden Chest oder die Copper Chest. Und von der Diamond Chest kannst du entweder zur Crystal Chest oder zur Obsidian Chest upgraden. Die Upgrade-Wege stehen auch in der Tabelle.

| Material | Plätze | Upgrade nach |
|---|---|---|
| Wooden Chest | 27 | Iron oder Copper Chest |
| Copper Chest | 45 | Iron oder Silver Chest |
| Iron Chest | 54 | Gold Chest |
| Silver Chest | 72 | Gold Chest |
| Gold Chest | 81 | Diamond Chest |
| Diamond Chest | 108 | Crystal oder Obsidian Chest |
| Crystal Chest (durchsichtig) | 108 | – |
| Obsidian Chest (explosionssicher) | 108 | – |

Materialien, Größen und Upgrade-Möglichkeiten der Chests aus Iron Chests

### *Chests einfach upgraden*

Manchmal hat man einfach nicht die passenden Rohstoffe, um sich direkt die beste Truhe zu bauen. Wenn man sie dann später hat, ist es vielleicht zu umständlich, die Chest erst auszuräumen, dann abzubauen und im Crafting Table upzugraden. Für solche Fälle gibt es die *Chest Upgrades*. Nehmen wir mal an, du hast eine randlos gefüllte Iron Chest und möchtest sie unkompliziert auf die nächste Stufe upgraden. Dann brauchst du nur das *Iron to Gold Chest Upgrade*. Halte es in der Hand, während du einen Rechtsklick auf die Iron Chest ausführst, schon steht da eine Gold Chest. Diese Upgrades stehen dir natürlich noch für alle anderen Upgrade-Möglichkeiten zur Verfügung. Die Upgrade-Rezepte findest du wie immer im JEI.

Chest Upgrades: Die Farben zeigen dir an, von welchem Material du auf welches upgradest.

Die durch die Mod ebenfalls verfügbaren *Shulker Boxes* sind an die im End spawnenden Shulker angelehnt und sind eigentlich nur eine optische Ergänzung der normalen Chests. Platzangebot und Eigenschaften sind identisch mit denen der normalen Chests, sie sehen halt einfach etwas cooler aus.

Alle Shulker Boxes

**Achtung: Leistungshungrige Truhe!**

Die Crystal Chest ist die optisch interessanteste Chest, da sie durchsichtig ist. Man sieht immer die ersten acht Items, die in der Chest liegen. Das ist zwar mehr als cool, aber auch etwas gefährlich. Denn jedes Item muss von Minecraft gerendert (grafisch erzeugt) und dargestellt werden. Jetzt stell dir vor, du hast im späteren Spielverlauf ein Lager aus über 100 Chests, und jede dieser Chests zeigt dir acht Items. Dann müsste Minecraft jedes Mal, wenn du in dein Lager läufst, mehr als 800 Items rendern. Das kann deinen Computer unter Umständen an seine Grenzen bringen. Die Crystal Chest sollte deshalb nur an besondere Orte gesetzt werden und nicht überallhin. Unser guter Kollege deadsheap hatte sich mal über die Performance einiger Modpacks beschwert, die bei ihm nach einiger Zeit immer unspielbar wurden. Das lag aber einzig und allein daran, dass er alles mit den Crystal Chests vollpflasterte. Also Vorsicht!

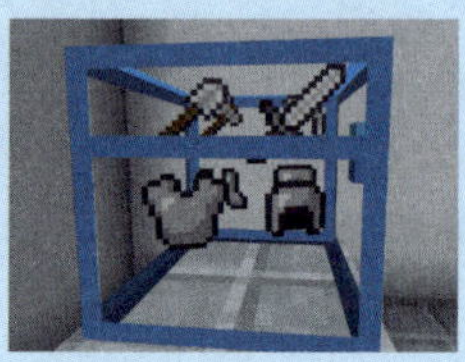

Crystal Chest mit Inhalt

***Easter Egg Dirt Chest 9000***

Manchmal erlauben sich die Entwickler kleine Scherze und bauen Easter Eggs in ihre Modifikationen ein. Neben den normalen, nützlichen Chests gibt es in Iron Chests nämlich noch die *Dirt Chest*. Sie wird aus einer normalen Chest und acht Blöcken Erde hergestellt und hat nur einen einzigen Slot. Da steckt beim Bau der Truhe noch ein Buch drin, das besagt: *Willkommen zu deiner neuen Dirt Chest 9000!*

*Wir hoffen, du wirst viele fröhliche Jahre damit haben, deinen Stack Erde in unserer Lagereinheit zu speichern. Benutzung: Lege einen Stack Erde deiner Wahl in den hoch aufnahmefähigen Slot und genieße die Bequemlichkeit, die Erde immer zur Verfügung zu haben, wenn du an dieser Kiste vorbeiläufst! Wir hoffen, dir hat es gefallen, diese Anleitung anzuschauen, und hoffen, du wirst auch in Zukunft unsere Produkte in Erwägung ziehen. Königliche Grüße, Die Dirt Chest 9000 Anleitungsschreiber incorporated. Garantie: Dieses Produkt hat keine Garantie jeglicher Art. Dein Dirt wird möglicherweise nicht gelagert, er könnte langsam in die Umgebung übergehen, oder alternativ könnte sie auch überhaupt nichts machen. Die Dirt Chest 9000 ist nett zur Umwelt. Bitte entsorge dieses Buch verantwortungsvoll und wirf es nicht einfach in Lava. Wir wären sehr traurig.*

Jetzt weißt du Bescheid!

Dirt Chest

# STORAGE DRAWERS – SCHUBLADEN FÜR ALLE

Wem die besseren Truhen von Iron Chests nicht reichen oder wer es ein bisschen hübscher mag, für den gibt es noch eine Erweiterung, die Ordnung ins Chaos bringt. Die Mod *Storage Drawers* fügt hauptsächlich neue Lagermöglichkeiten für Items und Blöcke hinzu. Man kann sie als eine Art intelligentes Schubladensystem sehen. Es gibt nicht eine große Truhe, sondern eher kleine, die dafür von wenigen Items sehr viele speichern können. Durch Kombination der verschiedenen Arten von Drawers (Schubladen) lässt sich damit ein sehr mächtiges Lagersystem bauen.

Drawers-System aus verschiedenen Hölzern mit Controller (rechts)

## Eine Schublade pro Item-Typ

In Storage Drawers dreht sich echt alles um Schubladen. Große Schubladen, kleine Schubladen und ganz viele ganz kleine Schubladen. Es gibt sogar Schubladen, in denen alle Zustände eines Items aufgesplittet werden (Compacting Drawers). Dazu aber gleich mehr. Der kleinste Drawer (Basic) hat nur einen Slot. Stelle ihn einfach auf und lege mit Rechtsklick das Item, das du lagern willst, in den Drawer. Um Items aus dem Drawer zu nehmen, kannst du ihn mit Linksklick schlagen, dann bekommst du ein Item. Wenn du ⇧ drückst und dann schlägst, bekommst du direkt einen ganzen Stack. Hier sind alle Tastenkürzel zur Verwendung in der Übersicht:

- **Rechtsklick:** Legt das Item aus deiner Hand ein.
- **Doppelrechtsklick:** Legt alle kompatiblen Stacks aus deinem Inventar ein.
- **Linksklick:** Holt ein einziges Item raus.
- ⇧ **+ Linksklick:** Nimmt einen ganzen Stack heraus.
- ⇧ **+ Rechtsklick:** Öffnet das Drawer-Fenster zum Konfigurieren.

Zudem lassen sich die Schubladen individualisieren. Das ist besonders dann gut, wenn du sie nahtlos in deine Bauten integrieren möchtest. Bei einem Projekt haben wir alle Drawers aus Metall anstelle von Holz gebaut, einfach weil es besser aussah. (Das geht übrigens mit dem Framing Table. Wie du das genau machst, erklären wir dir ein Stück weiter hinten.) Die Drawers gibt es, wie schon erwähnt, in unterschiedlichen Größen. Je größer ein Drawer ist, desto mehr passt rein. Unglaublich, oder?

- Basic Dawer 32 Stacks
- Basic Drawer 2 × 16 Stacks
- Basic Drawer 4 × 8 Stacks
- Half Drawer 2 × 8 Stacks
- Half Drawer 4 × 4 Stacks
- Compacting Drawer 16 Stacks

Der *Compacting Drawer* eignet sich besonders für Ingots, Blocks, Nuggets und alle Items, die es in mehreren Formen gibt. Aus 9 Nuggets kannst du ein Ingot craften und aus 9 Ingots wieder einen Block, das ergibt also drei verschiedene Versionen des gleichen Materials. Dem Compacting Drawer ist es absolut egal, was du hineinlegst. Legst du einen Block Eisen in den Drawer, kannst du aus demselben Drawer 9 Ingots herausnehmen oder auch 81 Nuggets. Das Auseinander- bzw. Zusammenführen übernimmt der Drawer für dich. Das klappt aber wirklich nur beim Compacting Drawer, alle anderen halten nur jeweils einen Item-Typ pro Drawer fest.

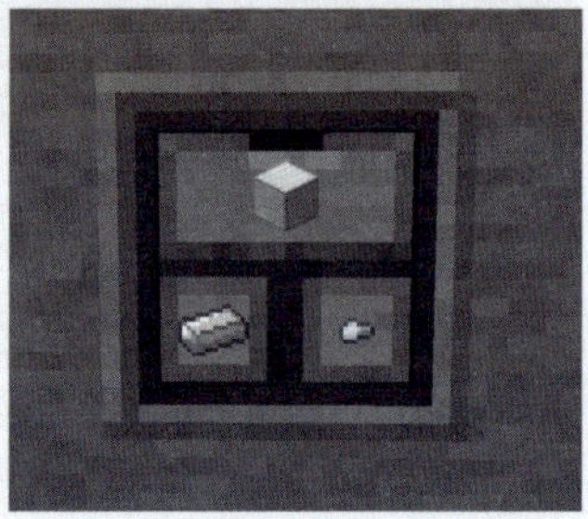

Compacting Drawer mit Iron Ingot, Iron Block und Iron Nuggets. Nicht nur praktisch, auch hübsch!

## Die Besonderheiten der Storage Drawers

Neben den ganz normalen Drawers gibt es noch ein paar Sonderlinge. Was wäre eine Mod ohne Zusatzfunktionen und Spezialblöcke?

### *Drawer Controller*

Mit dem Controller ist es möglich, viele Einzel-Drawers zu einem großen Drawers-Verbund zusammenzuschließen. Dazu musst du sie nur mit an deine

Drawers anschließen. Alles, was du in den Controller legst, wird automatisch auf die umliegenden Drawers sortiert. Oder du ziehst aus dem Controller alle verbundenen Drawers leer. Du kannst den Controller per Storage Bus sogar mit deinem ME-System verbinden. Mehr dazu im Abschnitt »Applied Energistics 2« ab Seite 200.

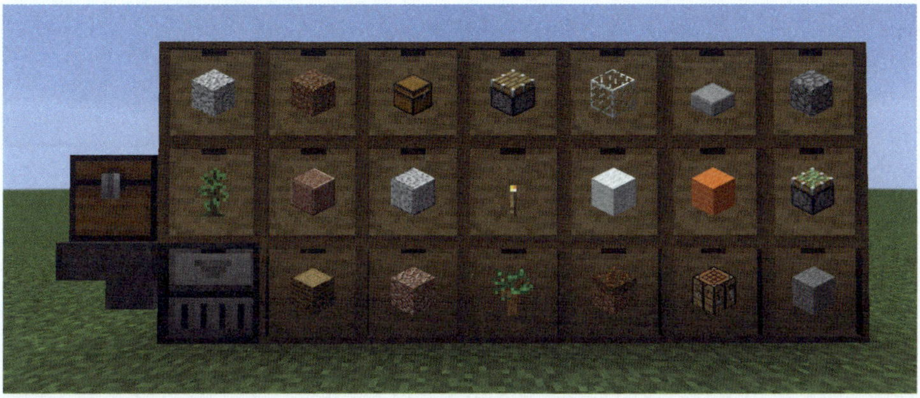

**Drawers-System mit angeschlossenem Controller plus Truhe zum Abladen: einfach den Hopper an den Controller anschließen und die Truhe daraufsetzen – fertig.**

### *Controller Slave*

Der Controller Slave dient einfach nur als weiterer Eingangs- oder Ausgangspunkt. Eigentlich kann er also genau das, was der Drawer Controller auch kann, nämlich das System an nur einem Punkt zentral zu befüllen oder zu entleeren. Da man aber keine zwei Controller setzen kann, weil die sich dann in die Quere kommen und Fehler verursachen (vom Mod-Entwickler nicht vorgesehen), gibt es den Controller Slave. Ihn setzt du z. B., wenn du eine riesige Drawers-Wand hast, an eine Seite, sagen wir an die rechte. Dann kannst du links den Controller anbauen. Somit ist es egal, ob du deine Taschen von rechts oder von links ins Drawer-System entleerst. Du könntest auch eine Maschine vor den Slave setzen: Nimmst du den Alloy Smelter aus EnderIO und stellst die Ausgabe auf den Slave, dann werden alle Items, die fertig aus dem Smelter kommen, direkt in die Drawers sortiert.

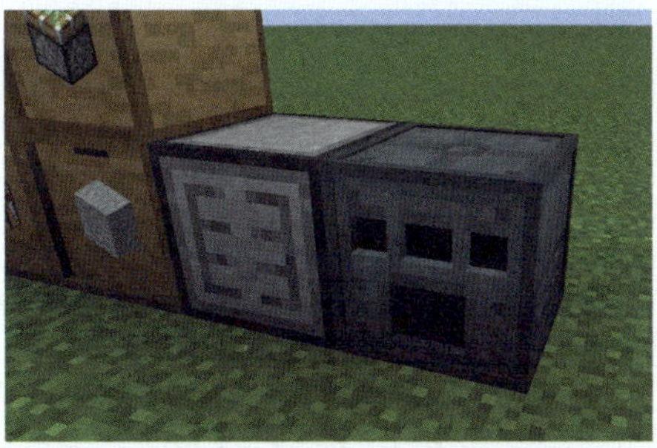

**Alloy Smelter, am Controller Slave angeschlossen**

### *Framing Table*

Mit dem Framing Table kannst du deine Drawers komplett individualisieren. Alles, was du dazu brauchst, ist ein Framed Drawer und die Materialien, aus denen du den Drawer bauen möchtest. Der Framed Drawer kommt ganz nach links ❶ auf den Framing Table. Ändern kannst du den Korpus ❷, den vorderen Rahmen ❸ und die Front ❹. Bevor du den fertigen Drawer entnimmst, kannst du ihn dir auf dem Tisch anschauen. Damit lassen sich wirklich wahnsinnig viele Kombinationen realisieren.

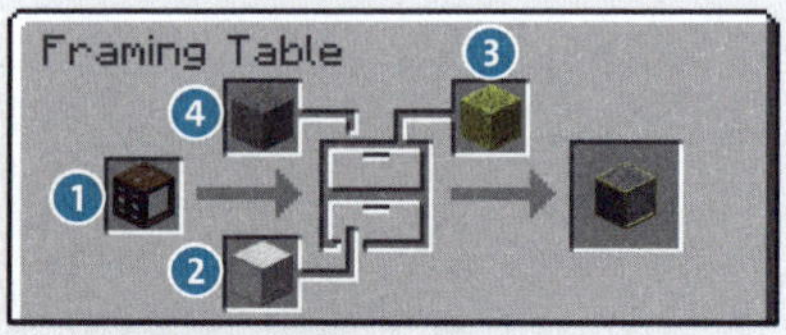


Das Fenster des Framing Tables mit einem Drawer

### *Trim*

Mit einem Trim kannst du Drawers untereinander verbinden. So kannst du z. B. rechts und links an der Wand Drawers aufstellen, die mit Trims verbunden sind. Wenn du links in den Controller Items einlegst, werden sie auch ganz rechts einsortiert. Das ist praktisch, wenn du deine Drawers um Türen oder Durchgänge herumbauen möchtest.

Die rechten Drawers sind über Trims ❶ mit dem System links verbunden.

## Die vier Drawer-Schlüssel

Zu dem Drawer gibt es auch passende Schlüssel. Wie der Name vermuten lässt, sind sie dazu da, um die Drawers abzuschließen. Aber wozu vier?

### *Drawer Key*

Das ist der Hauptschlüssel. Damit kannst du Drawers auf ein Item begrenzen. Du schließt den Drawer damit für alle anderen Items ab, er funktioniert also wie eine Whitelist. Nehmen wir an, du hast einen Drawer für Stein, und der neigt sich langsam dem Ende zu, oder du hast soeben das letzte Item herausgenommen. Das heißt, der Drawer ist wieder offen für alle anderen Items. Wenn du jetzt etwas in den Controller schmeißt, dann macht sich das erste Item, das diesen Drawer erreicht, in ihm breit, und Stone hat keinen Platz mehr. Deswegen nimmst du in so einem Fall den Drawer Key in die Hand und schließt diesen Drawer per Rechtsklick einfach ab, solange sich noch mindestens ein Item darin befindet, um genau das zu verhindern.

Links offen, rechts auf ein Item gesichert

### Concealment Key

Im Normalfall bekommt man das eingelagerte Item auf dem Drawer angezeigt. Wer das nicht möchte, kann mit dem Concealment Key die Anzeige der Items verhindern. Wir wissen zwar nicht genau, warum man das überhaupt wollen sollte, aber vielleicht fällt dir ja ein Grund ein. Wie auch den Drawer Key benutzt du ihn mit Rechtsklick.

Links ist der Inhalt zu sehen, rechts nicht.

### Personal Key

Der Personal Key macht total Sinn, wenn man mit mehreren Spielern auf einem Server spielt. Der Personal Key verhindert, dass andere Spieler sich an deinen Drawers zu schaffen machen und dir alle Diamanten klauen. Auch dieser Key wird mit Rechtsklick benutzt.

Links offen für alle Spieler, rechts nur für dich

### Quantify Key

Ebenfalls sehr nützlich ist der Quantify Key. Mit ihm kannst du dir nämlich den Gesamtinhalt auf dem Drawer anzeigen lassen. So siehst du immer direkt, wie viel von welchem Item noch da ist und ob dir nicht doch jemand was geklaut hat, weil du zu faul warst, den Drawer rechtzeitig mit dem Personal Key abzuschließen.

Rechts wird die Anzahl der im Drawer liegenden Items angezeigt.

## Upgrades

Neben den Schlüsseln gibt es noch einiges an »richtigen« Upgrades. Die sind zum Teil nicht nur sinnig, sondern auch bitter nötig. Gerade Updates für die Lagerkapazität werden immer gerne genommen, da die normale Füllmenge schnell erreicht ist. Jeder Drawer hat sieben Upgrade-Plätze.

| Upgrade | Effekt |
|---|---|
| Storage Upgrade I | Lagerkapazität × 2 |
| Storage Upgrade II | Lagerkapazität × 4 |
| Storage Upgrade III | Lagerkapazität × 8 |
| Storage Upgrade IV | Lagerkapazität × 16 |
| Storage Upgrade V | Lagerkapazität × 32 |
| Storage Downgrade | Lagerkapazität auf 1 Stack reduziert |
| Status Upgrade I | Zeigt an, wenn der Drawer voll ist. |
| Status Upgrade II | Zeigt den genauen Füllstand im Balkendiagramm an. |
| Void Upgrade | Löscht alle weiteren Items desselben Typs, wenn der Drawer voll ist. |
| Conversion Upgrade | Konvertiert automatisch kompatible Items. Ingots können aus verschiedenen Modifikationen sein, z. B. Copper aus Thermal Expansion und Copper aus Immersive Engineering. Im Regelfall bräuchte man hier dann zwei Drawers, doch mit dem Conversion Upgrade passt jede Art von Copper in einen Drawer. |
| Creative Storage Upgrade | unendliche Lagerkapazität |
| Creative Vending Upgrade | unendlich viele Items im Drawer |
| Redstone Upgrade | Von der Füllmenge abhängiges Redstone-Signal:<br>Drawer leer = Redstone-Signal 0<br>Drawer voll = Redstone-Signal 15<br>Du könntest dann bei vollem Drawer z. B. eine Redstone Lamp ansteuern, die signalisiert, dass ein Drawer voll ist. |
| Redstone Max Upgrade | Signal, wenn der Storage voll ist |
| Redstone Min Upgrade | Signal, wenn der Storage leer ist |

Alle Upgrades für die Drawers in der Übersicht

# APPLIED ENERGISTICS 2

So, jetzt aber: *Applied Energistics 2* (kurz auch AE2). Das ME-System, das einzig wahre! Hier lassen sich nicht nur riesige Mengen von Items einfach auf Zellen speichern, das ME-System kann für uns sogar das Craften übernehmen. Echt praktisch, oder?

Diese Auto-Craft-Funktion ist vor allem gut bei lästigen, immer gleichen Rezepten. Man merkt direkt, dass die Crafting-Geschwindigkeit signifikant steigt. Stell dir vor, du hast ein riesiges Lager, in dem du alle Items von Hand aus den Truhen nehmen müsstest, um sie auf dem Crafting Table zu vercraften. Mit dem ME-System von AE2 hast du wortwörtlich alle deine Items schon auf dem Crafting Table liegen. Du sparst dir Unmengen an Such- und Laufzeit. Zudem ist AE2 auch bei sehr großen Anlagen immer noch superperformant und schont deinen Server bzw. deinen Computer. Manch andere Mod ist da zickiger und verursacht Laggs oder sogar Spielabstürze. Wie du am besten mit AE2 anfängst, zeigen wir dir auf den nächsten Seiten. Hast du das Prinzip einmal verstanden, möchtest du nie mehr ein anderes Lagersystem nutzen!

### Die Energie aus AE2

Neue Modifikation, andere Energie. Auch in AE2 gibt es eine eigene Sorte Energie. Sie wird benötigt, um alle Komponenten des ME-Systems zu betreiben. AE2 bietet auch eine eigene Energieerzeugung, allerdings nur über die *Vibration Chamber*, die brennbares Material in Energie verwandelt. Die Einheit, mit der die Energiemenge pro Tick gemessen wird, ist in AE2 …, na? AE/t lautet die richtige Antwort, wobei 1 AE/t genau 2 RF/t entsprechen. (Falls du eine Auffrischung in Sachen Energieeinheiten brauchst, schau im Kasten »Achtung, Hochspannung! Energie (RF und mehr)« auf Seite 46 nach.) Einfacher und effizienter ist es, das ME-System über eine andere Mod mit Energie zu versorgen, z. B. mit Photovoltaic Cells von EnderIO. Die hast du wahrscheinlich sogar schon gebaut, bevor du mit dem ME-System angefangen hast.

Um Energie ins ME-System zu bekommen, brauchst du entweder einen *Energy Acceptor* oder direkt einen *ME-Controller*. Der Controller ist für den Anfang nicht zu empfehlen, da er selbst Energie benötigt, um aktiv zu bleiben, also geh lieber den Weg über den Energy Acceptor. Verteilt wird die Energie über die *ME Class Cables*, und gespeichert wird sie in der Energy Cell von AE2. Dazu aber später mehr.

Eine laufende Vibration Chamber mit angeschlossener Energy Cell

## Save early, save often – der Notfallenergie-Plan

Auch wenn das nach Spielverderber klingt: Hab immer einen Notfallplan für deine Energieversorgung in der Tasche. Wenn dir nämlich die Energie ausgeht, geht auch dein ME-System aus, und du kommst an keines deiner Items mehr heran. Deswegen empfiehlt es sich, z. B. irgendwo zumindest einen Notfallgenerator stehen zu haben, falls dein System mal ausfällt. Mit dem Notfallgenerator kannst du dann dein System starten und so auf deine Items zugreifen. Wenn das öfter passiert, machst du dir am besten mal ernsthafte Gedanken darüber, wie du mehr Energie produzieren kannst.

Eine Truhe mit Kohle neben einem Stirling Generator von EnderIO. Sollte mal Energieknappheit herrschen, kannst du den Stirling Generator mit Kohle füllen. Der gibt dann die gewonnene Energie rechts an den Energy Acceptor weiter.

## Die vier Platten zum Glück

Um mit AE2 so richtig loslegen zu können, brauchst du schon einen gewissen Stand in Minecraft: Du brauchst Zugang zum Nether (für Netherquarz), einen kleinen Vorrat an Certusquarz, den es in der normalen Welt gibt, und Energie. Das Wichtigste sind aber vier Pressen (Presses) zum Pressen der Prozessoren (Processors).

Diese Pressen findest du nur in einer Truhe, die genau in der Mitte eines abgestürzten AE2-Meteoriten liegt. Um sich durch den Meteoriten zu graben, ist auch mindestens eine Diamond Pickaxe nötig, da er aus sehr hartem Skystone besteht.

Die Meteoriten findest du entweder mit einer guten Portion Glück oder mit einem *Meteorite Compass*, den du dir craften kannst. Dieser Kompass zeigt immer auf den nächsten Meteoriten in deiner Nähe. Wenn sich der Kompass schnell im Kreis dreht, befindest du dich unmittelbar in der Nähe eines Meteoriten. Meistens sind sie gut zu erkennen, aber in seltenen Fällen kann sich einer auch unter der Erde verstecken. Wenn dein Kompass also nicht aufhört, sich zu drehen, du aber keinen Meteoriten siehst, dann grabe dich nach unten. Diamond Pickaxe nicht vergessen!

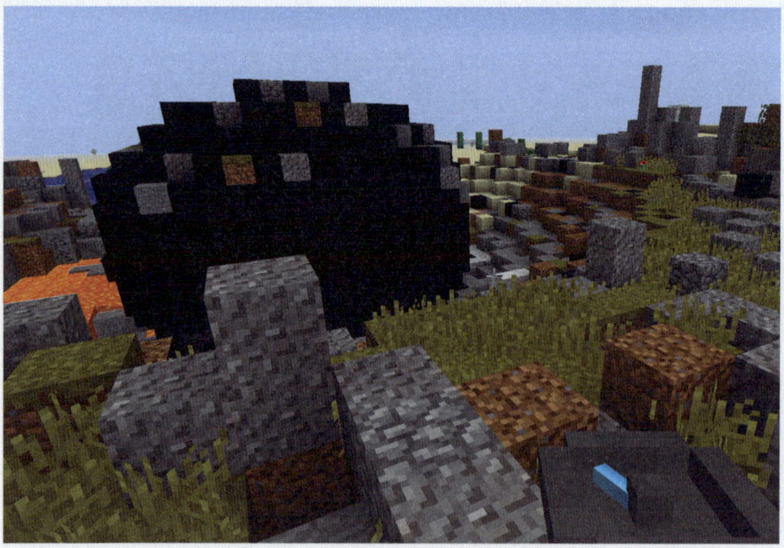

Auf diesem Bild ist ein Meteorit versteckt. Findest du ihn? Tipp: Der Kompass zeigt in die richtige Richtung.

## Das wichtigste Item – Processor

Eines der wichtigsten Items aus AE2 sind die *Processors*. Sie sind der Grund, warum du gerade eine Weltreise unternommen hast, um Pressen aus Meteoriten rauszuhacken, denn du benötigst sie für den Prozessorenbau.

Aus den Processors stellst du nahezu alle wichtigen Items her. Für den Anfang brauchst du einen *Inscriber* und die vier Pressen aus den Meteoriten:

- Inscriber Calculation Press
- Inscriber Engineering Press
- Inscriber Logic Press
- Inscriber Silicon Press

Lege eine Press in den Inscriber und dazu das jeweils benötigte Material (Gold, Diamond oder Pure Certus Quartz), aus dem der Processor gedruckt wird. Um den Processor zu finalisieren, benötigst du zudem noch Silicon. Das bekommst du, wenn du Sand in einer Sag Mill zerkleinerst.

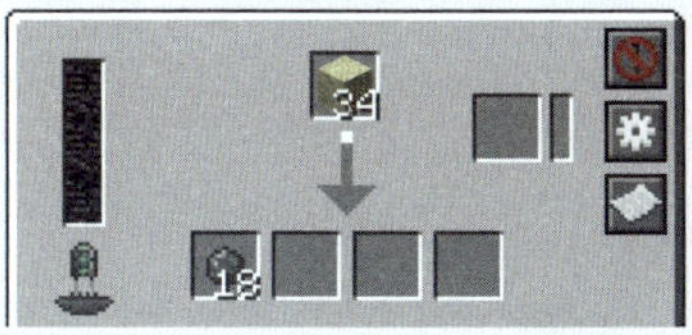

Hier wird Sand zu Silicon.

Dir wird schnell auffallen, dass man immer nur einen Inscriber-Vorgang auf dem Inscriber ausführen kann, das ist auf Dauer natürlich nichts. Da springt *AE2 Stuff* ein, eine lohnenswerte Zusatzmodifikation, die auch im Modschool-Pack zum Buch enthalten ist, denn diese Mod bringt den *Advanced Inscriber* mit. Damit lassen sich Stack-weise Prozessoren craften, was die Sache natürlich viel bequemer und schneller macht.

Links der normale Inscriber, rechts der Advanced Inscriber

### So züchtest du dir Applied Energistic Crystals

Eine Besonderheit der Mod sind die vier Crystals, ohne die du nahezu nichts in AE2 bauen kannst: Fluix Crystal, Pure Fluix Crystal, Pure Certus Quartz Crystal und Pure Nether Quartz Crystal. Sie müssen ins Wasser gelegt werden, um zu wachsen. Am Anfang dauert das eine seeehr lange Zeit (außer beim Fluix Crystal). Zum Glück despawnen die Seeds aber nicht, die du für die Crystals brauchst, sodass du dir keine Sorgen machen musst, deine Crystals zu verlieren, bevor sie fertig sind. Die Wachstumszeit kann mit dem *Crystal Growth Accelerator* (einer Art Kristallwachstumsbeschleuniger) und der *Crystal Growth Chamber* (so was wie ein Gewächshaus für Kristalle) drastisch verkürzt werden, allerdings nicht zu Beginn, da du zu deren Bau fertige Crystals benötigst.

Aber wie kommst du jetzt an die Crystals heran?

- **Fluix Crystal:** Wirf 1 Charged Certus Quartz, 1 Nether Quartz und 1 Redstone in ein Becken mit Wasser. Nach wenigen Sekunden werden daraus 2 Fluix Crystals. Du kannst auch gleich mehr Charged Certus Quartz, Nether Quartz und Redstone ins Wasser werfen, um mehrere Fluix Crystals heranzuziehen.

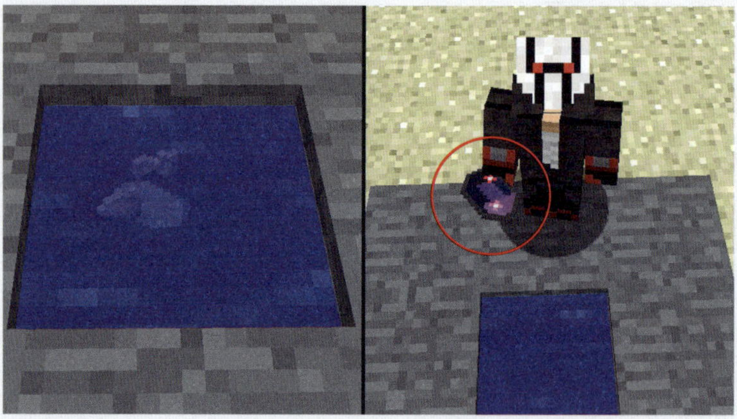

Ein paar Sekunden, nachdem du die Materialien ins Wasser geworfen hast, erhältst du die Fluix Crystals. Debitor macht das mal eben vor.

- **Pure Certus Quartz Crystal, Pure Nether Quartz Crystal und Pure Fluix Crystal:** Hier musst du entweder Certus Crystals, Nether Quartz oder Fluix Crystals in z. B. einer Sag Mill zu Dust verarbeiten und diesen dann mit Sand zusammencraften. Dabei entstehen Seeds, die du in ein Wasserbecken werfen musst. Dann heißt es nur noch abwarten.

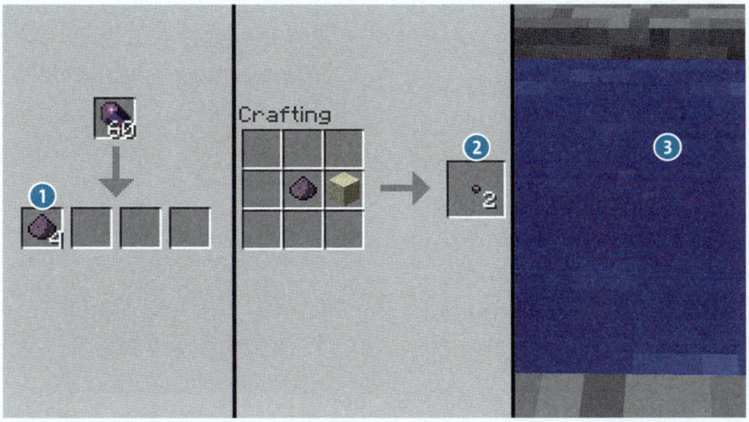


In der Sag Mill erhältst du aus Fluix Crystal den Fluix Dust ❶, den craftest du mit Sand zu Fluix Seeds ❷ und wirfst die Seeds im Anschluss ins Wasser ❸.

Um das Wachstum der Crystals zu beschleunigen, gibt es den Crystal Growth Accelerator und die Crystal Growth Chamber. Die Crystal Growth Chamber gehört nicht direkt zu AE2, sondern zur Mod AE2 Stuff. Der Crystal Growth Accelerator wird direkt an das Wasserloch gebaut, in dem du deine Crystals wachsen lässt. Das geht von allen sechs Seiten aus, und je mehr Accelerators du dort platzierst, desto schneller wachsen deine Crystals.

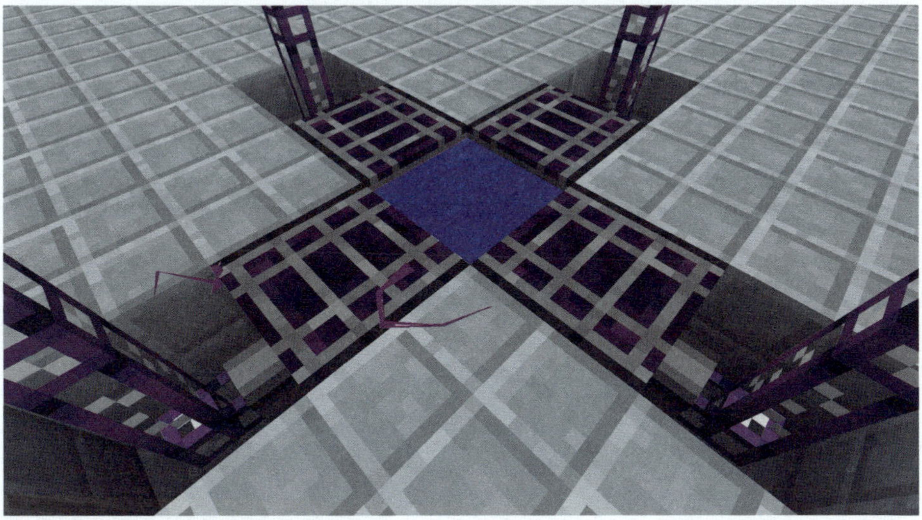

Vier Crystal Growth Accelerators am Wasserloch

Die Crystal Growth Chamber wird aus sechs Crystal Growth Accelerators gebaut und benötigt nicht einmal mehr Wasser. Alles, was du machen musst, ist, die Chamber mit Strom zu versorgen und die Seeds einzulegen. Zudem lässt sich die Chamber mit weiteren Accelerator-Upgrades ausstatten. Komplett ausgebaut, brauchen deine Seeds nur noch wenige Sekunden bis zum ausgewachsenen Crystal. Zu den Acceleration Cards kommen wir später noch mal auf Seite 209.

Eine Crystal Growth Chamber von AE2 Stuff

## ME-SYSTEM, WIR KOMMEN

Nachdem du jetzt alle Besonderheiten von AE2 kennst, beginnen wir endlich mit dem Crafting eines Basis-ME-Systems. Falls du dich fragst: ME steht übrigens für »Matter Energy«. Albert Einstein und so. Das System wird zunächst als Truhenersatz und Lager dienen. Das Coole ist, dass du für ein Basis-ME-System gerade mal fünf verschiedene Teile brauchst:

- 1 × Energy Acceptor
- 1 × Drive
- 1 × ME Class Cable Fluix
- 1 × ME Crafting Terminal
- 4 × 1k ME Storage Cell

Das ist wirklich das kleinste ME-System, das man bauen kann. Der Energy Acceptor dient als Energieanschluss für das ME-System, ihn musst du mit einer externen Stromquelle verbinden. Das daran angeschlossene Drive beinhaltet die Storage Cells. Im Drive haben zehn Storage Cells Platz. Darüber befindet sich ein Cable mit einem Crafting Terminal. Über dieses Ter-

Basic ME System – klein, aber oho!

minal kannst du auf alle Items zugreifen, die auf den Cells gelagert werden, und zusätzlich noch craften.

Jetzt kommt ein bisschen Mathe ins Spiel. Pro Storage Cell können 63 verschiedene Item-Types gespeichert werden, acht Items benötigen 1 Byte. Auf einer 1k Storage Cell können 1.024 Bytes an Items gespeichert werden, also insgesamt 8.192 Items. Für den Anfang ist das völlig ausreichend, aber je mehr du craftest, baust und erkundest, desto mehr Platz wirst du brauchen. Gut, dass es noch bessere und größere Storage Cells gibt. Große Storage Cells lohnen sich aber nur für Items, von denen du wirklich viele hast, weil trotzdem nur 63 verschiedene Items auf die Platten passen.

| Storage Cell | Größe | Anzahl an Items |
|---|---|---|
| 1k | 1.024 Bytes | 8.192 |
| 4k | 4.096 Bytes | 32.768 |
| 16k | 16.384 Bytes | 131.072 |
| 64k | 65.536 Bytes | 524.288 |

Die verschiedenen Storage-Cell-Größen

## Automatisch rein und raus

Ein großer Vorteil des ME-Systems ist die Automatisierung von Abläufen. Du kannst Gegenstände direkt ins ME-System importieren und Items auch wieder exportieren. Das ist sinnvoll, wenn du deinen Extreme Reactor (siehe Kapitel 12) automatisch mit Brennstoff versorgen möchtest oder wenn du deine gesammelten Erze automatisch in Ingots umwandeln lassen willst. Dafür arbeiten wir mit dem sogenannten *Bus-System*.

- **ME Import Bus:** Importiert Items oder Blöcke aus Maschinen oder Truhen ins ME-System.
- **ME Export Bus:** Exportiert Items oder Blöcke aus dem ME-System in Maschinen oder Truhen.
- **ME Storage Bus:** Verbindet den angeschlossenen Storage (Speicher, z. B. Chest, Black Hole, Drawer Controller).
- **ME Toggle Bus:** Funktioniert wie das ME Glass Cable, aber damit lässt sich per Redstone Signal die Verbindung unterbrechen.

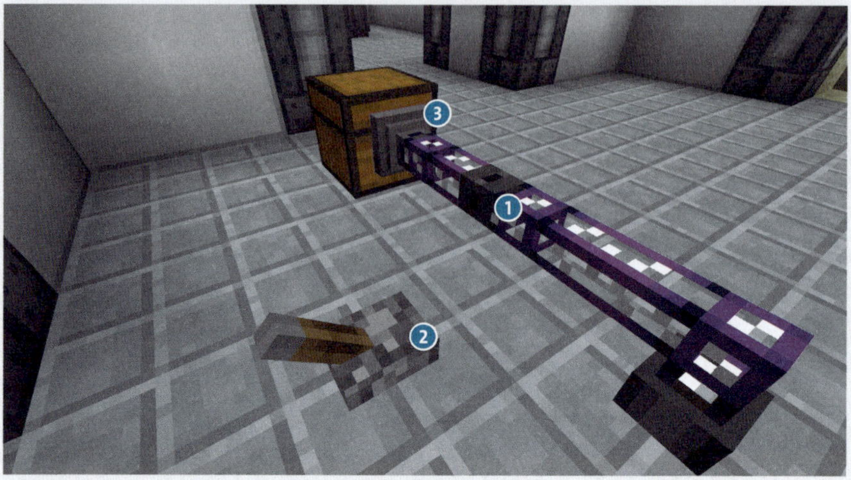

ME Toggle Bus ❶ schaltet per Redstone Signal ❷ das Kabel und alle damit verbundenen Geräte ab, wie z. B. den ME Import Bus ❸. Damit kannst du dann steuern, ob der Inhalt der Truhe ins ME-System importiert werden soll oder nicht.

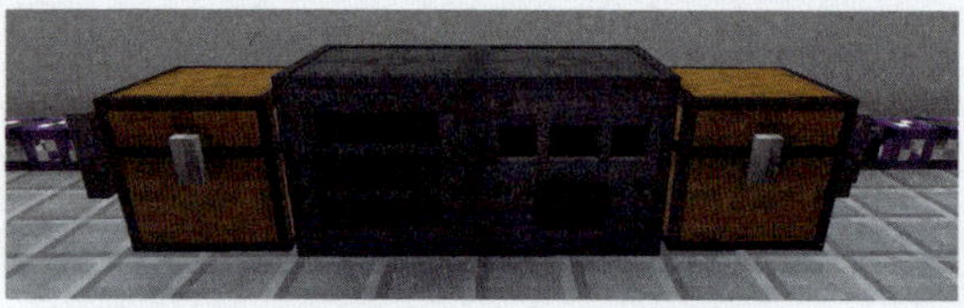

Der Export Bus links exportiert Items aus dem ME-System in die linke Truhe, und aus der rechten Truhe werden sie durch den Import Bus wieder ins ME-System importiert.

Kleines Beispiel gefällig? Wie oben zu sehen, wird der Export Bus an der Chest neben der Sag Mill angeschlossen, und es werden am besten alle vorhandenen Erze, die du verarbeiten willst, in den Export Bus eingefügt. Damit du nicht nur ein Erz pro Bus einfügen kannst, brauchst du zwei *Capacity Cards*. Capacity Cards erhöhen die Plätze im Export und Import Bus von 1 auf 5 und mit der zweiten Card von 5 auf 9 Plätze.

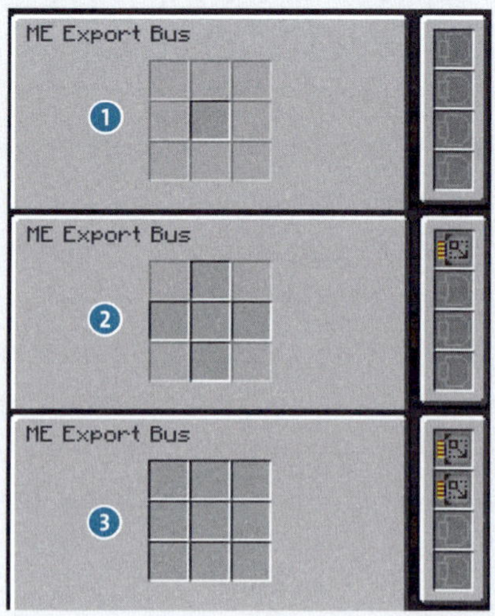


Ein Export Bus ohne Capacity Card ❶ kann 1 Item verarbeiten, mit einer Capacity Card ❷ schafft er 5 Items und mit zwei Capacity Cards ❸ sogar 9 Items.

So kannst du alle vorhandenen Erze mit einbringen. Die Sag Mill zerkleinert das Erz und gibt den Dust an den Alloy Smelter weiter, der die Ingots herstellt. An den Ausgang des Alloy Smelters stellst du eine Truhe, an deren Seite ein Import Bus kommt. Der importiert die fertigen Ingots wieder ins ME-System.

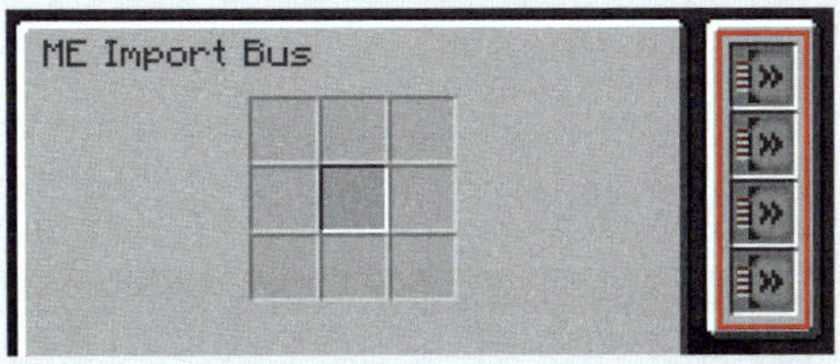

In diesem Export Bus stecken vier Acceleration Cards, damit wird ab jetzt viermal schneller importiert.

Übrigens: Wenn zu langsam importiert oder exportiert wird, kannst du noch *Acceleration Cards* einbauen. Damit arbeiten die Bus-Systeme schneller, und du verarbeitest effizienter.

**Schon gewusst?**

Acceleration Cards kannst du in sehr viele Maschinen und Bus-Systeme einbauen. In der Growth Accelerator Chamber wachsen deine Crystals schneller, und in den Inscribern werden deine Prozessoren schneller gecraftet. Auch im Molecular Assembler, zu dem wir beim Autocrafting ab Seite 214 noch mal kommen, kannst du die Acceleration Cards verwenden. Merke dir: Mit Acceleration Cards geht alles schneller, zumindest bei AE2.

## Aufräumen automatisch

Wenn deine Monsterfarm dir nicht nur nützliche Items beschert, sondern auch einen Haufen kaputter Rüstungen, Bögen und Waffen, dann ist dein ME-System schneller voll, als du gucken kannst. Du weißt ja, dass eine Storage Cell nur 63 verschiedene Item-Typen aufnehmen kann. Demnach ist sie schnell voll, wenn du 63 einzelne Bögen mit verschiedener Haltbarkeit darin liegen hast. Also, was machst du? Genau, ab in den Müll damit, und zwar bitte automatisch. Dafür empfiehlt sich der *Nullifier* der Mod Thermal Expansion, denn der löscht alle Items, sobald sie eingeführt werden.

Stell den Nullifier erst einmal auf. Um Items dort hineinzuimportieren, brauchst du einen Export Bus. Du möchtest ja z.B. deine Bögen aus dem ME-System exportieren. Hier empfehlen sich wieder zwei Capacity Cards und eine, jetzt kommt's, *Fuzzy Card*.

Mit der Fuzzy Card kannst du einstellen, dass auf die Haltbarkeit geschaut werden soll, dass also z. B. alle Bögen weggeschmissen werden, wenn ihre Haltbarkeit zu niedrig ist. Bei einem älteren Projekt mit dem Namen »After Humans« hatten wir nicht nur einen Nullifier, sondern gleich drei Stück mit jeweils drei Export Busses. Das lag aber daran, dass »After Humans« ein anderes Modpack war, in dem man viel mehr wegschmeißen musste, bei AE2 genügt normalerweise erst mal einer.

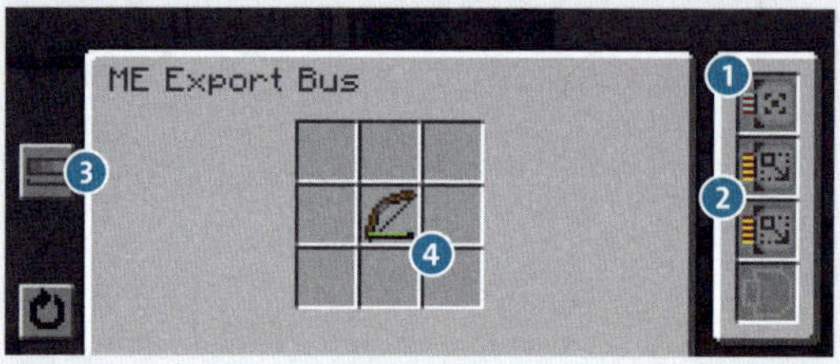


Export Bus mit einer Fuzzy Card ❶ und zwei Capacity Cards ❷. Die Anzeige ❸ kommt von der Fuzzy Card und gibt die Haltbarkeit an. In die Mitte ❹ legst du alle Items, die vernichtet werden sollen.

## Nützliche Cards aus AE2

Die Acceleration Card, die Fuzzy Card und die Capacity Card kennst du bereits. Das sind die gängigsten und auch von uns am meisten genutzten Cards aus AE2. Aber es gibt auch noch andere:

- **Crafting Card:** Craftet automatisch die fehlenden Items in der angeschlossenen Truhe/Maschine. Du hast z. B. eine Maschine, die Knochenmehl verarbeitet, und der Export Bus ist auf Knochenmehl eingestellt. Er exportiert so lange Knochenmehl aus deinem System in die Maschine, bis das System leer ist. Wenn du nun zusätzlich eine Crafting Card im Export Bus hinterlegt hast, craftet das System automatisch Knochenmehl nach, und es entsteht kein Engpass. Dazu brauchst du natürlich noch die Autocrafting-Anlage mit dem Rezept, wie Knochen zu Knochenmehl gemacht werden. Mehr dazu beim Autocrafting ab Seite 214.
- **Inverter Card:** In der *Cell Workbench* lassen sich Storages partitionieren. Hier kann man angeben, dass z. B. nur Stone auf der Cell gespeichert werden sollen, das funktioniert ähnlich wie eine Whitelist. Wenn du jetzt die Inverter Card einfügst, wird alles andere gespeichert *außer* Stone, du machst also eine Blacklist daraus.

**Redstone Card:** Wenn ein Bus mit dieser Card ausgestattet ist, kannst du einstellen, dass der Bus nur mit einem Redstone Signal aktiv werden soll. Bestes Beispiel ist wieder die automatische Erzverarbeitung: Wenn du noch nicht genug Strom zur Verfügung hast, kannst du den Export von Erzen so lange per Schalter ausstellen, bis ausreichend Energie da ist.

## Mit acht Kanälen fängt alles an

Unser kleines ME-System kann so, wie es da steht, acht Kanäle verarbeiten. Jedes angeschlossene AE2-Item verbraucht einen Kanal, also das Drive (Laufwerk), der Crafting Monitor und jeder Bus. Sobald du das ME-System etwas komplexer baust, stößt es da schnell an seine Grenzen. Deswegen gibt es den ME-Controller, der sich zu einem großen Multiblock zusammenschließen lässt. Die maximale Größe ist auf 7×7 Blöcke begrenzt, außerdem darf jeder ME-Controller nur an maximal drei Seiten verbaut sein. Das Gute ist, dass jede freie Fläche des ME-Controllers mit einem Kabel versehen werden kann, und jede Fläche kann 32 Kanäle verwalten. Denk aber daran, je größer der Controller ist, desto mehr Strom verbraucht er auch.

Maximaler ME-Kern und gleichzeitig unsere Lieblingsform, da sie sehr viel Platz für Kabel lässt.

Moment, jede Controller-Fläche kann 32 Kanäle verarbeiten, aber normale Glass Cables schaffen nur acht Kanäle! Was tun? Für diesen Fall gibt es das *Dense Smart Cable*. Das schafft, wie der Controller, 32 Kanäle. Wow, praktisch!

Übrigens: Die schmaleren Smart Cable bieten bis auf ihre Anzeige für benutzte Kanäle keine wirklichen Vorteile. Sie haben nur acht Kanäle zur Verfügung und sind im Grunde nur optisch schöner als die normalen Glass Cables. Alle Kabel lassen sich in 16 verschiedenen Farben einfärben, das verhindert dann, dass sie sich miteinander verbinden und zu Chaos im System führen.

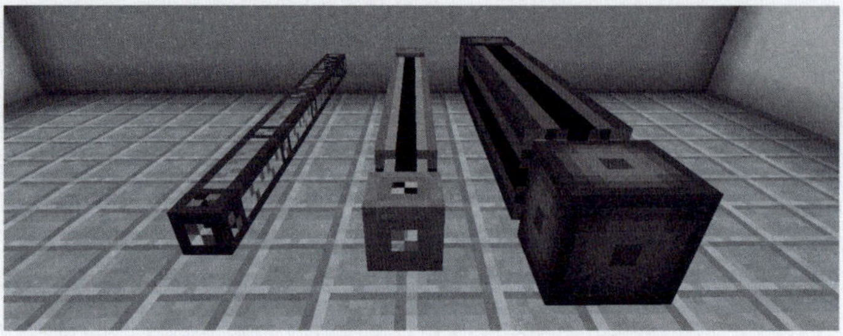

Links Fluix Cable, Mitte Smart Cable, rechts Dense Smart Cable

### Schon gewusst?

Gut verlegte Kabel (oder Leitungen, hast du gesehen, wie dick die sind?) entlasten den Server und lassen dein Spiel länger performant laufen. Gut verlegt heißt, dass alles in einer Reihe geschaltet ist und dass keine unnötigen Schleifen oder Kontaktpunkte einbaut sind.

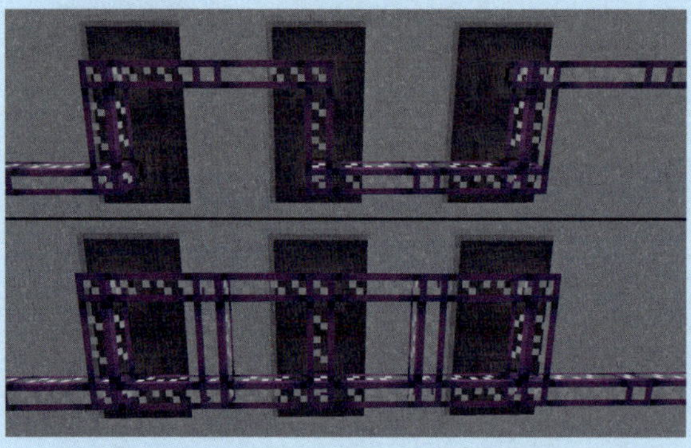

Oben gut verlegt (in Reihe), unten nicht (viele Schleifen)

Der Grund, warum wir das immer wieder ansprechen, ist der, dass die Wahrscheinlichkeit für Laggs steigt, je mehr du mit Modpacks baust. Oft ist nicht eine einzelne Mod das Problem, wenn dein System »hängt«, sondern einfach die Summe aller Modifikationen auf einem Haufen. Du baust da schließlich eine ganze Menge komplizierter Maschinen, die alle berechnet werden wollen. Deswegen gibt es zwischendurch immer den ein oder anderen Tipp, wie du das Laggen möglichst lange hinauszögern kannst.

## Kabellos und sicher

Oft baut man ja an vielen Sachen gleichzeitig. Das heißt: Viele Baustellen, viele Materialien und man rennt viel zu oft zwischen Lager und Baustelle hin und her, weil immer noch irgendwas fehlt, fast ein bisschen wie im richtigen Leben. Wäre es da nicht schön, die Dinge, die man vergessen hat, einfach aus seinem Handy ziehen zu können? Genau das ist in AE2 und mit dem ME-System möglich, denn es gibt ein kabelloses Terminal, das du sogar in deinem Inventar verstauen kannst, ein WLAN für Sachen. Um es zu bauen, benötigst du eigentlich nur Folgendes:

- 1 × Wireless Terminal
- 1 × Charger
- 1 × ME Security Terminal
- 1 × ME Wireless Access Point
- 16 × Wireless Booster

Der Aufbau ist relativ einfach. Das Security Terminal und der Access Point kommen an ein Kabel deines ME-Systems. Ohne Booster hast du eine Reichweite von 16 Blöcken mit einem Verbrauch von 8 AE/t. Mit 16 Blocks Reichweite kommt man aber noch nicht sonderlich weit. Deswegen solltest du direkt Wireless Booster in den Access Point legen. Zu empfehlen sind hier 16 Stück. Damit kommst du dann immerhin 80 Blöcke weit, bei einem Verbrauch von 40 AE/t. Der Verbrauch steigt exponentiell an, also achte ein bisschen auf deine Stromversorgung.

Ein Wireless Terminal, der in einem Charger aufgeladen wird

| Wireless Booster | Reichweite | Stromverbrauch |
|---|---|---|
| 8 Booster | 38 Blöcke | 18 AE/t |
| 16 Booster | 80 Blöcke | 40 AE/t |
| 32 Booster | 197 Blöcke | 189 AE/t |
| 64 Booster | 528 Blöcke | 4.100 AE/t |

Übersicht über die Verbesserung durch Booster

Jetzt linkst du dein Wireless Terminal mit dem Security Terminal, indem du es mit ⇧ + Linksklick ins Security Terminal legst. Dann musst du es nur noch in dem Charger laden, und schon kannst du innerhalb von 80 Blöcken auf dein ganzes Zeug zugreifen. Gleichzeitig schützt dein Security Terminal vor unbefugtem Zugriff, was gerade auf einem Server nützlich sein kann. Um deinen Freunden Zugriff zu gewähren, müssen sie eine *Biometric Card* haben und die einmal mit ⇧ + Rechtsklick auf sich linken. Du kannst die Card dann in das Security Terminal legen und die Rechte einstellen, die deine Freunde bekommen sollen.

Eingelegte Biometric Card ❶ im Security Terminal: Hier kannst du genau einstellen, was der jeweilige Benutzer darf und was nicht. Darf Items einlagern ❷, Items herausnehmen ❸, Autocrafting benutzen ❹, Komponenten vom ME-System ab- und anbauen ❺, das Security Terminal bedienen ❻.

## Jetzt macht das System alles allein

Autocrafting ist ein Muss für jede größer werdende Behausung. Es ist schon purer Luxus, dem System nur sagen zu müssen: »Bau mir bitte 10 Leitern«, und das System baut sie einfach. Gerade bei immer wiederkehrenden oder bei besonders komplizierten Rezepten ist das Autocrafting schon cool.

Die Liste der Zutaten ist diesmal etwas länger, aber es sieht wahrscheinlich schlimmer aus, als es ist. Für ein kleines Autocrafting-System brauchst du:

- 1 × Crafting Co Prozessor
- 2 × 1k Crafting Storage
- 1 × ME Crafting Monitor
- 1 × ME Interface
- 1 × Molecular Assembler
- 1 × ME Pattern Terminal
- 1 × ME Interface Terminal
- 3 × Blank Pattern (pro Rezept wird eins benötigt)

Bei dem Bau der Autocrafting-Einheit ist eigentlich nur zu beachten, dass sie einen geschlossenen Quader ergibt, da sie sonst ihren Dienst verweigert. Zudem muss jede Autocrafting-Einheit mindestens einen *Crafting Storage* aufweisen.

In unserem Beispiel haben wir zwei 1k Crafting Storages und einen Crafting Processor genommen. Hier kann man Rezepte einlegen (die Patterns, also Muster, die mit Rezepten beschrieben wurden), die nicht mehr als 2k Crafting Storages benötigen. (Je komplexer die Rezepte sind und je mehr Items dabei verbraucht werden, desto größer ist die Anforderung für die Storage-Komponente.) Es wäre theoretisch sogar möglich, mit 64k-Storage-Elementen zu arbeiten.

Die Co-Processors geben an, wie viele Dinge gleichzeitig gecraftet werden können. Das hat folgenden Hintergrund: Nehmen wir an, du würdest Leitern bestellen, dann müsste erst Holz zu Brettern, dann müssten Bretter zu Stöcken und anschließend Stöcke zu Leitern gecraftet werden. Mit vier Crafting Processors würden alle vier Rezepte gleichzeitig bearbeitet werden, wodurch du schneller an deine Leitern kämest. Das macht in dem Fall jetzt nicht den großen Zeitunterschied aus, aber bei komplexeren, langen Rezepten bringt es mit mehreren Crafting Co-Processors eine deutliche Zeitersparnis. Im besten Fall benötigt ein Rezept mit zwei Crafting Co-Processors nur halb so lange wie mit einem.

Der Crafting Monitor ist übrigens im Grunde nur Style, aber wir finden ihn wichtig. So kannst du auf einen Blick sehen, was welche Einheit gerade craftet, und behältst die Übersicht.

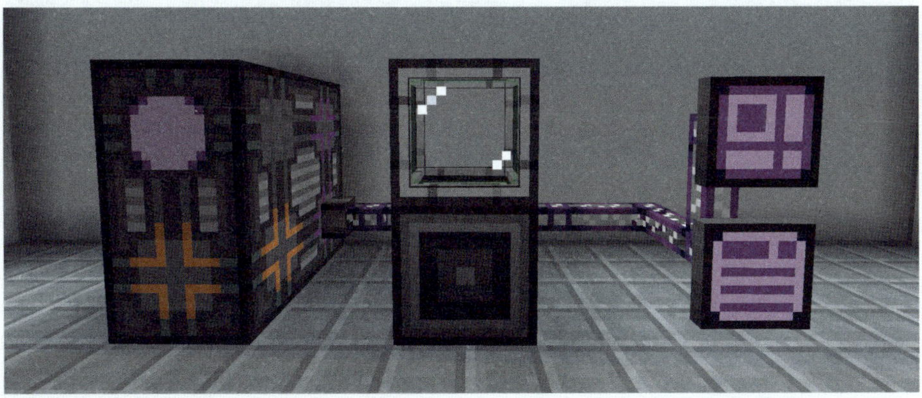

Links Crafting Processor, Mitte Interface mit Molecular Assembler oben, rechts Pattern- und Interface Terminal

Selbstverständlich muss die Einheit per Kabel mit deinem ME-System verbunden sein. Im Anschluss kommen das Interface und daran der Molecular Assembler. Der Molecular Assembler craftet die im Interface gelagerten Rezepte. Er lässt sich wie die meisten Maschinen mit Acceleration Cards beschleunigen.

Generell kannst du das ME Interface mit jeder Maschine und jedem Crafting-Prozess verbinden. Damit der Molecular Assembler weiß, was er craften soll, musst du noch Rezepte dafür anlegen. Das geht mit dem *Pattern Terminal* und ein paar leeren Pattern. Hier legst du für dieses Beispiel das Rezept für Wood zu Planks, Planks zu Sticks und Sticks zu Ladders an. Die daraus entstandenen Patterns legst du dann im Interface beim Molecular Assembler ab. Alternativ kannst du auch ein *Interface Terminal* bauen. Dort werden alle Interfaces von allen Maschinen angezeigt, sodass du alles zentral verwalten kannst.

Jetzt bist du in der Lage, automatisiert Leitern zu bestellen. Das geht natürlich auch mit allen anderen Rezepten. Du kannst sogar den Alloy Smelter oder die Sag Mill für automatisierte Crafting-Prozesse verwenden. Wir legen eigentlich immer fast alle AE2-Rezepte an, z. B. für Storages, Export und Import Bus, Molecular Assembler und Prozessoren. Je mehr Rezepte du lagern willst, desto mehr Interfaces und Molecular Assembler brauchst du natürlich.

Crafting-Einheit in Debitors Projekt »Time« (YouTube Playlist: *http://r-wrk.de/642801*)

## Komplexer geht auch

Für die Leitern haben wir einfache Crafting-Rezepte automatisiert, aber was ist mit Prozessen? Also z. B. Coal zu Coal Powder oder z. B. ein Dark Steel Ingot der Mod EnderIO, der aus drei Komponenten besteht? Dafür musst du im Pattern Terminal auf *Processing Pattern* ❶ klicken, dann links die benötigten Items einlegen und rechts das fertige Produkt. Bei unserem Dark Steel Ingot muss ins linke Feld dann demnach 1 × Iron Ingot, 1 × Coal Powder und 1 × Obsidian rein ❷. In das rechte dann 1 × Steel Ingot ❸. Dieses Pattern ❹ muss dann in ein Interface ❺, das an einem Alloy Smelter angeschlossen ist (in der Config ❻ des Alloy Smelters den In- und Output in Richtung des ME Interface ❼ einstellen), und schon sind Dark Steel Ingots bestellbar und somit automatisiert. Um Coal zu Coal Powder zu machen, führe die beschriebenen Schritte mit Coal aus und stecke das Rezept in ein Interface, das an deine Sag Mill angeschlossen ist.

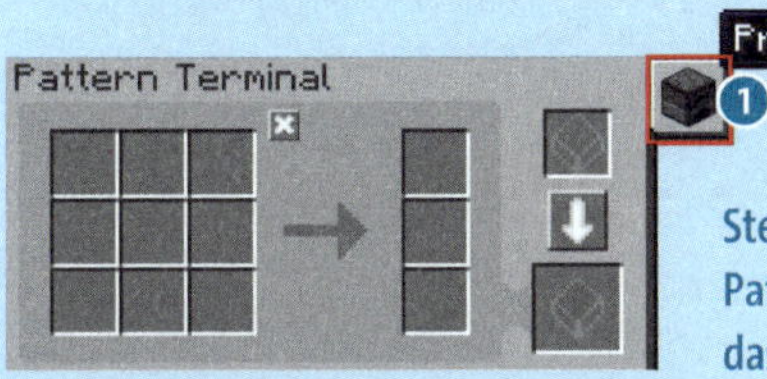


Stell das Pattern Terminal auf »Processing Pattern« ein, dazu klickst du einfach auf das Symbol (1, rot umrahmt).

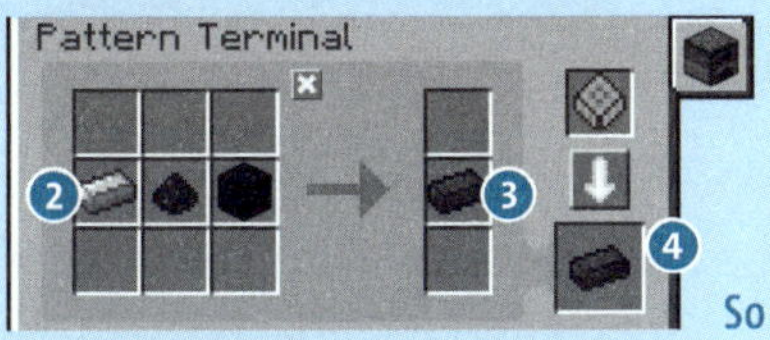


So legst du einen Dark Steel Ingot an.

Ein Alloy Smelter mit einem darunter angeschlossenen ME Interface (muss mit dem ME-System verbunden sein)

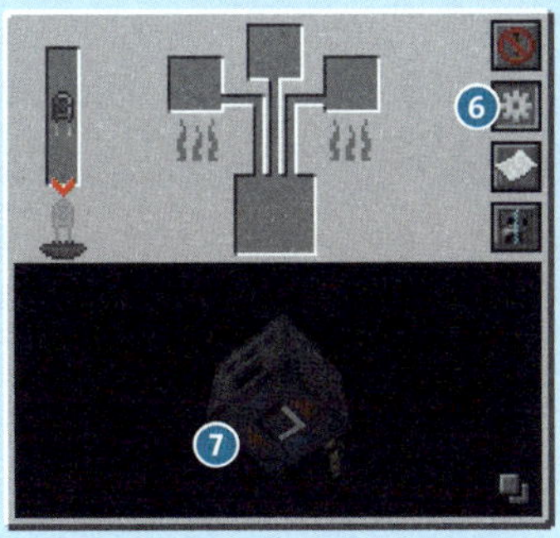


Nicht vergessen: Stell den Alloy Smelter in Richtung des ME Interface auf In- und Output ein.

## Spatial Storage

Mit *Spatial Storage* kannst du nicht nur Items speichern, sondern auch ganze *Räume*. Sollte sich ein Spieler in dem Raum befinden, wird er einfach mit eingepackt. Ursprünglich hatten wir geplant, Gronkh und Tobinator in so einem Spatial Storage zu fangen, doch leider sind sie am Ende nicht in die Falle gegangen. Nächstes Mal vielleicht :-)

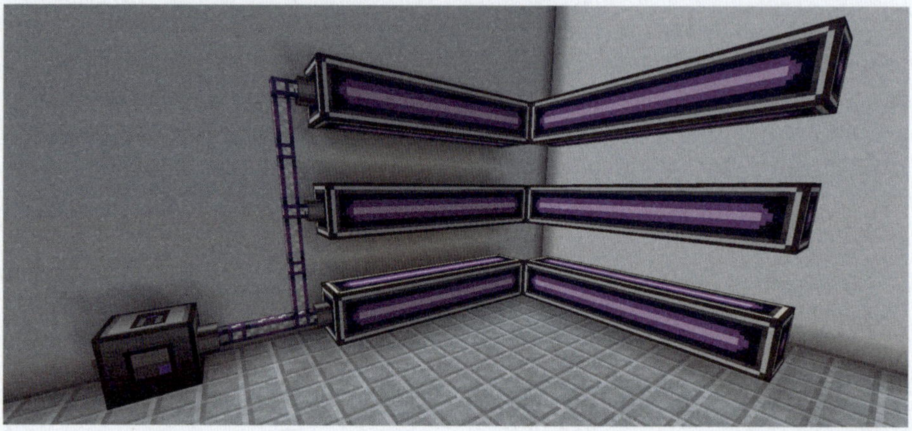

Aufbau des Spatial Storage

Einziges Manko an der Funktion ist, dass Spatial Storage nur sehr wenige Blöcke unterstützt. Nicht unterstützte Blöcke bleiben einfach stehen. Aber so gut wie alle Vanilla-Minecraft-Blocks und auch die von Applied Energistics 2 sollten gehen. Für den Aufbau benötigst du:

- Energie
- 1 × Spatial IO Port
- 1 × $16^3$ Spatial Storage (damit auch was draufpasst, sind es 16 × 16 × 16 Blöcke, die darin gespeichert werden können)
- 30 × Spatial Pylon
- 11 × ME Glass Cable
- 1 × Button

An Spatial Storages haben wir uns erst ziemlich spät herangewagt, weil wir dachten, dass es superkompliziert sei. Ist es aber gar nicht! Mit den oben aufgeführten Teilen lässt sich fürs Erste ein 4 × 4 × 3 Böcke großer Raum einpacken. Raum genug, um einen Freund zu ärgern.

Theoretisch ließe sich auf dem 16er (also eigentlich $16^3$) Spatial Storage ein Raum von 16 × 16 × 16 einpacken. Maximal könnte man einen 128 × 128 × 128 Raum auf die Storage Cell packen, das ist aber schon sehr sportlich. Da musst du dann auch dein Kanalmanagement im Auge behalten, weil jede Pylonenreihe einen eigenen Kanal belegt.

Der Aufbau geht wie folgt: Stell den Spatial Storage auf und verbinde ihn entweder direkt mit deinem ME-System oder per Energy Acceptor mit einer anderen Energiequelle. Dann führe das Glass Cable nach oben und baue in zwei Richtungen die Pylonen an, sodass eine Ecke entsteht. Dann noch den Button an der Spatial IO anbringen und den Spatial Storage links in die Spatial IO einlegen. Wenn du jetzt den Button drückst, verschwindet der innere Bereich auf die Storage Cell (in der Abbildung gelb dargestellt). Zum Entleeren musst du die Position der Storage Cell in der Spatial IO wieder ändern und erneut den Button drücken.

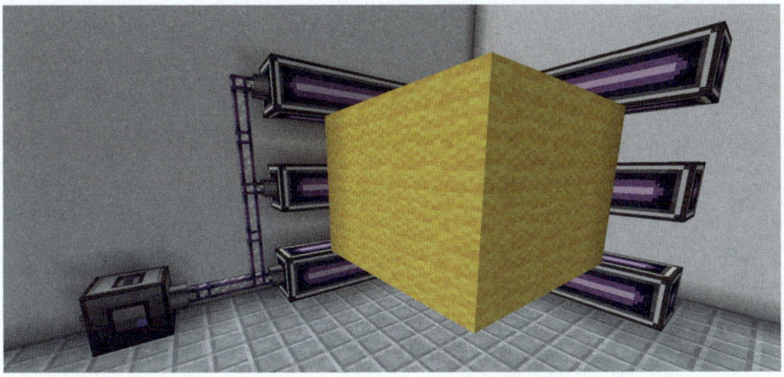

Der Spatial Storage speichert den markierten Bereich (gelb) auf einer Spatial Storage Cell ab.

## Der Quantum Ring

Als wir das erste Mal vom *Quantum Ring* gehört haben, dachten wir nur: So was gibt es? Okay, wozu braucht man das?

Aber das Konstrukt ist mehr als sinnig. Wir haben im Minecraft-Großprojekt »Novus« zusammen mit ganz vielen anderen YouTubern eine Mondbasis gebaut. Das Video dazu findest du hier: *http://r-wrk.de/642802*. Es hätte Stunden gedauert, alle benötigten Materialien von unserem Haus auf den Mond zu bekommen. Und das Wireless Crafting Terminal geht sowieso nicht über verschiedene Dimensionen, der Quantum Ring aber schon. Also leiten wir das ME-System durch den Ring unendlich weit und sogar in andere Dimensionen.

Alles, was du dazu brauchst, sind zwei Quantum Rings: einen am heimischen ME-System und einen an der neuen Baustelle. Zwischen diesen Ringen entsteht sozusagen eine *Quantum Bridge*.

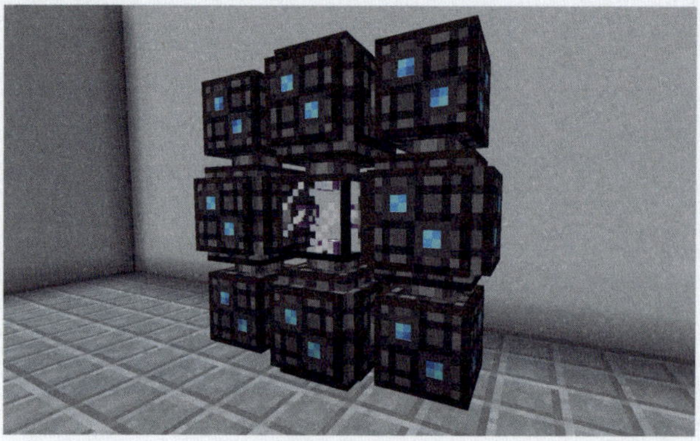

Ein Quantum Ring

Doch zuerst brauchen wir eine *Singularity*, eine Art Wurmloch, um zwei Punkte über weite Entfernungen miteinander zu verbinden. Die Singularity entsteht, wenn man im *Matter Condenser* 256.000 Items auflöst. Dazu benötigst du neben dem Matter Condenser noch eine 64k ME Storage Component.

Der Matter Condenser

Stell den Matter Condenser auf, stecke die Storage Component rein und stell auf **Singularity**. Danach musst du die erwähnten 256.000 Items in den Matter Condenser leiten. Das machst du entweder, indem du z. B. einen *Igneous Extruder* daraufstellst (der macht aus Wasser, Lava und Energie unendlich viel Cobblestone), oder du leitest die Items mithilfe eines Export Bus aus deinem ME-System direkt in den Matter Condenser. Sobald 256.000 Items drin sind, kannst du die Singularity herausnehmen.

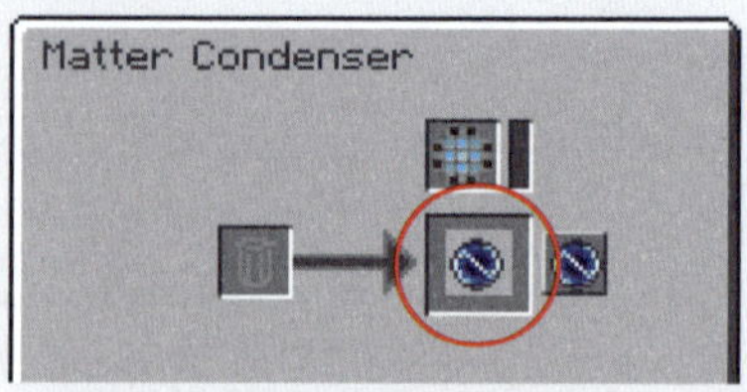


Wenn genügend Items vernichtet wurden, entsteht die Singularity.

Da wir für eine Quantum-Brücke zwei Quantum Rings benötigen, brauchen wir auch zwei *Quantum Entangled Singularities*. Die bekommen wir aus der einen Singularity, die wir schon haben. Hierfür muss die Singularity zusammen mit Ender Dust gesprengt werden. Leg dafür eine Ender Pearl in die Sag Mill und crafte das Ender Powder dann zu Ender Pearl Dust (alternativ wird die Ender Pearl im Pulverizer direkt zu Dust). Jetzt legst du die Singularity zusammen mit dem Dust neben einen Block TNT (oder Tiny TNT) und sprengst das TNT in die Luft. Schon hast du zwei Quantum Entangled Singularities. Das war einfach, oder? 'n bisschen TNT und schon machst du aus einer Singularität zwei.

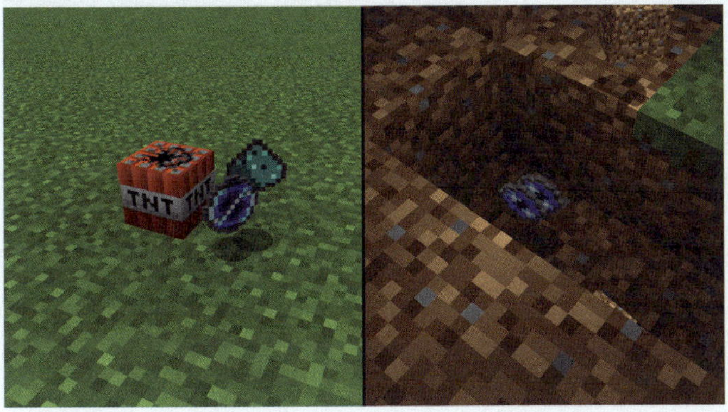


Die Singularity muss zusammen mit Ender Dust gesprengt werden, um zwei Quantum Entangled Singularities zu erhalten.

Neben den zwei Quantum Entangled Singularities brauchst du für die zwei Quantum-Ringe außerdem:

- Energie (Empfehlung: Dimensional Transceiver)
- 1 × Energy Acceptor
- 4 × ME Glass Cable
- 2 × Quantum Link Chamber
- 16 × Quantum Ring

Bau die Teile zu zwei identischen Ringen zusammen. Sobald ein Ring komplett ist, wird er zu einem Multiblock. In die Mitte kannst du in jedem Ring die Quantum Entangled Singularity einlegen. Über die Singularity sind die beiden Ringe jetzt miteinander verbunden.

Der eine Ring muss mit dem heimischen ME-System verbunden werden. Am besten klappt das direkt mit einem Kabel, das über einen freien Kanal verfügt. Der entfernte Ring muss auch mit Energie versorgt werden, dazu dient der

Energy Acceptor, den du per Kabel an den Ring anschließt. Wir empfehlen den Dimensional Transceiver der Mod EnderIO als Energielieferanten. Sobald beide Ringe leuchten, steht die Brücke, und du kannst alle ME-relevanten Dinge anschließen. Am besten wäre natürlich ein ME Crafting Terminal.

Links der Quantum Ring in unserer Basis, rechts der im Nether

## Ab durch den Tunnel – mehr Kanäle geht nicht

Wie du bereits weißt, kann jedes Dense-Kabel 32 Kanäle beherbergen. Aber was ist, wenn man mehr braucht? Riesige ME-Bauten brauchen meistens viel mehr Kanäle. Theoretisch kann man natürlich mehr Kabel verlegen, aber eleganter ist es, die Kabel zu *tunneln*. Mit der Tunneltechnik kannst du über ein Dense-Kabel mit 32 Kanälen 32 Tunnel anlegen. Und jeder Tunnel hat 32 Kanäle. Das sind dann schon 1.024 Kanäle (32 × 32) Kanäle! Es ist sogar möglich, Flüssigkeiten und Redstone-Signale oder Energie über die Tunnel zu leiten. Als konkretes Beispiel nehmen wir hier erst mal normale Kanäle. Zum einen ist das der am nächsten liegende Grund, Tunnel zu benutzen, und zum anderen funktionieren die anderen Tunnel genauso, du kannst das Prinzip also später übertragen.

Was brauchst du zum Tunneln? Erst mal natürlich einen groß ausgebauten ME-Kern. Aber wenn du über das Tunneln nachdenkst, hast du wahrscheinlich schon einen großen Kern und entsprechend Platzmangel oder zumindest die Ambition, alles so effizient und elegant wie möglich zu bauen, oder?

Die Zutaten noch mal in der Übersicht (neben dem ME-Kern, den du bestimmt sowieso schon hast, wenn du hier angekommen bist):

- 2 × P2P-Tunnel-ME
- 1 × Memory Card
- Dense Smart Cable
- Smart Cable

1. Verbinde den P2P-Tunnel-ME per Smart Cable mit deinem ME-Kern.

Der ME-Kern mit angeschlossenem P2P-Tunnel

2. Verlege jetzt das Dense Smart Cable von deinem ME-Kern bis zu dem Punkt, wo du den Tunnel gerne haben möchtest. Um einen P2P-Tunnel an den Kern anzuschließen, musst du erst auf das dünnere Smart Cable wechseln, daran steckst du dann den Tunnel, und dahinter kommt wieder ein Dense Smart Cable.

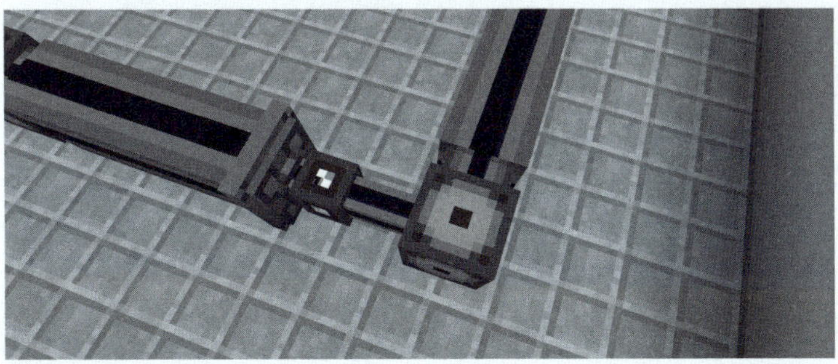

ME-Kabel mit angeschlossenem Tunnel

3. Nun benötigst du eine Memory Card, um die beiden Tunnel miteinander zu verlinken. Halte die Memory Card in deiner Hand und drücke [⇧] + Rechtsklick auf den Tunnel am ME-Kern.

Mit der Memory Card und gedrückter [⇧]-Taste + Rechtsklick

4. Danach folgt ein Rechtsklick mit der Memory Card auf den »Ziel«-Tunnel, und nach wenigen Sekunden sind die Tunnel miteinander verlinkt.

Noch einen Rechtsklick vom Ziel entfernt ...

Jetzt stehen dir hinter dem Tunnel 32 Kanäle zur Verfügung. Das kannst du beliebig oft mit mehreren P2P-Tunneln-ME wiederholen, bis du genug Kanäle hast.

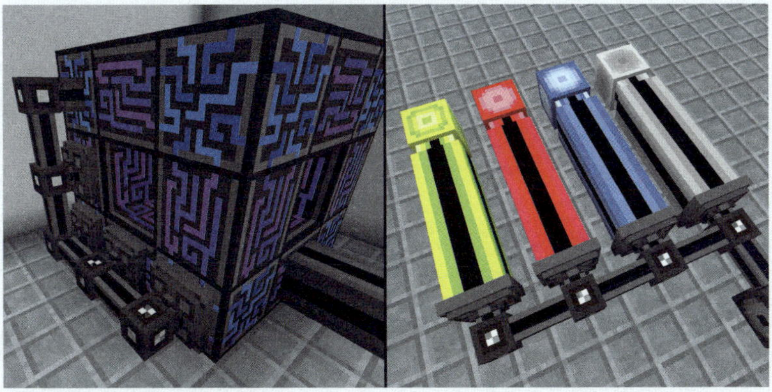

ME-Kern mit vier Tunneln

## Diese Items von AE2 sind auch noch interessant

Zum Schluss dieses Kapitels noch ein kleines Sammelsurium anderer Items und Blöcke, die AE2 mitbringt und die dir vielleicht eines Tages nützlich sein könnten.

| Werkzeug/ Maschine | Name | Funktion |
|---|---|---|
| | IO Port | Dient dazu, Storages zu leeren. Benutzen wir immer, wenn wir von kleinen auf große Storages wechseln. |
| | Network Tool | Zeigt alle Bauteile des angeklickten ME-Systems und den Energieverbrauch des Systems an. |
| | Network Visualisations Tool | Stellt das komplette Netzwerk grafisch dar. Man sieht alle Kanäle auf einen Blick. Unverzichtbar bei der Fehlersuche! |
| | ME Chest | Kann einzelne Storages aufnehmen, um darauf zuzugreifen. Braucht AE-Energie. |
| | Cell Workbench | Ermöglicht es, Storages einzustellen, z. B. können einzelne Storages so eingestellt werden, dass sie nur Stone lagern (Storage rein, Stone einlegen). |
| | View Cell | Wird in der Cell Workbench bearbeitet. Wenn man hier 1 Stone reinlegt und die View Cell dann ins Crafting Terminal, wird nur Stone angezeigt. Das geht mit allen Items, so kann man sich z. B. View Cells für jede Mod anlegen. |

AE2-Wundertüte: Diese Items gibt es auch noch.

# KAPITEL 10
# MIT DEKORATION IST ALLES SCHÖNER!

Bei der ganzen Technik neigt man oft dazu, eine Maschine nach der nächsten zu craften. Dadurch vernachlässigt man dann das Bauen und vor allem das schöne Bauen. Auch uns passiert das immer wieder, deshalb gibt es hier ein paar coole Mods und Tipps, mit denen du nicht nur generell schöner bauen, sondern auch dein Maschinenchaos besser verstecken kannst. Damit es auch wirklich zu Hause am schönsten ist.

# BIBLIOCRAFT – WILLKOMMEN IN DER BIBLIOTHEK

*BiblioCraft* ist eine der schönsten Mods überhaupt, wenn es um Dekoration in Minecraft geht. Sie fügt dem Spiel neue Blöcke und Items hinzu, die nicht nur cool aussehen und dekorativ sind, sondern auch noch praktische Zwecke erfüllen. Von Regalen für Bücher, Tränke und Werkzeuge bis hin zu Lampen und Möbelstücken – für fast jeden Raum gibt es etwas Passendes. Wir finden die Mod super, um einige Items zu verstecken oder an ihren richtigen Platz zu bringen, ohne einfach eine langweilige Truhe aufzustellen.

## Dekoelemente

Die große Abbildung auf der Titelseite des Kapitels stammt aus BiblioCraft. Wie du siehst, bringt die Mod einige neue Blöcke mit. Alle Dekoelemente gibt es entweder in jeder Holzsorte oder in allen Farben. Zusätzlich gibt es noch eine *Framed*-Variante, die du in dem *Furniture Paneler* mit fast jedem Block bestücken kannst, ähnlich wie der Framing Table der Mod Storage Drawers. Welche das so sind und was sie können, zeigen wir dir jetzt:

**Bookshelf:** Dieses kleine Bücherregal ist nur halb so tief wie ein normaler Block und hat genug Platz, um 16 Bücher jeglicher Art abzustellen.

**Shelf:** Auch das Regal ist nur halb so tief wie ein normaler Block, lässt dich aber vier Items gekonnt zur Schau stellen.

**Fancy Lantern:** Diese schnörkelige Laterne baut sich direkt eine eigene Halterung, wenn sie an der Decke oder der Wand platziert wird – eindeutig hübscher als eine einfache Fackel an der Wand.

**Fancy Lamp:** Diese stylische Lampe macht sich auf Schreibtisch wie Nachttisch gut.

**Potion Shelf:** Dieses Regal ist vor allem für Tränke geeignet und lässt dich zwölf Stück davon dekorativ in Szene setzen.

**Tool Rack:** Mit diesem Regal kannst du deine Werkzeuge besonders cool präsentieren und hast sie schnell griffbereit.

**Label:** Das Label ist praktisch, um Truhen damit zu bestücken und um anzuzeigen, was darin gelagert ist. Bis zu drei Items können angezeigt werden.

**Desk:** Deiner Schriftstellerkarriere steht nichts mehr im Weg: Mit diesem Desk hast du endlich den Schreibtisch in Minecraft, den du verdienst. Er sieht nicht nur cool aus, sondern hat auch neun Slots für Bücher am Start.

**Table:** Dieser Tisch eignet sich perfekt, um einzelne Items zur Schau zu stellen oder einfach nur, um gut auszusehen. Er verbindet sich sogar mit anderen Tischen zu einem großen, wenn sie nebeneinander gebaut werden.

**Seat:** Neben Stehen und Liegen fragt man sich manchmal, ob Minecraft-Steve überhaupt weiß, was Sitzen ist. Mit diesem Stuhl wird die Frage ein für alle Mal beantwortet: Ja! Der Stuhl gibt sogar ein Redstone-Signal aus, wenn du auf ihm sitzt. Mit diesem Signal könntest du z. B. eine Falle für Einbrecher bauen oder automatisch deinen Tisch über Pistons aus dem Boden fahren lassen. Du kannst den Seat mit verschiedenen Rückenlehnen anpassen.

Verschiedenste Lehnen an den Seats: Vom einfachen Hocker bis zum stattlichen Thron ist alles dabei.

**Case:** In diesem Kästchen kannst du ein ausgewähltes Item besonders schön zur Schau stellen. Wenn du einen Redstone Block einlegst, gibt es sogar ein Redstone-Signal.

**Map Frame:** Der Rahmen ermöglicht es dir, deine erkundeten Gebiete als Karte aufzuhängen. Sie verbinden sich auch miteinander, sodass du eine riesige Karte erschaffen kannst.

**Painting Frame:** In diesem Rahmen lassen sich Bilder endlich richtig einstellen. Du kannst festlegen, wie groß sie sein sollen, wie herum sie hängen sollen und noch vieles mehr.

**Typewriter:** Die ideale Ergänzung zum Schreibtisch. Wenn du schon immer Schriftsteller werden wolltest, lege einfach acht Paper in diese Schreibmaschine ein und klicke mit Rechtsklick darauf, bis dir ein zufälliges Buch zugeschmissen wird. Stand uns für das Verfassen dieses Buchs leider nicht zur Verfügung... ;-)

**Sword Pedestal:** Perfekt, um deine beste Waffe zur Schau zu stellen, was meinst du?

**Armor Stand:** Jeder soll deine neue Rüstung sehen, aber du magst sie nicht die ganze Zeit herumtragen? Dann stell sie auf einen Armor Stand und lass sie wirken.

**Desk Bell:** Klingelt mit Rechtsklick nach dem Butler.

**Cookie Jar:** Egal, welches Item du in dieses Glas hineinlegst, es werden immer Kekse angezeigt. Wenn jemand in das Glas schaut, wird ein Redstone Signal ausgegeben, also die perfekte Falle für Keksdiebe.

**Dinner Plate:** Essen ist fertig! Hier kannst du drei leckere Nahrungsmittel-Items ablegen und sie sogar mit Rechtsklick direkt vom Teller essen, wenn du Hunger hast.

**Disc Rack:** In diesem Ständer lassen sich nicht nur deine Teller, sondern auch Schallplatten unterbringen.

Neben den ganzen Dekoblöcken bietet BiblioCraft auch noch ein paar andere nützliche Blöcke und Items. Die coolsten davon zeigen wir dir hier:

**Compass:** Ein Kompass, der endlich dahin zeigt, wohin du willst. Mit [⇧]-Taste + Rechtsklick kannst du einen Punkt dafür angeben, entweder deinen jetzigen Standort, um für den Rückweg gerüstet zu sein, oder eigene Koordinaten.

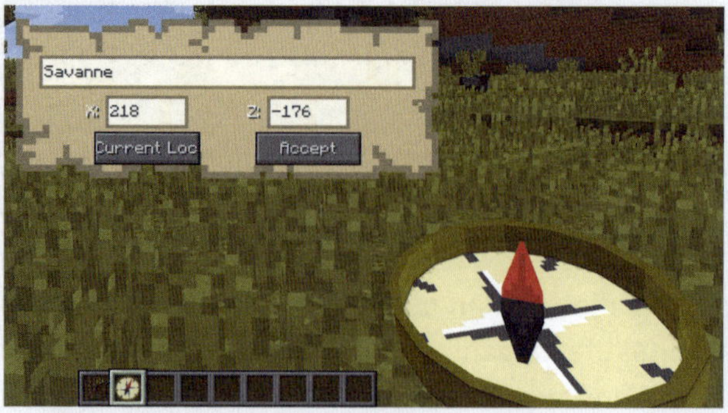


Der Compass mit eigenen oder derzeitigen Koordinaten

**Drafting Compass:** Mit diesem speziellen Zeichenkompass kannst du auf einer Map in einem Map Frame einen Wegpunkt einzeichnen.

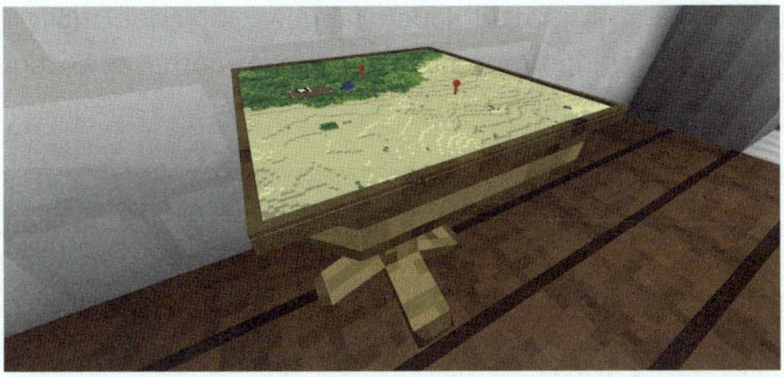

Ein Wegpunkt auf der Map in einem Map Frame, erstellt mit dem Drafting Compass

**Stockroom Catalog:** Zeigt dir in Echtzeit den Inhalt einer Truhe an. Klicke dazu mit dem Buch und ⇧ + Rechtsklick auf die Truhe.

**Plump Line:** Dieses Lot zeigt dir per Rechtsklick die Tiefe eine Höhle oder Ähnliches an. Damit kannst du z. B. auch den Abstand bis zum Boden messen, wenn du an einer Klippe stehst.

**Atlas:** Ein Platz für alle deine Karten. Du kannst alle Maps einzeln ansehen, zoomen und verwalten.

**Handheld Drill and Screw Gun:** Mit diesem Bohrer kannst du Blöcke verschieben, drehen und verändern.

**Clipboard:** Enthält deine To-do-Liste für unterwegs oder für die Wand.

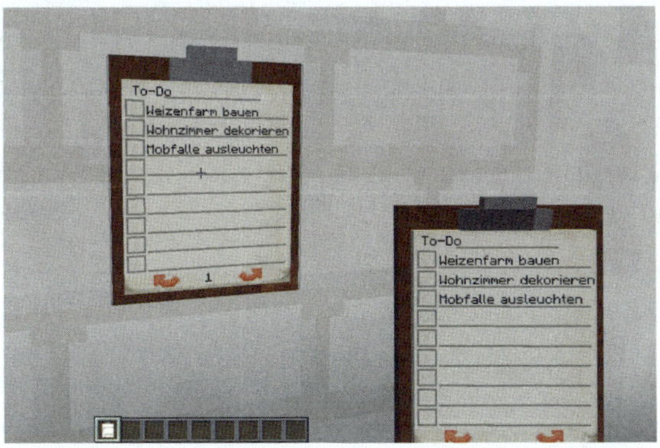


Es gibt viel zu tun. Mit dem Clipboard behältst du die Übersicht.

**Tape Measure:** Das Maßband zeigt dir die Distanz zwischen zwei Punkten an.

## Mehr und eigene Bilder – die Painting Press

In der *Painting Press* kannst du die bereits bekannten Vanilla-Bilder und zehn neue auf ein *Painting Canvas* drucken, um sie dann in einem *Painting Frame* aufzuhängen. Du hast auch die Möglichkeit, eigene Bilder zu verwenden.

> ### Eigene Bilder hinzufügen
>
> Damit du deine eigenen Bilder in die Painting Press und somit nach Minecraft bekommst, musst du sie als PNG-Datei in einem Resourcepack im Ordner *assets/bibliocraft/textures/custompaintings/* ablegen. Alternativ kannst du die Bilder auch direkt in die Datei *BiblioCraft.jar* packen. Öffne sie dafür mit einem Programm wie Win-Rar und ziehe die Bilder wieder in den Ordner *assets/bibliocraft/textures/custompaintings/*.

## Bücher kopieren mit dem Typesetting Table

Mit dem Typesetting Table (Setztisch) hast du die Möglichkeit, signierte Bücher, verzauberte Bücher, Rezeptbücher, Big Books und Atlanten zu speichern und zu kopieren. Verzauberte Bücher und der Atlas werden nicht in dem GUI des Typesetting Tables gespeichert. Um ein Buch zu kopieren, brauchst du einen *Print Press Chase*, einen sogenannten Schließrahmen für den Schriftsatz. Den legst du in den Slot oben in der Mitte ein. Das zu kopierende Buch kommt in den unteren linken Slot. Um zu sehen, wie viele Level (XP) du für die Kopie brauchst oder wie der Table generell funktioniert, musst du dir Reading Glasses, Tinted Glasses oder ein Monocle bauen. Um dein Buch zu kopieren, klickst du mit ⇧ + Rechtsklick auf das untere, linke Buch. Es entsteht eine Print Press Plate. Die kannst du dann in der Printing Press zusammen mit Ink und einem frischen, leeren Buch benutzen, um eine Kopie zu erstellen. Aber Achtung! Die Print Press Plates können nur ein paar Mal verwendet werden, danach gehen sie kaputt.

1. Lege ein bisschen Ink auf den hinteren, mittleren Slot.
2. Lege die Print Press Plate in den mittleren Slot.
3. Klicke jetzt mit einem leeren Buch auf die untere, linke Ecke. Nach einer kurzen Animation wurde dein Buch kopiert.

Ein Typesetting Table und daneben die Printing Press. Abschreiben war gestern.

## DIE CHISEL – SO MACHST DU MEHR AUS EINEM BLOCK

Vanilla Minecraft hat zwar schon sehr viele Blöcke und damit auch einige Kombinationsmöglichkeiten, doch das wird irgendwann einfach langweilig. Ein cooles Fabrikgebäude nur aus Vanilla-Blöcken zu bauen ist praktisch unmöglich. Für Metall gibt es kaum eine andere Wahl außer Iron, und auch alle anderen Blöcke sind meist auf ein paar wenige Muster beschränkt. Das ist natürlich schade, und scheinbar genau das hat sich auch der Entwickler der Mod *Chisel* gedacht. Denn mit diesem praktischen kleinen Werkzeug hast du gleich sehr viele neue Möglichkeiten, deine Minecraft-Welt zu gestalten.

### Ein Werkzeug, viele Möglichkeiten

Dein Hauptwerkzeug in dieser Mod wird die Chisel (Meißel) sein, ein relativ billiges Werkzeug, das es aber ganz schön in sich hat. Die Chisel gibt es in vier Varianten:

- Normal Chisel
- Diamond Chisel
- iChisel
- Auto Chisel

Grundsätzlich funktionieren die beiden ersten Versionen gleich. Mit Rechtsklick öffnest du ein Interface. Mit Linksklick »chiselst« (veränderst) du Blöcke in der Welt. Lässt du einen Block im Inventar der Chisel, wird dieser verwendet, wenn du die Chisel mit Linksklick benutzt.

Aber es gibt natürlich nicht nur zum Spaß mehrere Chisel. Die Diamond Chisel bietet bereits einige Vorteile gegenüber der normalen. Sie hat mehrere Modi, wenn du die Blöcke direkt in der Welt verändern willst. Wenn du das Interface öffnest und beispielsweise den Modus **Panel** ❷ auswählst, kannst du direkt 3 × 3 Blöcke auf einmal verändern. Außerdem gibt es noch den einzelnen Block ❶, drei Blöcke vertikal ❸ und drei Blöcke horizontal ❹.

Die iChisel ist die beste, die du bekommen kannst. Mit ihr werden dir Blöcke direkt in einem kleinen Vorschaubild angezeigt, das du auch verändern kannst. Außerdem hat sie noch zwei Modi mehr als die Diamond Chisel. Mit der iChisel kannst du direkt alle gleichen Blöcke in deinem Inventar umwandeln, indem du mit gehaltener ⇧-Taste auf den **Chisel**-Button klickst.

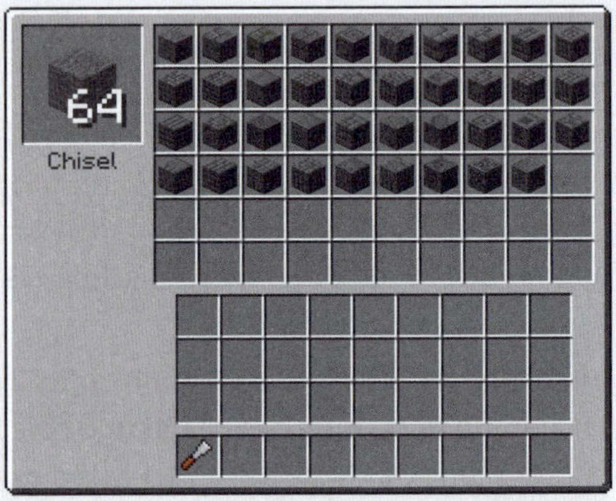


Das Interface der normalen Chisel

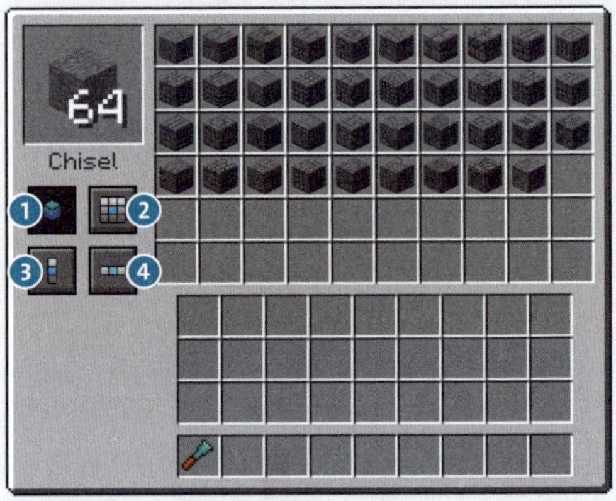


Interface der Diamond Chisel

Das Interface der iChisel

### Alles zu langsam?

Wenn du an einem riesigen Projekt arbeitest und einfach Unmengen an Blöcken brauchst, ist es sehr müheselig, alles immer von Hand zu chiseln. Zum Glück gibt es dafür die Auto Chisel. Sie zu benutzen ist sehr einfach.

Chisel dir mit einer Chisel einmal deinen gewünschten Stein und lege ihn als Vorlage in Slot ❷. Lege dann eine der drei Chisels in Slot ❸, sie wird benötigt, damit die Maschine arbeiten kann. Alle Blöcke, die du gerne umwandeln möchtest, legst du in Slot ❶. Nach kurzer Zeit werden sie automatisch gechiselt und landen in Slot ❹. Die Auto Chisel funktioniert, solange sie eine Chisel hat. Außerdem kannst du sie beschleunigen, indem du ihr Energie zuführst. Schließe sie dafür einfach an eine Energiequelle an. Die Chisel arbeitet mit FE (Forge Energy), akzeptiert aber auch alle anderen Energiearten und Kabel anderer Mods. Falls du noch mal nachlesen möchtest, welche Energiearten das sind, schau im Kasten »Achtung, Hochspannung! Energie (RF und mehr)« auf Seite 46 nach. Die Auto Chisel zu automatisieren ist sehr einfach, das klappt entweder über die Vanilla-Minecraft-Methode mit Hopper und Truhen.

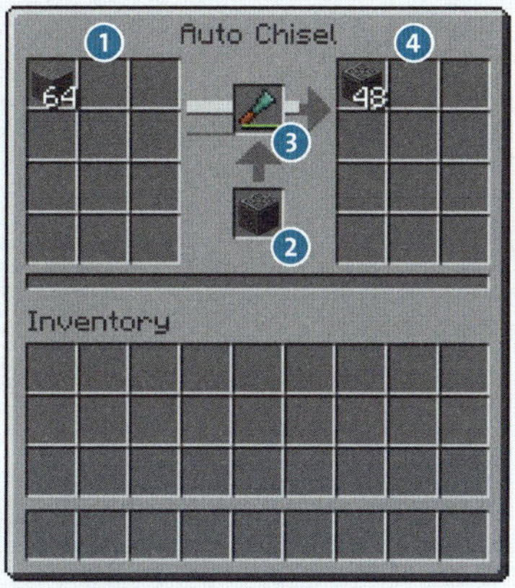

Das Interface der iChisel

Alternativ kannst du auch die Conduits von EnderIO verwenden.

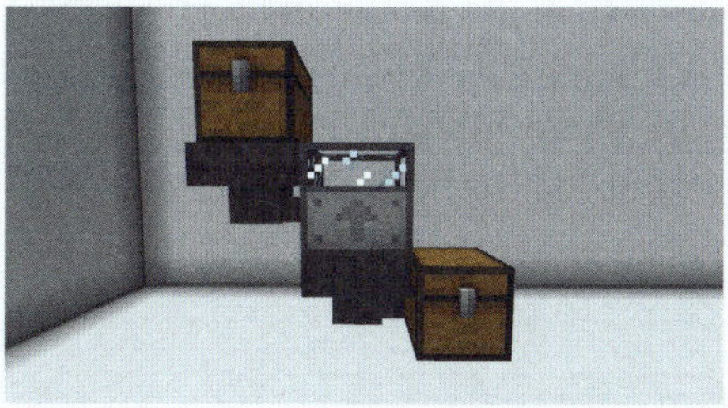
Auto Chisel automatisiert mit Hopper und Truhen

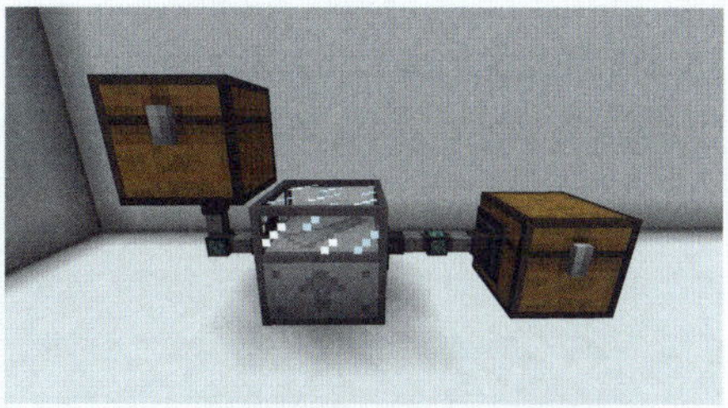
Auto Chisel automatisiert mit EnderIO-Conduits

Sogar mit dem Autocrafting-System von Applied Energistics 2 lässt sich das Ganze super kombinieren.

## Verbundene Texturen

Wie du gleich sehen wirst, kannst du die Chisel-Blöcke mit einigen Mustern versehen, die erst in einem 3 × 3-Aufbau richtig zur Geltung kommen. Diese Muster nennt man *verbundene Texturen* (Connected Textures). Wir bauen z. B. sehr gerne die großen 3 × 3-Lüfter aus den *Factory Blocks* von Chisel. Leider ist die Textur darauf nicht immer genau da, wo man sie gerade haben will. Dafür gibt es einen besonderen Zauberstab, den Ender Offset Wand. Wenn du mit ihm in der Hand auf einen Block schaust, werden dir vier Dreiecke angezeigt.

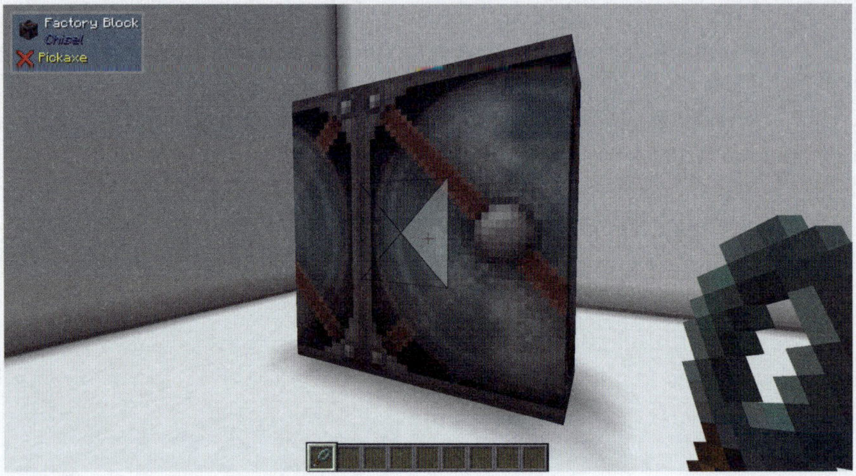


Die Anzeige des Ender Offset Wands. Mithilfe der Dreiecke verschiebst du die Textur um einen Block.

Mit ⇧ + Rechtsklick auf eines der Dreiecke kannst du die Textur auf den Blöcken um jeweils einen Block in die entsprechende Richtung verschieben. Aber Vorsicht! Wenn du mehr als einen Fan (Lüfter) hast, verschiebst du damit auch die Textur auf allen anderen.

Einzelne Blöcke ohne verbundene Texturen

Die gleichen Blöcke im 3 × 3 Aufbau mit verbundenen Texturen

## Beispiele von den Profis

Chisel ist eine unserer absoluten Lieblings-Mods. Vor allem die *Laboratory Blocks* haben es uns sehr angetan, wie man auch in den meisten unserer Modpack-Häuser sehen kann. Hier zeigen wir dir einfach noch ein paar Beispiele, was mit Chisel-Blöcken alles möglich ist. Lass dich inspirieren!

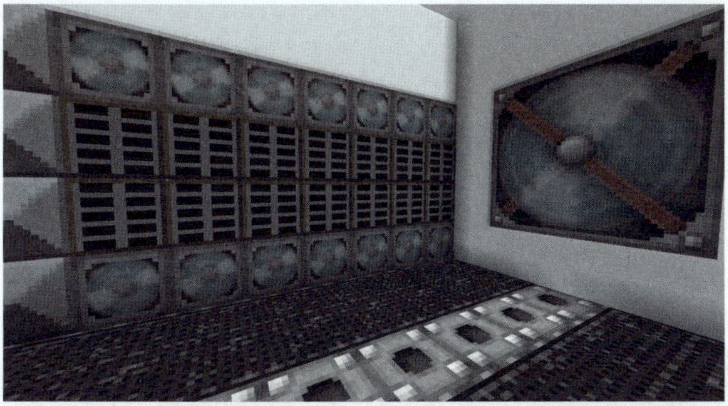

Ein Serverraum mit Fans zur Kühlung und Laboratory Blocks als Hauptblöcken

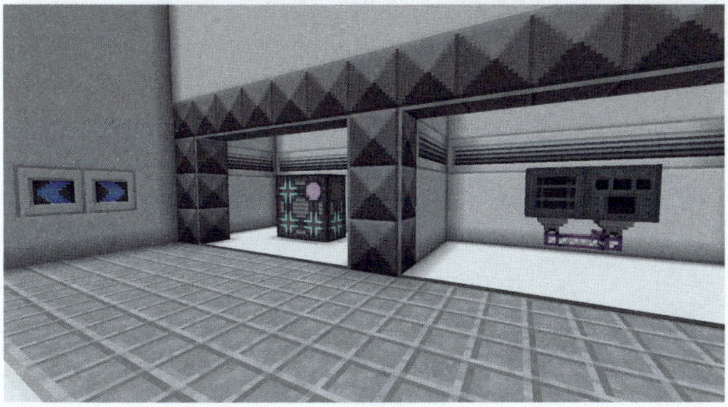

Einzelne Verarbeitungszellen mit Lüftungsschlitzen und verschiedenen Arten von Laboratory Blocks

Eine alte Fabrik aus Bricks mit besonderen Fenstern und Böden sowie einer Maschine aus der Mod Immersive Engineering als Deko

## CHISELS AND BITS – GRENZENLOSE KREATIVITÄT

Mit der Mod *Chisels and Bits* kannst du deiner Kreativität freien Lauf lassen. Die Mod öffnet dir Türen, von denen du nicht einmal wusstest, dass sie existieren. Du kannst damit endlich die Einschränkungen der großen Blöcke in Minecraft durchbrechen, kleinteilige Objekte und Strukturen bauen und noch vieles mehr.

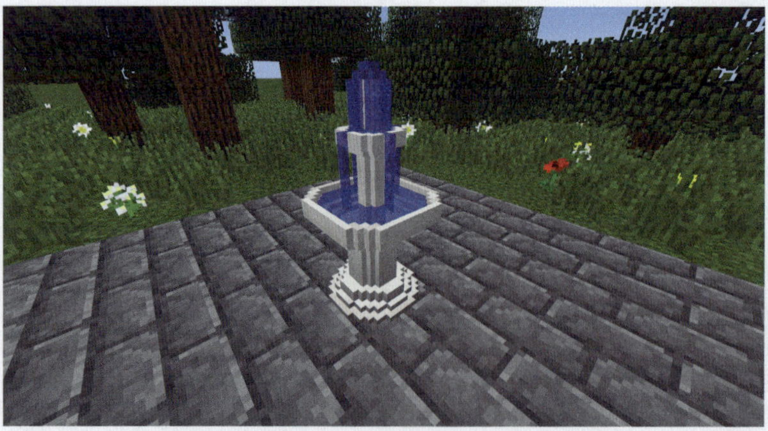

Ein Brunnen gebaut aus Chisels und Bits, sogar mit echtem Wasser!

## Achtung, macht süchtig!

Hat man einmal angefangen, mit Chisels und Bits zu bauen, kann man fast nicht mehr aufhören. Zumindest ging es uns so. Durch die Mod kannst du superkleine Blöcke bauen, die gerade einmal 1/16 so groß sind wie ein normaler Block. In der Mod ist das dann ein Bit. Von simplen Dingen wie Treppenstufen und Platten in allen möglichen Blöcken bis hin zu komplexen Statuen, Rundungen, Dekorationen und Bauten gibt es wirklich alles. Du baust praktisch genau wie mit normalen Blöcken, nur eben 16-mal kleiner.

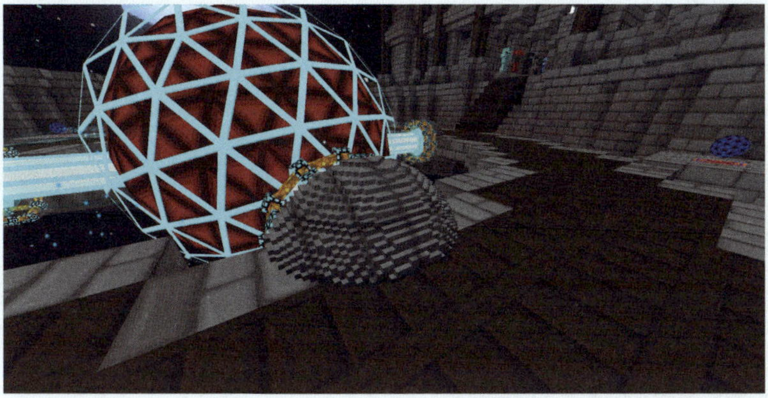

Eine Halbkugel aus Stone Bricks, gebaut mit Chisels and Bits, und ein Draconic Energy Core im Hintergrund (der vom Cover!)

## So fängst du an

Behalte beim Bauen am besten immer im Hinterkopf, dass du, wie schon gesagt, eigentlich mit normalen Blöcken baust, nur eben kleiner. Aber wie fängst du mit der Mod überhaupt an?

Das wichtigste und erste Werkzeug, das du brauchst, ist wieder eine Chisel. Die gibt es in den verschiedensten Materialien von Stone bis Diamond. Sie hat jeweils den gleichen Mining-Level wie eine Spitzhacke aus dem jeweiligen Material. Du kannst also mit einer Stone-Chisel keinen Obsidian abbauen bzw. bearbeiten. Um ein Bit zu bekommen, reicht es, mit der Chisel in der Hand auf den gewünschten Block zu klicken. Du bekommst dann ein Bit

Ein Stone-Block mit fehlenden Bits

davon, und dem Block fehlt jetzt ein Bit. Wenn du ihn abbaust, ist er auch kein normaler Block mehr, sondern ein Chisels-and-Bits-Block und kann dementsprechend nicht mehr fürs Crafting verwendet werden.

## Die verschiedenen Baumodi

Du kannst in Chisels and Bits nicht nur ein einzelnes Bit pro Klick abbauen, sondern aus verschiedenen Modi wählen, um so direkt eine Linie, ein Panel oder einen ganzen Block abzubauen. Nimm ein Chisel oder ein Bit in die Hand und halte die Taste [Alt] gedrückt. Es öffnet sich ein radiales Menü, in dem du den Modus ändern kannst. Mit [⇧] + Mausrad kannst du auch direkt zwischen den Modi wechseln.

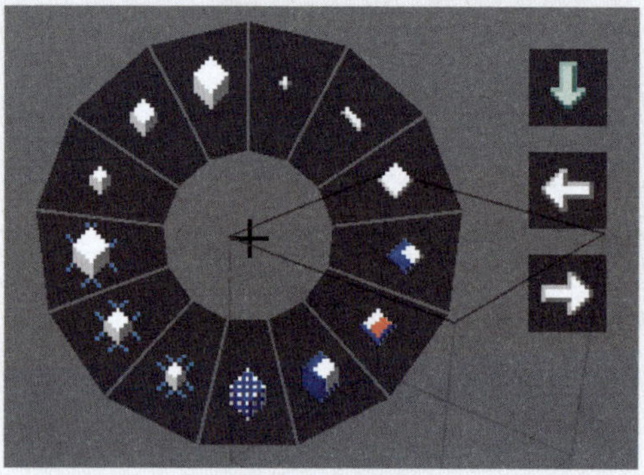

Das Abbau-Menü, das über die Taste [Alt] zu erreichen ist

Am besten probierst du die Modi alle selbst aus, aber wir erklären dir trotzdem kurz, was den Unterschied zwischen den einzelnen Auswahlmöglichkeiten ausmacht:

- **Single Bit:** Baut immer nur ein einzelnes Bit ab/dazu.

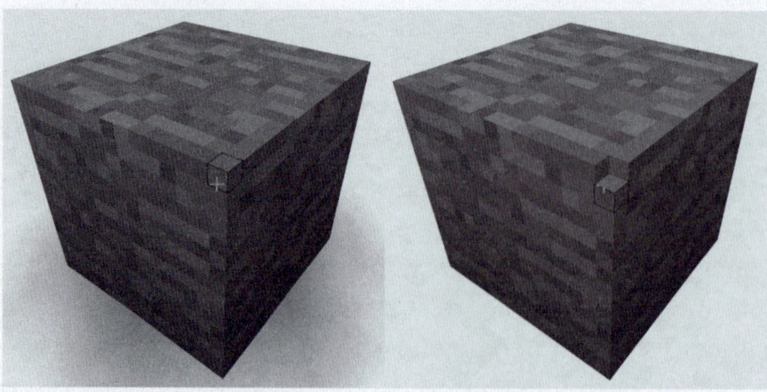

- **Line:** Baut in gerader Linie 16 Bits ab/dazu.

- **Plane:** Baut eine »Scheibe« von 16 × 16 Bits ab/dazu.

- **Connected Plane:** Baut eine zusammenhängende »Scheibe« von maximal 16 × 16 Bits ab/dazu.

- **Connected Material:** Baut das gleiche, zusammenhängende Material in einer Scheibe ab/dazu.

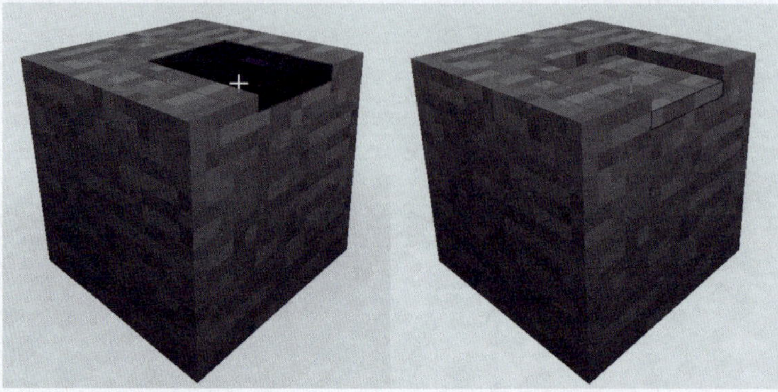

- **Draw Region:** Halte die Maustaste nach Links- bzw. Rechtsklick gedrückt, um eine Region aufzuziehen, die du ab-/dazubauen möchtest.

- **Same Material:** Baut dasselbe Material in maximal 16 × 16 × 16 Bits ab/dazu, also in diesem Fall den ganzen Block.

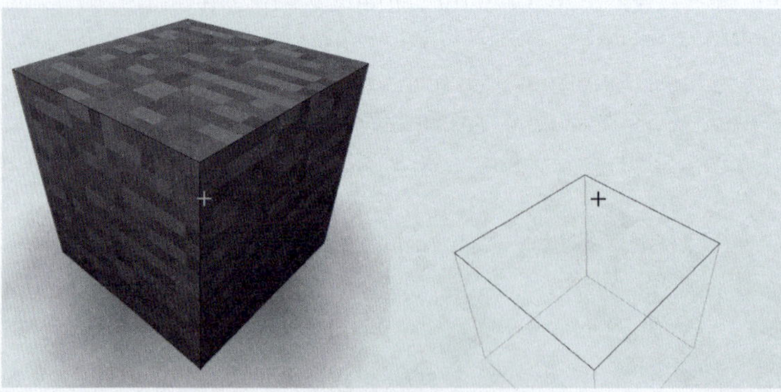

- **Grid Snapped ⅛ Size Cube:** Baut einen 2 × 2 × 2 Bits großen Würfel ab/dazu, der sich immer am Grid ausrichtet.

- **Grid Snapped ¼ Size Cube:** Baut einen 4×4×4 Bits großen Würfel ab/dazu, der sich immer am Grid ausrichtet.

- **Grid Snapped ½ Size Cube:** Baut einen 8×8×8 Bits großen Würfel ab/dazu, der sich immer am Grid ausrichtet.

- **Small Cube:** Baut einen 3 × 3 × 3 Bits großen Würfel ab/dazu.

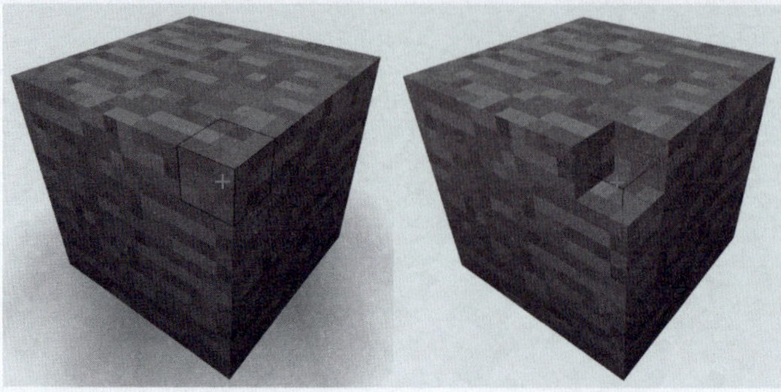

- **Medium Cube:** Baut einen 5 × 5 × 5 Bits großen Würfel ab/dazu.

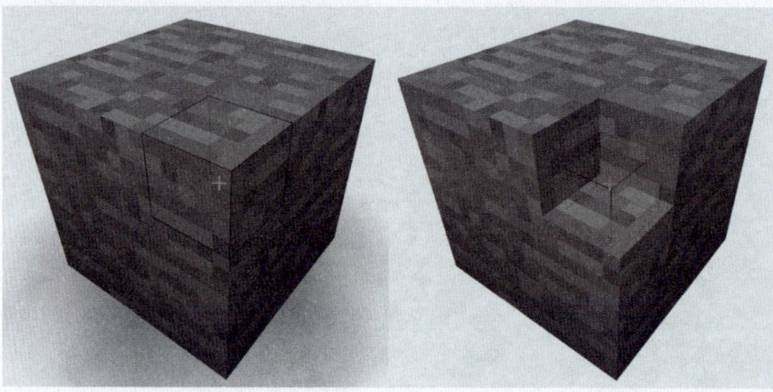

- **Large Cube:** Baut einen 7 × 7 × 7 Bits großen Würfel ab/dazu.

Wir benutzen am liebsten den Draw-Region-Modus, da man damit leicht steuern kann, was man auf- oder abbauen möchte. Bevor du jetzt aber anfängst, Blöcke wild drauflos mit einer Chisel zu zerstören, solltest du dir erst eine Bit Bag, eine Tasche für die Bits, bauen. Denn wenn du einen normalen Block komplett in Bits umwandelst, werden das 4.096 Bits. Dein Inventar wäre sehr schnell überfüllt. Die Bit Bag nimmt Bits automatisch auf und kann sie auf bis zu 512 Bits große Stacks packen, nicht wie üblicherweise nur 64. Wenn du etwas baust, werden direkt die Bits aus der Bag verwendet, ohne dass du dafür extra etwas tun musst. Und wenn dir ein paar überflüssige Bits die Bag verstopfen, kannst du sie über das Tonnen-Icon oben links auch löschen.

Das Interface der Bit Bag. Mit [⇧] werden Bits in voller Größe angezeigt (links), damit du das Material erkennst.

Bits kann man aber nicht nur ab-, sondern auch aufbauen. Dafür nimmst du einfach ein Bit in die Hand und wählst über das radiale Menü mit [Alt] deinen gewünschten Modus aus. Die Auswahlmöglichkeiten sind wieder die gleichen wie beim Abbauen:

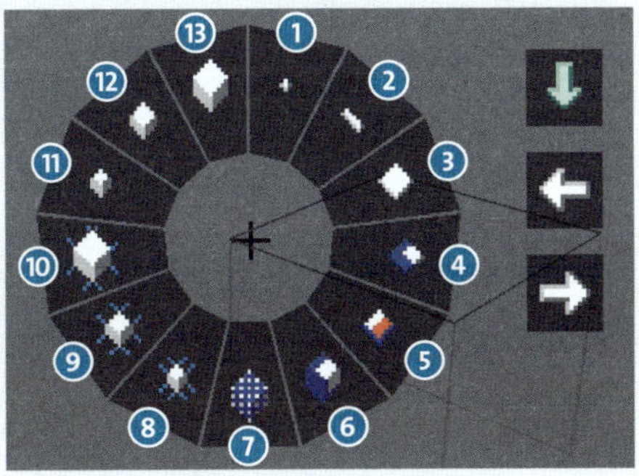

1. Single Bit (einzelnes Bit)
2. Line (Linie)
3. Plane (16 × 16-Scheibe)
4. Connected Plane (Scheibe)
5. Connected Material
6. Draw Region (vorausgewählter Bereich)
7. Same Material (gesamter Block aus dem gleichen Material)
8. ⅛ Size Cube (2 × 2 × 2-Würfel)
9. ¼ Size Cube (4 × 4 × 4-Würfel)
10. ½ Size Cube (8 × 8 × 8-Würfel)
11. Small Cube (3 × 3 × 3-Würfel)
12. Medium Cube (5 × 5 × 5-Würfel)
13. Large Cube (7 × 7 × 7-Würfel)

Jetzt kannst du einfach wie mit ganz normalen Blöcken bauen. Wenn du Probleme hast, ein Bit zu finden, kannst du in deinem Inventar oder in der Bit Bag ⇧ drücken, damit die Bits in Originalgröße angezeigt werden.

## Bauen mit Flüssigkeiten

Ja, selbst Flüssigkeiten können in Chisels and Bits bearbeitet werden. Was in Vanilla Minecraft unmöglich ist, wird damit kinderleicht. Der *Chiseled Fluid Bit Tank* kann Flüssigkeiten halten und sie in Bits verwandeln, damit du mit ihnen bauen kannst. Das Rezept für den Tank findest du wie immer im JEI.

Fülle den Tank mit einem Eimer Wasser oder einer anderen Flüssigkeit und klicke mit der leeren Hand auf den Tank, um einzelne Bits zu erhalten. Mit denen kannst du auch wie gewohnt bauen. Achtung: Es gibt keine Physics für die Bits, Wasser fließt also nicht davon oder Ähnliches, außer du baust aus den Bits einen vollen Block. Dann verwandeln sich die Bits wieder in normale Blöcke, und die verhalten sich auch wie solche.

Der Chiseled Fluid Bit Tank mit Wasser

Beispiel für einen Brunnen mit Wasser-Bits

## Kopieren und Einfügen

Wenn du größere Gebäude oder Strukturen baust, wirst du oft die gleichen Einzelteile von Chisels and Bits benötigen. Damit du nicht jedes Mal mühselig das gleiche Modell aufbauen musst, gibt es drei verschiedene Arten von Kopierkarten:

- **Positive Chisel Design:** Kopiert mit Rechtsklick dein Modell auf die Karte, die du in der Hand hältst. Wenn du das Design in die Welt setzen willst, müssen die entsprechenden Bits dafür in deinem Inventar oder in der Bit Bag liegen.
- **Negative Chisel Design:** Kopiert mit Rechtsklick dein Modell auf die Karte und fügt es später in das Material des Blocks ein, auf den du schaust. Du haust also wie ein Bildhauer aus einem Block dein Design »heraus«.

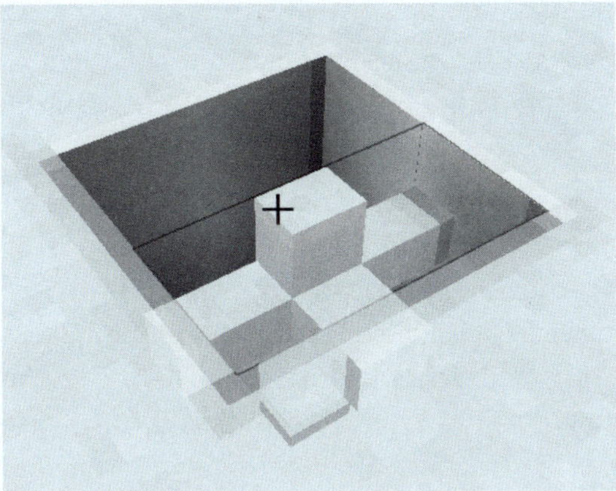

Die kopierte Stone-Struktur wird jetzt zu dem Block, auf den du schaust.

- **Mirror Chisel Design:** Spiegelt dein Modell von deiner Blickrichtung aus. Muss mit einem der anderen beiden Designs zusammen gecraftet werden.

Um ein Modell, nachdem du es auf die Karte kopiert hast, von deinem Chisels Design wieder in die Welt einzufügen, brauchst du die nötigen Bits im Inventar oder in der Bit Bag. Auch hier gibt es vier verschiedene Modi, zwischen denen du wählen kannst:

- **Additive:** Dein Bauwerk wird beim Einfügen dem jetzigen Block hinzugefügt, wobei vorhandene Bits nicht »überschrieben« werden.

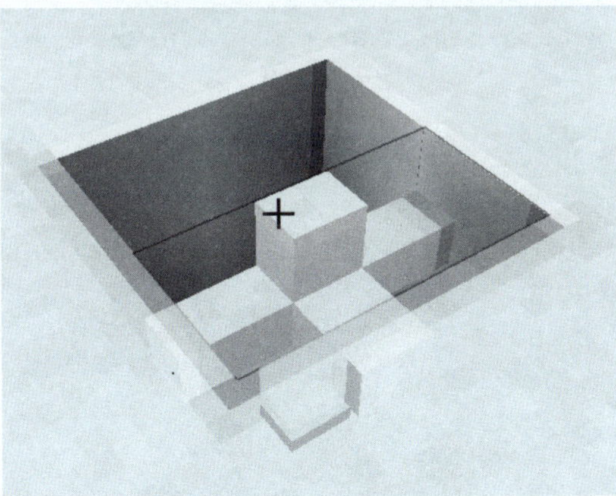

- **Placement:** Platziert dein Bauwerk auf oder vor einem ausgewählten Block. Das ist quasi der normale Baumodus. Funktioniert nur, wenn der Zielblock leer ist.

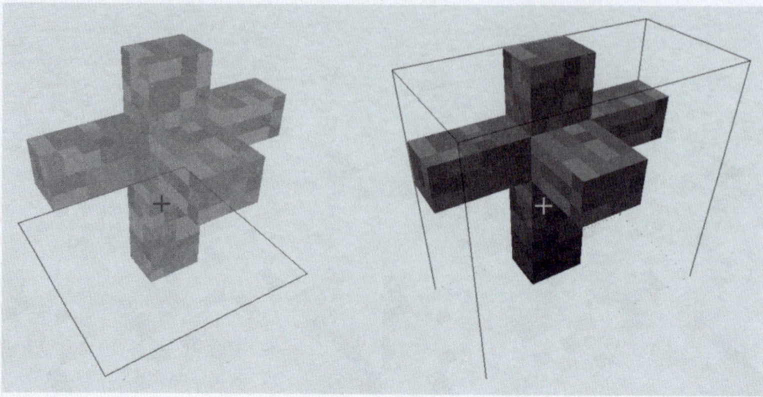

- **Impose:** Platziert dein Bauwerk in den jetzigen Block. Dabei werden vorhandene Bits durch die Bits deines Designs ersetzt, andere aber nicht weggenommen.

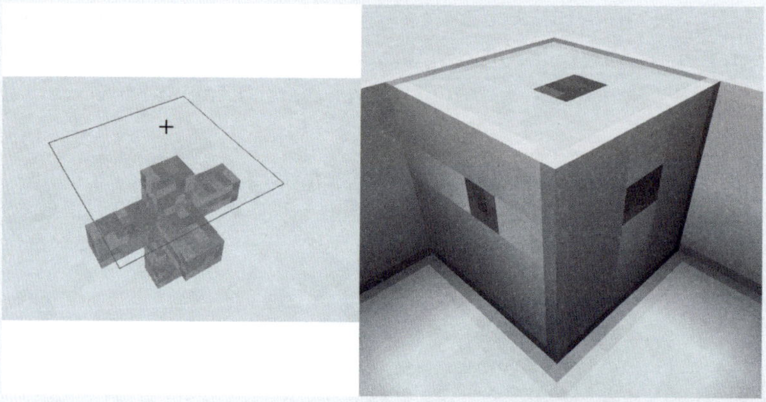

- **Replace:** Ersetzt den jetzigen Block durch dein Bauwerk, es werden also auch vorhandene Bits weggenommen.

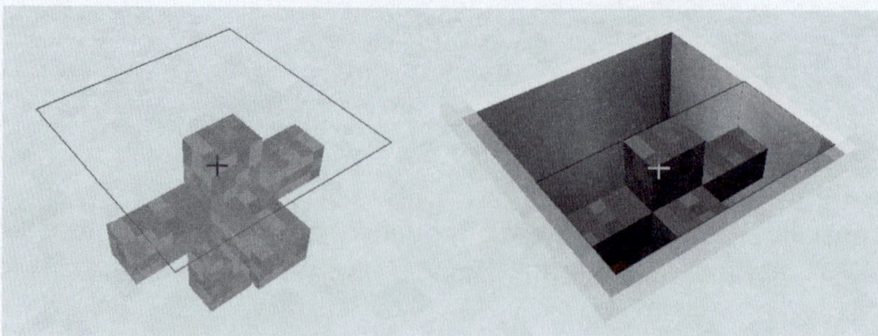

### Weitere nützliche Features

Hast du dich mal verbaut oder willst du dein Bauwerk drehen, musst du nicht direkt alles löschen und neu anfangen. Dafür gibt es ein paar kleine, aber feine Funktionen.

#### *Undo und Redo*

In dem radialen Menü, das sich öffnet, sobald du mit einem Bit oder der Chisel in der Hand die `Alt`-Taste drückst, befinden sich zwei kleine Pfeile. Diese stehen für **Undo** und **Redo**, machen also den letzten Schritt rückgängig oder stellen einen rückgängig gemachten Schritt wieder her. So kannst du auch mal was ausprobieren und es jederzeit wieder rückgängig machen, wenn es nicht gut aussah.

#### *Modelle drehen*

Die *Wooden Wrench* lässt dich deine gebauten Modelle rotieren und so richtig ausrichten – günstig in der Herstellung, praktisch in der Verwendung.

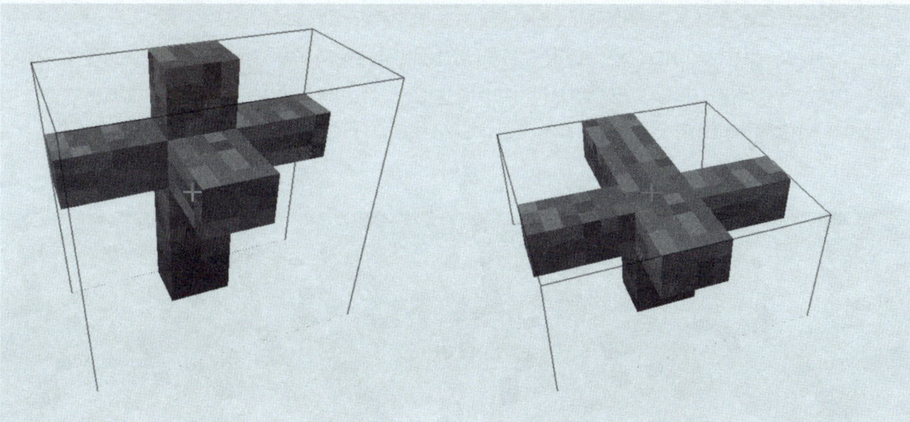

#### *Diamond Bit Saw*

Mit der Säge *Diamond Bit Saw* kannst du im Crafting-Feld normale Blöcke oder Chisels-and-Bits-Modelle zersägen und sie so in der Mitte zerteilen.

#### *Tape Measure*

Ohne das nützliche kleine Maßband Tape Measure wären wir schon oft aufgeschmissen gewesen. Es ist ein Maßband für Bits. Du kannst mit ihm Distanzen in Bits und Blocks messen. Auch hier kannst du mit `Alt` den Modus und die Farbe ändern. Um zu messen, kannst du einfach, wie beim Draw-Region-Modus der Chisels, mit gedrückter rechter Maustaste einen Rahmen ziehen.

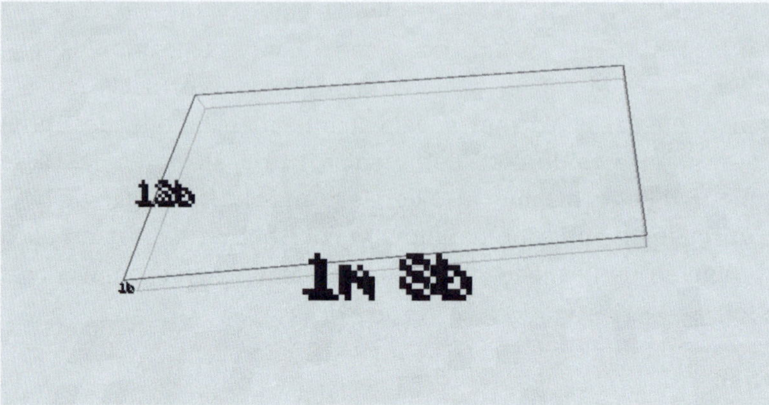


## Chisels-and-Bits-Galerie

Zum Schluss gibt es noch eine kleine Bildergalerie, was du mit Chisels and Bits alles anstellen kannst. Sieh es als Inspiration an, dir fallen bestimmt noch viele weitere Modelle und Einsatzmöglichkeiten ein. Der Innenausstatter in dir wird begeistert sein!

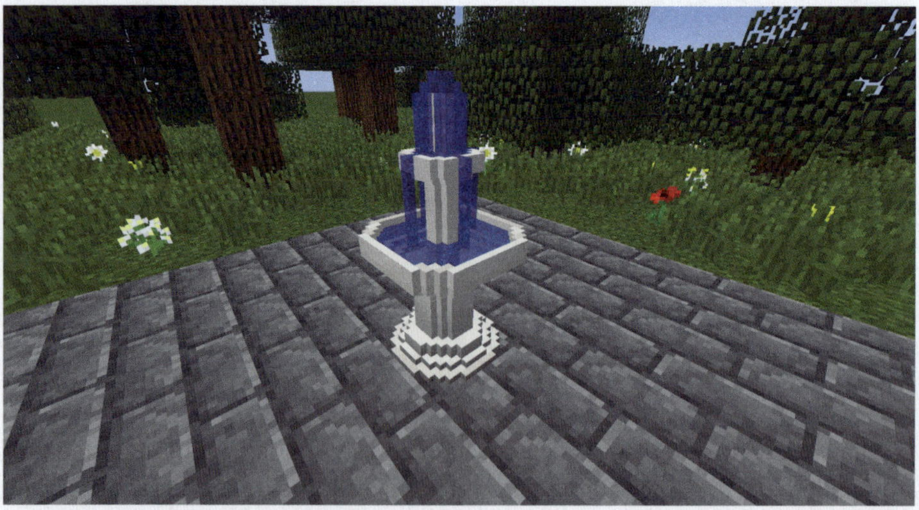

Ein kleiner Brunnen aus Quarz und Wasser, perfekt für weitläufige Parklandschaften

Ein kleiner Esstisch mit Stühlen für den gemütlichen Abend zu Hause

Fässer zur Dekoration im Keller: Lade deine Freunde zu einer Weinprobe mit Atmosphäre und anschließender Mining-Tour ein.

Zaun zur Abtrennung deines Grundstücks, denn der Wein war sicher nicht billig!

# KAPITEL 11

# EXTRA UTILITIES 2 – SO VIELE COOLE DINGE

Kaum eine andere Mod hat so verrückte und gleichzeitig nützliche Blöcke wie Extra Utilities 2. Du möchtest fliegen können wie im Creative Mode, oder dir gefällt das Biom nicht? Du möchtest die Erde verseuchen, damit mehr Monster in deiner Monsterfalle spawnen? Kein Problem! In Extra Utilities steht dir eine Vielzahl an unterschiedlichen Items zur Verfügung. Legen wir los!

## WAS GIBT ES NEUES?

In *Extra Utilities 2* gibt es sehr viele unterschiedliche Items. Wenn man uns fragen würde, in welche Kategorie wir diese Modifikation einordnen, müssten wir sagen: verrückte Items. Wenn diese Mod in einem Modpack enthalten ist, benutzen wir sie ziemlich schnell. Und sei es nur, weil sie ein Item mitbringt, mit dem man fliegen kann wie im Creative Mode. Einmal eingerichtet, steht dir diese Funktion immer zur Verfügung, ohne dass du weiter etwas dafür tun musst.

Debitor ganz ohne Creative Mode, dafür mit Flügelchen

Viele Spieler sagen, dass der *Angel Ring*, der dir das Fliegen ermöglicht, zu stark sei, aber letztendlich bleibt es jedem selbst überlassen. Außerdem ist das ja nur eine der vielen Funktionen dieser Mod. Was noch auf dich zukommt und für was du das Ganze nutzen kannst, erfährst du in diesem Kapitel.

## GP-PRODUKTION

Wie zu erwarten war, gibt es in Extra Utilities 2 eine eigene »Energieart«, die *Grid Power* heißt. Aber Vorsicht! Das ist keine Energie wie du sie bis jetzt als Strom oder ähnliches kennst. Vielmehr ist das einfach eine fast schon magische Einheit, welche du immer nutzen kannst solange du sie erzeugst. Du musst dir deine Grid Power (GP) also selbst verdienen und kannst nicht einfach eine andere Energiequelle benutzen. GP ist zudem an den jeweiligen Spieler gebunden, sie funktioniert kabellos mit unbegrenzter Reichweite und kann auch nicht in irgendwelchen Energiezellen gespeichert werden. GP brauchst du in erster Linie für deinen Angel Ring oder auch für die *Transfer Nodes*, die du für den Transport von Items und Flüssigkeiten verwenden kannst. Legen wir los:

1. Der erste Rohstoff, den du brauchst, sind die Resonating Redstone Crystals. Du findest sie vereinzelt in Redstone-Vorkommen, du kannst sie aber auch herstellen. Baue dir dazu einen Glass Cutter, mit dem du eine

Ender Pearl in acht Ender Shards zerlegst. Mit einem Shard und vier Redstone bekommst du einen Resonating Redstone Crystal.

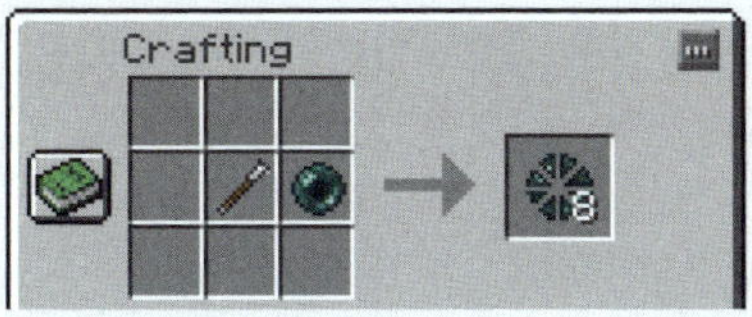


Eine Ender Pearl wird mit dem Glass Cutter zu acht Ender Shards. Die Rezepte findest du natürlich alle auch im JEI.

2. Mit deinen Resonating Redstone Crystals kannst du dir eine Manual Mill und einen Resonator craften. Die Manual Mill stellt deine ersten GP her, allerdings, wie es der Name »Manual« schon verrät, mühsam mit der Hand – nicht sonderlich effizient und fürs Fliegen total ungeeignet: Zum einen erzeugt die Manual Mill zu wenig GP, und zum anderen kann man schlecht fliegen und gleichzeitig die Manual Mill drehen. Aber die Manual Mill ist der erste Schritt in Richtung automatische Produktion. Als Nächstes brauchen wir den Resonator.

Um den Resonator zu betreiben, klickst du einmal mit rechter Maustaste auf die Manual Mill.

3. In den Resonator steckst du sechs Polished Stones und beginnst damit, die Manual Mill zu drehen (mit Rechtsklick). Mach das so lange, bis alle sechs Polished Stones zu *Stoneburnt* geworden sind. Mit diesen sechs Stoneburnt geht es weiter zu Schritt 4.

4. Jetzt kannst du deine erste Water Mill bauen und die GP-Generierung automatisieren. Wichtig ist in dem Fall, dass jede Seite der Water Mill fließendes Wasser braucht.
5. Die Manual Mill brauchst du ab jetzt nicht mehr, da die GP nun von der Water Mill generiert werden. Bedenke hierbei, dass nur sich bewegendes Wasser GP generiert. Das Wasser muss in Richtung der Water Mill fließen.

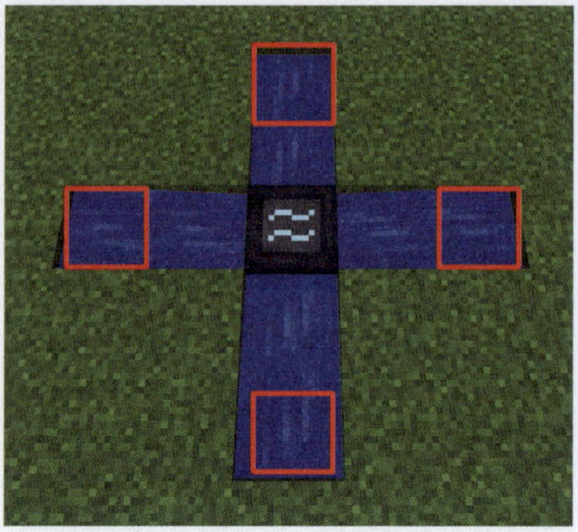

Water Mill mit vier Wasserquellen (rot umrahmt), das Wasser muss zur Mill fließen.

## Optimale GP-Produktion

Es gibt acht verschiedene Wege, GP herzustellen, plus die *Creative Mill*, die wir aber mal außen vor lassen. Für die effizienteste brauchst du neben der einen, die du schon hast, 16 weitere Water Mills, die ringförmig um die erste angeordnet sind. Richtig aufgestellt, werden insgesamt 132 GP erzeugt. Damit lässt sich schon einiges anstellen. Solltest du mehr brauchen, kannst du diesen Aufbau so oft wiederholen, wie du magst.

Anordnung der 17 Water Mills

Die blauen Felder zeigen an, wo du die Wasserquellen hinsetzen musst, damit das Wasser zu den Water Mills fließt.

Wenn die Wasserquellen richtig gesetzt sind, dann bringt dieser Aufbau 132 GP.

Das ist natürlich nicht die einzige Methode, GP zu erzeugen, aber immer noch unsere Lieblingsmethode. Insgesamt gibt es sieben Mills und zwei Panels.

| Gerät | Name | GP maximal | Funktion |
|---|---|---|---|
|  | Manual Mill | 15 | manuell betrieben, nur notwendig für den Anfang |
|  | Water Mill | 16 | mit Wasser betrieben, die beste Wahl für GP |
|  | Fire Mill | 4 | mit Feuer betrieben, Achtung, Brandgefahr |
|  | Lava Mill | 16 | mit Lava betrieben, auch hier Brandgefahr |
|  | Wind Mill | 1–2 | Muss in der Luft gebaut werden (z. B. mithilfe des Angel Blocks). Erzeugt nur wenig GP. |
|  | Dragon Egg Mill | 500 | Benötigt ein *Dragon Egg*, erzeugt unnötig viel Energie. |
|  | Creative Mill | 10.000 | Kann nicht gebaut werden, gibt es nur im Creative Mode. |
|  | Lunar Panel | 1 | nur bei Nacht aktiv |
|  | Solar Panel | 1 | nur bei Tag aktiv |

Die Energieerzeuger in Extra Utilities 2

Das sind alle Möglichkeiten, in Extra Utilities 2 GP zu erzeugen. Wie du sie im Einzelnen aufbaust, zeigen wir dir hier kurz.

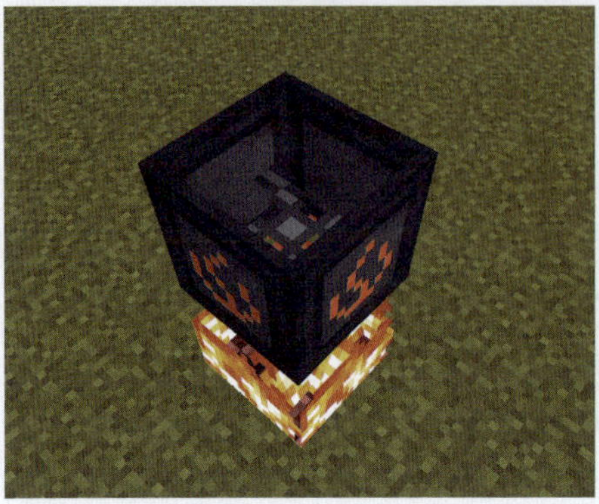

Die Fire Mill benötigt Feuer von unten.

Die Lava Mill funktioniert ähnlich wie die Water Mill, benötigt aber fließende Lava. Das ist allerdings nicht ungefährlich, da die Lava umliegende Dinge entzünden kann.

Die Wind Mill kann man irgendwo in die Luft setzen, sie erzeugt aber nur wenig GP.

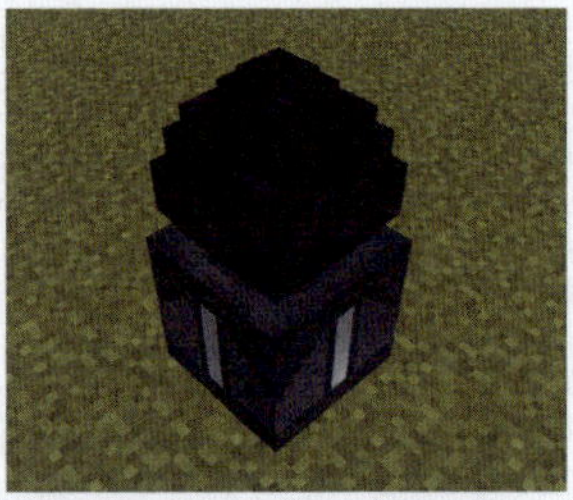

Die Dragon Egg Mill benötigt ein Drachenei obendrauf, erzeugt dann aber 500 GP.

Die Creative Mill kann man nicht bauen, sie kann nur im Creative Mode gesetzt werden.

Das Lunar Panel zieht seine Kraft aus dem Mond, ist also nur bei Nacht aktiv.

Das Solar Panel braucht Sonnenschein und ist nur bei Tag aktiv.

Solltest du mit mehreren Personen auf einem Server spielen, dann könnt ihr euch die GP auch teilen. So muss nicht jeder seine eigene GP-Anlage bauen, sondern nur einer. Mit dem Befehl `/xu_powersharing` öffnest du ein Menü, über das du deinen Mitspielern GP abgeben kannst.

Hier kannst du die Spieler anklicken, mit denen du deine GP teilen möchtest. Und mit CastCrafter teilt man doch gerne!

## DER ANGEL RING – ENDLICH FLIEGEN

Ein Must-have aus Extra Utilities 2 ist für uns eindeutig der Angel Ring. Zum Bauen und Erkunden ist er einfach schöner, besser, praktischer. Und da dir jetzt auch genügend GP zur Verfügung stehen, ist es an der Zeit, endlich einen zu craften. Falls du den Abschnitt über die GP-Produktion vor lauter Vorfreude übersprungen hast, musst du leider noch mal zurück: Ein Angel Ring verbraucht beim Fliegen nämlich 32 GP, deine Energieversorgung sollte also vorher gedeckt sein.

Den Angel Ring gibt es in sechs optisch verschiedenen Varianten, so ist für jeden etwas dabei. Privat trägt Debitor auch gerne die Schmetterlingsflügel ;-)

1. Am besten craftest du dir direkt zwei Golden Lassos und machst dich zuallererst auf die Suche nach Hühnern und Tintenfischen, um sie einzufangen. Das sind die ersten beiden Mobs, die du verarbeiten musst. Dazu

klickst du mit dem Golden Lasso in der Hand mit rechts auf den entsprechenden Mob.

### Das Golden Lasso

Zum Bau des Angel Rings und auch zum generellen Einfangen von Mobs benötigst du das *Golden Lasso*. Damit lassen sich Mobs von A nach B bringen, was z. B. auch beim Aufbau einer Tierfarm äußerst nützlich ist. Beim Craften gibt es eine kleine Falle, in die man schnell tappt, wenn man nicht aufpasst: Zum Craften werden nämlich neben den Materialien, die du im JEI siehst, auch Level von dir benötigt, du musst also Erfahrungspunkte hergeben. Zudem klappt das Craften auch nur im normalen Vanilla Crafting Table. In der Crafting Station von Tinkers' Construct und dem ME Crafting Terminal von Applied Energistics 2 kannst du das Golden Lasso nicht bauen.

Das Golden Lasso eignet sich hervorragend dazu, Tiere einzufangen.
Dieses Schwein weiß allerdings noch nichts von seinem Glück.

2. Mit dem Huhn und dem Tintenfisch in deinen beiden Golden Lassos kannst du den Chicken Wing Ring und im Anschluss den Ring of the Flying Squid erstellen, die Rezepte findest du wieder im JEI.
3. Danach musst du in den Nether, wo du zum einen ein Drop of Evil von einem Wither Skeleton besorgen musst. Das benötigst du, um eines deiner Golden Lassos zu einem Cursed Lasso zu craften.

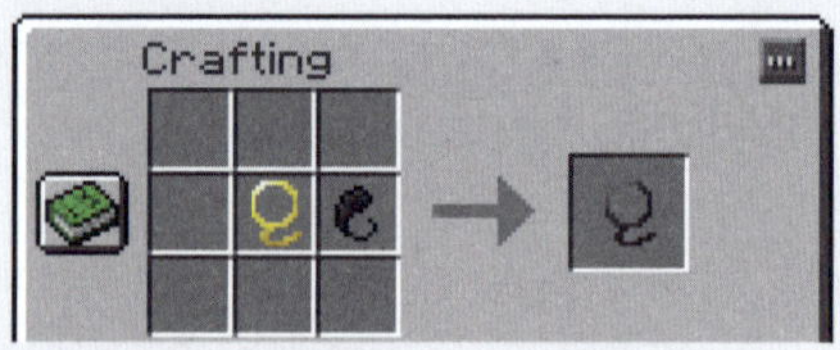


Golden Lasso + Drop of Evil = Cursed Lasso

4. Dann musst du mit dem Cursed Lasso einen Ghast einfangen. Kleiner Tipp: Schwäche den Ghast erst, sonst geht er dir nicht in dein Cursed Lasso. Sobald du den Ghast in deinem Lasso hast, kannst du in die Oberwelt zurückkehren.
5. Das Einzige, was dir jetzt noch fehlt, ist eine Fledermaus. Diese spawnen in Höhlen unterhalb von Ebene 63. Ebene 63 entspricht dem Meeresspiegel, du musst also nicht allzu weit nach unten. Mit Ghast und Bat in deinen Lassos kannst du dir den Angel Ring bauen, der dich fliegen lässt und dich gleichzeitig vor Fallschaden jeglicher Art bewahrt. Der Angel Ring verbraucht insgesamt 32 GP. Solltest du also deine Grid Power mit deinen Freunden teilen, dann stelle sicher, dass du genug übrig behältst. Im Minecraft-Projekt »Time« (YouTube) wurden uns drei Angel Rings und zu wenig Grid Power fast zum Verhängnis. Wir sind alle nacheinander abgestürzt, weil wir nicht genug GP für drei Ringe hatten. Die Playlist findest du hier: *http://r-wrk.de/642803*

# BESONDERE DIMENSIONEN

Die Mod Extra Utilities 2 beinhaltet nicht nur eine Vielzahl neuer Blöcke und Items, sondern auch eine ganz eigene Dimension. Das *Deep Dark* ist eine Dimension, in der die Dunkelheit dein Feind ist und du Schaden nimmst, wenn du dich zu lange von einer Lichtquelle entfernst. Zusätzlich halten die hier spawnenden Gegner (die gleichen wie in der normalen Welt) mehr aus.

**Ein Deep Dark Portal**

Um ins Deep Dark zu gelangen, stellst du dich auf das *Deep Dark Portal* und wartest wenige Sekunden. Das Portal kannst du dir relativ einfach craften. Solltest du eine Reise ins Deep Dark planen, nimm auf jeden Fall (!) genug Fackeln mit und auch genug Leitern bzw. gehe erst hinein, wenn du fliegen kannst.

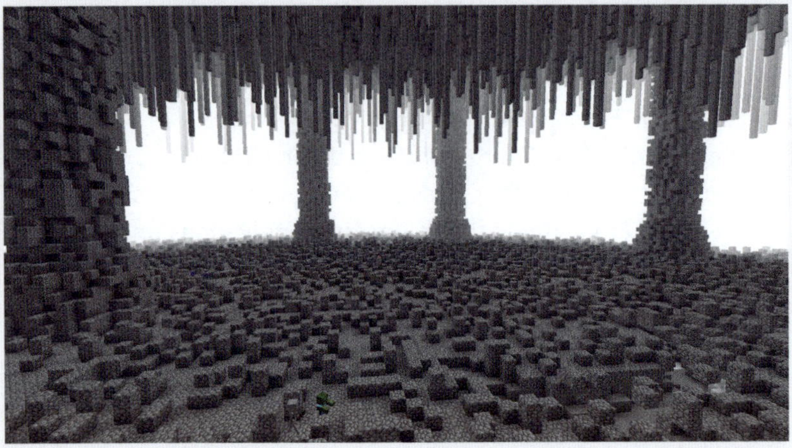

Das Deep Dark mit aktivierter Night Vision (Nachtsicht). Ohne Nachtsicht wäre die Abbildung einfach nur schwarz.

Die eigentliche Ebene des Deep Dark ist unterhalb des Punktes, an dem das Portal steht. Du musst dich also nach unten graben. Stehst du zu lange im Dunklen, nimmst du Schaden durch die Dunkelheit. Das erste Mal wussten wir das nicht und wurden direkt von der Dunkelheit aufgefressen. Das Deep Dark hat allerdings mittlerweile seinen Reiz ein wenig verloren. In früheren Versionen gab es vereinzelt noch dunkle Tempel, in denen man eine Vielzahl von Truhen finden konnte. Die gibt es mittlerweile leider nicht mehr, aber zumindest sind hier die Rohstoffvorkommen größer.

## DIE QUANTUM QUARRY – ROHSTOFFE AUS DEM NICHTS

*Quarrys* gibt es in vielen Modifikationen und Modpacks. Diese Abbauwunder werden immer gerne benutzt, um Rohstoffe zu farmen. Im Regelfall baut man eine Quarry, steckt das abzubauende Gebiet ab, und mit genügend Energie und ausreichenden Truhenplatz arbeitet die Quarry von ganz allein, also ein bisschen wie ein Rasenmähroboter. Sie baut nach und nach alle möglichen Blöcke und Erze ab. Das Einzige, worum du dich noch selbst kümmern musst, ist die Lagerung und Verarbeitung der gesammelten Rohstoffe. Zum Lagern empfiehlt sich, das ME-System von Applied Energistics 2 (siehe Kapitel 9, »Endlich mehr Platz!«) zu verwenden. Das kann je nach Laufdauer der Quarry mehrere tausend Rohstoffe aufnehmen.

Die *Quantum Quarry* ist der König unter den Quarrys. Nach dem Aufbau markierst du das Biom, aus dem du gerne die Rohstoffe haben möchtest, mit dem Biom Marker. Anschließend legst du den Biom Marker in die Quarry und schaltest sie ein. Sie sammelt dann selbstständig alle möglichen Rohstoffe aus dem Biom und legt sie dir brav im ME-System ab. Benötigt wird dafür:

- viel Energie (je mehr Energie du zur Verfügung stellst, desto schneller arbeitet deine Quarry, maximal verbraucht sie 20.000 RF/t; siehe Kapitel 12, »Extreme Reactors«)
- 1 × Lever
- 1 × Quantum Quarry
- 6 × Quantum Quarry Actuator
- 1 × Biom Marker
- 1 × Chest

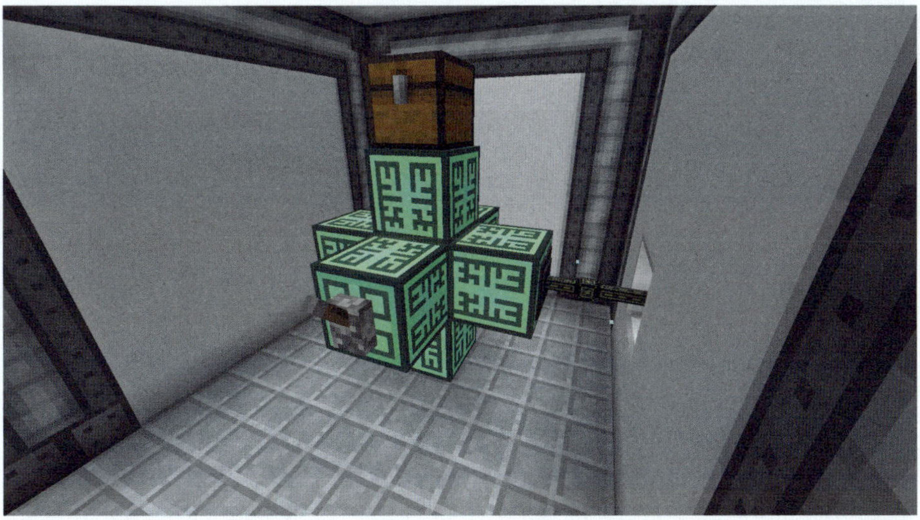

Der Aufbau der Quantum Quarry

Stelle den Quantum-Quarry-Block am besten auf den Boden. An jede der sechs Seiten der Quantum Quarry kommt ein Quantum Quarry Actuator. Den Lever bringst du vorne an der Quarry an, um sie ein- und ausschalten zu können. Stell die Truhe obendrauf und schließ das Energiekabel irgendwo an die Quarry an. Den Truheninhalt solltest du am besten mit einem Import Bus in dein ME-System ziehen, sofern du schon eins hast. Achte darauf, dass du dort genug Platz hast.

Zum Markieren eines Bioms stellst du dich mit dem Biom Marker ins gewünschte Biom und klickst mit rechts, damit markierst du ein Biom. Dann kommt der Biom Marker in die Quarry. Sobald du deine Quarry einschaltest, kommen automatisch Blöcke aus dem eben markierten Biom in die Quarry. Das Coole daran ist, dass die Quarry im Eigentlichen keine Blöcke *abbaut*, sondern sie aus dem Nichts *erschafft*. Du zerstörst damit also nicht deine Umwelt. Prinzipiell kannst du so jedes Biom farmen. Aber welche Biome lohnen sich am meisten? Hier eine kleine Tabelle dazu.

| Biom | Eigenschaft |
|---|---|
| Extreme Hills | zusätzlich Emerald Ore (Smaragderz) |
| Deep Dark | allgemein erhöhte Rohstoffmenge |
| Nether | alle Nether-Blöcke |
| Ende | alle Endblöcke |
| Mesa | Terracotta (Keramik) |

Für den Quarry-Abbau lohnenswerte Bioms

## DER TERRAFORMER – ICH MACH DIE WELT, WIE SIE MIR GEFÄLLT

Dir gefällt das Biom, in dem du gestartet bist, nicht? Du stehst auf das Desert Biom, weil es dort nicht dauernd regnet, oder möchtest du lieber ein saftig grünes Forest Biom? All das kannst du bekommen. Alles, was du dafür brauchst, ist den *Terraformer* und je nach Biom einen der acht Umwandler. Bleiben wir doch beim Beispiel von eben und wandeln das Desert Biom in ein Forest Biom um, und das nicht nur optisch. Dazu brauchst du folgende Blöcke:

- Energie
- 1× Terraformer
- 1× Biom Marker
- 1× Humidifier
- 1× Cooler
- 2× Antenna

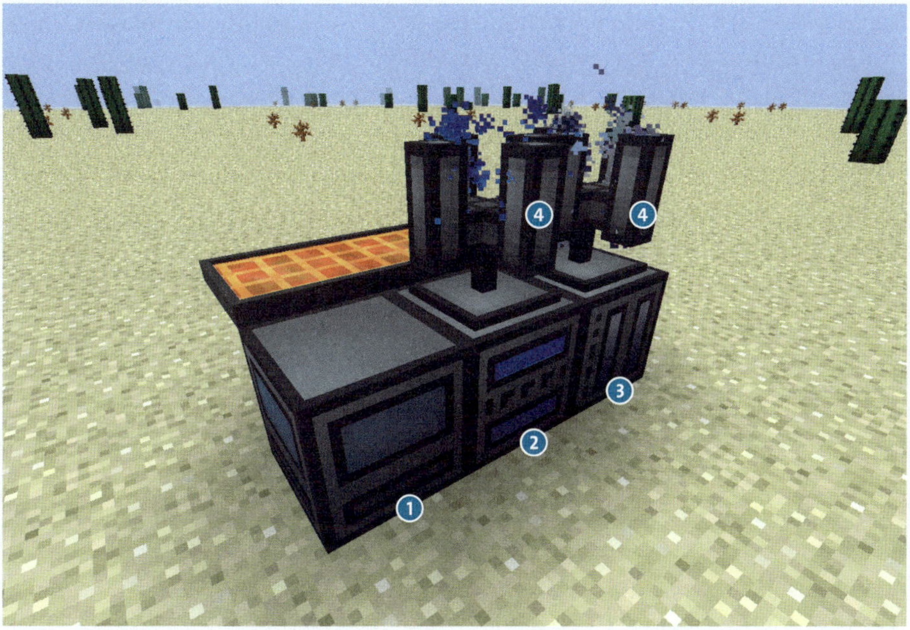

Der Terraformer wandelt gerade die Wüste um. Terraformer ①, Humidifier ②, Cooler ③, Antennas ④

Außerdem benötigst du viel Verbrauchsmaterial für den Humidifier und den Cooler. Wir empfehlen dir für den Humidifier Sugar Cane und für den Cooler einen Glacial Precipitator der Mod Thermal Expansion oder einen *Froster* von Industrial Foregoing, der aus Wasser und Energie Eis herstellen kann. Ohne die richtigen Materialien verweigert der Terraformer nämlich seine Arbeit.

Der Aufbau ist ziemlich simpel: Stell den Terraformer auf und direkt daneben den Humidifier und den Cooler. Je nachdem, welches Biom du umwandeln möchtest, verlangt der Terraformer nach unterschiedlichen Umwandlern.

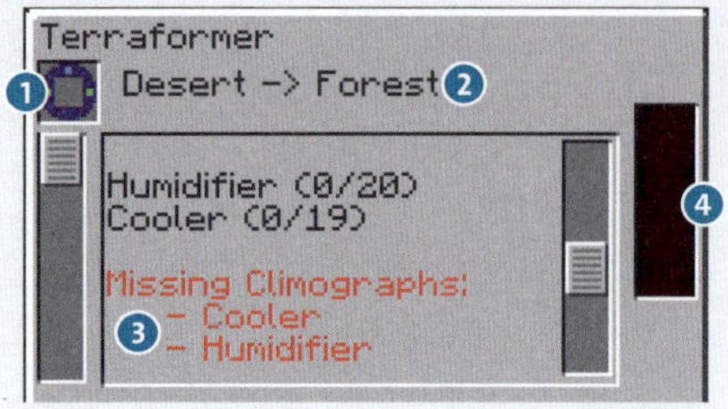


Eingelegter Biom Marker ❶. Hier steht, was der Terraformer umwandelt ❷, welche Umwandler er benötigt ❸, und hier findest du die Energieanzeige ❹.

Den Cooler füllst du mit ausreichend Ice und den Humidifier mit Sugar Cane. Um zu erfahren, was der jeweilige Umwandler benötigt, kannst du in das Interface des Umwandlers gehen und auf den Pfeil ❺ klicken. Dann erhältst du eine detaillierte Tabelle ❻ darüber, mit welchen Materialien er wie gut arbeitet (je höher die Zahl, desto besser).

Im Anschluss steckst du jeweils eine Antenna oben auf Cooler und Humidifier und verbindest alle drei Geräte mit einer Energiequelle. Jetzt musst du mit dem Biom Marker, ähnlich wie bei der Quantum Quarry, das gewünschte Biom bereisen und rechtsklicken, im Beispiel also das Forest Biom. Sobald sich der Biom Marker mit dem Forest-Biom im Terraformer befindet, kannst du die Range (Reichweite) einstellen (0–64 Blöcke). Dann beginnt der Terraformer mit der Arbeit und wandelt jetzt nach und nach das Biom um.

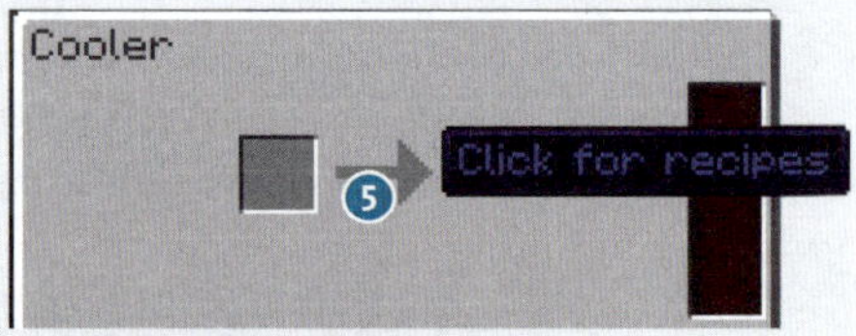


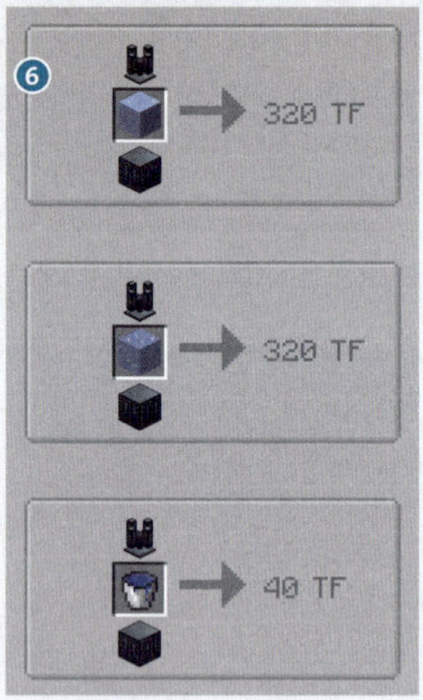


Klicke einfach auf den Pfeil ❺, um eine ausführliche Auflistung der benötigten Komponenten zu erhalten ❻.

In den Terraformer legst du den Biom Marker. Mit dem linken Schieberegler kannst du die Größe des Gebiets einstellen.

## Warm und trocken oder kalt und nass?

In unserem Beispiel haben wir eine Wüste zu einem Wald umgewandelt und dafür den Humidifier (Luftbefeuchter) und den Cooler (Kühler) gebraucht. Es gibt aber auch noch den Dehumidifier (Trockner), den Heater (Erhitzer), den Dehostifilier (Schimmler – für ein Pilz-Biom), den Magic Infuser und den Magic Absorber. Je nachdem, welches Biom du in was umwandeln möchtest, brauchst du immer andere Module. Welche du brauchst, sagt dir entweder dein gesunder Menschenverstand oder der Terraformer beim Einstellen der Range. Zudem braucht jedes Modul auch unterschiedliche Items zum Verarbeiten.

| Module | Benötigtes Item | TF Value (höher ist besser) |
|---|---|---|
| Heater | Blaze Rod | 320 |
| | Lava Bucket | 160 |
| | Blaze Powder | 40 |
| Cooler | Ice | 320 |
| | Packed Ice | 320 |
| | Water Bucket | 40 |
| Humidifier | Lily Pad | 320 |
| | Sugar Cane | 160 |
| | Water Bucket | 40 |
| Dehumidifier | Cactus | 160 |
| | Sand | 40 |
| Magic Infuser | Enchanted Book | 320 |
| | Bottle o'Enchanting | 160 |
| | Lapis Lazuli | 40 |
| Magic Absorber | Gold Ingot | 82 |
| | Book | 80 |
| Dehostilifier | Nether Star | 640 |

Module und ihre notwendigen Items

Je höher der TF-Wert ist, desto länger hält das jeweilige Item und desto länger wandelt dein Terraformer das Biom um. TF ist also die Einheit, die angibt, wie lange Items im Terraformer halten.

# AUS ALLEM STROM MACHEN – MIT GENERATOREN

Auch Extra Utilities 2 bietet dir die Möglichkeit, Energie zu erzeugen. Um genau zu sein, sogar 17 verschieden Möglichkeiten allein durch die Generatoren. Sie sind nicht nur einfach zu bedienen, sondern auch für alle Stufen im Spielverlauf geeignet.

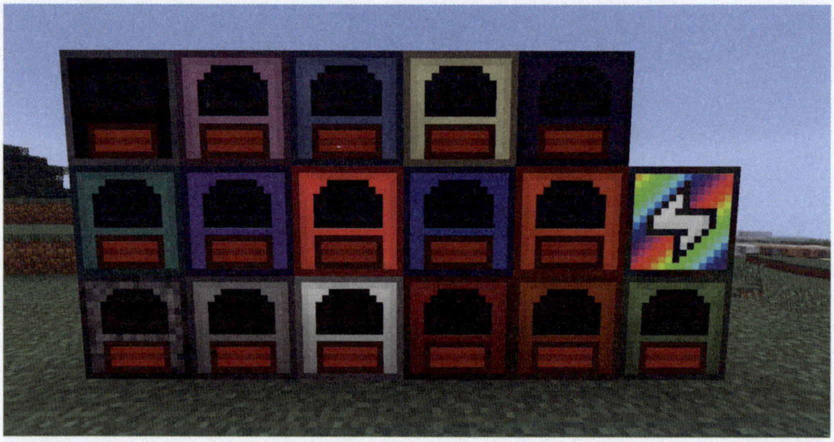

Bei 17 Generatoren ist für jeden was dabei.

Ein Generator erzeugt mithilfe von Items und/oder Flüssigkeiten Energie, und viele Generatoren erzeugen mit unterschiedlichen Items auch mehr oder weniger Energie. Außerdem halten einige Items länger im Generator als andere. Schau einfach im JEI nach und drücke mit der Maus über dem Generator die Taste U, um zu sehen, welche Items er akzeptiert und wie viel Energie er damit erzeugt. Generatoren können auch ein Speed Upgrade benutzen, um so schneller Energie zu erzeugen. Was du mit den erzeugten RF anfangen kannst, hast du bereits ausführlich in Kapitel 4, »Start – so beginnt du, mit einem Modpack zu spielen«, erfahren. Welche Generatoren es gibt und wie viel Energie sie mit welchen Items erzeugen, erzählen wir dir jetzt:

- **Survival Generator**
  Erzeugt mit allem, was du auch als Brennstoff verwenden kannst, 5 RF/t.
- **Furnace Generator**
  Erzeugt mit festen Brennstoffen wie Kohle 40 RF/t.

**Culinary Generator**
Erzeugt je nach Nahrungsmittel zwischen 8–96 RF/t.

**Magmatic Generator**
Erzeugt mit Lava 40 RF/t pro Bucket.

**Heated Redstone Generator**
Erzeugt mit Lava und Redstone 160 RF/t, pro Bucket Lava benötigst du 20 Redstone.

**Ender Generator**
Erzeugt mit Ender Pearls 40 RF/t, mit Eye of Ender 80 RF/t.

**Potion Generator**
Erzeugt mit Tränken zwischen 10–640 RF/t.

**Pink Generator**
Erzeugt mit pinken Items 40 RF/t.

**Overclocked Generator**
Erzeugt mit festen Brennstoffen, wie z. B. Coal, sofort 1.600 RF.

**Explosive Generator**
Erzeugt mit Gunpowder oder TNT 160 RF/t. Erzeugt eine Explosion im Radius von zehn Blöcken, die keinen Schaden an Blöcken anrichtet, Spielern aber Schaden zufügt. Er kann mit einem Sound Muffler leise gemacht werden.

**Nether Star Generator**
Erzeugt mit einem Nether Star 4.000 RF/t. Gibt allen Lebewesen in der Nähe den Effekt Wither II.

**Halitosis Generator**
Erzeugt mit Dragon's Breath 40 RF/t. Nach dem Vorgang bleibt eine leere Bottle zurück, die wieder aus dem Block gezogen werden muss, z. B. mit einem Hopper.

**Frosty Generator**
Erzeugt mit Schnee oder Eis zwischen 5–40 RF/t. Erschafft Schnee um sich herum.

**Death Generator**
Erzeugt mit untoten Items wie Knochen und Rotten Flesh 20–152 RF/t. Wenn du dich länger als 1 Minute in einem 3 × 3 Blöcke großen Feld um den Generator aufhältst, stirbst du.

**Disenchantment Generator**
Erzeugt mit verzauberten Items und Büchern 40 RF/t.

**Slimey Generator**
Erzeugt mit verschiedenen Slime Balls/Blocks zwischen 40–360 RF/t.

Du kannst aber auch hier wie immer im JEI noch mal genau nachlesen, was welcher Generator mit welchem Item bringt. Bei so einer großen Auswahl ist für deinen Zweck sicher ein geeigneter Generator dabei.

### Der Rainbow Generator – das Einhorn unter den Generatoren

Der Rainbow Generator ist der ultimative Generator aus Extra Utilities 2. Um ihn zu bauen, brauchst du alle anderen 16 Generatoren und musst diese dann zusammencraften.

Damit er funktioniert, müssen zusätzlich zum gecrafteten Rainbow Generator alle anderen 16 Generatoren zur selben Zeit Strom erzeugen. Ist das geschafft, gibt der Rainbow Generator fantastische 25.000.000 RF/t ab! Außerdem gibt es noch schöne Effekte dazu (der Generator erstrahlt in allen Regenbogenfarben, wir möchten dir hier nicht die Überraschung nehmen). Da dieser Generator allerdings sehr viele verschiedene Modifikationen benötigt, um automatisch zu laufen, werden wir ihn erst in Kapitel 16, »Jetzt kommt alles zusammen – Mods kombinieren«, näher beschreiben. Bis dahin gibt es aber noch viele andere spannende Dinge.

Der Rainbow Generator

Crafte erst die obere Hälfte des Rainbow Generators ❶, dann die untere Hälfte ❷ und füge beide im Anschluss zusammen ❸.

# DER INDEXER – DAS KLEINE ME-SYSTEM

Bevor du dir ein ME-System von Applied Energistics 2 craften kannst (siehe Kapitel 9), braucht es schon einige Zeit, und zudem fehlen am Anfang noch viele Rohstoffe dafür. Schneller und anfängerfreundlicher geht es mit dem *Indexer* von Extra Utilities 2. Hier hast du einen Zusammenschluss vieler Chests, die du alle mit dem Indexer befüllen und leeren kannst, also quasi ein kleines Lagersystem, das ohne großes Sortieren oder Suchen funktioniert. Gerade dann, wenn du eh schon eine gewisse GP-Produktion hast, lohnt sich der Indexer.

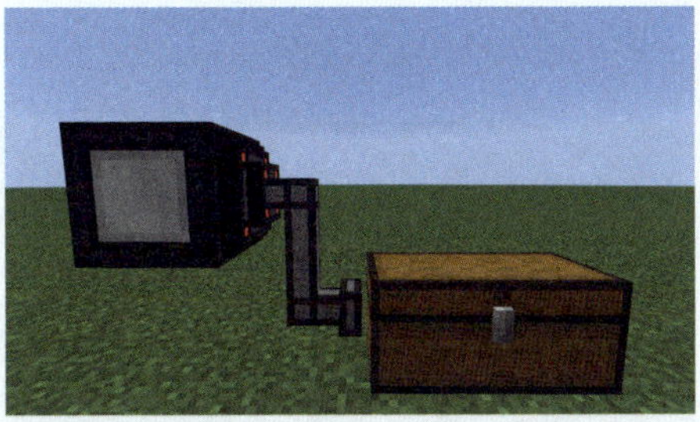

Das Lagersystem von Extra Utilities 2

Dazu brauchst du lediglich:

- 1 × Indexer
- 1 × Indexer Remote (optional)
- 2 × Transfer Pipes
- 1 × Transfer Node Items
- 1 × Chest

Das genaue Rezept findest du im JEI. Du kannst das System beliebig erweitern, schließ dazu einfach weitere Chests mit Transfer Pipes an. Um die Geschwindigkeit zu erhöhen, kannst du den Transfer Node mit zusätzlichen Updates ausstatten, wie z. B. dem Speed oder Stack Upgrade. Die Indexer Remote (Fernbedienung) brauchst du nicht unbedingt, aber damit kannst du auf alle im Indexer gelagerten Items, egal, von wo aus, zugreifen.

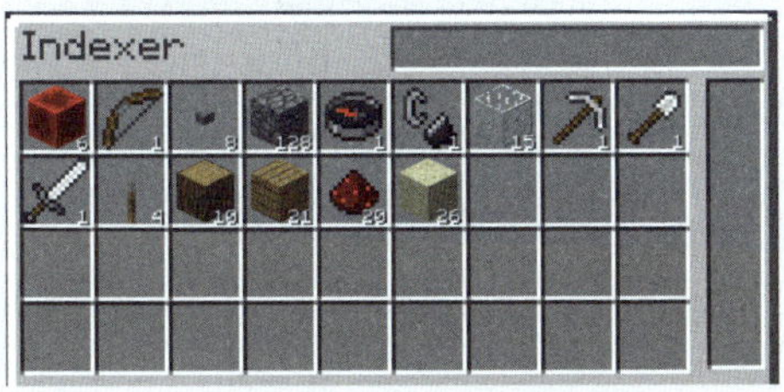


Problemloser Zugriff auf alle Chests, die an den Indexer angeschlossen sind

# DIE PLAYER CHEST – NIE MEHR VOLLE TASCHEN

Die Player Chest ist während der Arbeit an diesem Buch zu einem unserer Favoriten geworden. Wir kamen bisher nie auf die Idee, dass man so was brauchen könnte, geschweige denn, dass es so was gibt. Die Player Chest saugt nämlich dein Inventar leer. Egal, wo du dich befindest, lutscht sie die von dir definierten Inventarplätze leer und legt den Inhalt in die angeschlossene Truhe.

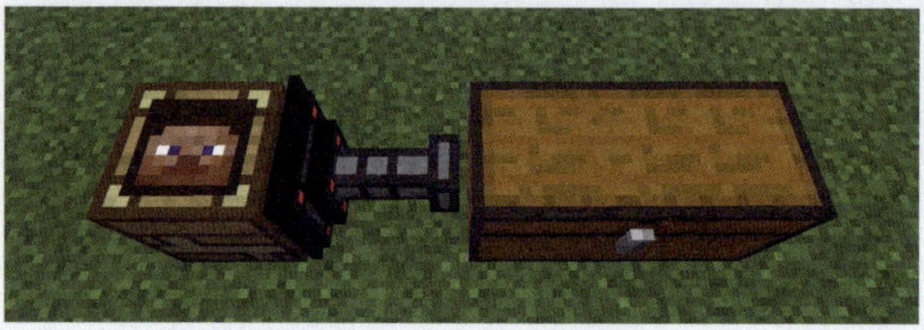

Eine Player Chest mit angeschlossener Chest, um das Inventar leer zu saugen – super für Farming- oder Mining-Touren!

Der Aufbau ähnelt dem des Indexers:

- 1× Player Chest
- 1× Transfer Pipes
- 1× Transfer Node Items
- 1× Truhe

In der Player Chest siehst du eine komplette Abbildung deines Inventars. Durch mehrmaliges Klicken auf die Plätze kannst du einstellen, dass genau dieser Platz leer gezogen wird (**Extract Only**, nur herausziehen). Das ist auf Farming-Touren das Killer-Feature. Du kannst alles mitnehmen, solange genug Inventarplatz an deiner Player Chest angeschlossen ist.

Das komplette Spielerinventar: Die drei grün markierten Felder werden immer automatisch abgepumpt.

Gleichzeitig kannst du das Ganze auch noch andersherum aufbauen. Mit **Insert Only** (nur hineinlegen) kannst du dir z. B. von einem Mitspieler Essen, Spitzhacken und Fackeln nachlegen lassen. Um die Geschwindigkeit zu erhöhen, kannst du den Transfer Node mit zusätzlichen Updates ausstatten, wie dem  Speed oder dem  Stack Upgrade. Auch hier kannst du das System nach Belieben um Chests und Transfer Pipes erweitern. Zusätzlich könntest du die Chest einfach mit dem ME-System verbinden, so brauchst du im Endeffekt nur eine Chest, und der Inhalt wird automatisch ins ME-System weitergeleitet.

## WEITERE NÜTZLICHE ITEMS AUS EXTRA UTILITIES 2

Extra Utilities 2 enthält noch eine große Anzahl weiterer nützlicher Items. Du kannst sie alle ganz normal nach den Rezepten im JEI craften.

| Symbol | Name | Nutzen |
|---|---|---|
|  | Angel Block | Kann überall in der Luft platziert und mit einem Klick wieder entfernt werden. Wird benutzt, wenn man z. B. etwas in der Luft bauen möchte (sofern man fliegen kann, he he). So musst du nicht noch extra hochbauen. |
|  | Bag of Holding | Eine Tasche für unterwegs. Bietet genauso viel Platz wie eine Doppel-Chest. Der Trick »Tasche in Tasche« funktioniert hier allerdings nicht. |
|  | Builder's Wand | Dieser Zauberstab baut mit einem Klick gleichzeitig bis zu neun Blöcke desselben Materials an. |
|  | Chunk Loading Ward | Lädt 3 × 3 Chunks. So arbeiten auch deine Maschinen weiter, wenn du den Server verlässt (nicht im Singleplayer möglich). Kostet GP. |
|  | Destruction Wand | Dieser Zauberstab entfernt mit einem Klick gleichzeitig bis zu neun Blöcke desselben Materials. |
|  | Drop of Evil | Wird von Wither Skeletons fallen gelassen. Mit ⇧ + Rechtsklick auf Grass wird der Boden verseucht, sodass dort viel mehr Mobs spawnen. |
|  | Iron Drum | Einfache Lagerung von Flüssigkeiten. Nimmt 256 Buckets auf, kann mit einem Bucket befüllt werden. So lässt sich z. B. relativ einfach viel Lava aus dem Nether mitnehmen, denn das Fass behält seinen Inhalt beim Abbauen. |
|  | Ender Lilly | Eine Pflanze, an der Ender Pearls wachsen. Wächst am schnellsten auf Endstone. Vorsicht: Mit Bonemeal »gedüngt« schrumpfen die Pflanzen wieder. |

| Symbol | Name | Nutzen |
|---|---|---|
|  | Fire Axe | Holzt Bäume komplett mit einem Schlag ab. Hat unbegrenzte Haltbarkeit. |
|  | Dark Glass | Lässt kein Licht durch. Praktisch für Monsterfarmen, in denen es dunkel sein muss. So kannst du durchschauen, ohne dass Licht in den Raum fällt. |
|  | Ethereal Glass | Spieler können hindurchgehen, Mobs aber nicht. Eignet sich als cooler Eingang. |
|  | Ineffable Glass | Spieler können durch, alle anderen Mobs nicht. Hat nur einen Rand, ansonsten ist es komplett durchsichtig. Muss mit dem Glass Cutter abgebaut werden, um nicht kaputtzugehen. |
|  | Glowing Glass | leuchtendes Glas, das so stark leuchtet wie Glowstone, netter Dekoblock |
|  | Redstone Glass | Hat keinen Effekt, nur zur Deko. |
|  | Golden Lasso | Fängt Mobs ein. Nach einem Rechtsklick auf einen Mob befindet sich dieser im Lasso. Rechtsklick mit dem Lasso auf den Boden, und er ist wieder frei. |
|  | Kikoku | Richtet doppelt so viel Schaden wie ein Diamond Sword an. Reduziert zudem die maximale Herzanzahl und kann gut verzaubert werden. |
|  | Magical Boomerang | Coole Fernkampfwaffe. Verursacht 4 Schaden, kommt nach dem Werfen zurück. Damit lassen sich auch auf dem Boden liegende Gegenstände heranziehen. |
|  | Magical Apple | Wenn du ihn isst, ändern sich die verfügbaren Verzauberungen im Vanilla Enchantment Table. |
|  | Mechanical Crafter | Automatischer Rezepte-Crafter. Leg ein Rezept ein, und sobald die Truhe genügend Materialien erhält, wird das Rezept gecraftet. |
|  | Mechanical Miner | Baut z. B. Roherze wie Diamond Ore mit Luck ab. Allerdings nur, wenn sie genau vor ihm liegen. |
|  | Mechanical User | Imitiert einen Spieler. Kann z. B. ein Schwert halten und ständig damit schlagen oder Maschinen auslösen. |
|  | Power Manager | Zeigt alle GP-Erzeuger und -Verbraucher auf einen Blick. |
|  | Red Coal | Kann wie Coal verwendet werden, hat dabei aber schlappe 700 % mehr Effizienz. |

| Symbol | Name | Nutzen |
|---|---|---|
|  | Redstone Clock | Gibt jede Sekunde einen Redstone-Impuls ab. Kann mit einem Schalter abgeschaltet werden. Löst die Vanilla Redstone Clock ab. Wir nutzen diese Clock meist an einer Schmiede von Tinkers' Construct. |
|  | Redstone Lantern | Gibt ein einstellbares Redstone-Signal von 1–15 ab. |
|  | Sickle | Baut mit einem Klick Pflanzen in einem 5 × 5 × 5 Blöcke großen Feld ab. |
|  | Sound Muffler | Reduziert Geräusche. Wenn dir deine Kuhfarm auf den Keks geht, benutze einfach einen Sound Muffler, schon ist Ruhe. |
|  | Spikes | Verursachen Schaden, wer hätte das gedacht. Können aus verschiedenen Materialien hergestellt werden. Alle Seiten außer der Unterseite tun weh. |
|  | Trash Can | Mülleimer für Items. Es gibt auch noch einen für Flüssigkeiten und Energie. |
|  | Watering Can | Dient dem Gießen von Pflanzen. Erhöht das Pflanzenwachstum durch Erhöhung der Tick-Rate (die hast du schon im Kasten »Dünger gegen den Hunger: Das Pflanzenwachstum beschleunigen« in Kapitel 4 kennengelernt). |

Einige weitere nützliche Items aus Extra Utilities 2

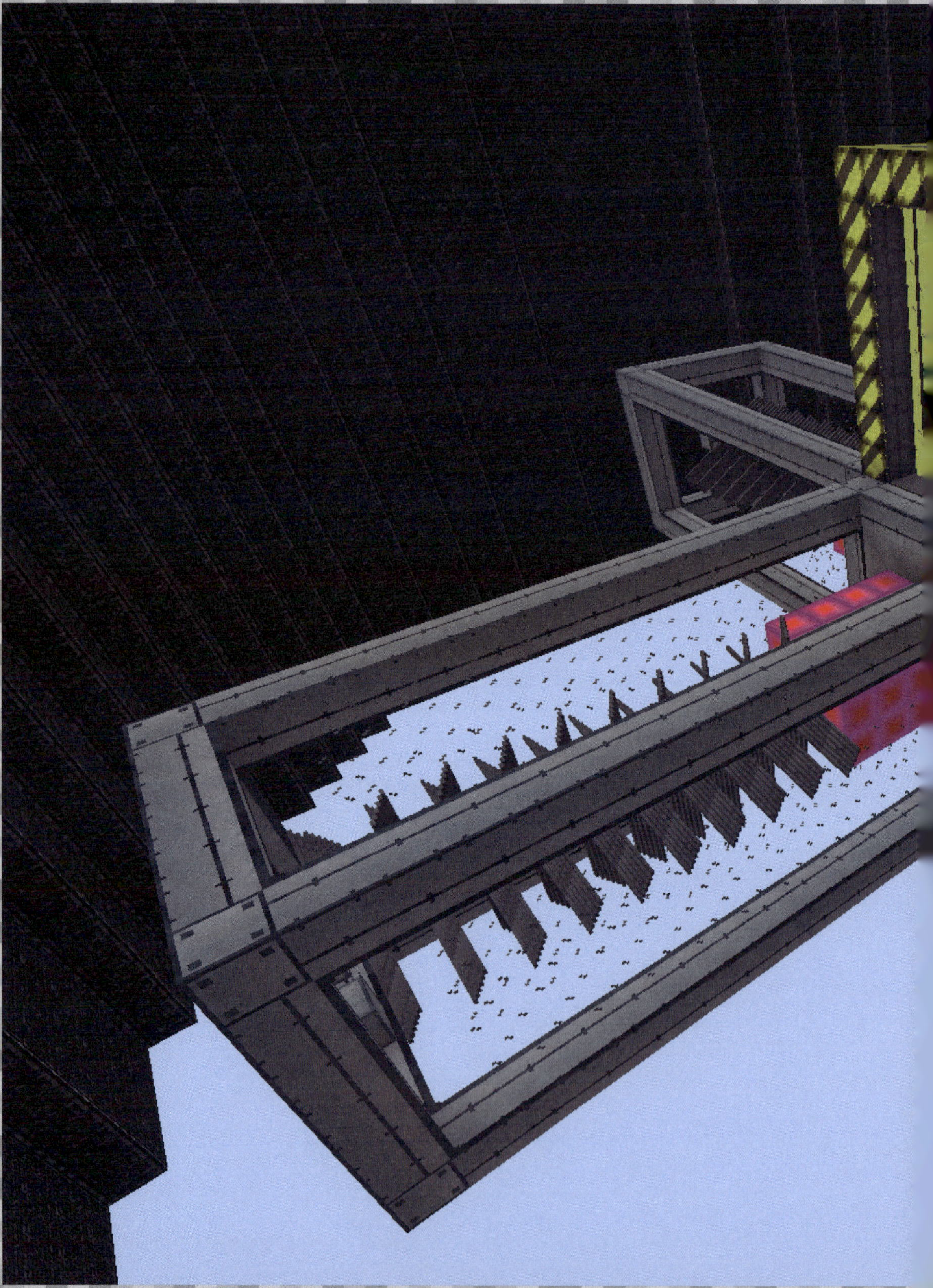

## KAPITEL 12

# EXTREME REACTORS

Funktionierende Reaktoren, die dir eine Menge Strom liefern: Extreme Reactors ist unsere liebste Anlaufstelle, wenn wir viel Energie benötigen. Mit ihren riesigen und variablen Multiblockstrukturen kannst du mehr Energie produzieren, als du jemals benötigen wirst. Und nebenbei sieht alles auch noch supercool aus.

# MEHR ENERGIE

Je weiter du in einem Modpack voranschreitest, desto mehr Energie wirst du für Maschinen und Farmen benötigen. Deshalb bietet es sich immer an, eine gute, stabile und im besten Fall sogar sich selbst versorgende Energieproduktion zu bauen. *Extreme Reactors* ist dafür ein super Kandidat. Die Reaktoren dieser Mod sind nicht nur relativ billig zu bauen, sondern verbrauchen auch nicht viel Brennstoff.

Die Reaktoren von Extreme Reactors sind Multiblockstrukturen und können deshalb eine Menge verschiedener Formen und Größen annehmen. Vom kleinsten Babyreaktor mit einer Größe von gerade einmal 3 × 3 × 3 Blöcken bis hin zum größten, maximalen Reaktor mit 32 × 32 × 48 Blöcken gibt es also eine gigantische Auswahl, sodass bestimmt auch das Passende für dich dabei ist.

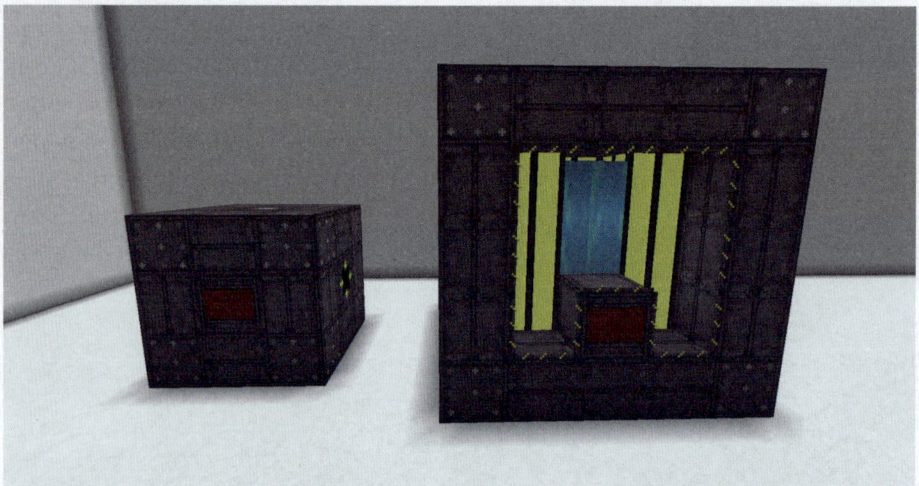

Kleiner 3 × 3 × 3-Reaktor und ein etwas größerer 5 × 5 × 5-Reaktor

Aber einfach nur irgendeinen Reaktor zu bauen wäre nicht so schlau. Es gibt nämlich viele Faktoren, die bestimmen, wie effizient ein Reaktor ist, wie viel Energie er erzeugt, wie heiß er wird und wie viel Brennstoff er verbraucht.

Yellorit ist der wichtigste Rohstoff in dieser Mod. Aus dem Erz gewinnst du Yellorium, das du zum Craften und als Brennstoff in den Reaktoren benötigst. Es spawnt als normales Erz zwischen Ebene Y0–32. (Mit den Höhenangaben kennst du dich ja aus. Nein? Dann lies den Kasten »Y5–35? Hä? Höhenangaben in Minecraft« auf Seite 181 nach.) In einigen Modpacks gibt es auch noch *Uranium* aus anderen Mods, das du dank des Ore Dictionarys meist auch im Reaktor verwenden kannst.

Yellorit-Erz. Sieht schon ein bisschen radioaktiv aus, oder?

## PASSIV GEKÜHLTER REAKTOR

Der passiv gekühlte Reaktor ist der erste, den du mit Extreme Reactors bauen wirst. Er braucht neben Brennstoff auch eine Kühlung. Als Brennstoff kannst du Yellorium oder Blutonium verwenden, zur Kühlung kommen wir gleich noch. Aber jetzt erst einmal zum Aufbau des Reaktors:

1. Bau dir ein Grundgestell von 7 × 7 × 3 Blöcken aus Reactor Casings, einer Art Reaktormantel. In diesem Aufbau bekommst du alles gut untergebracht und erzeugst später genug Energie. Der Reaktor muss mindestens 3 × 3 × 3 Blöcke groß sein und kann maximal auf bis zu 32 × 32 × 48 Blöcke erweitert werden. Die Kanten müssen komplett aus Reactor Casings bestehen, sonst funktioniert er nicht.

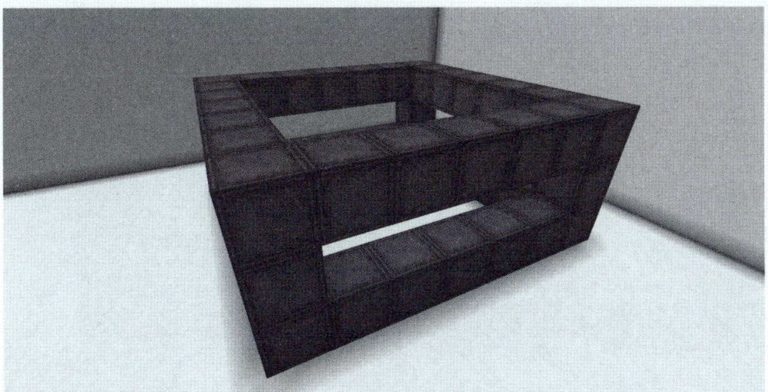

Aufbau der Reactor Casings

2. Damit der Reaktor Energie erzeugen kann, braucht er mindestens einen Reactor Fuel Rod, in dem der Brennstoff liegt. Baue neun Stück davon in einem 3 × 3 Blöcke großen Feld in der Mitte des Reaktors auf und lasse sie jeweils mit Control Rods, den entsprechenden Steuerelementen, in der Decke abschließen.

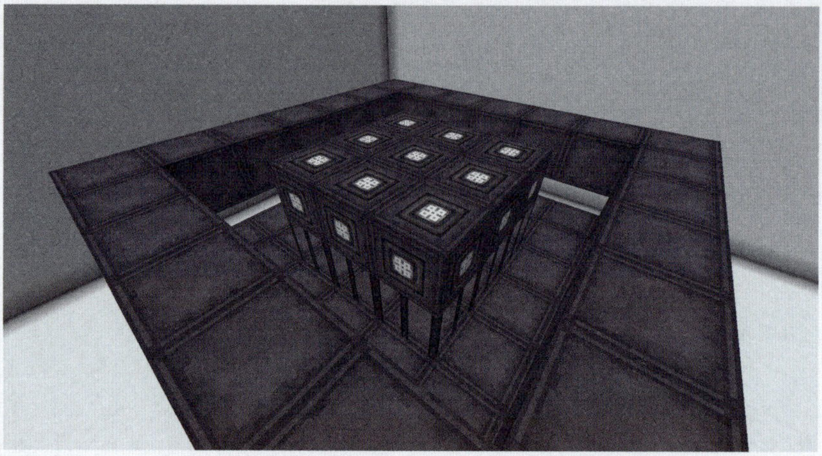

Casings mit Reactor Fuel Rods (Brennstäben) und Control Rods darüber

3. Außerdem brauchst du einen Reactor Controller, zwei Reactor Access Ports und einen Reactor Redstone Flux Power Tap, über den du die Energie nachher ableiten kannst. Alle diese Blöcke kannst du an einer Seite einbauen. Stelle einen der beiden Access Ports auf **Output** (Blau).

Alle Anschlüsse für den Reaktor

4. Damit dein Reaktor nicht einfach nur läuft, sondern auch effizient ist, fehlt noch die Kühlung. Hierbei gilt in der Regel: je kälter die Flüssigkeit oder der Block, desto besser. Die Reactor Fuel Rods sollten im Idealfall auf vier Seiten von Kühlung umgeben sein. Die Diagonalen sind dabei egal.

Reaktor mit Kühlung aus Gelid Cryotheum

5. Schließe alle Seiten des Reaktors mit Reactor Casings oder auch Reactor Glass ab.

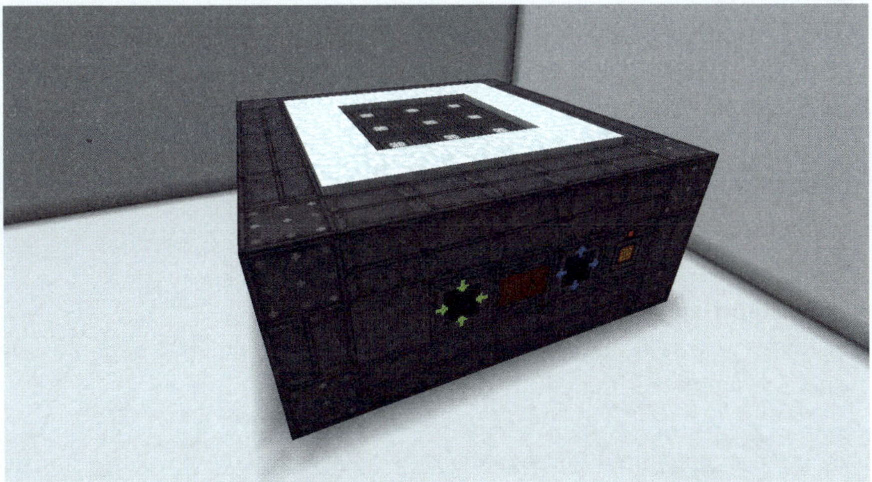

Fertiger Reaktor. Der Schnee entsteht, weil Gelid Cryotheum zur Kühlung verwendet wurde.

Damit du dir gleich eine kleine Übersicht über die verschiedenen Kühlmittel verschaffen kannst, gibt es hier eine kleine Tabelle für dich. Wir nutzen in unseren Reaktoren eigentlich immer Gelid Cryotheum, wenn wir dafür aber noch zu wenig Rohstoffe haben, dann muss meist Destabilized Redstone herhalten.

| Kühlmittel | Core Heat | RF-Produktion | Fuel Waste |
|---|---|---|---|
| Gelid Cryotheum | 1.070 °C | 4.070 RF/t | 0,059 mB/t |
| Resonant Ender | 1.134 °C | 3.985 RF/t | 0,060 mB/t |
| Diamond Block | 1.034 °C | 3.910 RF/t | 0,059 mB/t |
| Graphite Block | 995 °C | 3.350 RF/t | 0,058 mB/t |
| Destabilized Redstone | 1.042 °C | 3.794 RF/t | 0,058 mB/t |
| Block of Gold | 1.076 °C | 3.725 RF/t | 0,059 mB/t |
| Water | 2.449 °C | 1.329 RF/t | 0,101 mB/t |
| keine Kühlung | 2.964 °C | 821 RF/t | 0,120 mB/t |

Der große Kühlvergleich in einem 7 × 7 × 3-Reaktor. »Je kühler, desto besser« gilt nur als grobe Richtung, doch nicht unbedingt im Detail.

## Wie effizient ist mein Reaktor?

Die Effizienz eines Reaktors hängt von mehreren Faktoren ab:

- **Core Temperature**
  Gibt an, wie heiß dein Reaktorkern ist. Höhere Temperaturen bedeuten mehr Brennstoffverbrauch (*Fuel Waste*).
- **Energy Output**
  Gibt an, wie viel Energie (RF) dein Reaktor pro Tick, also pro Zeiteinheit, erzeugt.
- **Fuel Burnup Rate** (Fuel Waste)
  Gibt an, wie schnell dein Brennstoff verbraucht wird.
- **Fuel Reactivity**
  Gibt an, wie sehr dein Kern strahlt. Höhere Radioaktivität bedeutet weniger Brennstoffverbrauch.

Hast du also eine gute Kühlung, bleibt dein Brennstoffverbrauch gering. Hast du eine schlechte Kühlung, wird dein Reaktor zu heiß, wodurch er mehr Ressourcen verbraucht und weniger Energie erzeugt.

### Der Fehler im System

Dein Reaktor muss immer komplett abgeschlossen sein. Hast du einen Fehler beim Aufbau gemacht, wird das im Chat mit den Koordinaten des Blocks, bei dem der Fehler aufgetreten ist, angezeigt. So kannst du ihn schnell beheben, damit dein Reaktor bald wieder fehlerfrei läuft.

```
BlockPos{x=318, y=101, z=-53}, , - This reactor part may not
 be placed in the reactor's interior
```

Fehleranzeige, wenn etwas falsch gebaut wurde. Schnell nachschauen!

Ist dein Reaktor fertig aufgebaut, verbinden sich die Texturen miteinander, und es entsteht ein Multiblock. Jetzt kannst du in den Reactor Controller schauen, um die *Stats* (also die Statistikwerte) deines Reaktors zu sehen.

### Das Reaktor-Interface

❶ **Core Temperature:** Zeigt an, wie heiß der Reaktorkern ist.

❷ **Energy Output:** Zeigt an, wie viel Energie der Reaktor produziert.

❸ **Fuel Burnup Rate:** Gibt an, wie schnell der Brennstoff verbraucht wird.

❹ **Fuel Reactivity:** Zeigt, wie hoch die Strahlung ist.

❺ **Status:** Zeigt, ob der Reaktor an oder aus ist.

❻ **Auto-Eject:** Soll verbrauchter Brennstoff automatisch ausgelagert werden?

❼ **An-/Ausschalter:** Stellt den Reaktor an oder aus, ändert also den Status ❺

❽ **Core Fuel Status:** Zeigt, wie viel Brennstoff im Reaktor ist.

❾ **Casing Heat:** Gibt die Temperatur der Hülle des Reaktors an.

❿ **Core Heat:** Zeigt ebenso wie ❶ (Core Temperature) die Temperatur des Kerns an.

⓫ **Energy Buffer:** Zeigt, wie viel Energie der Reaktor gespeichert hat.

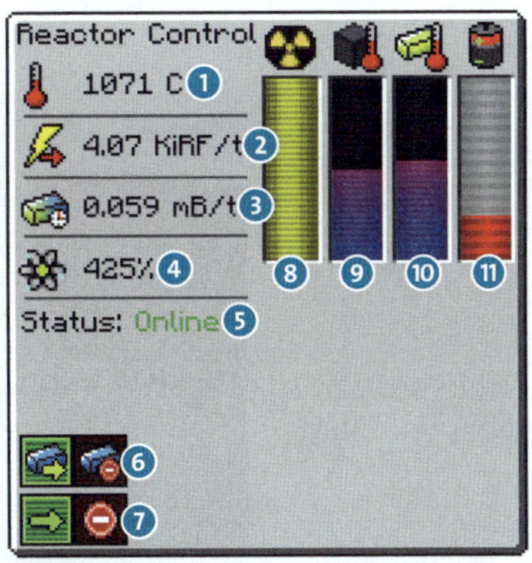


Übersicht über das Reactor Controller Interface

Um den Reaktor in Betrieb zu nehmen, legst du z. B. Yellorium in den Reactor Access Port, bis der Balken 8 voll ist. Anschließend musst du den Reaktor noch anschalten. Die erzeugte Energie kannst du über den Power Tap abziehen.

Wir nutzen einen Reaktor wie diesen meistens im Early- und Mid-Game. Er erzeugt genug Energie und kostet nicht viele Rohstoffe. In Verbindung mit einer Quantum Quarry (aus Extra Utilities 2) kannst du mit der erzeugten Energie direkt neues Yellorium farmen. Vergiss nicht, den Reaktor immer mit genügend Yellorium oder Blutonium zu versorgen. Wenn dein Brennstoff zur Neige geht, erzeugt der Reaktor weniger Energie. Blutonium kannst du dir übrigens aus dem Abfallprodukt Cyanite des Reaktors craften. Du kannst den Reaktor auch über Redstone steuern, wenn du willst. Wie das geht? Lies einfach weiter.

## REAKTORSTEUERUNG

Eine Reaktorsteuerung kann dir sehr viel Yellorium, den Hauptbrennstoff für die meisten Reaktoren, sparen. Ein Reaktor verbraucht immer Yellorium, wenn er aktiv ist und Energie produziert. Wir können dem Reaktor allerdings sagen, dass er nur aktiv sein und Energie produzieren soll, wenn wir sie auch wirklich verwenden. Dadurch wechselt der Reaktor immer zwischen aus und an und verbraucht dadurch viel weniger Yellorium.

Für die Redstone-Steuerung brauchst du zusätzlich zum Reaktor noch zwei Reactor Redstone Ports, die du über Redstone miteinander verbindest.

Aufbau der Redstone-Steuerung

Einen der Ports stellst du auf **Output- Energy Amoung (%)**, wir nutzen als obere Grenze immer 80 %. Schreibe in die Zeile also eine »80« und klicke auf **Commit**.

Den zweiten Port stellst du auf **Input – Control Rod Insertion**, schreibe in die Zeile unter **While On** eine »100« und klicke auf **Commit**.

Die Einstellungen im linken Redstone Port

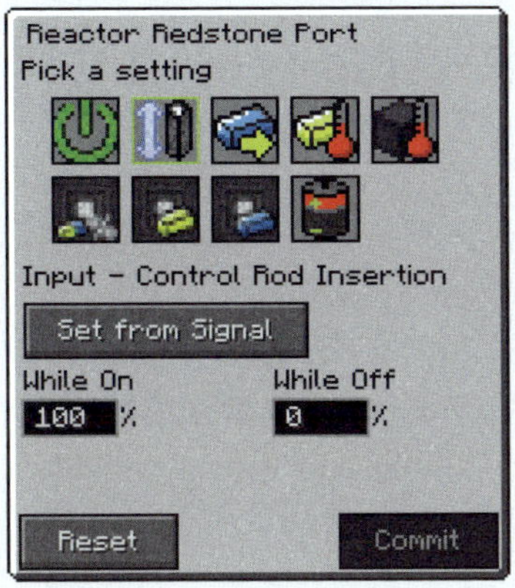


Die Einstellungen im rechten Redstone Port

Damit ist die Steuerung fertig. Der Effekt ist simpel und effektiv: Der erste Reactor Redstone Port gibt ein Redstone-Signal aus, wenn der interne Speicher des Reaktors zu mehr als 80 % voll ist. Dieses Signal veranlasst den zweiten dazu, die Fuel-Rod-Einsätze auf 100 % zu stellen. Werden bei den Fuel Rods die Einsätze eingeschoben, wird die Reaktion, die im Reaktor stattfindet, verlangsamt oder ganz gestoppt. Du kannst die Einsätze übrigens auch manuell einstellen, indem du auf den Reactor Control Rod klickst.

Die Einstellungen sind mit Absicht so gewählt. Warum? Der Reaktor selbst produziert keine Energie mehr, wenn der interne Speicher voll ist. Da wir aber dauerhaft Energie aus dem Reaktor ziehen, fällt der Speicher immer wieder unter 100 %, und der Reaktor fängt sofort an, neue Energie zu produzieren. Dabei geht allerdings eine Menge verloren, da sie weder von uns benutzt wird, noch in den Speicher gespeist werden kann. Ein kleines Beispiel: Du ziehst 1.000 RF (Redstone Flux) als Energie aus dem Reaktor, und der Reaktor produziert direkt 4.000 RF nach. Die »überzähligen« 3.000 RF gehen einfach verloren, bevor du sie verwenden kannst.

Wenn wir den Speicher über die Einstellungen aber immer nur zu 80 % volllaufen lassen, haben wir einen größeren Puffer. Der Reaktor fährt also wieder runter, bevor Energie verschwendet wird.

Willst du übrigens noch mal nachlesen, wie das mit den Energieeinheiten in Minecraft ist, schau in den Kasten »Achtung, Hochspannung! Energie (RF und mehr)« auf Seite 46.

# AKTIV GEKÜHLTER REAKTOR

Bei einem aktiv gekühlten Reaktor wird die Energie nicht direkt durch den Reaktor erzeugt, sondern die Hitze des Reaktors erwärmt Wasser, das dann als Dampf in eine Turbine geleitet wird und sie antreibt. Die Turbine erzeugt durch ihre Drehung an einem Dynamo Energie. Auf diese Weise kannst du mit einem relativ kleinen Reaktor viel mehr Energie über Turbinen erzeugen als sonst mit dem passiv gekühlten Reaktor.

## Den alten Reaktor erweitern

Die gute Nachricht ist, du kannst deinen bisherigen Reaktor weiterverwenden und ihn zu einem aktiv gekühlten umbauen. Dafür musst du nur eine Sache verändern. Er braucht mindestens zwei Reactor Coolant Ports, wir benutzen aber gerne drei: einen, um Wasser in den Reaktor zu bekommen, und den anderen (oder die anderen beiden), um Steam (Dampf) und Wasser mit der Turbine auszutauschen. Du kannst später sogar einen geschlossenen Kreislauf für das Wasser zwischen Turbine und Reaktor bauen. Machst du das nicht, müsstest du dauerhaft neues Wasser in den Reaktor leiten, was dem Gedanken der Automation irgendwie widerspricht. Allerdings ist ein zusätzlicher Port auch nicht verkehrt, man weiß ja nie.

Die Coolant Ports im Reaktor: links (blau) für Input, rechts (rot) für Output

Baue zwei der Coolant Ports an eine freie Fläche deines Reaktors. An ihnen wird gleich direkt die Turbine angeschlossen. Achte also darauf, dass du genug Platz außen herum hast. Den dritten Coolant Port baust du an eine andere Seite, zu der du freien Zugang hast. Sobald alle Coolant Ports eingebaut sind, verändert sich auch das Interface im Reactor Controller.

Statt des Energy Outputs hast du jetzt ein Feld für **Hot Fluid Output** oder auch einfach Steam in mB/t. Außerdem hast du zwei neue Felder unten rechts:

1. die Kühlflüssigkeit bzw. das Wasser, das du in den Reaktor pumpst
2. der Steam-Tank

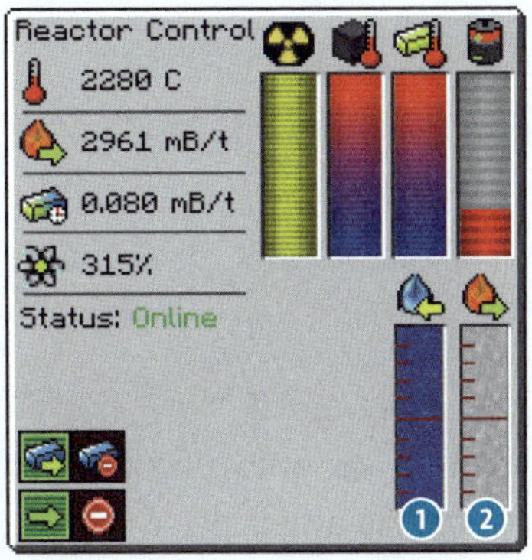


Das neue Interface des aktiv gekühlten Reaktors

## Der Turbinenaufbau

Dampf haben wir schon, als Nächstes muss eine Turbine her, damit der ganze Dampf nicht nur heiße Luft bleibt (ja, schon klar, sorry für den lauen Witz):

1. Baue dir aus Turbine Housings ein Gerüst für deine Turbine in den Maßen 7 × 7 × 16 Blöcke. Die Turbine muss mindestens 5 × 5 × 4 Blöcke groß sein, kann aber bis zu 16 × 16 × 32 Blöcke groß werden. Bau die Turbine direkt an deinen Reaktor.

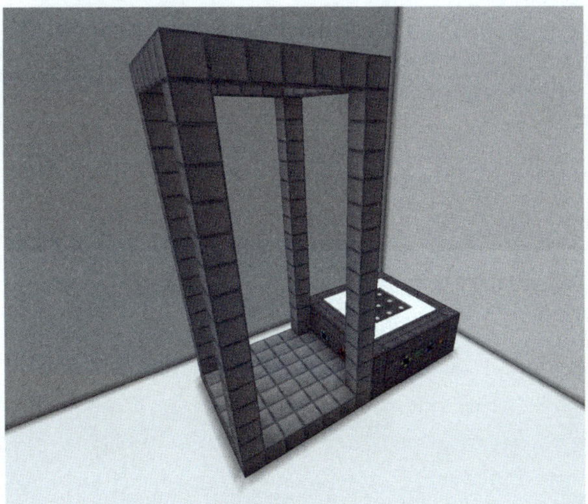

Aufbau des Turbine Housings direkt am Reaktor

2. Baue dir aus metallenen Blöcken eine Spule, auch *Coil* genannt. Durch sie wird der Strom erzeugt. Einen Vergleich aller möglichen Materialien findest du im nächsten Abschnitt. Die Spule ist 3 × 3 × 4 Blöcke groß, wobei du in der Mitte ein Loch lassen musst.

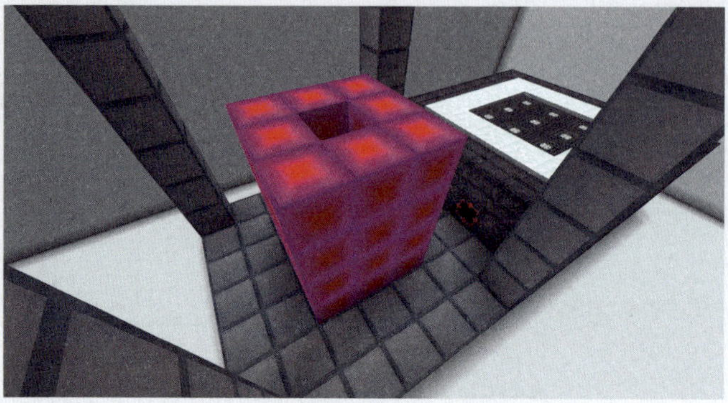

Aufbau der Spule aus Ludicrite-Blöcken

3. Baue dir nun einen 14 Blöcke hohen Turbine Shaft in der Mitte der Turbine und durch die Coil.
4. Befestige an jeder Seite der Turbinenwelle zwei Turbine Blades, bis du insgesamt 80 Stück davon verbaut hast.

Die Welle in der Mitte der Turbine

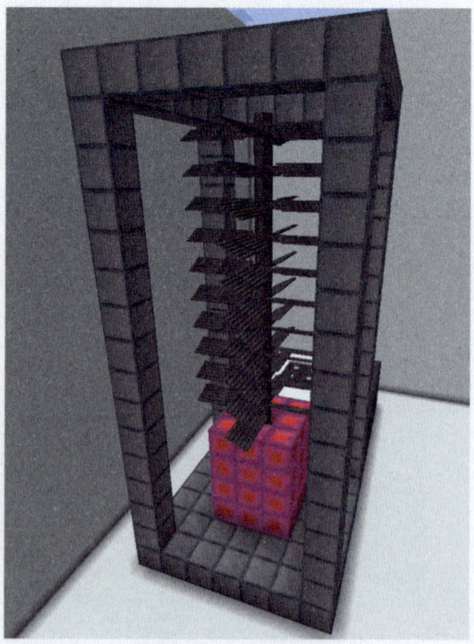

Die Blades am Schaft der Turbine

5. Setze an die Seite, die mit dem Reaktor verbunden ist, zwei Turbine Coolant Ports. Achte darauf, dass sie die Gegenstücke, also die Reactor Coolant Ports berühren. Nimm dir anschließend die Extreme Wrench und stelle alle vier Ports, wie unten dargestellt, ein.

Verbindungen der Coolant Ports und ihre Einstellungen

6. Setze den Turbine Controller und einen Turbine Redstone Flux Power Tap an eine der übrigen Seiten der Turbine und schließe die Turbine mit Housings oder Glas komplett ab.

Controller und Power Tap an der Seite der Turbine

In die Decke musst du zentral über dem Schaft noch ein Rotor Baring installieren. Den Rest der Decke kannst du, wie eben beschrieben, abschließen.

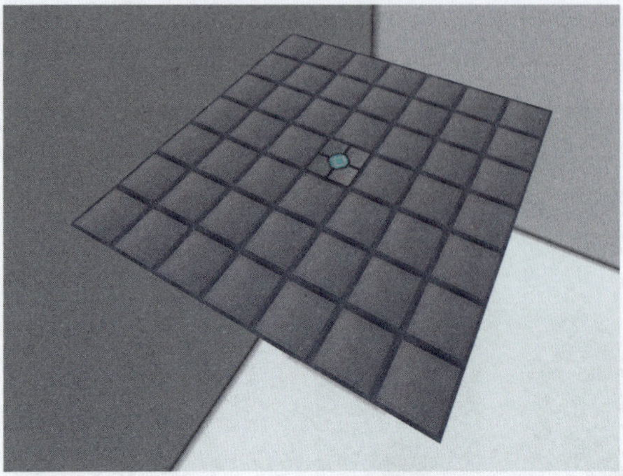

Das Rotor Baring in der Mitte der Turbinendecke

| Block | Coils | Geschwindigkeit in Drehungen pro Minute (RPM) | Energie |
|---|---|---|---|
| Ludicrite | 32 | 1.782 RPM | 28.073 RF/t |
| Enderium | 37 | 1.798 RPM | 24.090 RF/t |
| Electrum | 37 | 2.692 RPM | 16.370 RF/t |
| Gold | 42 | 2.700 RPM | 13.100 RF/t |
| Invar | 39 | 3.620 RPM | 9.740 RF/t |
| Iron | 44 | 4.500 RPM | 6.530 RF/t |

Der große Coil-Vergleich in einer 7 × 7 × 16-Turbine. Welches Material bringt welche Leistung?

Wenn die Turbine richtig aufgebaut ist, verbinden sich wieder alle Texturen zu einem Multiblock. Wenn du an deinem Reaktor wenig Platz hast, kannst du die Turbine alternativ auch weiter weg aufstellen. Dann musst du allerdings Fluiducts oder eine andere Art des Flüssigkeitentransports nutzen, um den Dampf vom Reaktor in die Turbine und das Wasser aus der Turbine wieder in den Reaktor zu bekommen.

### Der geschlossene Kreislauf

Wenn du Steam in die Turbine leitest, treibt er sie an und kondensiert nach kurzer Zeit. Das Wasser kannst du entweder in der Turbine lassen oder es zurück in den Reaktor leiten, um es dort wieder zu erhitzen und Dampf daraus zu machen. Einen geschlossenen Kreislauf zu bauen ist natürlich sinnvoll und spart Zeit sowie Ressourcen.

## Die Turbine in Betrieb nehmen

Jetzt, da du deine Turbine aufgebaut hast, wird es Zeit, sie in Betrieb zu nehmen. Dafür musst du erst mal Wasser in den Port an deinem Reaktor leiten. Bau dir dafür den Aqueous Accumulator aus der Mod Thermal Expansion und eine Leitung, wie z. B. die Super-Laminar Fluiducts. Setze vier Wasserquellen um den Aqueous Accumulator und verbinde die Super-Laminar Fluiducts mit dem Accumulator und dem Coolant Port an deinem Reaktor.

Aufbau der Wasserversorgung mit Aqueous Accumulator

Der Tank in deinem Reaktor füllt sich, und wenn du ihn anschaltest, wird er mit seiner Hitze Steam erzeugen. Schau jetzt am besten direkt in den Turbine Controller. Auch hier solltest du im Intake Fluid Tank den Steam sehen. Damit deine Turbine Strom erzeugt, muss sie sich natürlich drehen. Klick also auf den Anschalter und warte, bis die Turbine durch den eingeleiteten Steam auf Geschwindigkeit kommt. Wenn du 1.800 RPM (Rounds per Minute) erreicht hast, kannst du auf **Engange Coils** klicken. Wenn die Coils nicht aktiv sind, dreht sich die Turbine schneller, allerdings erzeugt sie so natürlich keine Energie. Ist die Turbine aktiv und arbeiten die Coils, erzeugst du mit einer Turbine bereits 28.000 RF/t, also fast siebenmal so viel Energie wie mit einem Reaktor der gleichen Größe alleine.

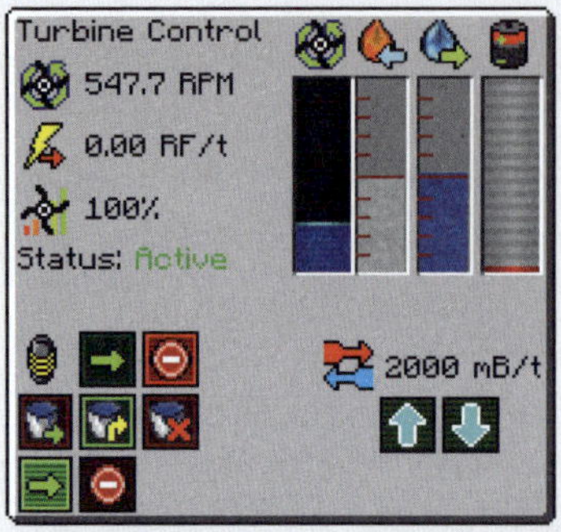


Die Coils sind inaktiv, und es wird keine Energie erzeugt.

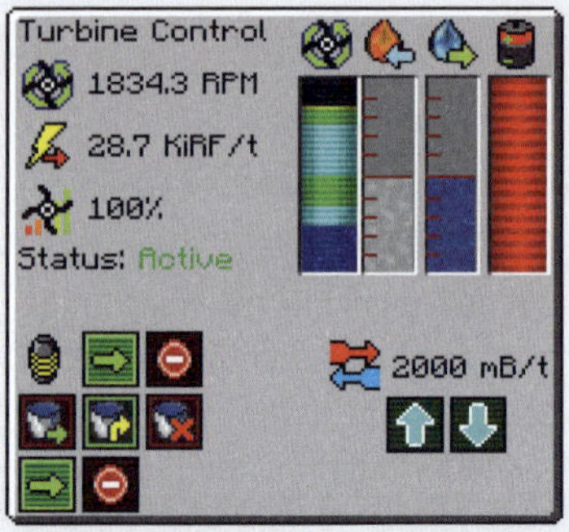


Die Turbine läuft auf maximaler Geschwindigkeit, und die Coils sind aktiv, die Energie fließt.

### Ein paar Hintergrundtipps für den Turbinenbau

Eine Turbine kann pro Rotor Blade 25 mB/t (Millibuckets pro Tick) Steam verarbeiten. Mit der maximalen Anzahl von 80 Stück sind das 2.000 mB/t. Du brauchst also einen Reaktor, der entsprechend viel Steam erzeugen kann. Solltest du die Turbine nicht direkt neben den Reaktor gebaut haben, brauchst du auch Fluiducts, die so viel übertragen können.

Du kannst zwei Reactor Access Ports an den Reaktor bauen, um einen eigenen Eingang und Ausgang für neuen und verbrauchten Brennstoff zu haben.

Du kannst die Reactor Access Ports mit Items Conduits, Itemducts oder anderen Blöcken zum Transportieren von Items automatisch füllen oder leeren.

Mehr Reactor Fuel Rods bedeuten mehr Energie, aber auch höheren Brennstoffverbrauch. Probiere einfach ein bisschen mit verschiedenen Designs von Reaktoren herum. Es muss ja nicht immer nur effizient sein, der Style kann auch mal im Vordergrund stehen.

## Der maximale Reaktor

Du willst mehr? Du willst den größtmöglichen Reaktor bauen? Den passiv gekühlten Reaktor in seiner maximalen Form von 32 × 32 × 48 zu bauen ist ein absolutes Megaprojekt. Er ist zwar unglaublich ineffizient und teuer, erzeugt dafür aber wahrscheinlich mehr Energie, als du jemals brauchen wirst.

Natürlich muss für so ein Projekt der Bauplatz stimmen. So ein riesiges Objekt kannst du nicht einfach mitten in die Welt stellen, oder zumindest würde das nicht gut aussehen. Du könntest ihn z. B. komplett oder zumindest ein bisschen in den Boden versenken, damit er nicht ganz so monströs aussieht. Wir benutzen diesen Reaktor gerne, um den *Tier 8 Energy Core* der Mod Draconic

Evolution zu füllen. Mehr dazu gibt es später in Kapitel 15. Der Reaktor erzeugt gerne mal schlappe 2 Millionen RF/t oder sogar noch mehr.

Für den Megareaktor brauchst du:

- 6.042 × Reactor Casing
- 1.260 × Reactor Glass
- 20.700 × Reactor Fuel Rod
- 450 × Reactor Control Rod
- 1 × Reactor Controller
- 2 × Reactor Access Port
- 1 × Reactor RF Tap (der Energieablauf)

Auch der Riesenreaktor wird genauso aufgebaut wie die kleineren von eben, nur halt in sehr, *sehr* viel größer. Wie du sehen kannst, brauchst du Unmengen an Materialien allein schon für den Reaktor, dazu kommt dann noch die Kühlung. Was du dafür nimmst, bleibt natürlich dir überlassen. Der Verbrauch des Reaktors ist aber nicht ohne. Allein um den Reaktor komplett zu füllen, benötigst du 575.000 Yellorium Ingots. Wenn er dann aktiv läuft, werden ca. 1,5 Yellorium pro Sekunde verbraucht. Das gilt es also, auch dauerhaft nachzuliefern. Den Extreme Reactor zu bauen ist wirklich eine Herausforderung, also perfekt für Abende, an denen du echt nicht mehr weißt, was du sonst anfangen sollst. Wenn du ihn gebaut hast und er konstant läuft, beweist das, dass du ein extrem leidenschaftlicher Minecrafter bist … oder dass du einfach viel zu viel Freizeit hast ;-).

Der Max-Size-Reaktor mit Baum als Größenvergleich

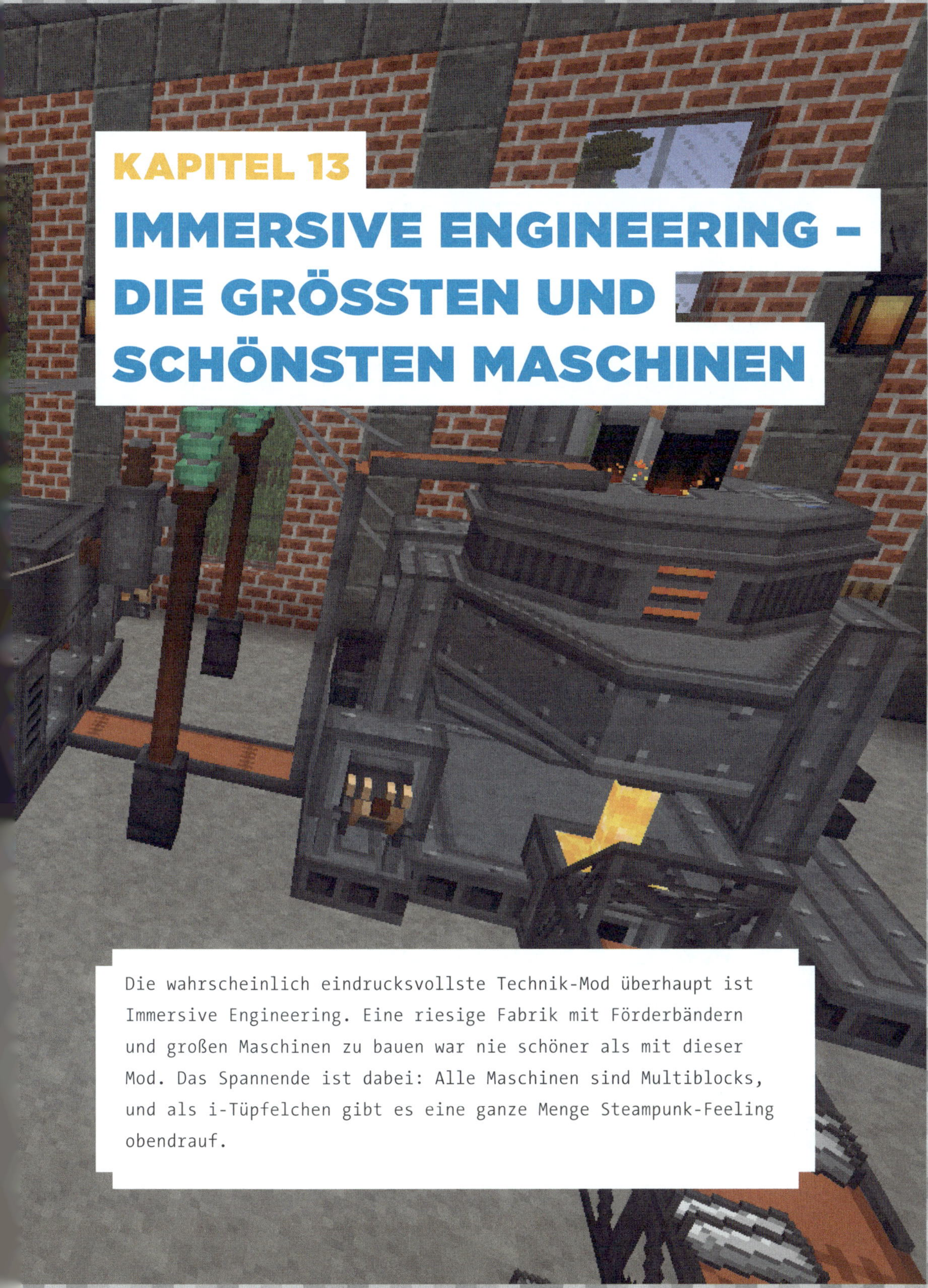

KAPITEL 13

# IMMERSIVE ENGINEERING – DIE GRÖSSTEN UND SCHÖNSTEN MASCHINEN

Die wahrscheinlich eindrucksvollste Technik-Mod überhaupt ist Immersive Engineering. Eine riesige Fabrik mit Förderbändern und großen Maschinen zu bauen war nie schöner als mit dieser Mod. Das Spannende ist dabei: Alle Maschinen sind Multiblocks, und als i-Tüpfelchen gibt es eine ganze Menge Steampunk-Feeling obendrauf.

# WAS IST SO TOLL AN IMMERSIVE ENGINEERING?

*Immersive Engineering* ist unserer Meinung nach einfach die am schönsten und besten gestaltete Technik-Mod, die es gibt. Die ganze Mod spielt sich thematisch etwa im frühen Industriezeitalter ab, weshalb auch die ganzen Maschinen und Blöcke ein einheitliches und superstimmiges Design haben. Die Mechanik hinter dem Ganzen stimmt natürlich auch. Für den Transport von Items und Flüssigkeiten werden Förderbänder und dicke Rohre verwendet. Die Maschinen sind groß und schwer, wie man es von der Zeit erwarten würde. Aber genug geschwärmt. Ran ans Eingemachte!

### Der Engineer's Hammer – dein wichtigstes Werkzeug

Der Engineer's Hammer ist dein wichtigstes Werkzeug in Immersive Engineering. Du benötigst ihn, um Multiblock-Maschinen zu formen oder Blöcke, wie z. B. den Wooden Post, zu konfigurieren. Das geschieht grundsätzlich mit dem Hammer in der Hand über ⇧ + Rechtsklick.

### Deine eigene Werkbank mit Schraubstock

Wo wir gerade beim Werkzeug sind, sprechen wir am besten auch gleich die Engineer's Workbench an. Du brauchst sie, um alle möglichen Teile, Werkzeuge oder Pressen herzustellen. Das Rezept dazu findest du wie immer im JEI. Die Workbench an sich ist ohne die richtigen Blueprints allerdings nutzlos.

Die Engineer's Workbench

### *Blueprints*

Blueprints sind, wie der Name schon sagt, Blaupausen. Auf ihnen sind Rezepte für spezielle Items aus Immersive Engineering vorgegeben. Du kannst einige Blueprints einfach craften, andere musst du bei einem *Engineer Villager* aus einem Dorf eintauschen. Für ihn wird von der Mod in Dörfern ein eigenes Haus generiert. Dort findest du oft auch ein paar Wooden Storage Crates sowie den Engineer's Hammer.

Der Engineer Villager und sein Haus in einem Dorf. Schicke Hütte!

Hast du einen Blueprint zur Hand, kannst du ihn einfach in die Engineer's Workbench legen. Dann werden dir auf der rechten Seite die Items angezeigt, die du bauen kannst. In die mittleren sechs Slots legst du die Items, die du zum Craften benötigst. Anschließend kannst du das gewünschte Item aus dem rechten Slot herausnehmen.

Das Interface der Engineer's Workbench

## Creosote Oil – eine schmierige Angelegenheit

Einer der wichtigsten Rohstoffe in Immersive Engineering ist Creosote Oil. Du behandelst damit normales Holz, um daraus Treated Wood zu machen. Treated Wood wird für die meisten Crafting-Rezepte statt normalen Holzes verwendet. Um das Öl zu bekommen, musst du dir zuerst einen *Coke Oven* bauen und darin Kohle zu Coal Coke weiterverarbeiten. Der Coke Oven ist wie die meisten Maschinen der Mod ein Multiblock. Er besteht aus 27 Coke Bricks, die zu einem 3 × 3 × 3 großen Block zusammengebaut werden.

Fertiger Coke Oven im Betrieb

Um den Oven oder auch andere Multiblockstrukturen aus der Mod fertigzustellen, musst du mit dem Engineer's Hammer auf sie klicken. Im Coke Oven kannst du jetzt ein Stück Kohle zu einer Coal Coke und 500 mB (Millibuckets) Creosote Oil verwandeln. Das Oil kannst du mit einem Eimer aus dem rechten Slot nehmen, sobald mindestens 1.000 mB (also ein Bucket) erreicht sind.

## Härteres Eisen – Stahlherstellung

Ein weiteres sehr wichtiges Material in der Mod Immersive Engineering ist Steel. Er wird in vielen Rezepten statt Eisen verwendet, da er wie auch im echten Leben viel härter ist. Die Herstellung ist eigentlich ganz einfach.

Du brauchst auch hier wieder einen Multiblock, und zwar den *Blast Furnace*. Er wird aus 27 Blast Bricks in einem 3 × 3 × 3 Blöcke großen Würfel zusammengebaut. Um Steel herzustellen, musst du Eisenbarren noch einmal brennen. Allerdings funktioniert das nicht mit normaler Kohle, die ist zu schwach. Du benötigst wieder die eben hergestellte Coal Coke oder Holzkohle. Coal

Coke ist aber viermal effizienter, deshalb lohnt es sich, gleich damit zu arbeiten. Als fertiges Produkt bekommst du Steel und Slag, also Schlacke.

Der fertige Blast Furnace in Betrieb

# ENERGIE ERZEUGEN

Da Immersive Engineering eine Technik-Mod ist, gibt es natürlich auch Energie, die für den Betrieb von Maschinen wichtig ist. Dafür bringt die Mod ein eigenes Energiesystem namens *Industrial Flux* (IF) mit, das aber 1:1 zu RF konvertiert werden kann und auch genauso funktioniert. Eine Einheit IF entspricht also einer Einheit RF. Du kannst IF auch einfach in einer Maschine verwenden, die normalerweise mit RF arbeitet, du musst also nichts umwandeln. Am Anfang wirst du Energie nur durch Wind und Wasserkraft erzeugen, später hast du aber noch bessere Möglichkeiten.

## Die Windmill

Mit deinem Treated Wood kannst du dir jetzt eine Windmill bauen. Das ist in den meisten Fällen die erste Energiequelle, die du von Immersive Engineering benutzen wirst. Natürlich kannst du die erzeugte Energie auch für andere Maschinen aus anderen Mods verwenden. Damit die Windmill Energie erzeugt, musst du sie an einem Kinetic Dynamo befestigen. Damit sich die Windmill drehen kann, muss sie natürlich auch genug Luft abbekommen. Achte also darauf, dass du genug Abstand zum Boden einhältst, sodass die Windmill ihn nicht berührt, und dass sieben Blöcke vor der Windmill unverbaut bleiben, damit der Luftstrom nicht beeinträchtigt wird.

Eine stattliche Windmill an einem Kinetic Dynamo

Du kannst deine Windmill zudem mit Windmill Sails verbessern. Mit diesen Segeln bespannst du die normale Windmill, wodurch mehr Oberfläche für den Wind entsteht. Dadurch erhöhst du die Rotationsgeschwindigkeit und erzeugst mehr Strom, logisch. Nimm die Windmill Sails einfach in die Hand und klicke damit auf die Windmill. Jeder Windmühlenflügel kann ein Segel aufnehmen. So sieht die Windmill auch direkt viel cooler aus.

Eine mit Sails bespannte Windmill

Die Windmill erzeugt je nach Wetterlage unterschiedlich viel Energie. Bei Regen und Gewitter ist der Wind stärker, folglich ist deine Ausbeute größer.

| | Normales Wetter | Regen | Gewitter |
|---|---|---|---|
| Windmill ohne Segel | 11 IF/t | 15 IF/t | 23 IF/t |
| Windmill mit Segeln | 35 IF/t | 47 IF/t | 71 IF/t |

Überblick über die Stromerzeugung beider Windmills

### Das Water Wheel

Die zweite und schon etwas fortgeschrittene Variante, Energie zu erzeugen, ist das Water Wheel. Es muss wie auch die Windmill an einem Kinetic Dynamo befestigt werden. Damit das Water Wheel Energie erzeugt, muss es natürlich mit Wasser angetrieben werden. Dafür reicht schon ein bisschen fließendes Wasser unter dem Rad. Du kannst auch mehrere Wasserräder nebeneinanderbauen, um mehr Energie zu erzeugen. Bis zu drei Stück passen an einen Dynamo. Natürlich musst du die Wasserquellen für den Aufbau dann auch drei Blöcke breit machen. Das Wasser muss übrigens nur von irgendwoher an dem Rad vorbeifließen. Du kannst das Wasser also auch über das Rad fließen lassen.

Ein Water Wheel an einem Kinetic Dynamo

Um mehr Energie zu erzeugen, gibt es noch ein besseres Setup mit mehreren Quellen. Das sieht dann zwar nicht mehr so schön aus und ist schwer in die normale Welt zu integrieren, ist aber auch viel ertragreicher. Dafür musst du mehrere Wasserquellen an bestimmten Punkten am Rad platzieren und das Ganze in ein Gehäuse einpassen.

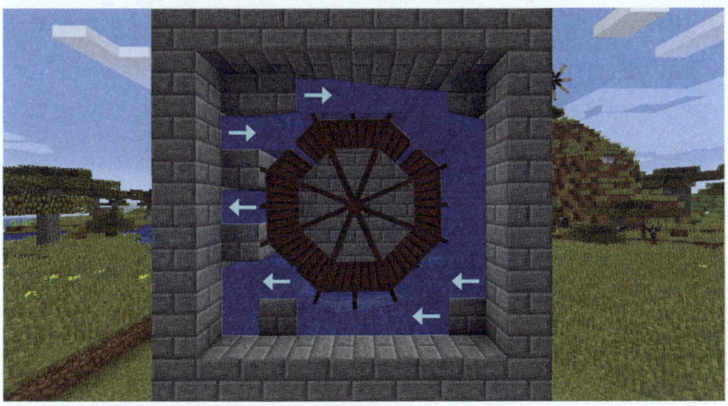

Das effizienteste Water-Wheel-Setup: nicht hübsch, aber effektiv!

# BZZZT – KABEL FÜR DIE ENERGIE

Energie zu leiten ist in Immersive Engineering etwas anders gelöst als in den meisten anderen Mods. Statt Leitungen gibt es hier für den authentischen Industrial-Look richtige Kabel, die du zwischen Connectors und Relays spannen kannst. Das sieht unserer Meinung nach viel cooler aus. Bei diesen Kabeln solltest du deinen Baustil eher darauf ausrichten, die Kabel zu zeigen, anstatt sie wie sonst zu verstecken. Das macht die Sache zwar etwas komplizierter, aber wir finden, dass sich die Mühe echt lohnt.

Stromleitungen, gespannt über einen Post

### Vorsicht, Stromschlag!

Die Stromkabel von Immersive Engineering haben es in sich. Bevor du wild Leitungen legst, solltest du wissen, dass dir unisolierte Kabel einen Stromschlag verpassen, wenn sie gerade Energie führen. Einen Indikator dafür, ob ein Kabel unter Strom steht oder nicht, gibt es allerdings nicht. Ganz wie im wirklichen Leben also. Ein Stromschlag verursacht nicht nur je nach Kabel relativ viel Schaden, sondern stößt dich auch ein gutes Stück nach hinten, und wenn da gerade eine Schlucht ist … na ja. Diese Gefahr kannst du umgehen, indem du isolierte Kabel (*Insulated Wire Coils*) verwendest oder eine Faraday Armor trägst. Was ist das nun wieder?

### *Faraday Armor – die Rüstung gegen Strom*

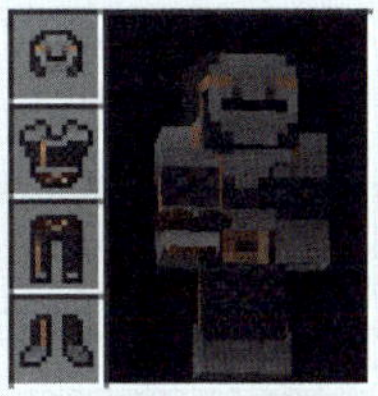

Die Faraday Armor – im Inventar und angelegt

Die Faraday Armor wirkt für dich als Spieler wie ein faradayscher Käfig. Dabei wird eine geschlossene Hülle aus einem elektrischen Leiter gebildet, die für dich eine elektrische Abschirmung erzeugt. Ein bisschen so, wie wenn du bei Gewitter im Auto sitzt. Trägst du diese Rüstung, kannst du problemlos mit unisolierten Kabeln in Immersive Engineering arbeiten, ohne Angst vor einem Stromschlag haben zu müssen. Auf der anderen Seite gibt dir die Armor aber gerade einmal sieben Armor-Punkte, also so viel wie eine Lederrüstung. Sie ist aber ja auch nicht für den Alltag gedacht, sondern hauptsächlich für Bauprojekte.

### *Voltage – die Spannungen*

Es gibt drei verschiedene Spannungen bei den Kabeln aus Immersive Engineering. Diese geben an, wie viel Energie die Kabel annehmen (*Input*), wie viel sie abgeben (*Output*) und wie viel sie übertragen können. Achte darauf, dass du Kabel nur an Maschinen anschließt, die auch die entsprechende Spannung unterstützen. Solltest du beispielsweise ein LV-Kabel an einem zu starken Generator anschließen, wird es durchbrennen.

| Wire (Kabel) | Maximaler In- und Output | Maximale Übertragung |
|---|---|---|
| LV (Low Voltage) | 256 IF/t | 2.048 IF/t |
| MV (Medium Voltage) | 1.024 IF/t | 8.192 IF/t |
| HV (High Voltage) | 4.096 IF/t | 32.768 IF/t |

Alle Kabel in der Übersicht

## So benutzt du Kabel

Mit den Wires an sich kannst du leider nichts anfangen, denn du brauchst noch Connectors und Relays. Diese beiden gibt es in mehreren Versionen für die entsprechenden Spannungen, also LV, MV und HV. Du kannst LV-Kabel auch nur mit LV-Connectors und LV-Relays verbinden. Das Gleiche gilt für die anderen beiden. Jeder Connector kann maximal eine Verbindung eingehen, denn sie werden eigentlich benutzt, um Energie in oder aus Blöcken zu leiten. Um beispielsweise einen Energiespeicher mit einer Maschine zu verbinden, setzt du an beide Blöcke einen Connector. Beachte, dass die Maschinen von

Immersive Engineering immer einen vorgegebenen Punkt haben, an den du den Connector bauen kannst. Die Ausrichtung der Maschinen ist also wichtig und nicht nur Optik.

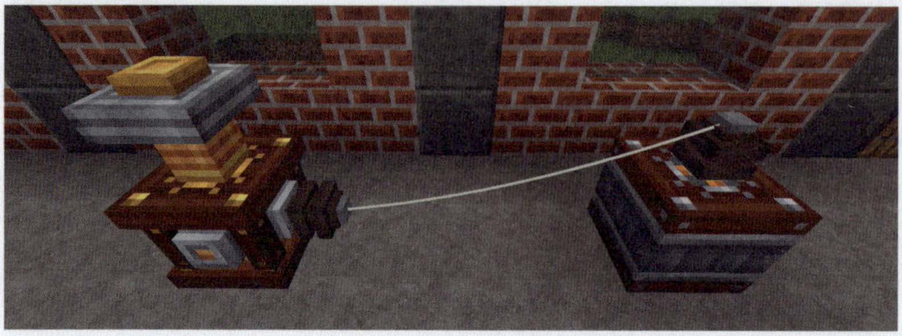

Verbindung von einem Capacitor und einer Maschine mit LV-Kabel und zwei Connectors

Nimm dann das Kabel in die Hand und klick damit nacheinander auf beide Connectors. Das Kabel spannt sich automatisch, und die Verbindung ist hergestellt. Hoffentlich trägst du gerade deine faradaysche Rüstung!

### Wichtig: Kabel gegen Blöcke

Achte darauf, dass die Verbindung zwischen den beiden Connectors nicht durch Blöcke unterbrochen ist, da du das Kabel sonst nicht spannen kannst. Setzt du nach dem Spannen einen Block, der das Kabel unterbricht, wird das Kabel abgebaut. Wenn die Verbindung durch einen Block gestört wird, dann wird dieser in Rot hervorgehoben.

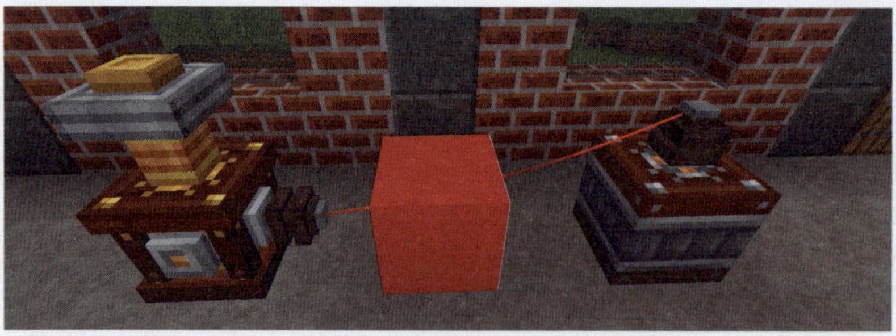

Da steht der Verbindung wohl ein Block im Weg!

Wenn du mehrere Kabel verbinden willst, brauchst du ein Relay. Das hat aber nichts mit dem dir wahrscheinlich bekannten Relais zu tun. Die Relays in Immersive Engineering dienen lediglich der Weiterleitung und nicht als Schalter oder Ähnliches.

Wie schon erwähnt, kann ein Connector maximal eine Verbindung haben. Um also ein Kabel über weite Distanzen zu verlegen oder mehrere Maschinen an einen Verteiler anzuschließen, brauchst du ein Relay. Das Relay kann keinen Strom von Maschinen annehmen oder an sie abgeben, dafür aber unbegrenzt viele Kabel weiterleiten und Verbindungen schaffen. Entferne zuerst dein bestehendes Kabel und setze zwischen die beiden Connectors ein Relay. Das verbindest du dann wie gewohnt einfach mit Kabeln. Da du jetzt drei Punkte miteinander verbinden willst, brauchst du zwei Kabel anstelle von einem wie bislang. Dafür kannst du aber vom Relay aus auch einfach eine weitere Verbindung zu einer anderen Maschine oder Energiequelle schaffen.

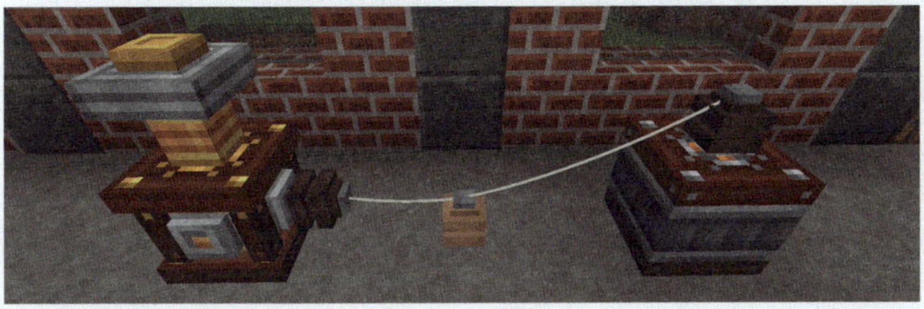

Verbindung mit Relay als Weiterleitung

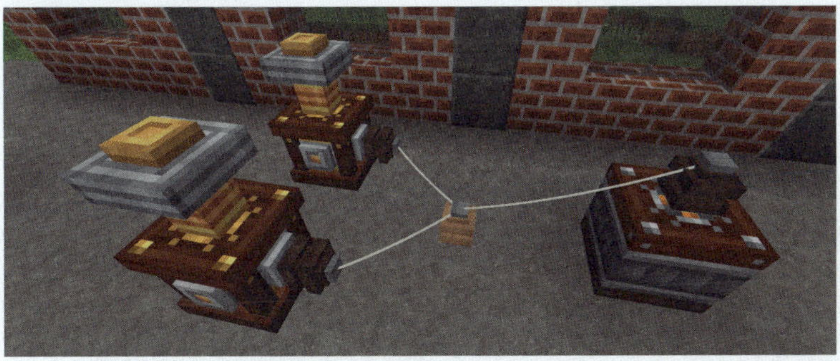

Relay als Verbindung für gleich zwei Maschinen

## Der Transformer – Spannung umwandeln

Einige Maschinen funktionieren nur mit einer bestimmten Voltage (Spannung). Damit du nicht all deine Kabel durchschmorst oder Energie verschwendest, kannst du einen *Transformer* benutzen. Er ist gut, um die Energie beispielsweise von High Voltage (HV) auf Medium (MV) oder Low Voltage (LV) zu verringern oder umgekehrt. Wichtig ist dabei, dass das Kabel mit der geringsten Spannung immer angibt, wie viel Energie übertragen werden kann. Den Transformer benutzt du eigentlich genauso wie die Connectors eben. Wenn du die Spannung von MV auf LV verringern willst, schließe an der einen Seite einfach ein MV-Kabel aus einem Generator oder Ähnlichem an und auf der anderen Seite ein LV-Kabel, das zu einer Maschine führt. Die Spannung kann übrigens in beide Richtungen transformiert werden.

HV-Transformer zur Umwandlung von HV (rechts) auf LV (links)

Ein kleines, aber sehr cooles Feature ist, dass Transformers an einem Post befestigt werden können. Das spart dir nicht nur eine Menge Platz, sondern sieht auch noch hübsch aus. Leider funktioniert das nur mit einem normalen und nicht mit einem HV-Transformer.

Ein Transformer an einem Post, um MV auf LV zu verringern

## Ein richtiges Energienetz

Wenn du deine Kabel und Connectors einfach so in die Welt stellst, sieht das oft sehr komisch und unordentlich aus, außerdem besteht die Gefahr, dass du (oder ein Mitspieler) gegen die Kabel läufst. Um ein etwas schöneres und auch realistisches Energienetz zu schaffen, kannst du *Posts* (Pfosten, in dem Fall also Strommasten) und *Wallmounts* benutzen.

### *Der Post*

Posts sind drei Blöcke hohe Pfosten aus Treated Wood, Aluminium oder Steel. Außer im Aussehen unterscheiden sie sich nicht, benutze also einfach das, was du gerade da hast oder was sich optisch gut in dein Projekt einfügt.

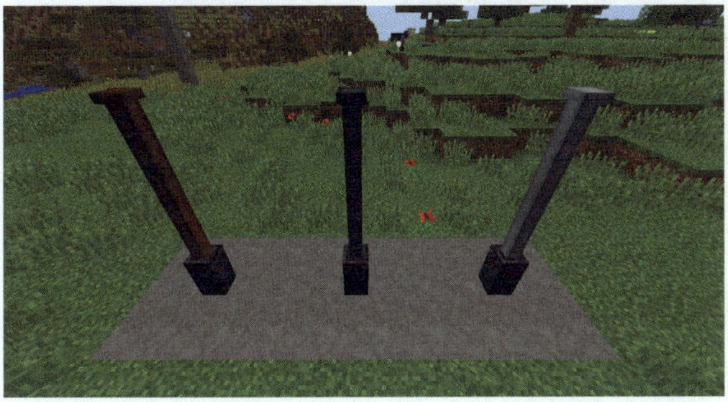

Drei Posts aus Treated Wood, Steel und Aluminium

Du kannst überall an einen Post etwas anbauen, allerdings sind die Verbindungen an der Oberseite am nützlichsten und auch am schönsten. Standardmäßig gibt es nur *eine* Verbindungsmöglichkeit. Wenn du aber mit dem Engineer's Hammer in der Hand auf eine der Seiten klickst, schaffst du eine weitere Verbindung, die auch noch etwas cooler aussieht.

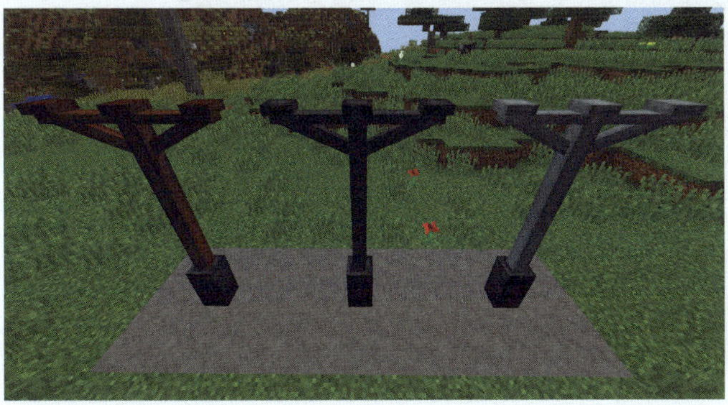

Die gleichen Posts mit zusätzlichen Verbindungen

Es können zwei zusätzliche Verbindungen geschaffen werden, diese müssen sich zudem gegenüberliegen. Wir nutzen die Posts oft, um eine beleuchtete Energieleitung zu bauen. Da drei Kabel meist nicht nötig sind, bietet es sich an, eine Laterne in die Mitte zu setzen.

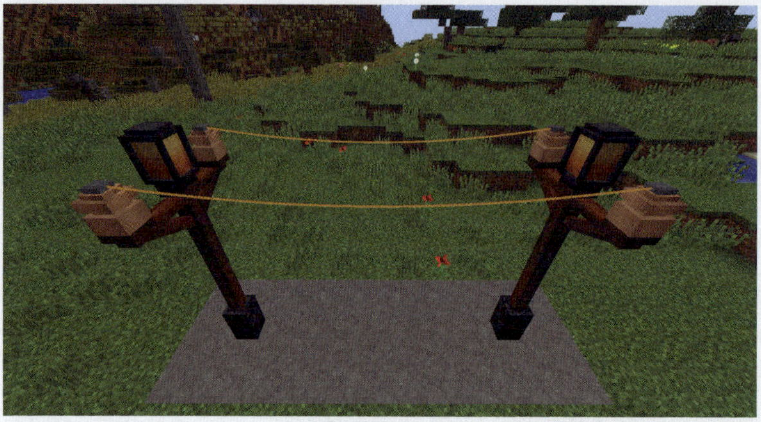

Posts für das Energienetz und als Beleuchtung

### *Wallmount*

Der Wallmount ist eine weitere Möglichkeit, um Kabel oder auch andere Sachen in die Welt zu integrieren, ohne dass sie im Weg hängen und stören. Er wird, wie es der Name schon sagt, an einer Wand angebracht und kann auch mit dem Engineer's Hammer verstellt bzw. gedreht werden. So hast du die Möglichkeit, Connectors von Kabeln oder Laternen unten an den Wallmount zu hängen oder sie auf den Wallmound zu »stellen«.

Wallmount hängend

Wallmount stehend

### *Der Breaker Switch – den Energiefluss unterbrechen*

Der *Breaker Switch* ist ein Schutzschalter und eine einfache und schöne Möglichkeit, den Energiefluss in deinen Kabeln zu steuern. Er kann den Strom nämlich einfach unterbrechen und wieder freigeben. Dafür musst du den Breaker Switch einfach zwischen zwei Kabeln anschließen.

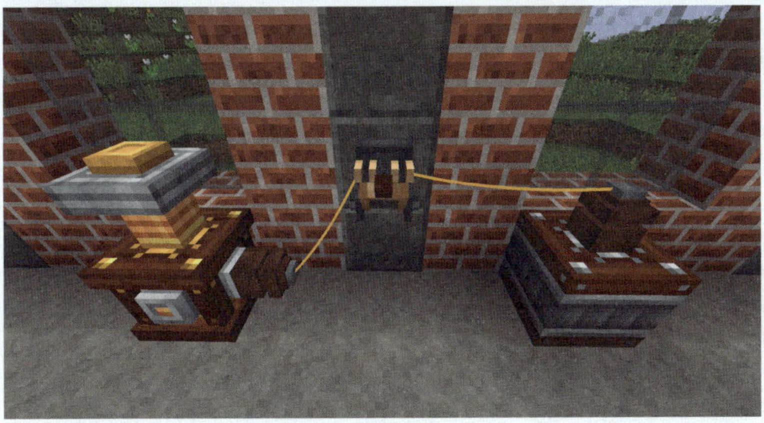

Breaker Switch zum Steuern des Energieflusses

Da hohe Spannungen bei einem solchen Hebel gefährlich wären, können HV-Leitungen nicht mit dem Switch benutzt werden. Der Breaker Switch ist vor allem dann nützlich, wenn du eine Maschine hast, die sehr viel Energie nutzt, du sie aber nicht immer benötigst. Außerdem gibt der Switch ein Redstone-Signal ab und kann deshalb auch als ein einfacher, aber sehr schöner Schalter benutzt werden. Kleiner Fun Fact: Das Geräusch, das der Breaker Switch beim Umlegen macht, stammt vom bekannten englischsprachigen Minecraft-Mod-YouTuber Direwolf20.

## RICHTIGE GENERATOREN – MEHR STROM ERZEUGEN

Die Windmill und das Water Wheel sind für den Anfang ganz gut und erzeugen ausreichend Strom, sobald es aber an dickere Maschinen wie den Crusher oder den Arc Furnace geht, brauchst du auch mehr Energie. Diese erzeugst du mit stärkeren Generatoren, mit was auch sonst.

#### Multiblocks in Immersive Engineering

Die meisten Maschinen und Generatoren in Immersive Engineering sind keine einfachen Blöcke, sondern Multiblocks. Wie eine Maschine aufgebaut wird, siehst du immer in der Bauanleitung. Eine Sache haben allerdings alle Maschinen aus der Mod gemeinsam: Du benötigst den Engineer's Hammer, um die Maschine zu »formen«. Damit sich die einzelnen Blöcke zu einem Multiblock verbinden, musst du mit dem Hammer auf die Maschine klicken. Klicke am besten ein paar Mal auf verschiedene Blöcke, bis sich der Multiblock formt.

Der Hammer wird außerdem dafür benutzt, um Blöcke mit ⇧ + Rechtsklick zu drehen oder zu verändern. Er ist also das wichtigste Werkzeug aus Immersive Engineering, und ohne ihn wirst du nicht viel Spaß mit der Mod haben.

### Der Thermo Generator

Die erste Möglichkeit, mehr Energie zu erzeugen, hast du mit dem *Thermo Generator*. Er braucht keine Multiblockstruktur wie die anderen, sondern erzeugt Energie einfach durch den Temperaturunterschied zwischen den anliegenden Blöcken oder Flüssigkeiten (daher auch der Name »Thermo« von Griechisch *thermós* = warm, heiß, wie bei der Thermoskanne). Je größer der Temperaturunterschied, desto mehr Energie erzeugt der Generator. Der Aufbau des Generators ist supereinfach und platzsparend: Stell den Generator in die Mitte und umgib ihn mit den entsprechenden Blöcken oder Flüssigkeiten. Wichtig ist, dass sich heiße und kalte Blöcke immer gegenüberliegen.

Ein einfacher Thermo Generator mit Lava und Wasser. Heiß und kalt müssen einander gegenüberliegen.

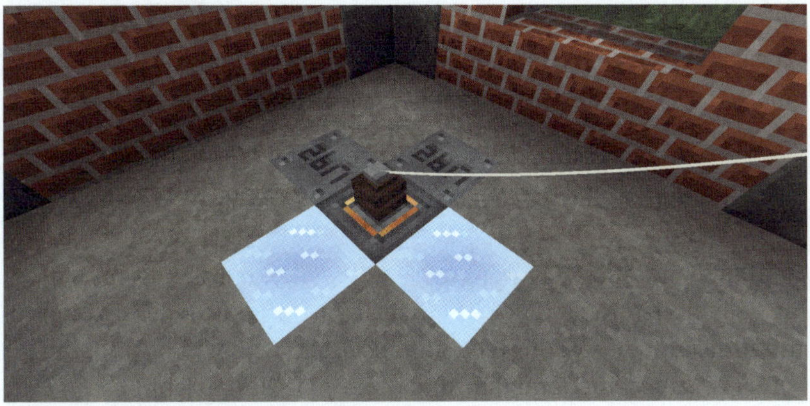

Ein Thermo Generator mit Uranium Blocks und Packed Ice

Wenn der Aufbau stimmt, kannst du die Energie einfach mit einem Connector auf der Oberseite aus dem Generator ziehen und über Kabel weiterleiten.

## Der Lightning Rod Generator

Der nächste Weg, um Energie zu erzeugen, ist der *Lightning Rod Generator*. Dieser Generator ist etwas Besonderes und hebt sich von den meisten Generatoren, die es sonst in Modded Minecraft gibt, ab. Er erzeugt nämlich nicht konstant Energie, sondern nur ab und zu, dafür aber dann gleich eine ganze Menge. Der Lightning Rod Generator wird nämlich benutzt, um Energie aus Blitzen zu gewinnen.

Die Funktionsweise ist recht simpel: Du baust eine hohe Stange aus Stahl, und wenn ein Blitz einschlägt, speichert der Generator die Energie. Der Generator ist eine Multiblockstruktur und auch relativ groß. Also schau dir am besten den Aufbau an.

- 4 × Steel Scaffolding
- 4 × HV Capacitor
- 4 × Light Engineering Block
- 4 × Treated Wood Fence
- 3 × High-Voltage Coil Block
- 8 × Copper Coil Block

Anschließend musst du noch einen Stab aus Stahl in die Mitte bauen, der hoch in den Himmel ragt.

Um deine Chancen auf einen Blitzeinschlag zu erhöhen, kannst du noch ein Netz aus Steel Fences ans Ende des Stabes bauen. Wir bauen es gerne etwas zufällig und organisch gewachsen auf, damit es einfach ein bisschen besser aussieht, aber ein geometrisches Muster geht auch. Hast du deinen Aufbau fertig, kannst du einen Connector und Kabel an die mittleren Blöcke anschließen, um die Energie abzuleiten. Mit einem einzigen Blitz werden im Generator 16 Millionen IF erzeugt. Als konstante Energiequelle ist er nicht geeignet, aber es lohnt sich trotzdem, den Generator einfach irgendwo abseits aufzubauen und laufen zu lassen, um nebenbei Energie zu farmen. Außerdem musst du dich dann nicht mehr ärgern, wenn es mal regnet.

Der Aufbau des Lightning Rod Generators

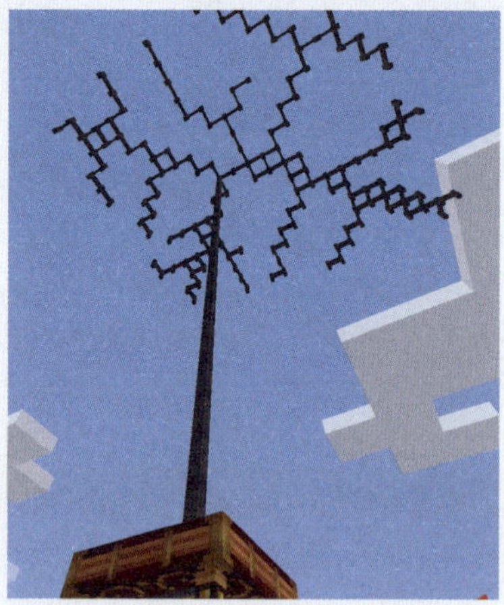

Stahlpfeiler mit einem Netz aus Steel Fences, um Blitze einzufangen

## Der Diesel Generator

Der *Diesel Generator* ist der beste, aber auch aufwendigste Generator in Immersive Engineering. Er erzeugt 4.096 IF/t, benötigt dafür aber auch einige andere Maschinen und Farmen, um konstant laufen zu können. Der Generator wird üblicherweise mit Biodiesel betrieben. Der muss natürlich auch erst einmal hergestellt werden. Deshalb gibt es bis zum Diesel Generator einige Zwischenschritte. Fangen wir mit dem Biodiesel an.

### *Biodiesel herstellen*

Biodiesel wird in einer *Refinery* aus Plant Oil und Ethanol hergestellt. Du brauchst also erst mal diese beiden Flüssigkeiten – wie gesagt viele Zwischenschritte.

### *Plant Oil*

Plant Oil stellst du in einem *Squeezer* aus den Samen von Pflanzen her. Wie viel Plant Oil du bekommst, hängt von den zerquetschten Seeds ab. Zuvor musst du aber den Squeezer aufbauen. Auch dieser ist wieder eine Multiblockstruktur.

- 6 × Steel Scaffolding
- 2 × Fluid Pipe
- 2 × Light Engineering Block
- 3 × Steel Fence
- 1 × Redstone Engineering Block
- 4 × Wooden Barrel
- 1 × Fluid Piston

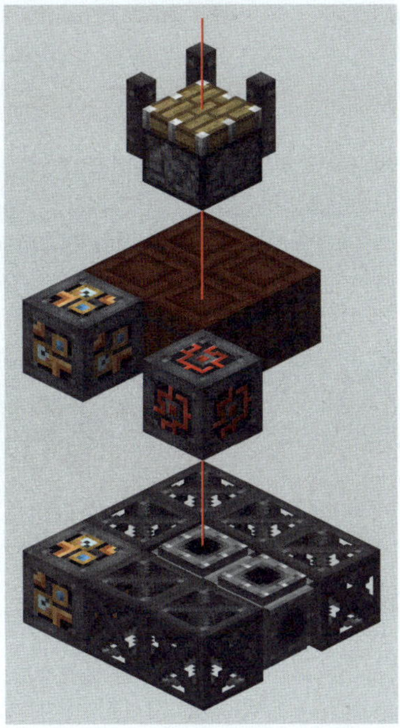

Der Aufbau des Squeezers

Hast du den Squeezer fertig aufgebaut und mit dem Engineer's Hammer zur Maschine gemacht, musst du dich um den Transport der Seeds in den Squeezer und des Plant Oils aus dem Squeezer heraus kümmern. Der Eingang für Items ist blau gekennzeichnet und befindet sich an der Rückseite der Maschine.

Der Input ist bei Maschinen immer blau gekennzeichnet.

Der Energieanschluss ist immer mit diesem Punkt gekennzeichnet.

Der Anschluss für Energie befindet sich gegenüber an der anderen Seite der Maschine.

Der Ausgang für das fertige Plant Oil ist orangefarben gekennzeichnet und befindet sich mittig an der Vorderseite der Maschine.

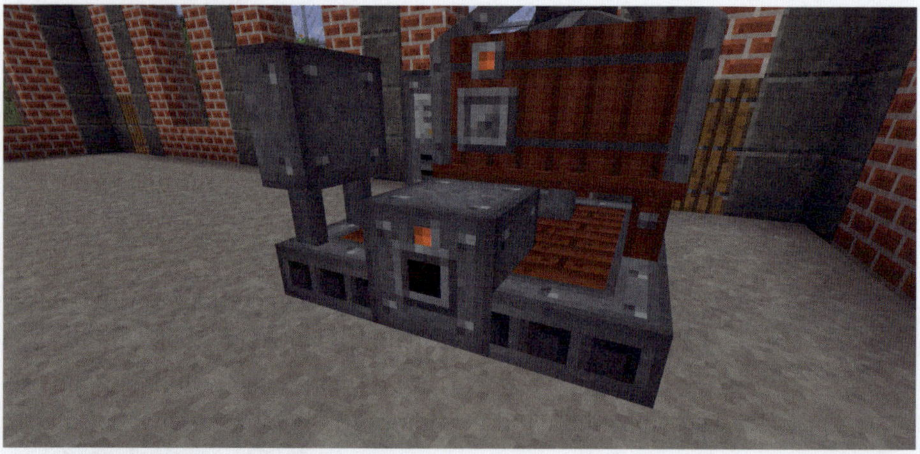

Der Output ist immer in Orange gekennzeichnet.

Die farbliche Kennzeichnung ist bei allen Maschinen von Immersive Engineering gleich. Auch der Input für Energie ist immer gleich gekennzeichnet. Um das Plant Oil mit dem Squeezer herzustellen, musst du ihn mit Energie und

Seeds versorgen. Schließe ihn an eine Energiequelle an und leite eine Sorte der unten aufgelisteten Seeds in die Maschine.

Der Squeezer mit angeschlossenen Förderbändern und einer Farm im Hintergrund. Sieht schon sehr industriell aus, oder?

Für die Seeds selbst solltest du am besten eine Farm anlegen. Das geht entweder mit einer anderen Mod, oder du nimmst eine Garden Cloche. Was das ist, erklären wir gleich noch auf Seite 327, aber bleiben wir erst einmal beim Squeezer.

| Seeds | Plant Oil |
|---|---|
| Melon Seeds | 20 mB |
| Pumpkin Seeds | 40 mB |
| Beetroot Seeds | 60 mB |
| Seeds | 80 mB |
| Industrial Hemp Seeds | 120 mB |

Alle Samen und ihre Ölausbeute im Überblick

Wie du sehen kannst, ist es am sinnvollsten, Industrial Hemp Seeds für die Produktion von Plant Oil zu benutzen. Diese bekommst du in Immersive Engineering, wenn du normales Gras abbaust. Danach kannst du sie in einer

Farm anbauen. Wenn du deine Industrial Hemp Seeds in den Squeezer leitest, wird er anfangen zu arbeiten und Plant Oil zu produzieren. Das kannst du dann über Fluid Pipes, also Leitungsrohre für den Füssigkeitentransport, in die Refinery leiten. Um Biodiesel herstellen zu können, fehlt dir allerdings auch noch Ethanol.

### *Ethanol*

Ethanol bekommst du durch das Fermentieren von Früchten oder Gemüse, wie z. B. Melonen oder Kartoffeln, im *Fermenter*. Auch der Fermenter ist wieder eine Multiblockstruktur.

- 6 × Steel Scaffolding
- 2 × Fluid Pipe
- 2 × Light Engineering Block
- 4 × Iron Sheetmetal
- 1 × Redstone Engineering Block
- 4 × Cauldron

Der Aufbau des Fermenters

Hast du den Fermenter fertig aufgebaut, musst du noch die Leitungen für Items und Flüssigkeiten anbringen. Wir nutzen für die Herstellung von Ethanol gerne Kartoffeln und bauen diese dann in einer Farm oder Garden Cloche an. Deine Kartoffeln, oder was du sonst verwenden möchtest, leitest du in den Input an der Rückseite der Maschine. Nach kurzer Zeit verwandelt der Fermenter deine Kartoffeln in Ethanol, das du über eine Fluid Pipe ebenfalls in die Refinery leiten kannst.

### *Die Refinery für Biodiesel*

Jetzt, da du deine beiden Flüssigkeiten hergestellt hast, kannst du sie in der Refinery zu Biodiesel kombinieren. Du musst dafür eigentlich nichts weiter machen, als die Maschine aufzubauen und sie mit Strom, Ethanol und Plant Oil zu versorgen. Und wer hätte es gedacht? Auch die Refinery ist eine Multiblockmaschine. Aber genau das macht Immersive Engineering eben so cool.

- 8 × Steel Scaffolding
- 5 × Fluid Pipe
- 2 × Light Engineering Block
- 16 × Iron Sheetmetal
- 1 × Redstone Engineering Block
- 2 × Heavy Engineering Block

Hast du die Refinery aufgebaut, gilt es, die beiden Flüssigkeiten in sie einzuleiten. Dafür gibt es jeweils einen Input mittig links und rechts. Hier schließt du links die Fluid Pipe für Ethanol und rechts die für Plant Oil an. Natürlich funktioniert das auch umgekehrt. Versorgst du die Refinery mit Strom, stellt sie aus den beiden Flüssigkeiten Biodiesel her. Diesen kannst du mit einer Fluid Pipe aus dem Ausgang mittig an der Vorderseite ziehen. Mit dem Biodiesel in der Tasch... äh ... im Eimer kannst du den Diesel Generator aufbauen und endlich betreiben.

Der Aufbau der Refinery

### *Jetzt gibt es Energie – der Diesel Generator*

Jetzt hast du alles, um den Diesel Generator zu betreiben, es wird also Zeit, ihn aufzubauen. Wichtig ist dabei zu wissen, dass der Diesel Generator ständig Brennstoff, also Biodiesel, verbraucht und du deshalb unbedingt eine konstante Versorgung mit Ethanol und Plant Oil bzw. eben Biodiesel sicherstellen solltest. Wir empfehlen dir, die Maschinen zur Herstellung von Biodiesel nicht direkt an den Diesel Generator anzuschließen, sondern dafür eine andere Energiequelle zu nutzen, vor allem für den Anfang. Außerdem ist es hilfreich, einen Hebel oder ein anderes Redstone-Signal an dem dafür vorgesehenen Anschluss des Generators zu bauen, um ihn abschalten zu können, wenn du gerade keine Energie brauchst. Hast du das alles im Hinterkopf oder bereits umgesetzt, kannst du den Generator aufbauen und in Betrieb nehmen.

- 6 × Steel Scaffolding
- 5 × Fluid Pipe
- 9 × Radiator Block
- 4 × Generator Block
- 1 × Redstone Engineering Block
- 13 × Heavy Engineering Block

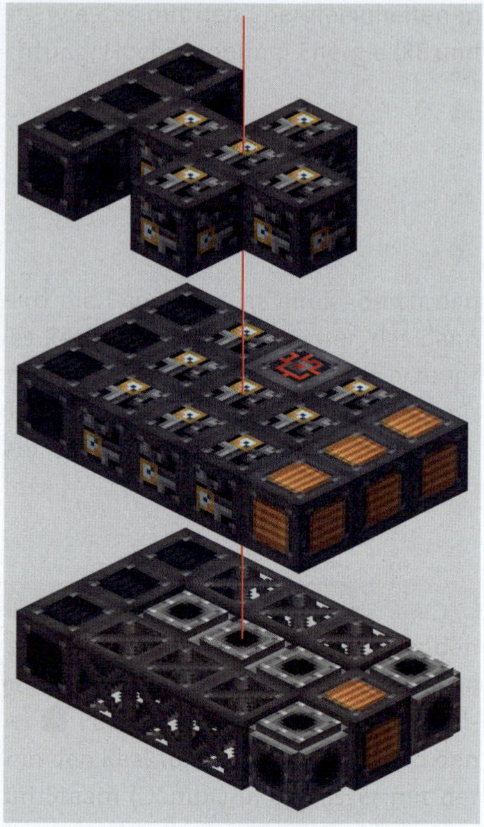

Der Aufbau des Diesel Generators

Die erzeugte Energie kannst du an den drei Punkten oben am Generator abnehmen. Denke daran, HV-Kabel zu nutzen, die anderen sind zu schwach.

Der Diesel Generator zeigt mal wieder, wie schön Immersive Engineering eigentlich ist. Du setzt ein paar Blöcke zusammen und mit einem Hammerschlag verwandelt sich alles in eine unglaublich ansprechende Maschine mit beweglichen Teilen und liebevoll gestalteten Texturen.

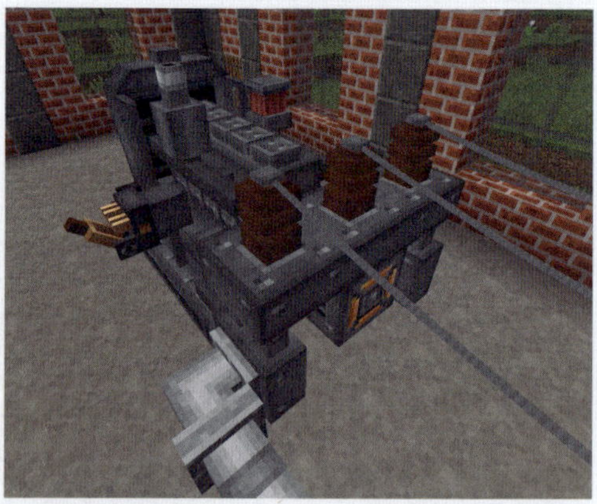

Fertiger Diesel Generator mit HV-Connector und -Kabel zur Stromabgabe

Mit dem Diesel Generator haben wir zwar etwas vorgegriffen, aber das macht nichts. Jetzt weißt du schon mal, wie du genug Energie bekommst, deshalb geht es jetzt um ihre Verwendung. Es geht um *Maschinen*.

# EINFACHE UND KLEINE MASCHINEN

Immersive Engineering unterscheidet zwischen *einfachen* und *schweren Maschinen*. Die einfachen Maschinen sind auch nur für einfache Arbeiten gedacht, weshalb sie teilweise nicht einmal Energie benötigen. Beginnen wir also mit einer der wichtigsten »Maschinen«, dem Conveyor Belt bzw. einem kompletten Transportsystem für Items.

## Die Conveyor Belts für den Item-Transport

Die Conveyor Belts (Förder-/Fließbänder) sind eine super Möglichkeit, Items oder auch Entities wie Mobs oder Spieler zu transportieren. Das Beste daran ist, dass es auch noch absolut super aussieht. Wir benutzen sie meistens für Items und vor allem in alten Fabriken. Die Conveyor Belts funktionieren sehr einfach, es sind nun mal einfach Förderbänder. Wenn du einen Conveyor Belt platzieren willst, wird dir mit einem kleinen Pfeil die Richtung angezeigt, in die er läuft. Falls der Conveyor Belt gerade mal nicht so liegt, wie du ihn haben willst, kannst du den Engineer's Hammer nutzen, um ihn zu drehen oder eine Schräge zu formen, die Items nach oben oder unten leitet. Das funktioniert ähnlich wie bei einer Schienenstrecke.

Der Richtungspfeil beim Platzieren eines Conveyor Belts

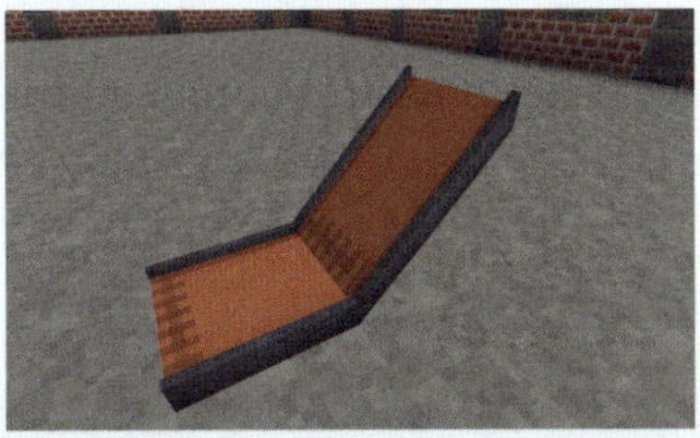

Ein schräg verlaufender Conveyor Belt zum Einleiten in eine Maschine oder zur Deko

Wenn du Items auf einen Conveyor Belt legst oder wirfst, werden sie in Laufrichtung transportiert. Wenn der Conveyor Belt in ein Inventar, wie z. B. eine Truhe, läuft, dann werden die Items dort eingelagert.

Conveyor Belt, der in eine Truhe leitet

Du kannst mit Blöcken wie dem Hopper automatisch Items auf den Conveyor Belt legen lassen, was natürlich super für automatische Farmen oder Verarbeitungen ist.

Wenn du gerade mal nicht willst, dass ein Conveyor Belt deine Items transportiert, kannst du ihn einfach mit einem Redstone-Signal versorgen, und er stoppt. Außerdem gibt es die Möglichkeit, die Ränder des Conveyor Belts mit Farbe einzufärben. Neben den normalen Conveyor Belts gibt es noch einige spezielle Varianten.

#### *Dropping Conveyor Belt*

Der *Dropping Conveyor Belt* hat eine kleine Luke in der Mitte, durch die Items fallen. Wenn du ihn über ein Inventar wie eine Truhe laufen lässt, werden die Items direkt in die Truhe gelegt. Ansonsten fallen die Items einfach nach unten auf den Boden.

Der Dropping Conveyor Belt über einer Truhe

#### *Extracting Conveyor Belt*

Der *Extracting Conveyor Belt* ist dafür da, Items aus Inventaren wie einer Truhe zu ziehen und sie auf ein weiteres Laufband oder Ähnliches zu legen, er ist damit das Gegenteil des Dropping Conveyor Belts. Schließe ihn dafür einfach mit der großen Seite an ein Inventar an, und er beginnt, die Items herauszuziehen. Wie auch schon bei den normalen Conveyor Belts kannst du sie per Redstone-Signal deaktivieren. Mit einem Engineer's Hammer kannst du die Richtung des Conveyor Belts ändern, und mit dem Wire Cutter kannst du per Rechtsklick einstellen, wie schnell Items aus dem Inventar gezogen werden sollen.

Der Extracting Conveyor Belt zieht Eisenbarren aus einer Truhe.

#### *Vertical Conveyor Belt*

Den *Vertical Conveyor Belt* kannst du nutzen, um Items nach oben zu transportieren, er ist also ein Item-Aufzug. Das ist vor allem bei großen Maschinen wie dem Crusher oder dem Arc Furnace nützlich. Baue ihn einfach wie eine Leiter an eine Wand – und fertig. Um ihn mit anderen Conveyor Belts zu verbinden, muss er allerdings einen Block Abstand haben. Der Vertical Conveyor Belt kann Items auch direkt in ein Inventar über ihm legen.

Der Vertical Conveyor Belt transportiert Eisenbarren nach oben.

### *Splitting Conveyor Belt*

Der *Splitting Conveyor Belt* teilt Items und Entities auf: eins nach links, eins nach rechts – und fertig. Viel mehr gibt es nicht. An den beiden Seiten kannst du natürlich wieder andere Conveyor Belts anschließen.

Der Splitting Conveyor Belt zur Aufteilung von Items

### *Covered Conveyor Belt*

Den *Covered Conveyor Belt* gibt es für alle vorherigen Varianten. Um die wird dann ein Scaffolding gebaut. Das verhindert, dass du Items, die auf dem Conveyor Belt laufen, aufheben kannst. Gerade in einer großen Fabrik passiert es oft, dass du unbeabsichtigt beim Vorbeilaufen ein Item aufhebst, das gerade auf einem Conveyor Belt an dir vorbeifährt. Wenn du mit Glas oder einem anderen Scaffolding, wie z. B. dem aus Aluminium, in der Hand mit rechter Maustaste auf den Conveyor Belt klickst, kannst du ihm ein Scaffolding in unterschiedlichem Aussehen verpassen, je nach verwendetem Material.

Der Covered Conveyor Belt

Damit kennst du alle Arten von Conveyor Belts und kannst deine Fabrik in eine Item-Achterbahn verwandeln. Aber es gibt noch eine weitere wichtige Sache, die für den Transport von Items wichtig ist: der Item Router.

### *Item Router*

Der *Item Router* ist ein Block, den du nutzen kannst, um Items zu filtern und damit in verschiedene Richtungen zu lenken. Wenn du den Block aufstellst, kannst du mit Rechtsklick in das Interface schauen. Es gibt sechs Slots, die jeweils für die Richtungen des Blocks stehen. Neben den Farben sind die Seiten auch mit Buchstaben für die Himmelsrichtungen gekennzeichnet. Wenn du ein Item über einen Conveyor Belt in den Item Router lenkst, kannst du festlegen, in welche Richtung es ausgegeben werden soll. Das eignet sich super zum Sortieren von Items in Fabriken oder Farmen, damit lässt sich eine regelrechte Sortieranlage einrichten auf dem Weg von einer Maschine zur nächsten.

Angenommen, du hast zwei Items auf einem Conveyor Belt, Sand und Erde. Du möchtest den Sand nach links in einen Ofen leiten und die Erde nach rechts in eine Truhe. Dann stellst du den Item Router so auf, dass beide Items in ihn geleitet werden. Jetzt klickst du in das Interface und legst in den Slot, der die linke Seite des Blocks repräsentiert, den Sand, und in den Slot für rechts die Erde.

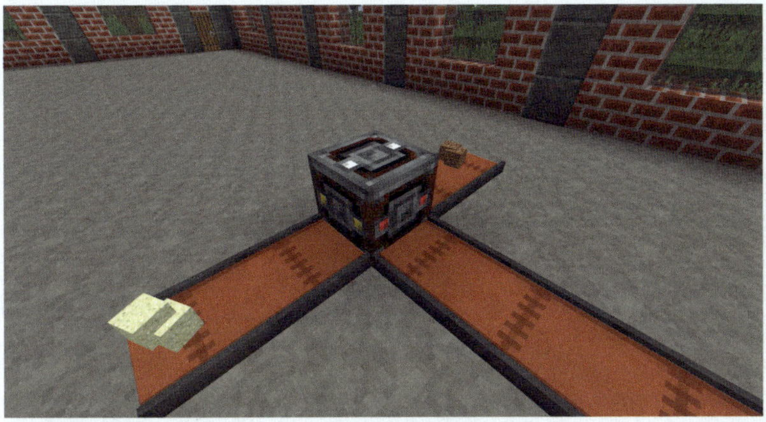

Der Item Router zur gezielten Verteilung von Items

Anschließend baust du an die linke und rechte Seite des Item Routers weitere Conveyor Belts, die zu Ofen bzw. Truhe führen. Diese Funktion kannst du z. B. auch nutzen, um manche Ingots in Maschinen zu leiten und weiterzuverarbeiten, während andere eingelagert werden. Mit dem Item Router werden deine Items zuverlässig aufgeteilt und sortiert. Du kannst jeder Seite des Blocks (Bottom, Top, North, South, West und East) acht Items zum Filtern zuweisen und hast außerdem noch ein paar weitere Einstellungsmöglichkeiten:

1. **Ore Dictionary:** Gibt an, ob Items mit dem gleichen Ore Dictionary-Eintrag gefiltert werden sollen.
2. **NBT Data:** Gibt an, ob die NBT-Daten eines Items beachtet werden sollen.
3. **Fuzzy:** Gibt an, ob die Haltbarkeit von Items beachtet werden soll.

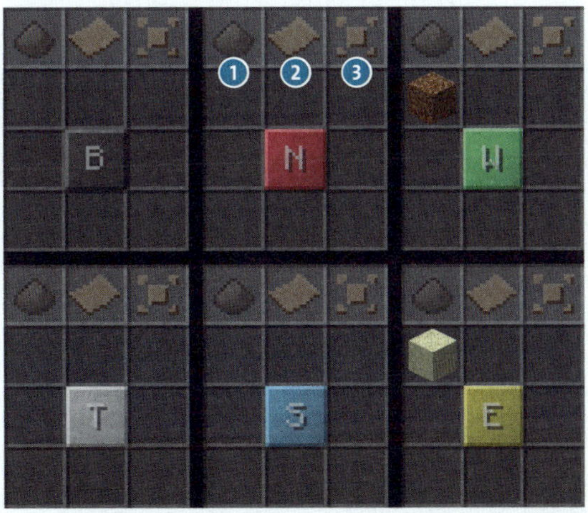


Das Interface des Item Routers

Gerade in Verbindung mit den verschiedenen Conveyor Belts kannst du mit dem Item Router eine sehr detaillierte Item-Sortierung in deiner Fabrik umsetzen.

Sortierung durch Item Router an einem Arc Furnace. Items werden in verschiedene Metal Presses aufgeteilt und bereits vorher sortiert.

## Flüssigkeiten transportieren

Auch für den Flüssigkeitentransport ist in der Mod Immersive Engineering gesorgt, denn auch sie spielen in Modded Minecraft bekanntermaßen eine wichtige Rolle. Für den normalen Transport von Fluids gibt es die Fluid Pipes. Sie können Flüssigkeiten leiten, sind allerdings nicht besonders schnell. Mit einem Engineer's Hammer kannst du die Seiten der Pipe anklicken, um zu bestimmen, womit sie sich verbinden soll und womit nicht. Das ist oft hilfreich, wenn du auf engem Raum baust und nicht möchtest, dass Flüssigkeiten in einen anliegenden Tank geleitet werden, der eigentlich für eine andere Flüssigkeit reserviert ist.

Pipes werden mithilfe des Engineer's Hammers getrennt und können so platzsparend verlegt werden.

Außerdem kannst du Fluid Pipes mit Scaffolding überdecken und sie so etwas verstecken bzw. schöner aussehen lassen.

### *Die Fluid Pump*

Die *Fluid Pump* ist sehr vielseitig einsetzbar. Sie kann anliegende Flüssigkeiten aus der Welt aufsaugen (genau wie der Aqueous Accumulator), aus Tanks pumpen oder Flüssigkeiten schneller in Rohre pumpen, damit sie schneller übertragen werden. Um die Fluid Pump als »richtige« Pumpe in der Welt zu nutzen, musst du sie an einer Wasserquelle oder irgendeiner anderen Flüssigkeit aufstellen. Um zu arbeiten, benötigt die Pumpe Energie und ein Redstone-Signal. Außerdem kannst du mit dem Engineer's Hammer am Boden der Pumpe den In- und Output festlegen.

Die Fluid Pump mit Energieanschluss und Redstone-Signal pumpt fröhlich den See leer.

Um mit einer Fluid Pump Flüssigkeiten aus einem Tank zu saugen, brauchst du keine Energie, sondern nur ein Redstone-Signal. Verbinde die Pumpe einfach mit einem Tank und einem Rohr, das die Flüssigkeit zu einem neuen Ziel leitet.

### *Das Fluid Outlet*

Mit dem *Fluid Outlet* hast du die Möglichkeit, Flüssigkeiten einfach in die Welt zu gießen. Setzt du es an das Ende einer Fluid Pipe, wird die Flüssigkeit im Rohr einfach in der Welt »platziert«, solange Platz vor dem Fluid Outlet ist. Mit dem Engineer's Hammer kannst du die Seiten auf In- oder Output stellen. Mit einem Redstone-Signal kannst du das Fluid Outlet deaktivieren. Dieser Block ist vor allem nützlich, wenn du einen künstlichen See füllen möchtest. So kannst du einfach eine Wasserquelle anschließen, und der Rest erledigt sich von ganz allein. Es ist allerdings wichtig zu wissen, dass das Fluid Outlet Flüssigkeiten nicht *über* sich setzen kann. Der Wasserspiegel ist also immer auf die Höhe des Blocks begrenzt.

Das Fluid Outlet zum Befüllen eines Lochs mit Wasser

Der Transport von Items und Flüssigkeiten ist natürlich eine der wichtigsten Komponenten in Immersive Engineering. Aber es gibt auch noch einige weitere einfache Maschinen. Ein paar davon sind nur einen Block groß, andere sind auch Multiblocks.

## Der External Heater

Der External Heater ist ein Block, der dir hilft, Kohle oder andere Brennstoffe für einen Furnace zu sparen. Wenn du ihn an einen normalen Furnace baust und mit Energie versorgst, erhitzt der External Heater den Furnace und du kannst einfach Items »braten«, ohne Kohle zu verbrauchen. Mit dem Engineer's Hammer kannst du mit einem Rechtsklick einstellen, von welcher Seite er Energie annehmen soll. Außerdem kann der Heater sogar die Verarbeitung im Furnace beschleunigen. Gut zu wissen ist auch, dass er nur Energie verwendet, wenn der Furnace auch aktiv ist. Das spart dir direkt noch ein bisschen Energie.

Der External Heater zum Befeuern eines Ofens

## Der Turntable

Mit dem *Turntable* kannst du Blöcke ganz einfach rotieren und sogar bis zu einem gewissen Grad verändern. Stellst du den Block auf und nimmst den Engineer's Hammer in die Hand, wird dir angezeigt, auf welcher Seite und in welche Richtung der Turntable den Block drehen wird. Setzt du dann einen Block an diese Seite und gibst dem Turntable ein Redstone-Signal, dreht der Turntable den Block. Mit dem Turntable kannst du aber auch durch einen vermutlichen Bug einen Holzstamm machen, der an allen Seiten Rinde hat.

Turntable zum Drehen eines Holzstammblocks

## Die Charging Station

Mit der Charging Station hast du die Möglichkeit, Items, die Energie benötigen, ganz einfach und mit Style aufzuladen. Du kannst die Station von unten oder hinten mit Energie versorgen. Wenn du ein Item in sie legst, wird es geladen. Du kannst Items manuell per Rechtsklick oder automatisch über einen Hopper oder andere Item-Transportmittel wie Conveyor Belts oder Conduits einlegen (lassen). Während ein Item aufgeladen wird, zeigen dir die drei kleinen Rohre an der Vorderseite an, wie weit es geladen ist. Außerdem verändert sich die Farbe von Rot nach Grün.

Die Charging Station zum Laden einer elektrischen Spitzhacke

## Die Garden Cloche

Die *Garden Cloche* ist eine sehr wichtige und auch relativ komplexe Maschine. Es ist praktisch eine automatische Minifarm unter der Glasglocke, in der Pflanzen viel schneller wachsen als normalerweise. Du kannst alles in ihr anbauen, was sonst auch auf normalen Feldern wächst, und zudem noch Sachen wie Pilze. Die Garden Cloche benötigt Erde, Sand oder *Mycelium* als Ackerboden, einen Samen, Wasser und Strom. Mit der Garden Cloche kannst du wirklich sehr effektive und zugleich schöne Farmen bauen. Wie wäre es z. B. mit einem

Gewächshaus voller Garden Cloches mit einem kompletten Conveyor-Belt-System zur Sortierung?

Ein Gewächshaus mit mehreren Garden Cloches und einer Sortieranlage aus Conveyor Belts im viktorianischen Stil

Die Garden Cloche benutzt du ganz einfach. Schau dir dafür einmal das Interface an:

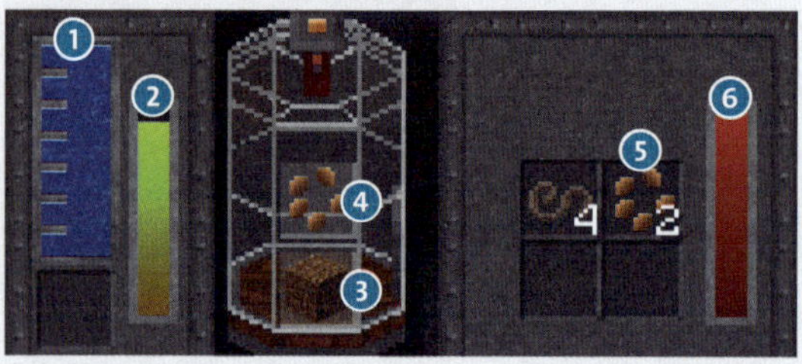

Das Interface der Garden Cloche

1. Wassertank
2. Slot für Düngemittel wie Knochenmehl
3. Slot für Erde, Sand oder Mycelium
4. Slot für deinen Seed/Pflanze/Pilz
5. Output Slot (fertiges Produkt)
6. Energieanzeige

Wie schon gesagt, braucht eine Garden Cloche immer Wasser. Lege dafür also eine Leitung aus Fluid Pipes von einer Wasserversorgung zur Unter- oder Rückseite der Cloche. Ebenso wichtig wie Wasser ist Energie. Dafür hat die Cloche einen Anschluss an der Oberseite. Schließe also einen Connector mit Kabel an. Als Nächstes legst du in Slot 3 Erde, Sand oder Mycelium, je nachdem, was du anbauen willst. Anschließend kommt in Slot 4 dein Seed (z. B.

Kartoffelsamen, Industrial Hemp Seed, also Hanf, oder normaler Seed). Die Garden Cloche erledigt den Rest für dich. Sie lässt die Pflanzen wachsen und erntet sie automatisch ab, um das Endprodukt in Slot 5 zu legen. Von dort kannst du es an der Rückseite mit einem Conveyor Belt herausziehen und in eine Truhe oder in ein anderes Lagersystem befördern.

## Die Tesla Coil

Die *Tesla Coil* (benannt nach Nikola Tesla, wie du dir wahrscheinlich schon gedacht hast) ist in unseren Augen eher ein lustiges Spielzeug. Eigentlich sollte sie genutzt werden, um Items kabellos laden zu können, allerdings haben die Mod-Entwickler diese Idee verworfen. Jetzt ist sie nur noch eine Art Waffe. Wenn die Tesla Coil Energie und ein Redstone-Signal erhält, schießt sie einen Blitz auf alle Lebewesen im Umkreis von sechs Blöcken und verursacht drei Herzen Schaden. Wenn du die Coil mit dem Engineer's Hammer mit Rechtsklick anklickst, läuft sie ohne Redstone-Signal und wird mit einem Signal ausgestaltet. Außerdem kannst du sie mit ⇧ + Rechtsklick auf *Low Power Mode* stellen. Damit halbieren sich die Reichweite und der Schaden, und du bist mit einer Faraday Armor davor geschützt, was im *High Power Mode* nicht der Fall ist. Die Tesla Coil eignet sich also super als Verteidigung an deinem Haus, zumindest, wenn du genug Energie hast. Nebenbei bringt die Coil ↗ Fluorescent Tubes in ihrer Reichweite zum Leuchten.

Die Tesla Coil und Fluorescent Tubes

## Das Razor Wire

Das *Razor Wire* ist eine weitere super Möglichkeit, deine Basis vor ungebetenen Gästen zu schützen. Wenn ein Monster oder Spieler in den Stacheldrahtzaun läuft, bekommt er immer wieder ein halbes Herz Schaden. Außerdem kannst du ein LV-Wire anschließen, um den Zaun unter Strom zu setzen und ein ganzes Herz Schaden anzurichten. MV oder HV kannst du hier leider nicht anschließen. Natürlich machen Razor Wires auch was her und fügen sich dekorativ ins Zeitkolorit ein.

Razor Wires auf einem Zaun zum Schutz der Fabrik

## Turrets zur Verteidigung!

Tesla Coil und Razor Wire sind Maschinen bzw. Blöcke, die dir helfen, deine Basis oder Fabrik zu verteidigen. Das geht auch mit den *Turrets*, einer Art automatischer Geschütze. Es gibt sie in verschiedenen Ausführungen, sie können automatisch auf eingestellte Ziele schießen und sie so abschrecken oder, sagen wir, neutralisieren. Turrets haben ein Interface, in dem du einstellen kannst, gegen welche Monster, Spieler oder Tiere er dich oder deine Fabrik verteidigen soll.

Turrets zur Verteidigung am Eingang einer Fabrik

In Feld ① kannst du den Minecraft-Namen eines Spielers, Monsters oder Tieres eintragen, das du vernichten möchtest … oder eben nicht. Dafür ist nämlich das Kennzeichen **Blacklist** rechts daneben zuständig. Ist dieses angehakt, werden alle Spieler, Monster etc. angegriffen, die *nicht* auf der Liste stehen. Ansonsten genau das Gegenteil. Möchtest du dieses System speziell nur auf Tiere, Spieler oder Monster anwenden, musst du dafür auch noch die entsprechenden Häkchen setzen.

Die Turrets haben einen Eingang für Energie an der Unterseite und brauchen ein Redstone-Signal, um zu funktionieren. Das kannst du mit dem Engineer's Hammer per [⇧] + Rechtsklick umkehren. Turrets, die von dir gesetzt wurden, greifen dich generell nicht an, und auch nur du kannst sie gefahrlos abbauen oder ihre Einstellungen ändern.

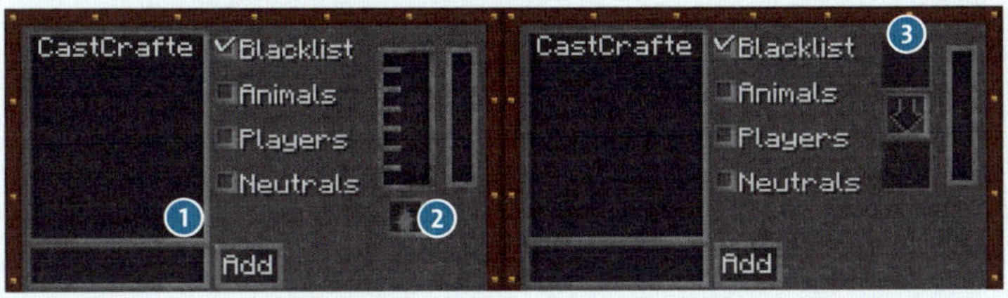


Das Interface des Chemthrower (links) und des Gun Turret (rechts). CastCrafter darf die Fabrik also betreten.

### *Chemthrower Turret*

Der *Chemthrower Turret* benutzt Flüssigkeiten als Munition. Du kannst mit ihm brennbare Flüssigkeiten wie mit einem Flammenwerfer verschießen. Du kannst auch Wasser benutzen, was gegen normale Monster oder Spieler allerdings wenig Effekt hat. Aber du kannst es dir zunutze machen, um Blazes vom Chemthrower töten zu lassen, denn diese werden durch Wasser geschädigt. Um Flüssigkeiten in den Turret zu leiten, kannst du eine Fluid Pipe an der Unter- oder Rückseite anschließen. Außerdem gibt es im Interface einen Button ②, mit dem du die Flamme, die die Flüssigkeit entzündet, an- und ausschalten kannst.

### *Gun Turret*

Der *Gun Turret* benutzt richtige Munition. Um Munition automatisch in den Turret und wieder heraus zu bekommen, kannst du die Unter- und Rückseite benutzen. Es gibt eine Menge verschiedener Munitionstypen, die sogenannten Cartridges. Stelle den Turret einfach, wie eben gezeigt, ein und leg die Cartridges in Slot ③. Mit dem Button darunter kannst du einstellen, ob die

- Empty Casings nach einem Schuss im Turret bleiben sollen oder ausgeworfen werden. Da es mehrere Cartridges gibt, findest du hier einen kleinen Vergleich.

| Cartridge | Schaden | Spezialeffekt |
|---|---|---|
| Casual | 5 Herzen | – |
| Armor-Piercing | 5 Herzen | Durchschlägt Rüstungen. |
| Buckshot | 1–10 Herzen | Verursacht mehr Schaden, je näher der Gegner ist. |
| High-Explosive | 0 Herzen | Erzeugt eine Explosion mit Rückstoß. |
| Silver | 5 Herzen | besonders effektiv gegen untote Gegner |
| Dragon's Breath | 42 Herzen | Verursacht mehr Schaden, je näher der Gegner ist, entzündet den Gegner. |
| Phial | 0 Herzen | Kann mit jeder Potion zusammengecraftet werden, um deren Effekt zu verteilen. |
| Flare | 0,5 Herzen | Ist dafür gedacht, um ein Signal zu senden. Kann mit jedem Farbstoff kombiniert werden. |

Die verschiedenen Cartridges und ihre Wirkungen

## Der Assembler – automatisch Craften

Der *Assembler*, quasi dein »Monteur«, übernimmt für dich nervige Crafting-Arbeiten von Items, die du immer wieder brauchst. Du hast die Möglichkeit, drei Rezepte anzulegen.

- 6 × Steel Scaffolding
- 9 × Iron Sheetmetal
- 6 × Iron Sheetmetal Slab
- 2 × Light Engineering Block
- 2 × Redstone Engineering Block
- 2 × Conveyor Belt

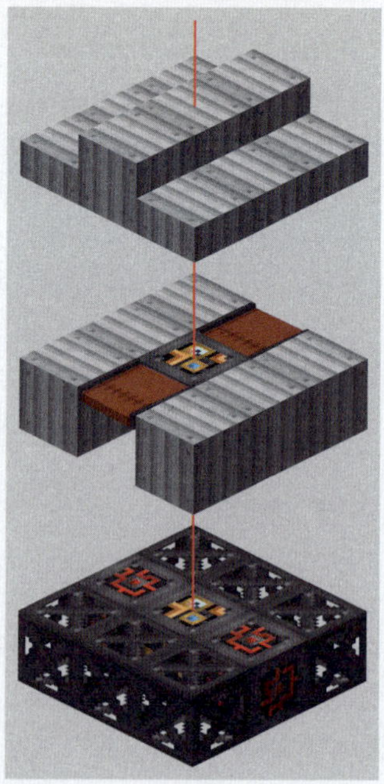

Der Aufbau des Assemblers

Am besten schaust du dir nach dem Aufbau direkt das Interface an:

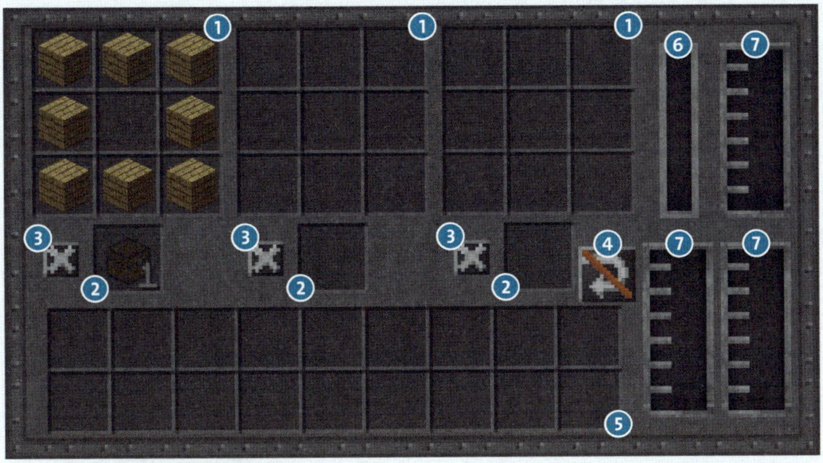


Das Interface des Assemblers

1. Hier legst du deine gewünschten Crafting-Rezepte ein.
2. Hier siehst du das Produkt, das du aus dem Rezept erhältst.
3. Löscht dein eingestelltes Rezept.
4. Gibt an, ob ein gecraftetes Produkt für ein weiteres Crafting-Rezept verwendet werden soll. So kannst du direkt Crafting-»Ketten« in der Maschine ausführen lassen (Holz zu Brettern, Bretter zu Stöcken, Stöcke zu Leitern).
5. Slots für Items zum Craften
6. Energieanzeige
7. Tanks für Flüssigkeiten

Um ein Item craften zu lassen, legst du das Rezept dafür in einem der 3 × 3 Blöcke großen Crafting-Felder ab. Das Endprodukt wird dir darunter angezeigt. Wenn du die Maschine jetzt mit Energie und den nötigen Items versorgst, beginnt sie, für dich das Item zu craften. Die Tanks sind auch nützlich, da sie als Ersatz für Eimer in einem Rezept dienen. Du kannst so einfach die benötigten Flüssigkeiten in die Maschine leiten und dort speichern, bis sie benötigt werden. Die Items zum Craften werden z. B. über einen Conveyor Belt oder ein anderes Transportsystem an der blauen Seite in die Maschine geleitet.

## Die Bottling Machine

Die *Bottling Machine* ist dazu da, dir das Befüllen von Tanks, Eimern, Flaschen usw. mit Flüssigkeiten leichter zu machen.

- 3 × Steel Scaffolding
- 2 × Iron Sheetmetal
- 1 × Glass
- 2 × Light Engineering Block
- 1 × Redstone Engineering Block
- 3 × Conveyor Belt
- 1 × Fluid Pump

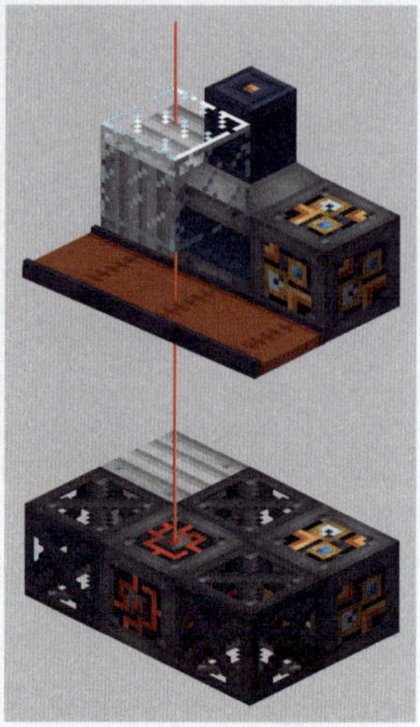

Der Aufbau der Bottling Machine

Die Flüssigkeiten für die Bottling Machine werden an den beiden Eingängen unten an der Maschine eingeführt. Die Items, die du befüllen möchtest, gehen wie gewohnt über den Conveyor Belt in die Maschine. Den Strom bekommt die Maschine an der Oberseite. Bräuchte man nur noch eine Braustation, die Bier herstellt ...

## Die Automated Workbench

Die *Automated Workbench* ist der große und, na ja, automatische Bruder der normalen Engineer's Workbench. Mit ihr kannst du automatisch Items aus Blueprints herstellen lassen, ähnlich wie zuvor schon beim Assembler.

- 5 × Steel Scaffolding
- 2 × Treated Wood Slab
- 2 × Heavy Engineering Block
- 4 × Light Engineering Block
- 1 × Redstone Engineering Block
- 4 × Conveyor Belt

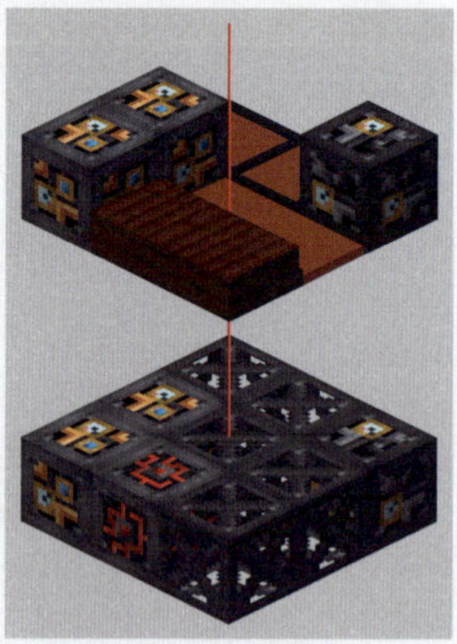

Der Aufbau der Automated Workbench

Hast du eine Blaupause für ein Item, das du herstellen willst, kannst du sie über das Interface auf die große Holzfläche legen. Anschließend kannst du im Interface ein Item auswählen, das du gerne mit der Blaupause herstellen lassen möchtest. Jetzt musst du die Maschine nur noch mit den benötigten Items zum Craften und mit Strom versorgen, und schon beginnt die Maschine, für dich das gewählte Item automatisch zu produzieren. Der Input für Items befindet sich an der Rückseite der Maschine und wird durch zwei kleine, blaue Punkte gekennzeichnet. Der Input für Energie befindet sich direkt darüber. Die fertigen Items landen wieder am Ende auf dem Conveyor Belt.

## SCHWERE MASCHINEN

Das waren soweit die kleinen und einfachen Maschinen, wenn man sie so nennen will. Die schweren Maschinen sind meist etwas größer und werden benutzt, um Items für den späten Spielverlauf herzustellen, oder einfach, um schneller zu sein als ihre Vorgänger.

### Der Improved Blast Furnace

Wie der Name schon sagt, ist der *Improved Blast Furnace* die verbesserte Version des normalen Blast Furnace und damit eine viel bessere und schnellere Möglichkeit, Stahl herzustellen. Der Improved Blast Furnace kann automatisch Items aufnehmen und abgeben. Außerdem hast du die Möglichkeit, zwei *Preheater* an den Seiten anzuschließen, die heiße Luft in den Ofen pusten und ihn schneller machen. Für den Improved Blast Furnace benötigst du:

- 27 × Reinforced Blast Brick
- 1 × Hopper
- 2 × Blast Furnace Preheater

Da du für den Ofen Reinforced Bricks brauchst, die mit Stahl hergestellt werden, empfiehlt es sich, den ersten Stahl aus dem normalen Ofen direkt in das Crafting der besseren Bricks zu investieren. Der Improved Blast Furnace ist ein normaler 3 × 3 × 3 großer Block aus den Reinforced Blast Bricks. Auf diesen wird ein Hopper gestellt. Die Preheater werden links und rechts am Ofen angeschlossen und benötigen jeweils 32 IF/t.

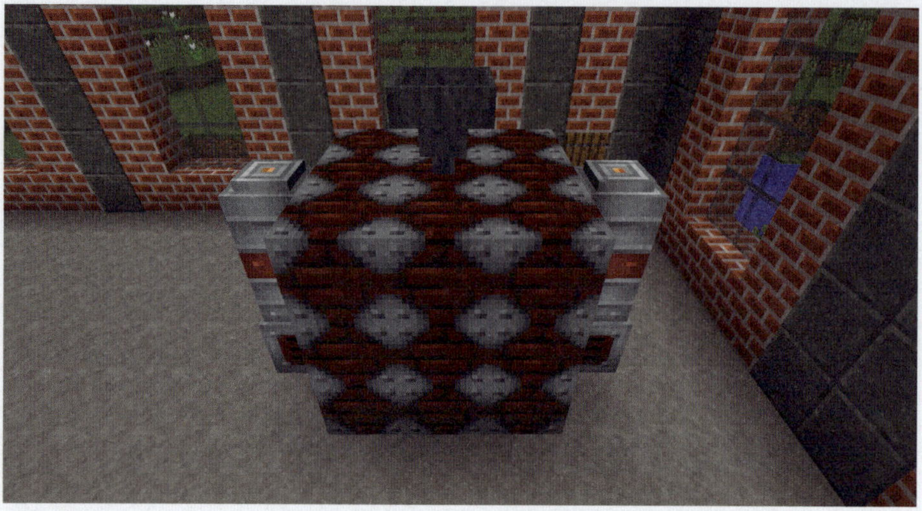

Der Improved Blast Furnace sieht nicht nur gut aus, sondern heizt auch ordentlich ein.

Die Items für die Stahlherstellung kannst du über die Oberseite in den Furnace leiten. Den fertigen Steel erhältst du an der Vorderseite, und Slag kommt an der Rückseite des Ofens raus. Der Ofen gibt die Items direkt an anliegende Inventare oder Conveyor Belts weiter.

## Die Metal Press

Die *Metal Press* gibt dir die Möglichkeit, Metalle in viele verschiedene Formen zu pressen, daher auch der Name. Sie hat einen Kolben, der von oben auf das Stück Metall drückt, um es zu verändern. Welche Items bzw. welche Form beim Pressen entstehen soll, kannst du mit Vorlagen an der Unterseite des Kolbens bestimmen.

- 2 × Steel Scaffolding
- 1 × Heavy Engineering Block
- 1 × Piston
- 1 × Redstone Engineering Block
- 2 × Conveyor Belt

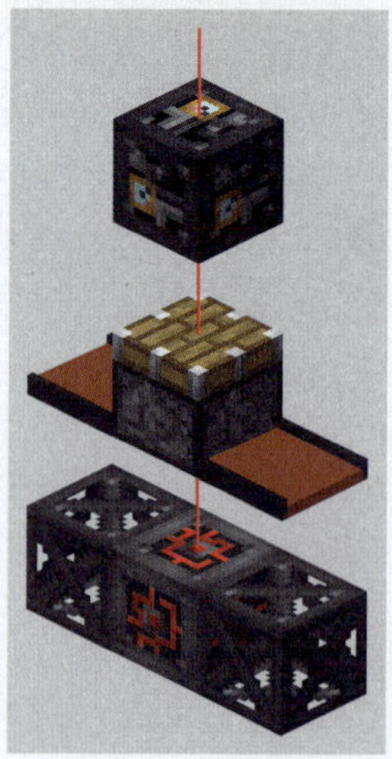

Der Aufbau der Metal Press

Die Vorlagen bzw. *Molds* kannst du in der Engineer's Workbench mit dem entsprechenden Blueprint herstellen. Es gibt jeweils eine Mold für Plates, Gears, Rods, Bullet Casings, Wires, 2 × 2 Packaging, 3 × 3 Packaging und Unpacking. Um die Mold in der Presse zu wechseln, klickst du einfach mit ihr in der Hand auf die Unterseite des Kolbens. Mit den Packaging Molds (z. B. 3 × 3) kannst du Items zu Blöcken pressen, wie z. B. neun Redstones zu einem Redstone-Block. Mit den anderen Molds kannst du dir Items für verschiedene Crafting-Rezepte herstellen.

## Der Crusher

In Modded Minecraft wird oft Erzstaub oder Ähnliches fürs Crafting benötigt. Damit du immer genug davon hast, gibt es den *Crusher*. Diese schon sehr große Maschine zerkleinert fast alles, was du ihr gibst. Das ist natürlich vor allem nützlich, um Erze zu verdoppeln. Aus jeder Einheit Erz bekommst du nämlich zwei Einheiten Dust, den du dann jeweils zu einem richtigen Barren schmelzen kannst. Wie schnell der Crusher seine Arbeit erledigt, hängt davon ab, wie viel Energie er bekommt.

- 10 × Steel Scaffolding
- 10 × Light Engineering Block
- 9 × Hopper
- 1 × Redstone Engineering Block
- 8 × Steel Fence

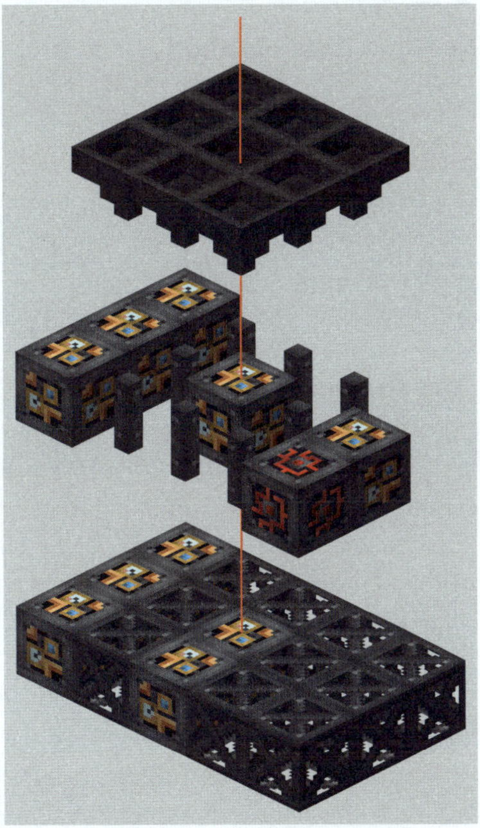

Der Aufbau des Crushers

Um den Crusher zu nutzen, reicht es, ihn mit Energie zu versorgen und die Items, die du zerkleinern möchtest, oben hineinzuwerfen. In der Mitte vorn hast du die Möglichkeit, eine Truhe oder Conveyor Belts anzuschließen, um die verarbeiteten Items aus der Maschine zu holen.

## Der Mixer

Der *Mixer* kann Feststoffe und Flüssigkeiten automatisch miteinander vermischen und dir so eine Menge Arbeit ersparen bzw. automatisieren. Das kannst du dir z. B. beim Herstellen von Concrete oder Potions zunutze machen. Du benötigst jeweils eine Flüssigkeit wie Wasser und die anderen Zutaten für Concrete bzw. den gewünschten Trank.

- 5 × Steel Scaffolding
- 4 × Light Engineering Block
- 3 × Fluid Pipe
- 1 × Redstone Engineering Block
- 1 × Steel Fence
- 4 × Iron Sheetmetal

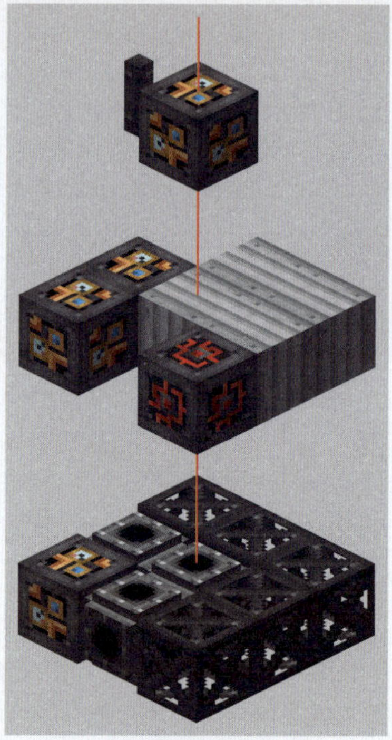

Der Aufbau des Mixers

Den Input für Flüssigkeiten findest du an der Unterseite. Items kannst du über zwei Eingänge an der Rückseite einleiten. Vorne hast du einen Output für die fertigen Flüssigkeiten.

## Der Arc Furnace

Der *Arc Furnace* wurde jetzt schon mehrmals erwähnt. Er ist eine unglaublich große Maschine und deshalb sehr beeindruckend, aber auch gleichzeitig sehr schön anzusehen. Der Furnace ist sehr gut darin, Items zu schmelzen oder Stahl herzustellen, vor allem, weil er gleich mehrere zur gleichen Zeit verarbeiten kann. Er benutzt drei Elektroden, um sehr hohe Temperaturen zu erreichen. Allerdings musst du deshalb auch regelmäßig Wartungsarbeiten durchführen. Beim Schmelzen entsteht immer Slag, den du abtransportieren musst. Außerdem müssen die Elektroden ab und zu ausgewechselt werden, da sie durch die Benutzung verschleißen und kaputtgehen.

Wenn du die Maschine aufgebaut hast, solltest du dir am besten direkt das Interface anschauen. Das mag auf dem ersten Blick kompliziert wirken, ist es aber eigentlich gar nicht.

- 5 × Steel Scaffolding
- 10 × Light Engineering Block
- 1 × Cauldron
- 1 × Redstone Engineering Block
- 14 × Steel Sheetmetal Slab
- 8 × Steel Sheetmetal
- 5 × Block of Steel
- 5 × Heavy Engineering Block
- 27 × Reinforced Blast Brick

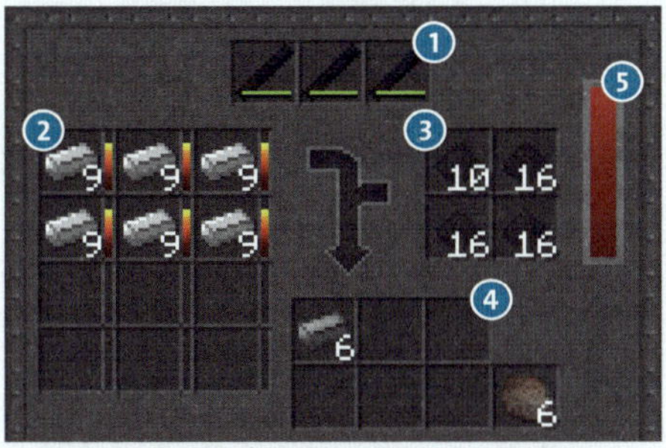

Das Interface des Arc Furnace

1. Slots für die Elektroden
2. Slots für deine zu schmelzenden Produkte (z. B. hier Eisenbarren)
3. Slots für zusätzliche Items
4. Slots für das fertige Produkt und Schlacke
5. Energieanzeige

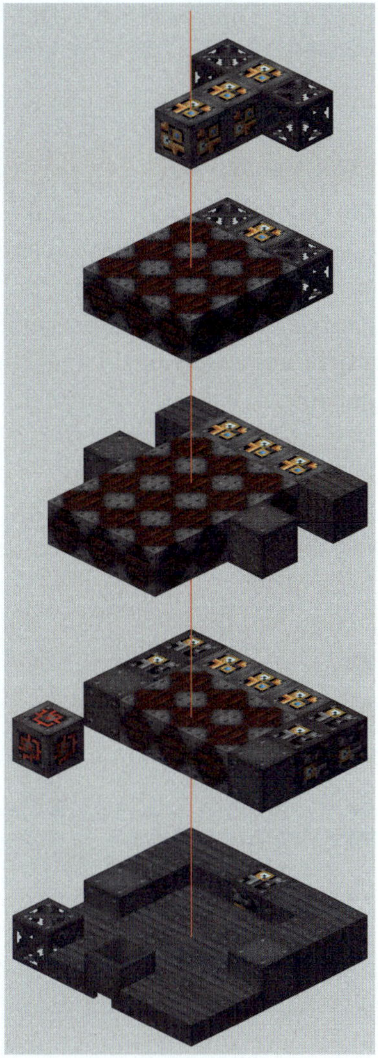

Der Aufbau des Arc Furnace

Damit der Furnace funktioniert, brauchst du Graphite Electrodes. Sie stellst du dir mit dem Blueprint dafür her. Leg die fertigen Elektroden dann in Slot 1. Anschließend solltest du dir die Maschine von außen etwas genauer anschauen. Energie schließt du an den drei Connectors an der Rückseite an. Darunter befindet sich der Output für Slag. Auf der Oberseite der Maschine hast du zwei Inputs. Der linke ist für die normalen Items, die du schmelzen möchtest, sie gelangen in Slot 2. Der rechte ist für zusätzliche Items gedacht, z. B. bei der Herstellung von Steel (Slot 3). An der Vorderseite der Maschine befinden sich der Ausguss und auch gleichzeitig der Output für die fertigen Produkte.

## Der Excavator

Die letzte, größte und wahrscheinlich auch eindrucksvollste Maschine der Mod Immersive Engineering ist der *Excavator*, ein riesiger Schaufelradbagger, der Rohstoffe aus sonst unzugänglichen Adern abbaut. Er kann dir sehr viele Erze und Mineralien besorgen, dafür ist er aber auch teuer zu bauen und zu betreiben. Ganze 4.096 IF/t braucht er, um zu arbeiten. Der Excavator ist ein Multiblock und besteht aus zwei großen Teilen. Der erste Teil ist der Motor mit der Aufhängung.

- 6 × Steel Scaffolding
- 9 × Light Engineering Block
- 15 × Steel Sheetmetal
- 1 × Redstone Engineering Block
- 5 × Heavy Engineering Block
- 3 × Radiator Block

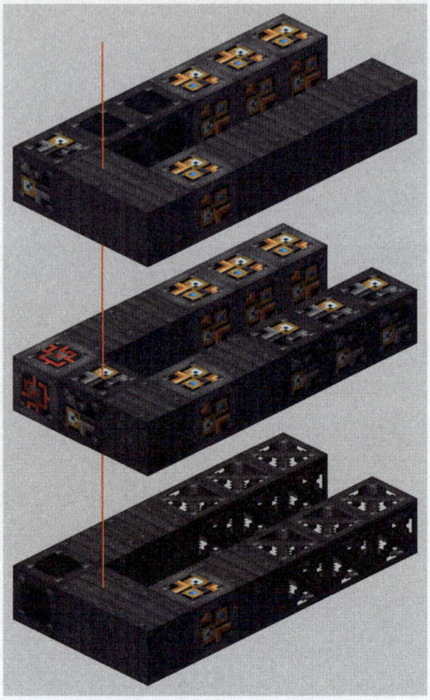

Der Aufbau des Excavators Teil 1, Motor und Aufhängung

Der erste Teil der Maschine allein bringt dir noch nichts, weshalb du auch keinen Multiblock daraus formen kannst. Erst mit dem zweiten Teil, dem Schaufelrad in der Mitte, funktioniert alles.

- 20 × Steel Scaffolding
- 9 × Block of Steel

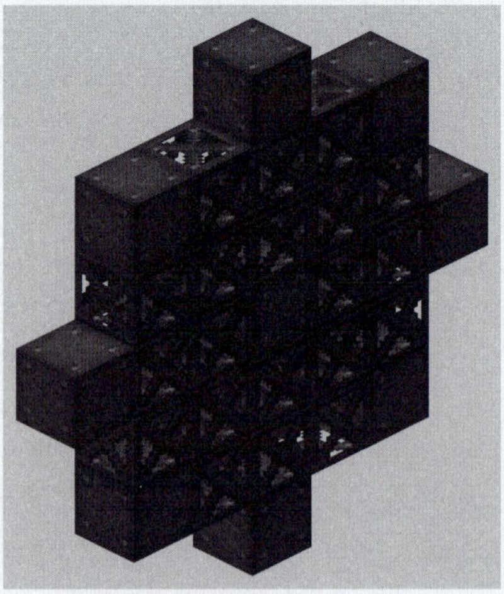

Der Aufbau des Excavators Teil 2, Schaufelrad

Das Schaufelrad muss zwischen die beiden »Gabelzinken« am Motor gebaut werden.

Das Schaufelrad kommt zwischen die beiden Arme des Motors.

Du solltest den Excavator natürlich am Boden bauen. Hast du ihn fertig aufgebaut, kannst du ihn eigentlich auch schon in Betrieb nehmen. Er benötigt, wie schon gesagt, eine Menge Energie, 4.096 IF/t, um genau zu sein. Diese kannst du über HV-Kabel an die drei Anschlüsse an der Seite leiten. Auf der Rückseite befinden sich der Ausgang für die abgebauten Items sowie der Block für die Redstone-Kontrolle. Der Excavator fängt an zu arbeiten, sobald er Energie bekommt. Er baut dabei keine dir zugänglichen Erze ab, sondern gräbt sie aus Adern, die für dich nicht sichtbar sind. Der Excavator bleibt beim Abbauen auf der Stelle stehen, du siehst nur die Animation des Schaufelrades.

Bevor du den Excavator aber überhaupt irgendwo aufstellst, solltest du dir den *Core Sample Drill* (ein Bohrer für Bohrkernproben) bauen, um zu wissen, was, ob und wo du abbauen sollst.

Mit dem Core Sample Drill kannst du in einem Chunk eine Bohrprobe nehmen, um zu sehen, welche Mineralien sich unter der Erde befinden. Um den Core Sample Drill zu nutzen, stellst du ihn einfach in einen Chunk. Er zeigt dir sogar die Grenzen des Chunks an, während du ihn in der Hand hältst. Anschließend musst du ihn mit Energie versorgen und ihm ein Redstone-Signal geben. Der Drill fängt an zu bohren, und nach einer kurzen Animation kannst du mit Rechtsklick die Bodenprobe entnehmen. Wenn du mit dem Mauszeiger über sie fährst, wird dir angezeigt, welche Mineralien unter der Erde sind und bei welchen Koordinaten die Bohrung vorgenommen wurde. Außerdem kannst du deine Probe mit [⇧] + Rechtsklick in die Welt setzen. Das sieht nicht nur sehr cool aus, sondern hilft dir auch, den Überblick zu behalten, wenn du mehrere Proben genommen hast.

Der Core Sample Drill

Hast du eine Probe mit einem bestimmten Erz bekommen, kannst du dort deinen Excavator aufstellen, um dieses Erz minen zu lassen.

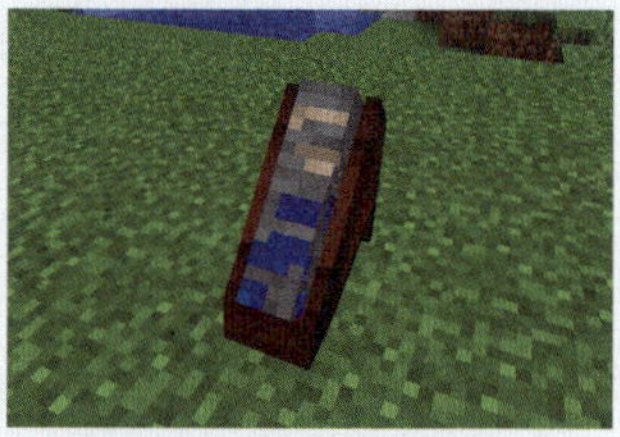

Aufgestellte Bohrprobe mit Lapis Lazuli und Eisenerz

Der Excavator ist an sich schon eine superschöne und eindrucksvolle Maschine. Mit ein bisschen Bauvermögen und Fantasie kannst du aber noch viel mehr aus ihm herausholen. Du kannst den kompletten Excavator beispielsweise als Werkzeug an einen riesigen Schaufelradbagger bauen. Das sieht nicht nur unglaublich cool aus, sondern ähnelt auch noch gleich viel mehr der Realität.

Dekorativer Schaufelbagger mit dem Excavator

# SILOS, TANKS UND MEHR

Jetzt, da du alle Maschinen der Mod Immersive Engineering kennst, schalten wir wieder einen Gang zurück. Es gibt nämlich noch ein paar wichtige Blöcke und Konstruktionen kennenzulernen.

## Die Storage Crate

Die *Storage Crate* ist eine Art Truhe. Sie hat 27 Slots, um Items zu lagern. Anders als eine normale Truhe kannst du Storage Crates immer ohne Probleme nebeneinanderbauen. Außerdem bleiben die Items in der Crate, wenn du sie abbaust.

Die Crate gibt es auch in einer *Reinforced*-Variante, also verstärkt. An der Größe ändert sich dabei nichts, allerdings ist sie resistent gegen Explosionen.

## Die Barrels

Das *Wooden Barrel* kannst du nutzen, um bis zu zwölf Eimer Flüssigkeit zu lagern. Da die Wooden Barrels logischerweise aus Holz sind, kannst du in ihnen keine Gase oder heißen Flüssigkeiten wie Lava lagern. Dafür benötigst du das *Metal Barrel*. Es funktioniert genauso und kann gleich viel speichern, unter anderem aber auch Gase und heiße Flüssigkeiten.

## Ein paar Nummern größer – Silo und Tank

Wenn dir Storage Crate und Barrel nicht als Speicher für Items und Flüssigkeiten reichen, kannst du es eine Nummer bzw. gleich ein *paar* Nummern größer angehen. Das Silo und der Tank sind zwei große Container, in denen du Items oder Flüssigkeiten speichern kannst, um sie als Puffer für später zu vorrätig zu halten.

### ***Silos für Items***

Ein Silo ist super, um sehr große Mengen von einem Item zu speichern. Es kann 41.472-mal das gleiche Item speichern. Das sind 24 Truhen. Das Silo ist ein Multiblock und schon ein recht stattlicher Anblick.

50 × Iron Sheetmetal

4 × Treated Wood Fence

Hast du das Silo aufgebaut und mit dem Engineer's Hammer in den fertigen Multiblock verwandelt, kannst du Items über die Oberseite einlagern und über den einzelnen Block unten ausgeben. Gibst du dem Output-Block ein Redstone-Signal, werden Items automatisch ausgegeben.

### ***Tank für Flüssigkeiten***

Der Tank ist super, um viel Flüssigkeit zu lagern. Er bietet Platz für 512 Eimer einer Flüssigkeit. Auch der Tank ist ein Multiblock und muss nach dem Aufbau mit dem Engineer's Hammer vervollständigt werden.

34 × Iron Sheetmetal

4 × Treated Wood Fence

Die Flüssigkeit kannst du über die Ober- oder Unterseite in den Tank leiten. Der Ausgang ist allerdings immer der einzelne Block unten. Auch hier kannst du wieder ein Redstone-Signal anlegen, um die Flüssigkeit automatisch auszugeben.

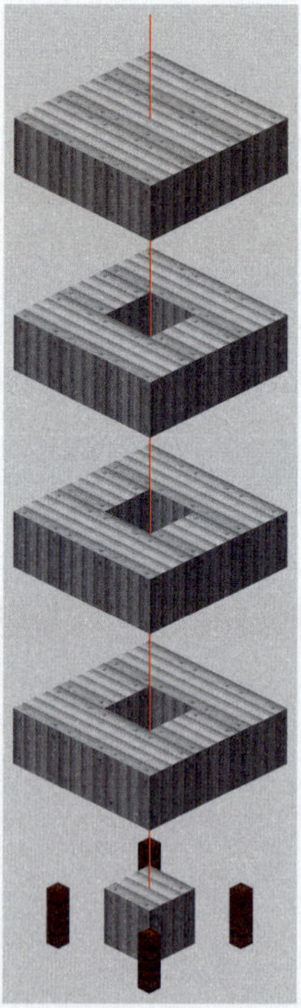

Der Aufbau des Tanks für Flüssigkeiten

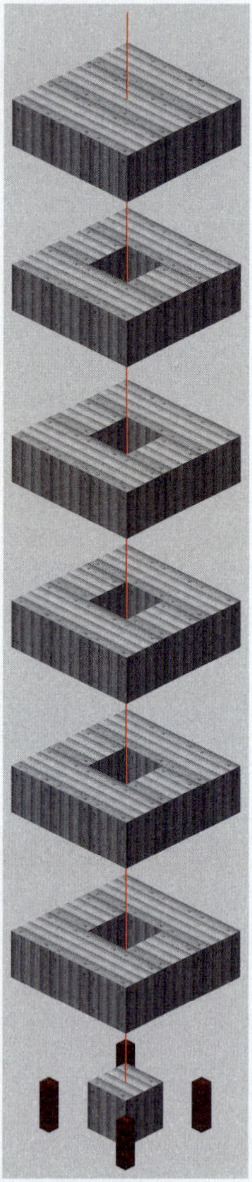

Der Aufbau des Item-Silos

# MEHR TOOLS UND SPIELEREIEN

Immersive Engineering bietet dir noch weitere Tools und Spielereien. Sie machen dir dein Leben in Minecraft ein bisschen einfacher oder sind auch einfach nur lustig.

## Jerrycan

Die *Jerrycan* ist ein Kanister, mit dem du bis zu zehn Buckets Flüssigkeit speichern kannst. Du kannst mit ihr die Flüssigkeiten in die Welt oder in Maschinen schütten oder andere Items wie den Mining Drill auffüllen. Die Jerrycan ist quasi ein sehr großer Eimer.

## Ear Defenders

Dieser wunderbare Gehörschutz reduziert alle Geräusche um 90 %, wenn du ihn aufhast. Das ist vor allem dann sinnvoll, wenn du gerade neben einer sehr lauten Maschine wie dem Diesel GenerATOR STEH... HÄ? WAS HAST DU GE... Ach so, hatte den Gehörschutz noch auf. Tschuldigung.

## Die Engineer's Toolbox

In der *Engineer's Toolbox* kannst du alle deine Werkzeuge und noch mehr unterbringen. Du hast also deinen eigenen Werkzeugkasten, der zugegeben echt knuffig aussieht.

Die Engineer's Toolbox hat einige Slots, in die du nur bestimmte Items legen kannst. Du kannst sie dir anzeigen lassen, indem du mit der Maus über sie fährst. Aber natürlich erklären wir sie auch hier kurz:

Die Engineer's Toolbox in ihrer natürlichen Umgebung

1. 3 Slots für Essen, denn das Sandwich für die Pause ist wichtig
2. 7 Slots für Werkzeuge. Hier kannst du alle Werkzeuge aus Immersive Engineering, aber auch Schaufel, Spitzhacke und Axt ablegen.

3. 6 Slots für Elektrokabelgedöns, also Wire, Connector und Relay für dein Stromnetzwerk
4. 7 Slots für alles andere. Hier kannst du wirklich alles ablegen.

Du kannst die Engineer's Toolbox mit [⇧] + Rechtsklick als Block in die Welt setzen und dann einfach mit Rechtsklick auf ihr Inventar zugreifen. Aufheben geht genauso.

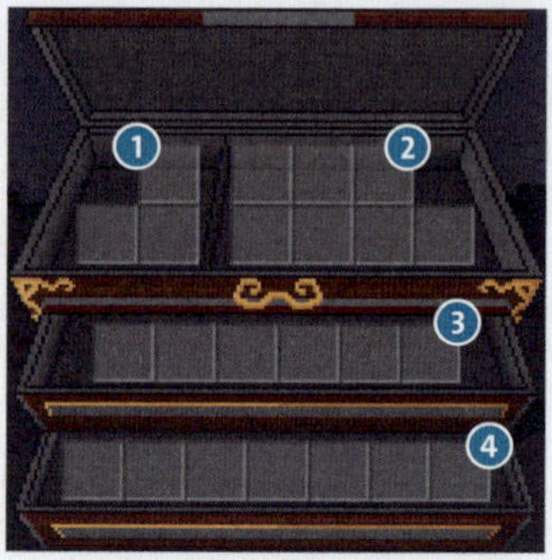

Das Interface der Engineer's Toolbox

## Der Heavy Plated Shield

Der *Heavy Plated Shield* ist ein sehr starkes Upgrade zum normalen Schild in Minecraft. Er funktioniert grundlegend gleich und blockt jeden Schaden, der von vorne kommt. Allerdings hat der Schild eine längere Haltbarkeit durch seine schwere Metallverstärkung, und du kannst ihn mit weiteren Upgrades versehen.

Der Heavy Plated Shield ohne Upgrades

Mit dem Upgrade Flashbulb bekommst du eine helle Glühbirne an deinen Schild. Wenn du angegriffen wirst, erzeugt sie einen hellen, blendenden Blitz, der Angreifer die Orientierung verlieren lässt.

Der Heavy Plated Shield mit Flash Bulb

Ein bisschen drastischer ist der Shock Emitter. Mit diesem Upgrade wird dein Schild unter Strom gesetzt. Wenn dich jemand angreift und deinen Schild trifft, bekommt er einen Stromschlag, der Schaden anrichtet. Außerdem werden Projektile wie Pfeile nicht nur geblockt, sondern direkt pulverisiert.

Der Heavy Plated Shield mit Flash Bulb und Shock Emitter

Das Upgrade Magnetic Glove gibt dir die Möglichkeit, deinen Schild besonders schnell auszurüsten. Wenn du zweimal schnell [S] drückst, gehst du in Rückzug, und dein Schild wird automatisch aus deinem Inventar in die Offhand gelegt.

## Der Mining Drill

Der *Mining Drill*, der Bohrer für den Bergbau, ist für dich ein großer Fortschritt, wenn es ums Mining und eventuell auch ums Kämpfen geht. Du kannst ihn in der Hand halten und damit ganz normal Erze abbauen. Er läuft mit Biodiesel und hat einen austauschbaren Bohrkopf sowie einige Upgrade-Möglichkeiten. Um den Mining Drill zu verbessern, legst du ihn einfach in eine Engineer's Workbench. Zum Befüllen des Drills mit Biodiesel kannst du ihn auch direkt in die Refinery legen. Wie schon gesagt, du kannst den Drill Head bei Bedarf aufwerten. Der Drill Head bestimmt den Mining Level, die Abbaugeschwindigkeit, die Haltbarkeit, die Abbaugröße und wie hoch sein Schaden ist.

CastCrafter mit dem Mining Drill

| Drill Head | Mining Area | Mining Level | Mining Speed (Geschwindigkeit) | Attack Damage (Schaden) | Durability (Haltbarkeit) |
|---|---|---|---|---|---|
| Iron | 2 × 2 × 1 | Redstone | 9 | 6 | 6.000 |
| Steel | 3 × 3 × 1 | Obsidian | 10 | 7 | 10.000 |

Die Werte der verschiedenen Bohrköpfe

Der Drill Head verliert an Haltbarkeit, wenn du Sachen abbaust. Er kann aber immer auf einem Anvil repariert werden. Da der Bohrer von einem Verbrennungsmotor angetrieben wird, kannst du ihn nicht unter Wasser benutzen, außer du installierst das Upgrade Pressurized Air Tank. Das lässt dich den Bohrer unter Wasser nutzen und verhindert das normalerweise langsamere Abbauen unter Wasser. Mit dem Advanced Lubrication System wird dein Bohrer regelmäßig geschmiert, wodurch er weniger Haltbarkeit verliert. Für mehr Wumms im Bohrer sorgt das Upgrade Additional Augers. Mit ihm verursachst du mehr Schaden und kannst schneller abbauen. Du kannst das Upgrade sogar bis zu dreimal installieren. Zuletzt gibt es noch den Large Fuel Tank. Mit seiner Hilfe kannst du mehr Biodiesel im Bohrer lagern und musst nicht immer so schnell nachfüllen.

## Der Revolver

Der Revolver ist eine kleine, handliche Waffe, um dich selbst zu verteidigen. Er funktioniert mit der gleichen Munition wie der Gun Turret, eine Liste aller Patronen findest du dort (siehe Seite 332). Um den Revolver zu laden, drückst du ⇧ + Rechtsklick und legst die Munition in die Slots. Wenn du einen Speedloader im Inventar hast, passiert das automatisch, nachdem der Revolver leer geschossen wurde. Auch den Revolver kannst du in der Engineer's Workbench upgraden. Mit dem Bayonet hast du ein kleines Messer an deinem Revolver, das dann gleichzeitig als Nahkampfwaffe benutzt werden kann. Das Bayonet verursacht so viel Schaden wie ein normales Eisenschwert. Mit dem Extended Magazine kannst du sechs Patronen mehr in den Revolver laden. Allerdings werden sie nicht mit dem Speedloader gefüllt.

Das Upgrade Amplifying Electron Tubes hat es wirklich in sich, denn es gibt eine elektrische Ladung an die Geschosse weiter, die dann beim getroffenen Ziel entladen werden. Das Ziel wird für kurze Zeit bewegungsunfähig, außerdem werden alle elektrischen Items, die er bei sich trägt, ein wenig entladen.

## Der Engineer's Skyhook

Der Engineer's Skyhook ist ein cooles und nützliches Spielzeug. Du kannst mit diesem Haken deine Leitungen wie Kabel, Hemp Ropes oder Steel Cable entlanggleiten. Erinnerst du dich an das Spiel »BioShock Infinite«? So in etwa. Nimm den Skyhook in die Hand und halte die rechte Maustaste auf einen Connector geklickt, an dem ein Kabel angeschlossen ist. Du beginnst nun auf dem Kabel zu gleiten. Wenn du die rechte Maustaste loslässt oder ⇧ drückst, fällst du vom Kabel herunter. Du kannst mit diesem Tool also nicht nur schnell und cool reisen, sondern auch einfach deine Leitungen checken.

## Der Chemical Thrower

Der *Chemical Thrower* ist praktisch die handliche und kleine Version des Chemthrower Turrets (siehe Seite 331). Du kannst mit ihm jede Flüssigkeit und jedes Gas verschießen und sie, falls gewünscht, mit ⇧ + Rechtsklick entzünden. Wie die meisten Tools kannst du auch den Chemical Thrower upgraden. Mit dem Large Tank kannst du 2.000 mB mehr in seinem Tank lagern. Mit der Focused Nozzle wird deine versprühte Flüssigkeit nicht so sehr verteilt, wodurch du gleichzeitig ein bisschen weiter schießen kannst. Der Multitank gibt dir die Möglichkeit, drei verschiedene Flüssigkeiten zu lagern und zum Verschießen zwischen ihnen zu wählen. Zwischen den Flüssigkeiten wählst du mit ⇧ + Mausrad. Das Upgrade kann nicht mit dem Large Tank kombiniert werden. Natürlich eignen sich alle Waffen aus Immersive Engineering super, um dich auch gegen andere Spieler zu verteidigen.

Der Chemical Thrower

## Der Capacitor Backpack

Die meisten elektrischen Werkzeuge und Waffen haben nicht wirklich viel Akkukapazität. Deshalb musst du immer wieder nach Hause gehen, um sie zu laden. Mit dem Capacitor Backpack bleibt dir das erspart. In ihm kannst du deine Energie lagern, und er gibt sie nach Bedarf automatisch an alle Items in deiner Main- und Offhand weiter. Außerdem versorgt er alle Rüstungsteile, die mit Energie funktionieren. Du kannst den Capacitor Backpack wie einen Rucksack anstelle deines Brustpanzers tragen oder ihn sogar mit einem zusammencraften, um beide Vorteile zu nutzen.

## Die Railgun

Die *Railgun* oder, wie sie von den Mod-Entwicklern genannt wird, das »mitnehmbare Induktions-Katapult« ist eine sehr starke Waffe. Sie verbraucht sehr viel Energie, um einen Schlitten zwischen zwei Schienen zu beschleunigen und damit ein Projektil abzuschießen. Um die Railgun zu nutzen, brauchst du ein passendes Projektil. Das wären Iron oder Steel Rods oder Graphite Electrodes. Mit den Projektilen im Inventar kannst du die Railgun mit gedrückt gehaltener rechter Maustaste aufladen, bis die Anzeige 99 erreicht. Beim Loslassen wird das Projektil sehr schnell beschleunigt und richtet eine Menge Schaden an.

CastCrafter mit der Railgun

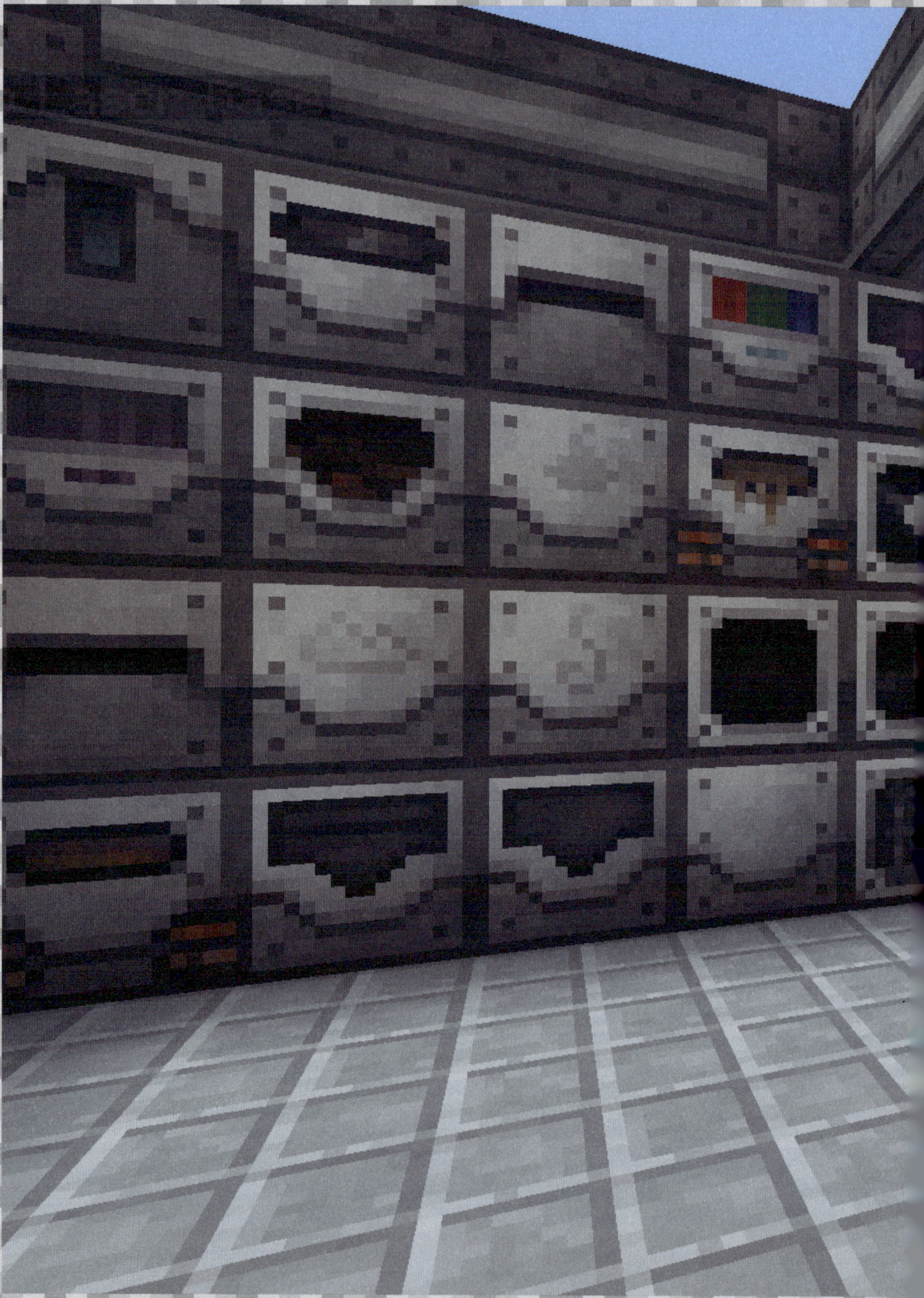

# KAPITEL 14

# INDUSTRIAL FOREGOING – ITEM-SAMMELKUNDE

Wenn du glaubst, du kennst jetzt schon viele Maschinen, dann halte dich fest. Jetzt kommen nämlich noch einmal knapp 50 Maschinen dazu! Nicht alle wirst du brauchen, aber die, die du brauchst, sind echt genial. Wer hat nicht schon einmal von einer automatischen Tieraufzucht mit nachfolgender Verarbeitung und Fleischproduktion geträumt? Hast du nicht? Kein Problem, denn auch Pflanzenliebhaber kommen hier auf ihre Kosten.

# VIELE NAMEN, GLEICHER INHALT

Die Modifikation *Industrial Foregoing* hatte sehr viele Namen. Angefangen hat es mit *Minefactory*, dann *Minefactory Reloaded* und im Anschluss eben Industrial Foregoing. Der Inhalt ist aber nahezu der gleiche: sehr viele Maschinen, die einem das Leben in Minecraft stark vereinfachen, sofern man einmal den Aufbau verstanden hat. Angefangen bei automatischen Baum- und Pflanzenfarmen bis hin zur automatischen Tieraufzucht mit anschließender Verarbeitung ist alles dabei. Es gibt sogar Laserbohrer, die Rohstoffe für dich fördern, und eine sehr interessante Stromproduktion. Den Strom braucht man nicht zwingend, wenn man einen Extreme Reactor laufen hat, aber interessant ist es dennoch, da das System komplett autonom und wartungsfrei funktioniert. Alles, was du dafür brauchst, ist Platz.

### Leitungen in Industrial Foregoing

Industrial Foregoing ist eine großartige Modifikation. Allerdings enthält sie keine einzige Art von Leitung, nichts, um Energie oder Flüssigkeiten zu befördern. Das Einzige, was bedingt befördert werden kann, sind Items. Es gibt nämlich auch in dieser Mod *Conveyor Belts* wie in der Mod Immersive Engineering, die sich mit verschiedenen Upgrades ausbauen lassen. Benutzt haben wir sie allerdings noch nie, da sie nicht gerade platzsparend sind und auch optisch nicht hübsch. Die von Immersive Engineering sind da eindeutig die bessere Wahl. Wir benutzen im Folgenden die EnderIO-Conduits aus Kapitel 7, möglich wären aber auch Kabel und Leitungen der Mods Immersive Engineering aus Kapitel 13 oder Thermal Dynamics aus Kapitel 8. Theoretisch kannst du auch alle anderen Kabel verwenden, die unser Modpack bereithält.

Ein Lava Fabricator mit Ender Energy Conduit von links und Ender Fluid Conduit in der Mitte

# KLEINE MASCHINENKUNDE – DAS INTERFACE

Das Interface der Intustrial-Foregoing-Maschinen ist nahezu immer gleich. Damit du den Überblick behältst und auch weißt, was du wo einstellst, gibt es hier eine kleine Maschinenkunde, in der wir die wichtigsten Felder erklären. Wir nehmen als Beispiel den *Plant Interactor*, unseren Pflanzenpflücker.

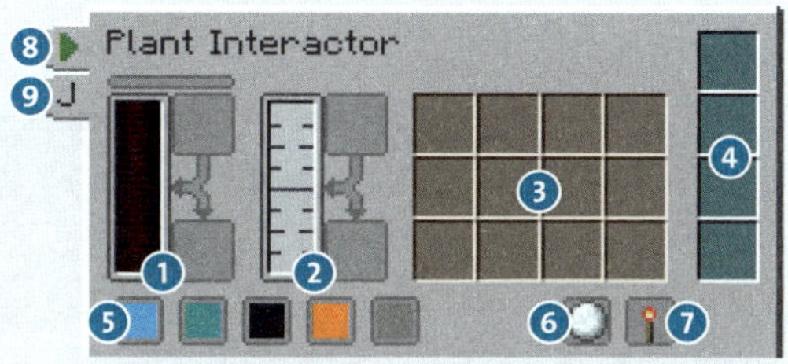


Das Maschinen-Interface von Industrial Foregoing

1. **Stored Energy:** Ein eingebauter Akku und ein Indiz dafür, dass die Maschine Energie benötigt, um zu funktionieren. Ist der Akku leer, verweigert die Maschine ihre Arbeit.
2. **Fluid Tank:** Hat die Maschine etwas mit Flüssigkeiten zu tun, dann speichert sie diese hier. Raus bekommst du die Flüssigkeit mit einem Eimer, einem angeschlossenen Tank oder Fluid Conduits.
3. **Inventar:** Hier legt die Maschine alle Items ab, die sie verarbeitet oder erntet. Bei Bedarf kann man sie auch mit einer Item Conduit rausziehen.
4. **Add-on-Plätze:** Hier kannst du bis zu vier Add-ons einfügen, um z. B. den Bereich zu vergrößern, in dem die Maschine arbeitet. Das ist wichtig für die Pflanzenfarm.
5. **Interfacebereiche:** Viele bunte Felder, die alle einen Bereich im Interface darstellen. Durch Klicken kannst du Aus- und Eingänge einstellen (interessant bei der Tierfarm weiter hinten).
6. **Arbeitsbereich:** Der Schneeball zeigt dir den Bereich an, in dem die Maschine arbeitet. Erweiterbar ist er mit *Range-Add-ons*.
7. **Redstone:** Hier stellst du ein, wie die Maschine mit einem anliegenden Redstone-Signal umgehen soll (Maschine an/aus).
8. **Manuelle Pausentaste:** Damit kannst du die Maschine stoppen.
9. **Verknüpfung zum JEI:** Zeigt dir allerhand nützliche Informationen an, wie z. B. Beschreibung der Maschine oder auch mögliche Rezepte.

# DAS BRAUCHT JEDE MASCHINE – PLASTIC

Bevor du dich auf die wirklich coolen Maschinen aus Industrial Foregoing stürzen kannst, brauchst du eine Menge Plastic. Denn nahezu jede Maschine der Mod wird mit Plastic gecraftet. Und dazu benötigen wir einen Tree Fluid Extractor, der Latex aus Baumstämmen zieht und es mithilfe von Wasser und der *Latex Processing Unit* zu Plastic verarbeitet.

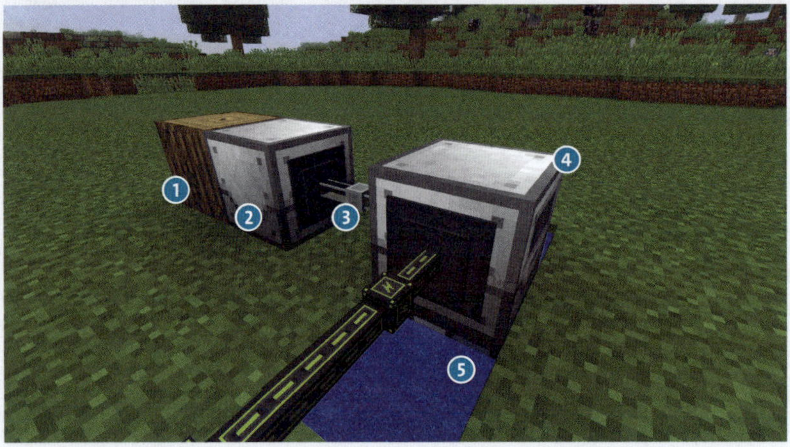


Hier siehst du, wie ein Tree Fluid Extractor ❷ einen Baumstamm ❶ bearbeitet. Den Extractor verbindet ein Fluid Conduit ❸ mit der Latex Processor Unit ❹, darunter setzt du den Aqueous Accumulator, der Wasser bereitstellt ❺.

Du brauchst:

- Energie
- 1 × Tree Fluid Extractor
- 1 × Latex Processing Unit
- 1 × Aqueous Accumulator der Mod Thermal Expansion
- 1 × Fluid Conduit
- viel Holz

1. Baue zuerst den Aqueous Accumulator (dieser sammelt ja selbstständig Wasser, mehr dazu in Kapitel 8, »Thermal Expansion – wahnsinnig schnelle Produktion«) in den Boden mit je einer Wasserquelle an zwei der vier Sei-

ten. Industrial Foregoing hält dafür einen ähnlichen Block bereit, den *Water Condensator*. Er braucht für seinen Bau allerdings schon Plastic, ist also hier eher ungeeignet. Denn bevor wir jetzt anfangen, 18 Eimer Wasser mit der Hand in die Maschine zu schütten, platzieren wir lieber gleich einen Aqueous Accumulator.

2. Direkt auf den Accumulator stellst du die Latex Processing Unit auf. So sparst du dir die Leitung zwischen den beiden. Vergewissere dich, dass die Unit mit genügend Energie versorgt wird, z. B. mit einer Photovoltaic Cell von EnderIO oder einem Reaktor von Extreme Reactors.
3. Neben die Latex Processing Unit stellst du mit einem Block Abstand den Tree Fluid Extractor, und dazwischen platzierst du ein Fluid Conduit, so eingestellt, dass er das Fluid aus dem Tree Extractor zieht. Sobald du jetzt einen Baumstamm (egal welchen) vor den Tree Fluid Extractor stellst, extrahiert dieser Latex aus dem Holz.
4. Das Latex wird in der Latex Processing Unit unter der Zugabe von Wasser und Energie automatisch zu Tiny Dry Rubber verarbeitet. Aus 9 Einheiten Tiny Dry Rubbers kannst du dir eine Einheit Dry Rubber craften. Diese muss dann noch einmal in einen Furnace, und im Anschluss hast du das begehrte Plastic, das der Grundstoff für alle anderen Maschinen in Industrial Foregoing ist.

Mit dem ersten Plastic baust du dir einen Block Placer und stellst ihn vor den Tree Fluid Extractor. Warum? Er ist der erste Schritt in die Automation deiner Plastikherstellung.

Tree Fluid Extractor ❶ und Block Placer ❷ stehen sich gegenüber. Der Block Placer stellt automatisch neues Holz hin ❸, sobald der Tree Fluid Extractor es abgebaut hat.

Ihn füllst du anschließend mit Holz. Sobald der Tree Fluid Extractor das Holz abgebaut hat, stellt der Block Placer einen neuen Block Holzstamm hin, und der Vorgang beginnt von Neuem. Der Vorteil ist hierbei, dass du nicht ständig von Hand neues Holz vor den Tree Fluid Extractor legen musst. Der Placer stellt so lange einen Block vor sich hin, bis sein internes Inventar leer ist. So läuft die Latexproduktion schon halbwegs automatisch.

## DIE BAUM- UND PFLANZENFARMEN VON INDUSTRIAL FOREGOING

Plastic ist nun (bald) in ausreichender Menge vorhanden. Jetzt können wir uns daranmachen, wirklich coole und vor allem brauchbare Maschinen und Konstruktionen zu bauen. Beginnen wir mit einer Baum- bzw. Holzfarm. Das ist wirklich immer eine der ersten Konstruktionen, die wir in nahezu jedem Modpack-Spiel bauen. Damit kannst du nämlich auch wieder den Block Placer füttern. Für den Anfang bauen wir eine 3 × 3 Felder große Baumfarm, da diese Größe in der Regel völlig ausreicht.

Eine einfache 3 × 3 Felder große Eichenholzfarm

Du brauchst dafür:

- Energie
- 1 × Plant Sower
- 1 × Sapling

- 1 × Plant Gatherer
- 2 × Range Addon, Tier (Stufe): 0
- 2 × Basic Item Filter
- Energy Conduits
- Item Conduits

1. Baue zuerst den Plant Sower ① zwei Blöcke tief in den Boden und grabe ein 2 × 2 Blöcke großes Loch auf der gleichen Höhe in eine Richtung. Hier kommen die Item Conduits und die Energy Conduits ② rein, natürlich verbunden mit einer Energiequelle. In die Item Conduits (hier von EnderIO) am Plant Sower kommt mit Rechtsklick noch ein Filter ③, in den du dann die Saplings ④ einlegst. Das stellt sicher, dass der Plant Sower nur Saplings enthält und nichts anderes.

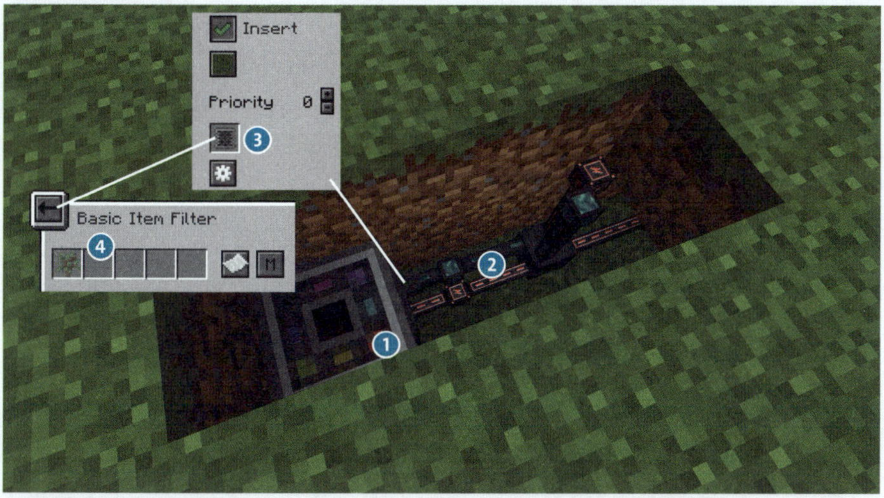


Zwei Blocks tief und drei lang: Setze den Plant Sower in die Ecke und schließe an ihn die Conduits an.

2. Der Plant Gatherer ⑤ kommt an den Rand, mit der »animierten« Seite in Richtung des Feldes. Er holzt einen Baum, sobald er wächst, komplett ab und sammelt die geernteten Items in seinem Inventar. Am Plant Gatherer setzt du den Item Conduit, der von unten an die Maschine grenzt, auf **Extract** ⑥ und auf **Always Active** ⑦. So werden erhaltene Setzlinge direkt wieder in den Plant Sower ⑧ geleitet.

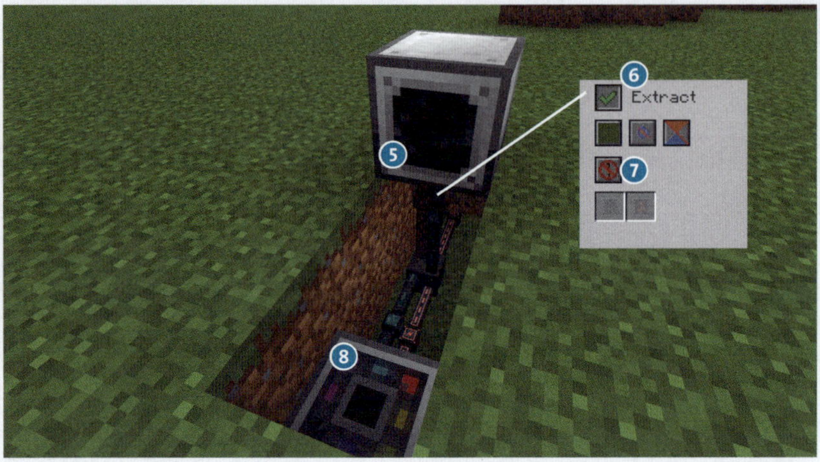


Stell den Plant Gatherer in Richtung des Plant Sowers auf.

3. Zum Schluss legst du das Range Addon, Tier: 0 in jede Maschine, damit sie anstelle eines 1×1 ein 3×3 großes Feld bearbeiten, und mindestens einen Setzling in den Plant Sower. Danach wird alles mit Erde aufgeschüttet, und die Maschinen werden mit Energy Conduits an eine Energiequelle angeschlossen.

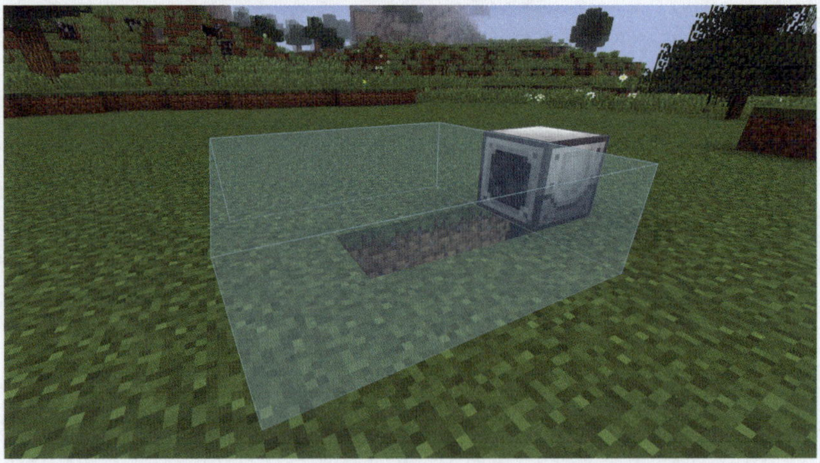

Mit dem Range Addon, Tier: 0 wird ab jetzt ein Feld von 3×3 Blöcken Größe bearbeitet.

4. Gratulation, du bist jetzt stolzer Besitzer einer automatischen Baumfarm. In dem Moment, in dem dein Sapling wächst, wird der entstandene Baum auch schon abgeholzt. Die daraus erhaltenen Rohstoffe wie Holz, Äpfel oder

sonstiger Kram (je nachdem, welcher Sapling angebaut wurde) werden in das interne Inventar geführt. Alle Saplings wandern dank des Filters in den Plant Sower. Der pflanzt sie wieder an, und der Zyklus beginnt von vorn.

### Der Plant Gatherer im Detail

Der Plant Gatherer ist ein äußerst vielseitiger Block, denn mit ihm kannst du nicht nur einfach Bäume fällen, sondern auch noch eine Vielzahl anderer Pflanzen. Welche das sind, wird meistens im JEI angezeigt. Wenn du im JEI mit gedrückter ⇧-Taste über den Plant Gatherer fährst, wird dir angezeigt, welche Pflanzen er abbaut. Das kann aber von Modpack zu Modpack variieren. Die ⇧-Taste funktioniert übrigens bei vielen Maschinen und Blocks im JEI, um dir Zusatzinfos anzeigen zu lassen.

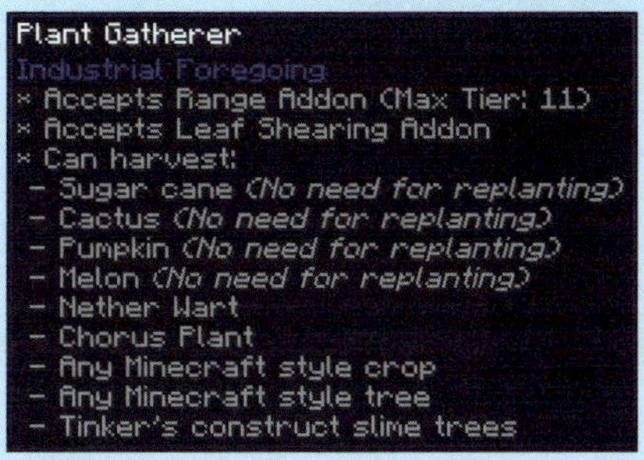


Fährst du mit gedrückter ⇧-Taste über den Plant Gatherer, zeigt dir dieser alle abbaubaren Pflanzen und Bäume.

## SO HOLST DU MEHR AUS DER BAUM- BZW. PFLANZENFARM HERAUS

Der Gartenbauunterricht ist noch nicht vorbei. Schauen wir uns mal an, was Industrial Foregoing an Möglichkeiten zu bieten hat, deine Farm noch etwas aufzuwerten.

### Der Sludge Refiner

Je mehr Farmen du hast, desto mehr lohnt sich der *Sludge Refiner*. Sludge entsteht bei jeder Aktion des Plant Gatherers oder des Plant Interactors, und das Zeug ist ziemlich ekelhaft. Der Sludge Refiner macht daraus ein unschädliches Produkt. Leite den Sludge in den Refiner und schließe ihn an dein Stromnetz an. Pro vollen Eimer Sludge entsteht ein erdähnliches Item, wie z. B. Ton, Erde, Kies, Sand oder Soul Sand, die du weiterverarbeiten kannst.

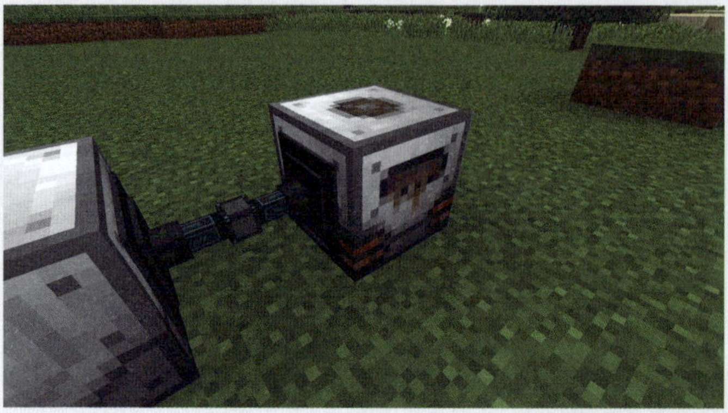

Am Plant Gatherer angeschlossener Sludge Refiner: Energie bekommt er von unten, Sludge über die Ender Fluid Conduits.

## Der Plant Fertilizer

Wenn dir deine Pflanzen zu langsam wachsen, dann gibt es immer die Möglichkeit, sie zu düngen. Dazu benötigst du einen Plant Fertilizer und das passende Range Addon. Wenn deine Farm 5 × 5 Felder groß ist, dann benötigst du hier das Range Addon, Tier: 1. Dann fehlt dir nur noch Strom und eine Menge Knochenmehl, das du am besten aus einer Mobfarm bekommst, oder aber *Fertilizer* von Industrial Foregoing, der aus dem *Sewage Composter* (siehe Seite 367) kommt.

Der Plant Fertilizer an einem 5 × 5 Blöcke großen Weizenfeld

## Der Hydrator

Der Hydrator beschleunigt ebenfalls das Pflanzenwachstum um sich herum. Alles, was der Hydrator benötigt, ist Strom. Die beste Variante ist im Grunde, wenn du Plant Fertilizer und Hydrator miteinander kombinierst. In die Mitte des Feldes stellst du einen Hydrator und an den Rand die Plant Fertilizers. Natürlich darfst du auch hier nicht das Range Addon vergessen.

Hydrator in der Mitte eines Feldes, er benötigt nur Strom.

## Der Plant Interactor

Es gibt Pflanzen und Büsche, die man nicht mit dem Plant Gatherer ernten kann. Meistens sind das Pflanzen, bei denen man rechtsklicken muss, um sie zu ernten, wie z. B. Oreberry-Büsche aus *Oreberries* (eine Mod, in der Erze an Büschen wachsen). Da hilft der Plant Interactor. Angeschlossen wird er exakt so wie der Plant Gatherer, er produziert auch Sludge als Nebenprodukt. Einen Plant Sower brauchst du in dem Fall aber nicht, da die Pflanzen nicht abgebaut werden, sondern das Erzeugnis nur »abgepflückt« wird, während die Pflanze stehen bleibt.

Der Plant Interactor, klein und unschuldig

# NICHTS FÜR VEGETARIER – TIERFARMEN

Eines der Highlights der Mod Industrial Foregoing ist das Züchten und die Rohstoffgewinnung von Tieren. Wir nennen es jetzt mal Rohstoffgewinnung, denn neben den offensichtlichen Dingen wie Fleisch und Leder kannst du alles automatisieren, was so ein Tier hergibt, also auch Milch, Wolle und sogar Tintenbeutel von Tintenfischen. Als Nebenprodukt lässt sich noch Sewage (Jauche, eine Sammlung flüssiger Exkremente) von den Tieren gewinnen und mit dem Sewage Composter in Dünger umwandeln. Fangen wir aber mit einer Schlachterei an, denn die ist einfach aufzubauen, und wir haben Hunger.

Eine Kuhfarm mit vier Kühen

Du brauchst:

- Energie
- Energy Conduits
- 2 × Fluid Tank
- 1 × Animal Feeder
- 1 × Animal Baby Separator
- 1 × Mob Slaughter Factory

- 1 × Meat Feeder (versorgt dich mit Fleischnahrung)
- 3 × Range Addon, Tier: 1
- 2 × Cow (oder andere schlachtbare Tiere, z. B. Schweine)
- 1 × Mob Imprisonment Tool
- Weizen, um deine Tiere zu füttern

1. Wer Minecraft schon öfter gespielt hat, wird irgendwann auch den einen oder anderen Stall gehabt haben. Für die Fleischproduktion empfiehlt es sich, mit einer Kuh- oder einer Schweinefarm anzufangen. Wir empfehlen die Kuhfarm, weil sie neben Fleisch auch noch Milch erzeugt. Die kann man gut verwenden, etwa zum Kuchenbacken oder auch um negative Effekte loszuwerden.

   Lege am besten zwei 5 × 5 Blöcke große Felder an (theoretisch geht es auch größer oder kleiner, aber 5 × 5 finden wir optisch am schönsten). Begrenze diese Felder mit Blöcken. Zäune gehen auch, doch für eine Schlachterei finden wir Blöcke passender.

Zwei 5 × 5 Blöcke große Felder, umrandet mit Factory Blocks

2. Bau in dem einen Gehege den Animal Feeder ❹ in den Rand ein (siehe nächste Seite). Der Animal Baby Seperator ❸ kommt zwischen die Gehege und die Mob Slaughter Factory ❶ an den gegenüberliegenden Rand vom zweiten Gehege. An der Mob Slaughter Factory stellst du rechts und links je einen Fluid Tank ❷ von EnderIO auf und stellst die Eingänge an den Ender Tanks ein (mehr dazu auf Seite 116). Stecke in jede Maschine ein Range Addon, Tier: 1, damit das ganze Feld (5 × 5) abgedeckt ist.

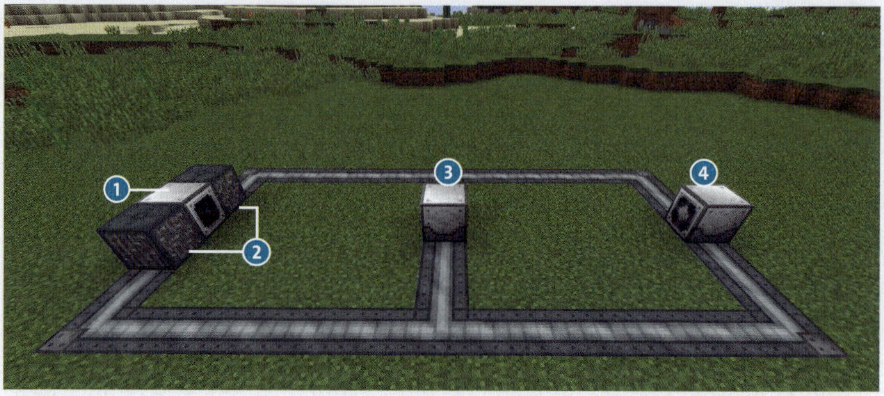


Slaughter Factory ❶ mit 2 Fluid Tanks ❷, in der Mitte der Baby Separator ❸ und rechts der Animal Feeder ❹

3. Verbinde nun alle Maschinen über Energy Conduits mit einer passenden Energiequelle. Im Anschluss kannst du die Kühe in das Gehege bringen. Einfangen kannst du sie mit dem Mob Imprisonment Tool, ein Rechtsklick auf ein Mob/Tier fängt es ein. Ein erneuter Rechtsklick lässt es wieder frei. Bringe die Kühe in das Gehege mit dem Animal Feeder und fülle diesen mit Weizen. Solltest du schon eine automatische Weizenfarm haben, kannst du es auch von dort aus direkt in den Animal Feeder leiten lassen.

Eine Baby Cow wird gerade, ehm ... verarbeitet.

4. Das Liquid Meat ist genau das, was wir als Nahrungsquelle brauchen. Befülle einen Meat Feeder, indem du mit ihm in der Hand einen Rechtsklick auf den Liquid Meat Tank machst. Solange sich der gefüllte Meat Feeder zur Nahrungsversorgung in deinem Inventar befindet, gehört Hunger der Vergangenheit an. Sobald deine Hungerleiste abnimmt, füllt der Meat Feeder sie mit geschmackvollem Liquid Meat wieder auf. Guten Appetit!

## Und so funktioniert's

Sobald der Animal Feeder Energie und Weizen hat, beginnt er automatisch damit, die Kühe zu füttern. Ein Feeder kann maximal 35 Tiere versorgen. Die Kühe erzeugen dann Babykühe. Sobald das geschieht, zieht der Baby Separator die Babykuh ins Gehege mit der Mob Slaughter Factory und verarbeitet sie dann zu Hackfleisch oder besser gesagt zu Liquid Meat und Pink Slime. Wenn du die Tanks richtig eingestellt hast, landet Liquid Meat in dem einen und Pink Slime in dem anderen Tank.

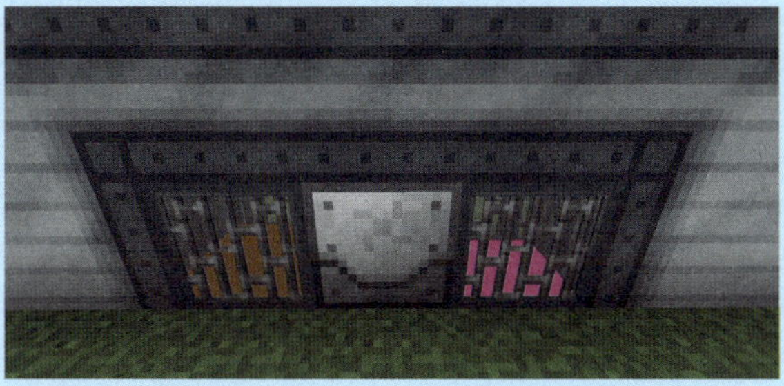

Links Liquid Meat, rechts Pink Slime, dazwischen die Mob Slaughter Factory

## Pink Slime

Pink Slime entsteht als Nebenprodukt in der Mob Slaughter Factory und ist wichtig für den Bau des *Laser Drills* und der *Material StoneWork Factory*. Denn ohne Pink Slime (Balls) lassen sich die benötigten Komponenten des Drills nicht bauen. Sobald die Mob Slaughter Factory 1.000 mB Pink Slime gesammelt hat, lässt es sich aus den Tank entnehmen. Wenn du einen Eimer mit Pink Slime in ein 1×1 Block großes Loch ausschüttest, spawnt aus dem Schleim ein Slime. Der hinterlässt, wenn du ihn umbringst, als Drop Pink Slime (Balls). Am besten tötest du ihn mit einem Schwert, das mit Looting verzaubert ist. Denn dann droppt der Slime noch mehr Slime (Balls), und darauf haben wir es abgesehen.

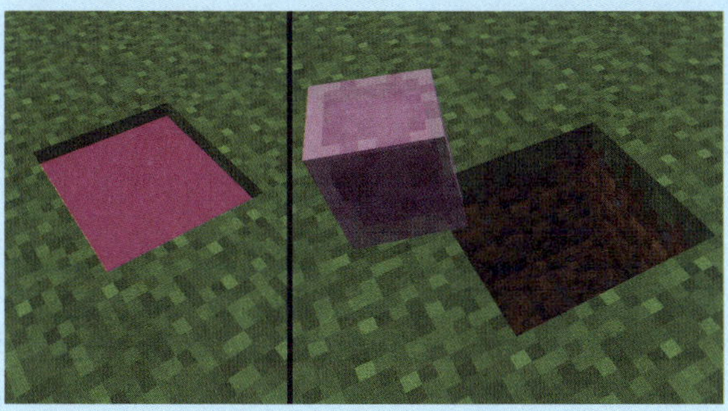

Liquid Pink Slime wird zu einem Pink Slime Mob.

# AUCH AUS DER TIERFARM HOLST DU MEHR HERAUS

Nicht nur Pflanzen können schneller wachsen, auch Tiere lassen sich effektiver verarbeiten. So geht's:

## Der Animal Grower

Der *Animal Grower* lässt Tiere schneller auswachsen. Alles, was der Animal Grower dazu benötigt, ist Energie und das Futter, das du auch zum Züchten verwendest, also Weizen für Kühe und Karotten für Schweine. Pro Aktion des Animal Growers wird eine Einheit Futter verwendet, und die Zeit, bis ein Tier ausgewachsen ist, wird um 10 % verringert. Das wird so oft wiederholt, bis das Tier ausgewachsen ist. Als Beispiel: Eine Kuh benötigt normalerweise knapp 20 Minuten vom Kalb bis zur ausgewachsenen Kuh. Der Animal Grower schafft es in nur 40 Sekunden!

Ein Animal Grower in freier Wildbahn

## Der Animal Rancher

Der *Animal Rancher* sammelt wie ein Staubsauger automatisch Ressourcen von allen Tieren in seinem Arbeitsbereich. Wenn dir der zu klein ist, hilft auch hier wieder das Range Addon. Er kann Milch, Wolle oder aber auch Tinte von Tintenfischen sammeln. Am besten integrierst du den Animal Rancher einfach in die eben gezeigte Farm. In die Wand eingebaut und mit Energie versorgt, musst du dich um nichts mehr kümmern, denn der Animal Rancher hat ein internes Inventar und einen internen Tank.

Ein Animal Rancher, der Milch produziert

## Animal Sewer und Sewage Composter

Bei jedem Tier, das im Gehege steht, fällt jede Menge *Sewage* (Jauche) an. Also warum solltest du die nicht nutzen, und zwar so, wie jeder normale Bauer sie auch nutzt, nämlich als Dünger? Der *Animal Sewer* ist eine Art Abwassersystem für die Jauche und kommt am besten mittig in den Boden deines Geheges. Er braucht neben Energie und einem Range Addon noch einen Fluid Conduit, der die Sewage zu dem außerhalb stehenden *Sewage Composter* führt. Der Sewage Composter macht aus 2.000 mB Sewage eine Einheit Fertilizer, der zum Düngen von Pflanzen und Bäumen verwendet werden kann. Es ist sogar möglich, den Fertilizer direkt mit einem Item Conduit in den Plant Fertilizer zu leiten, der ihn dann auf dem nächstliegenden angeschlossenen Feld verteilt. Solltest du Tiere halten wollen, können wir die beiden Maschinen in Kombination nur empfehlen, da sie sehr gut zusammenarbeiten.

Ein Animal Sewer links und ein Sewage Composter rechts

# DER LASER DRILL – ROHSTOFFE AUS DEM NICHTS

Kommen wir wieder zu etwas ganz anderem. Wenn du mal Energie übrig hast, kannst du sie in einen *Laser Drill* pumpen, denn der generiert zufällige Erze. Alles, was du dazu benötigst, ist eine Laser Base und ein bis vier Laser Drills. Je mehr Laser Drills du hast, desto schneller geht die Rohstofferzeugung, allerdings natürlich auf Kosten des Energieverbrauchs.

Der Aufbau ist im Grunde ziemlich einfach. In der Mitte befindet sich die Laser Base ❶. Mit einem Block Abstand zu jeder Seite setzt du die Laser Drills ❷. Wichtig ist, dass du sie in Richtung der Laser Base aufstellst. Schau also in Richtung Laser Base und setze dann den Laser Drill. Wenn du alles richtig gemacht hast, erscheint ein Strahl zwischen Laser Drill und Laser Base. Jetzt fehlt noch ein Energieanschluss am Laser Drill, und schon arbeitet die Laser Base. Zur Stromversorgung kannst du einen Extreme Reactor aus Kapitel 12 bauen oder Photovoltaic Cells aus Kapitel 7, »EnderIO – für alle etwas dabei«, aufstellen. In einem früheren Projekt hatten wir dieses System nur mit Solarzellen versorgt und hatten so immer ein paar Rohstoffe zusätzlich.

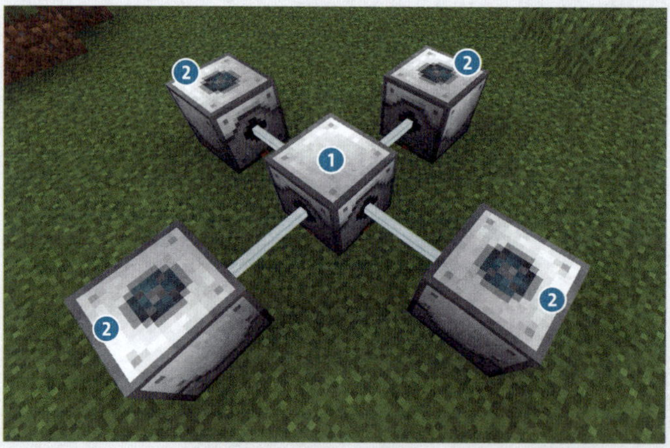


Eine Laser Base ❶ mit vier Laser Drills ❷

## Linsen für jeden Geschmack

Wenn du dir das Interface der Laser Base anschaust, siehst du zum einen den vorhandenen Inventarplatz rechts (wenn er voll ist, hört die Maschine auf zu arbeiten) und zum anderen links einen Platz für *Lenses*. Je nachdem, welche

Lens eingesetzt wird, erhöht sich die Wahrscheinlichkeit für gewisse Rohstoffe. Zusätzlich dienen die Lenses als Vorgabe für den *Dye Mixer*, der mit einer weißen Lens z. B. weiße Farbe herstellt. Zum Farbmischer kommen wir später noch einmal auf Seite 380, aber du kannst es ja im Hinterkopf behalten. In der Tabelle siehst du, welche Lens welche Wahrscheinlichkeiten in der Laser Base erhöht.

Zu diesen Linsen gibt es jeweils auch noch eine invertierte (*Inverted*) Version. Wenn du sie benutzt, wird die Wahrscheinlichkeit der entsprechenden Rohstoffe nicht erhöht, sondern verringert. Wenn du z. B. genug Smaragde hast und mehr von den anderen Erzen haben möchtest, dann legst du die hellgrüne invertierte Linse ein.

Eine kleine Auswahl an Linsen

| Lens | Rohstoffe |
|---|---|
| Weiß | Nether Quartz , Iridium |
| Orange | Copper |
| Hellblau | Diamond, Platinum |
| Gelb | Gold, Yellorite, Ardite |
| Hellgrün | Emerald |
| Grau | Silver |
| Hellgrau | Tin |
| Pink/Violett | Lead, Draconium |
| Blau | Lapis Lazuli, Cobalt |
| Braun | Iron, Aluminium, Nickel |
| Grün | Uranium |
| Rot | Redstone |
| Schwarz | Coal |

Hier siehst du alle Lenses mit ihren entsprechenden Erzen.

# EINE MOBFARM MIT INDUSTRIAL FOREGOING

Viele Modifikationen zu verwenden bedeutet unter Umständen, dass sich manche Maschinen doppeln. Ähnlich wie bei der Mod EnderIO gibt es auch in Industrial Foregoing eine Maschine, die Mobs in ihre Einzelteile zerlegt. Der Unterschied der Mobfarm aus Industrial Foregoing zu den meisten anderen ist, dass du hier nicht nur den Loot, also die Beute, der Gegner erhältst, sondern darüber hinaus auch *Essence*. Damit lässt sich allerhand machen, z. B. Gegenstände verzaubern oder reparieren, gezielt Monster erschaffen oder auch rohe Erze mit Luck 3 zerkleinern (Glück erhöht z. B. die Anzahl der Diamanten, die du aus einem Diamantblock bekommst). Kümmern wir uns erst einmal um das Erzeugen von Essence.

## Der Mob Crusher

Der Mob Crusher zerlegt alle Arten von Kreaturen in ihre Einzelteile und sammelt zusätzlich noch Essence für jeden erlegten Mob. Dabei ist es egal, ob du dem Mob Crusher Tiere oder Monster vorsetzt. Die Fläche, in der der Crusher arbeitet, wird über die Range Addons definiert. Maximal geht es bis Range Addon, Tier: 5, das wären 13 × 13 Blöcke. Wir empfehlen für eine Mobfarm ein Range Addon, Tier: 3, das sind immerhin 9 × 9 Blöcke. Dies ist auch exakt die Fläche, in der Minecraft Spawner und Powered Spawner Monster spawnen lassen.

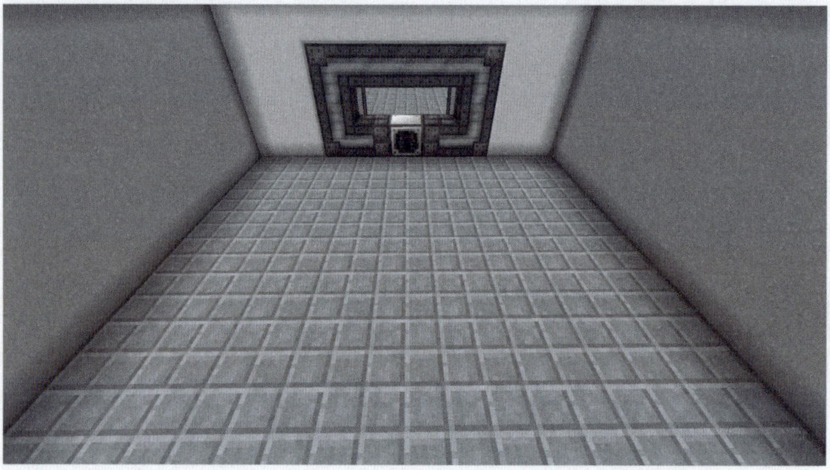

Ein 9 × 9 Blöcke großer Raum und am Ende ein Mob Crusher mit einem Range Addon, der den kompletten Raum abdeckt. Vergiss nicht, den Raum abzudunkeln, damit auch schön viele Monster spawnen.

### Essence

Essence wird erzeugt, wenn der Mob Crusher die Mobs vor sich zerlegt. Mit Essence kannst du allerhand in Industrial Foregoing anstellen, z. B. einen Mob Duplicator betreiben, der Mobs verdoppelt, einen Enchantment Applicator oder eine Enchantment Factory. Diese Maschinen verbrauchen statt Leveln des Spielers Essence. Eine genaue Beschreibung folgt gleich noch, erst mal bauen wir den Mob Crusher fertig.

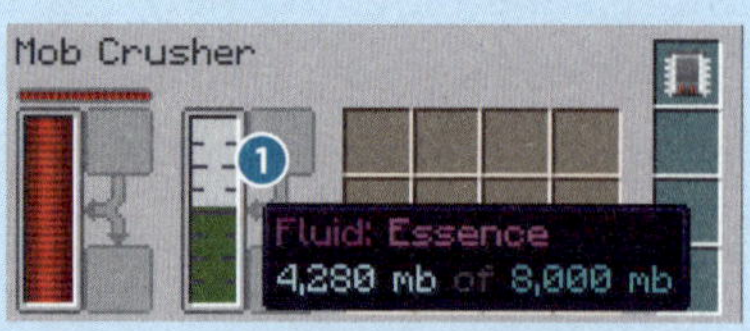


Der Balken für Essence im Mob Crusher 1

## Der Mob Duplicator

Solltest du aus irgendeinem Grund einen bestimmten Mob ganz besonders brauchen, empfiehlt sich ein Mob Duplicator. Dieser dupliziert mithilfe von Energie und Essence den Mob, den du vorher mit einem Mob Imprisonment Tool eingefangen hast. Wir stecken meistens eine Hexe in den Duplicator, denn von ihr erhalten wir Redstone und Glowstone. Klick mit dem Mob Imprisonment Tool auf den Mob und fang ihn damit ein. Das Tool legst du dann in deinen Mob Duplicator – und siehe da: Der gleiche Mob kommt immer und immer wieder aus dem Mob Duplicator. Wir hängen ihn wie zuvor den Powered Spawner in der Mitte der Mobfarm auf und versorgen ihn mit Energie und einer Essence-Leitung, die vom Mob Crusher kommt. Als Range Addon empfiehlt sich ebenfalls Tier: 3. Im Mob Duplicator lassen sich zudem alle Arten von Mobs spawnen, egal, ob Dorfbewohner, Schweine, Kühe, Endermen oder Wither Skeletons. Nur Wither und Ender Dragon passen leider nicht in die Maschine. Aber das wäre auch ein bisschen zu viel erwartet.

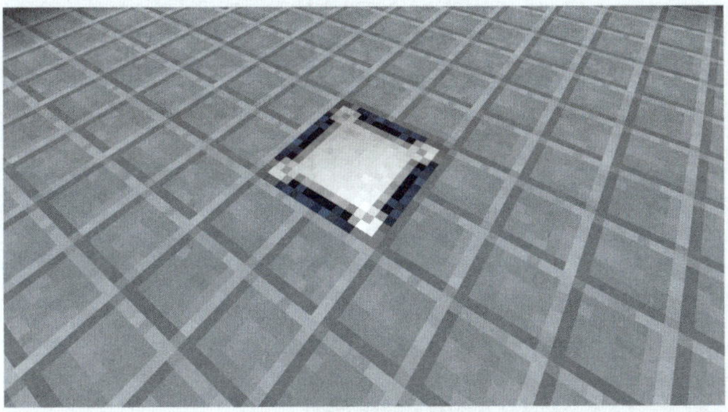

Ein in den Boden eingebauter Mob Duplicator

## Der Resourceful Furnace

Ein Ofen, der drei Sachen auf einmal schmilzt und bei jedem Schmelzvorgang ein wenig Essence abgibt? Klar, bau dir einfach einen Resourceful Furnace. Wenn du Bruchstein brennst, bekommst du 5 mB pro Stein und bei Golderz 50 mB.

Dieser Furnace kann alles dreifach.

# MASCHINEN FÜR UND GEGEN VERZAUBERUNG

Wer eine Mobfarm oder einen Fisher (eine Maschine, die automatisch angelt) betreibt, wird schnell sehen, dass es Unmengen an verzauberten Gegenständen gibt (Bücher, Rüstungen, Waffen, Werkzeuge). Unter Umständen müllen diese aber auf Dauer das System zu. Industrial Foregoing hat dafür ein paar interessante Maschinen am Start. So kannst du die interessante Sharpness-4-Verzauberung (erhöht die Angriffsstärke) von dem eher nutzlosen, halb kaputten Eisenschwert, das beim Fischen zutage gekommen ist, herunterziehen und auf dein Diamantschwert übertragen.

## Der Enchantment Sorter

Der *Enchantment Sorter* filtert, wie es der Name schon sagt, verzauberte Gegenstände aus der Masse heraus. Mal angenommen, du hast einen Resource Fisher (mehr dazu auf Seite 374) per Item Conduit direkt an dein System angeschlossen. Dazwischen steckst du jetzt den Enchantment Sorter. Der sortiert alle verzauberten Gegenstände, die ihn passieren, in eine zuvor eingestellte Richtung raus, in unserem Fall nach oben in die Truhe, wo du alles bequem entnehmen kannst.

Der Enchantment Sorter sortiert verzauberte Gegenstände aus.

## Der Enchantment Extractor

Wenn du schon die verzauberten Gegenstände aussortierst, dann kannst du sie auch direkt entzaubern. Das übernimmt der Enchantment Extractor.

Bewaffnet mit einem Buch und etwas Energie wird die Verzauberung vom Gegenstand auf das Buch übertragen. So lässt sich schnell eine Sammlung von coolen, verzauberten Büchern anlegen.

Vom Enchantment Sorter direkt in den Enchantment Extractor

## Der Enchantment Applicator

Der Enchantment Applicator verhält sich wie der Anvil (Amboss) in Vanilla Minecraft. Mit ihm kannst du Verzauberungen aus Büchern auf das jeweilige Item bringen. Beim Anvil wird hierzu immer eine gewisse Anzahl von Leveln benötigt, im Applicator übernimmt das die Essence. Zudem lassen sich hier wie im Anvil auch Gegenstände reparieren.

Der Enchantment Applicator hat nicht umsonst einen Amboss auf dem Gehäuse.

## Die Enchantment Factory

Die Enchantment Factory funktioniert genau wie ein Enchantment Table aus Vanilla Minecraft, nur dass hier wieder Essence statt Level benutzt werden. Um eine Level-30-Verzauberung zu bewirken, brauchst du in der Factory 3.000 mB Essence.

Ein Verzauberungstisch, der keine Level benötigt. Zauberhaft!

# DER RESOURCE FISHER – ANGELN MACHT ENDLICH WIEDER SPASS

Wenn wir eins nicht mögen in Spielen, dann ist es das Angeln. Angeln gehört für uns zu den langweiligsten Nebenaufgaben in den meisten Spielen. Es gibt sogar Spiele, die sich nur ums Angeln drehen. Verrückt!

Gut, dass es für Leute wie uns den Resource Fisher gibt. Er wird mittig über einem 3 × 3 Blöcke großes Wasserloch positioniert und mit Strom versorgt. Sobald alles anliegt, beginnt er, loszuangeln. Aber Vorsicht! Fisher ziehen unentwegt Fische, Bücher, Kleidung und allerhand anderen Kram aus dem Wasser. So ist dein System, sofern du es direkt an den Fisher angeschlossen hast, schnell zugemüllt. Gronkh weiß, wovon wir sprechen, und wenn du Gronkhs Minecraft-After-Humans-Videos auf YouTube oder Twitch geschaut hast, weißt du es wahrscheinlich auch. Baue am besten direkt eine Sortierung oder eine Müllanlage am System an,- die automatisch die nicht benötigten Gegenstände entsorgt.

Ein Resource Fisher mit einer Photovoltaic Cell obendrauf ist sofort einsatzfähig.

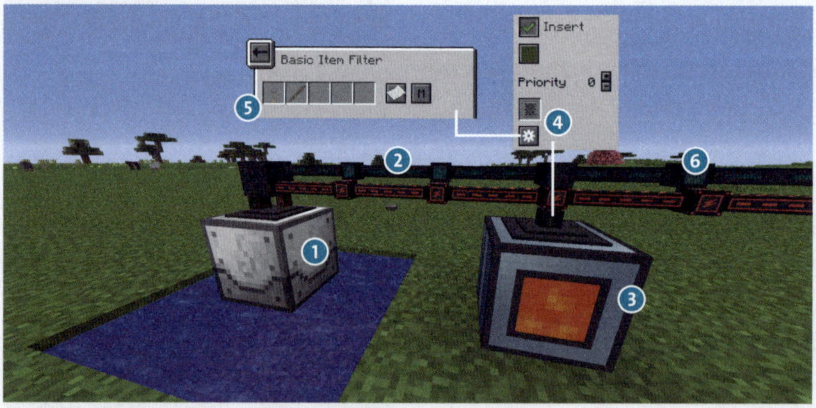


Übersicht über den Aufbau des Resource Fishers

Der Resource Fisher ❶ wird per Item Conduit ❷ mit einem Nullifier ❸ aus Thermal Expansion verbunden. Unliebsame Items werden in den Filtereinstellungen ❺ im Item Conduit ❹ hinterlegt (z. B. Sticks), alle übrigen Items werden über die weiterführenden Item Conduits ⑥ geleitet, z. B. in eine Truhe. In den Nullifier eingeleitete Items werden vernichtet.

Der Resource Fisher ist eine der wenigen Maschinen, die keine Range Upgrades akzeptieren. Er bleibt also bei seinem 3 × 3-Wasserloch.

## DIE BLACK HOLE UNIT – UNENDLICH VIEL PLATZ IM SCHWARZEN LOCH

In den Kommentaren unter einem YouTube-Video würden wir jetzt wieder berichtigt werden, wenn wir behaupteten, wir hätten *unendlich* viel Platz. Denn eine *Black Hole Unit* kann ja nur 2.147.483.647 Items (von einem Item-Typ) speichern und gar nicht unendlich viele. Trotzdem haben wir so ein Teil noch nie voll bekommen, sodass es sich schon so anfühlt. Einzige Einschränkung der Black Hole Unit ist, dass sie nur einen einzigen Item-Typ halten kann, aber davon dann eben sehr, *sehr* viel.

Black Hole Controller, Unit und Tank auf einen Blick

Black Hole Units empfehlen sich immer dann, wenn man eine beliebige Farm hat. Bei einer Baum- bzw. Holzfarm würden wir eine oder mehrere Black Hole Units dahinterbauen, eine für Holz, eine für Saplings und jeweils eine für alles Weitere, was so ein Baum hergibt. Sobald du einige Black Hole Units hast, kannst du sie auch alle in einen *Black Hole Controller* stecken. Neun Stück passen hier rein und brauchen dann anstelle von neun Blöcken Platz nur einen. Wie du sie mit einem ME-System kombinierst, zeigen wir dir in Kapitel 16, wenn wir Mods miteinander kombinieren. Der *Black Hole Tank* kann übrigens unendli..., pardon, etwas über 2 Milliarden Einheiten einer Flüssigkeit speichern.

## INTERESSANTE ENERGIEERZEUGUNG

Neben den ganzen Maschinen, die Industrial Foregoing bietet, gibt es natürlich auch welche für die Energieproduktion. Die meisten Mods, die Energie benötigen, bieten ja auch eine Möglichkeit, sie zu erzeugen. Wer schon einen

Extreme Reactor laufen hat, der muss nicht zwingend in anderen Mods auch noch Energie erzeugen, da der Extreme Reactor je nach Aufbau genug Energie erzeugt (mehr dazu in Kapitel 12). Allerdings tut er das auch nur, solange er genug Brennstoff hat, deswegen wäre eine Alternative nicht verkehrt. Also, erzeugen wir ein wenig Energie mit Industrial Foregoing.

## Der Petrified Fuel Generator – noch nicht ganz so anders

Der Petrified Fuel Generator verbrennt alles, was brennbar ist, solange es sich nicht um eine Flüssigkeit handelt. Je höher der Brennwert ist, desto mehr Energie wird erzeugt. Der Generator verfügt zudem noch über einen internen Speicher von 100.000 RF, solange der voll ist, werden keine weiteren Materialien verbraucht.

Hier wird Kohle aus einem Drawer in einen Petrified Fuel Generator geleitet. Der daraus erzeugte Strom wird in der Basic Capacitor Bank gespeichert.

Welche Materialien wie viel Energie bringen, zeigen wir in einem kleinen Auszug in der Tabelle.

| Material/Item | Brennwert | Brennzeit |
|---|---|---|
| Wolle | 5 RF/t | 100 Ticks |
| Holz | 15 RF/t | 300 Ticks |
| Kohle | 80 RF/t | 1.600 Ticks |
| Blaze Rod | 120 RF/t | 2.400 Ticks |
| Pyrotheum Dust | 1.200 RF/t | 24.000 Ticks |

Je nach Mod und Modpack können die Werte variieren. In unserem Modpack zum Buch gibt es über 700 verschiedene Items, die man verbrennen kann. Welche das sind, wird auch im JEI angezeigt.

## Der Biofuel Generator – Energie aus Biomasse

Um Energie aus Biomasse zu erzeugen, benötigst du zwei Maschinen: zum einen den Bioreactor, der z. B. aus Kartoffeln, Karotten, Samen, Setzlingen usw. Biofuel herstellt, und zum anderen den Biofuel Generator, der aus Biofuel wiederum Energie macht. Verbinde die beiden Maschinen am besten mit Fluid Conduits von EnderIO. So fließt das Biofuel automatisch in den Generator. Aus 1.000 mB Biofuel werden dann 640.000 RF (160 RF/t).

Eine Baumfarm mit Biofuel Upgrade

Damit kannst du super deine Baumfarm upgraden. Einfach überschüssige Saplings in den Bioreactor füllen und verarbeiten lassen. Für den Biofuel Generator benötigst du:

- 1 × Bioreactor
- 1 × Biofuel Generator
- Energy Conduits
- Item Conduits
- Fluid Conduits

1. Grabe ein 3 × 2 Blöcke großes Loch von deinem Plant Sower aus und lege neue Energy und Item Conduits in das Loch. Am Ende setzt du den Bioreactor auf die Leitungen und stellst den Item Conduit auf **Insert**.

Wir erweitern unsere Baumfarm.

2. Im Anschluss verlegst du Fluid Conduits und stellst den Biofuel Generator daneben.

Biofuel Generator und Bioreactor neben der Baumfarm

3. Nun musst du nur noch den Boden schließen, und fertig ist deine Biofuel-Anlage, die du selbstverständlich nach Belieben erweitern kannst. Versuche das Ganze doch noch mal mit Karotten zu bauen.

### Und so funktioniert's

Wenn ein Baum wächst, wird er umgehend vom Plant Gatherer abgebaut. Dieser erhält bei einer Eiche z. B. Holz, Äpfel und Setzlinge. Die Saplings werden dann zum Plant Sower geschickt, der sie wieder anbaut. Überschüssige Saplings gehen automatisch in den Bioreactor, der daraus Biofuel herstellt. Biofuel wird über den Fluid Conduit in den Generator geleitet, der daraus wieder Energie macht.

### Der Protein Generator – Energie aus Protein

Ähnlich wie die Energieproduktion aus Biomasse besteht die Energieproduktion aus Protein aus zwei miteinander verbundenen Maschinen: einmal dem Protein Reactor, der aus tierischen Produkten, wie z. B. rohem Fleisch, Fisch, Eiern oder sogar verfaultem Fleisch, Protein herstellt, und dann noch dem Protein Generator, der aus dem eben hergestellten Protein Energie erzeugt. Verbinde auch hier die beiden Maschinen am besten mit einem Fluid Conduit von EnderIO (du kannst EnderIO-Conduits in nahezu allen Mods für den Transport verwenden), damit das Protein automatisch in den Generator fließt. Aus 1.000 mB Protein werden 1.280.000 RF (320 RF/t).

Unser nächstes stromerzeugendes Pärchen

Auch diese Energieproduktion lässt sich gut mit anderen Aufbauten von Industrial Foregoing koppeln. Vielleicht mit der Mobfarm, wo du automatisch Rotten Flesh verarbeiten lässt? Oder vielleicht doch mit der Tierfarm oder dem Fisher, der dich mit Fisch versorgt?

## WAS ES SONST NOCH SO GIBT

Wie zu Beginn dieses Kapitels erwähnt, gibt es in Industrial Foregoing insgesamt um die 50 Maschinen und Blöcke. Damit du bei den letzten Maschinen nicht im Dunkeln tappst, hier eine kleine Auflistung dazu. Vielleicht findest du ja für die ein oder andere Maschine Verwendung.

### Block Breaker

Der Block unmittelbar vor einem *Block Breaker* ist nicht sicher. Er wird nämlich abgebaut und ins Inventar gesteckt. Der Breaker braucht nur Energie, um zu funktionieren. Range Addons funktionieren hier nicht. Er würde sich z. B. auch gut in einem Vanilla-Cobblestone-Generator verwenden lassen.

## Block Placer

Der *Block Placer* funktioniert wie der Block Breaker – nur andersherum. Er stellt Blöcke unmittelbar vor sich hin. Und zwar genau die, die man ihm vorher in sein Inventar gelegt hat. Er braucht nur Energie, um zu funktionieren. Auch hier funktionieren Range Addons nicht.

## Dye Mixer

Der *Dye Mixer* ist einzigartig in seiner Funktion. Er macht nämlich aus Energie und den Grundfarben *Rose Red*, *Cactus Green* und *Lapis Lazuli* jede gewünschte Farbe. Dazu brauchst du nur die dementsprechende Farbe als Lens einzulegen, und los geht's.

## Fluid Crafter

Im *Fluid Crafter* kannst du Rezepte ablegen, in denen Flüssigkeiten eine Rolle spielen. Bestes Beispiel ist das Treated Wood von Immersive Engineering. Aus einem Eimer Creosote Oil und 8 Wood Planks werden genau 8 Planks Treated Wood. Leg das Rezept in die Maschine und leite dann Creosote Oil ein. Sobald genug Material vorhanden ist, wird automatisch Treated Wood hergestellt. Gerade bei Rezepten, die man sehr häufig braucht, ist das eine große Erleichterung.

## Fluid Pump

Wie der Name schon sagt, handelt es sich bei der *Fluid Pump* um eine Pumpe, die ähnlich wie die Pumpe der Mod Immersive Engineering funktioniert. Nur, dass die Pumpe aus Industrial Foregoing auch mit Lava umgehen kann. Über einem Lavasee aufgebaut und mit Energie versorgt, pumpt die Maschine Lava ab und tauscht sie gleichzeitig gegen Bruchstein aus.

## Froster

Im *Froster* wird es kalt. Er stellt aus Wasser und Energie entweder Snowballs, Ice oder Packed Ice her. Die nächste Schneeballschlacht kann kommen!

## Item Splitter

Der *Item Splitter* wird verwendet, um Items gleichmäßig in gewünschter Stapelgröße zu verteilen. Die gewünschte Stapelgröße kannst du mit den Pfeiltasten im GUI einstellen. Bestes Anwendungsbeispiel sind der Resourceful Furnace oder der Alloy Smelter von EnderIO. Mit dem Splitter kannst du die Stapelgröße auf drei stellen, und sobald der Item Splitter drei Items hat, schiebt er sie in den Resourceful Furnace oder den Alloy Smelter. Diese schmelzen nämlich immer drei Items gleichzeitig.

## Lava Fabricator

Der *Lava Fabricator* ist – Überraschung – eine Maschine, die aus Energie Lava herstellt. Mit ihr sparst du dir den Gang in den Nether und hast immer ausreichend Lava vorrätig.

## Material StoneWork Factory

Diese Maschine ist der Wahnsinn, wenn es darum geht, Baumaterialien zu erschaffen. Im ersten Slot der *Material StoneWork Factory* entsteht immer Bruchstein, danach kann man wählen. Die Maschine kann vier verschiedene Arbeitsschritte ausführen:

- *Furnace Mode* (aus Cobblestone wird Stone)
- *2 × 2 Craft Mode* (Stones werden z. B. zu Stone Bricks)
- *Grind Mode* (Cobblestone wird zu Gravel, Gravel zu Sand)
- *3 × 3 Craft Mode* (Cobblestone wird zu Compressed Cobblestone)

Das lässt sich sogar viermal hintereinander ausführen. Wenn du die Maschine auf **Grinding** ❶, **Grinding** ❷, **Furnace Mode** ❸ einstellst, wird aus dem Bruchstein Kies, danach Sand, und im Anschluss wird der Sand zu Glas.

Hier wird Bruchstein zu Glas.

Oder du stellst **Furnace Mode**, **2 × 2 Craft** und **Furnace Mode** ein. Dann wird aus dem Bruchstein zuerst Stein, dann Stone Bricks und dann *Cracked Stone* (ein weiteres Baumaterial). Es gibt sehr viele Kombinationen, deswegen teste ruhig ein wenig herum. Je nachdem, welche Blöcke du brauchst, ist das eine echte Erleichterung.

### Mob Detector

Sobald sich ein Mob an der Vorderseite der Maschine aufhält, geht ein Redstone Signal vom *Mob Detector* aus.

### Ore/Fluid Dictionary Converter

Mal angenommen, du spielst ein Modpack, in dem es mehrere gleiche Erze und Barren gibt. In Thermal Foundation gibt es ein Copper Ingot und in Immersive Engineering ebenfalls. Unter Umständen kann es dann passieren, dass du die unterschiedlichsten Ingots hast, obwohl sie eigentlich alle gleich sind. In älteren Modpacks (meist Minecraft Version 1.7.10) haben wir schon Modpacks gespielt, wo es mehr als fünf verschiedene Copper Ingots gab und dann natürlich auch noch Ingots von Aluminium, Zinn, Gold usw. in verschiedensten Mod-Varianten. Genau hier kommt der *Ore Dictionary Converter* ins Spiel. Leg ein Copper Ingot rein, und wenn du jetzt Copper Ingots aus anderen Mods einlegst, werden sie alle zu einer Sorte. Vorteil ist hier, dass du nicht so ein Durcheinander im System hast und unter Umständen fünf Black Hole Units brauchst statt einer (pro Erz). Dasselbe Prinzip funktioniert auch bei Flüssigkeiten mit dem *Fluid Dictionary Converter*.

### Ore Processor

Kennst du das auch? Mit Silk Touch wird ein Erz abgebaut, damit man es daheim mit einer Luck-3-Spitzhacke zerkleinern kann, um mehr Rohstoffe zu erhalten. Dabei musste man immer erst mal das Glück haben (ha ha), eine Luck-3-Spitzhacke überhaupt zu bekommen. Mit dem *Ore Processor* und genug Essence gehört das jetzt der Vergangenheit an. Der Ore Processor zerlegt z. B. Diamanten oder Redstone-Erz mit dem Glück einer Luck-3-Spitzhacke. Alles, was du dazu benötigst, sind Energie und Essence.

### Potion Brewer

Der *Potion Brewer* ist die bessere Version eines Brewing Stands aus Vanilla Minecraft. Hier kannst du nicht nur drei Potions nacheinander brauen, sondern gleich 64. Natürlich nur, wenn genügend Zutaten und Wasser drin sind.

### Spores Recreator

Der *Spores Recreator* lässt aus Energie und Wasser Pilze entstehen, wie in einem schlecht gelüfteten Badezimmer.

### Villager Trade Exchanger

Im *Villager Trade Exchanger* lässt sich per Mob Imprisonment Tool ein Villager einsperren, der dann gezwungen wird, mit dir zu handeln, zumindest solange die Maschine läuft. So lassen sich z. B. sehr gut Emeralds tauschen.

### Water Condensator

Mit zwei Wasserquellen an gegenüberliegenden Seiten stellt der *Water Condensator* ohne Ende Wasser her.

### Wither Builder

Ein Wither auf Bestellung? Kein Problem mit dem *Wither Builder*. Ein bisschen Energie, vier Soul Sand und drei Wither Skeleton Skulls, und schon erstellt dieser Block automatisch einen Wither. Viel Spaß!?

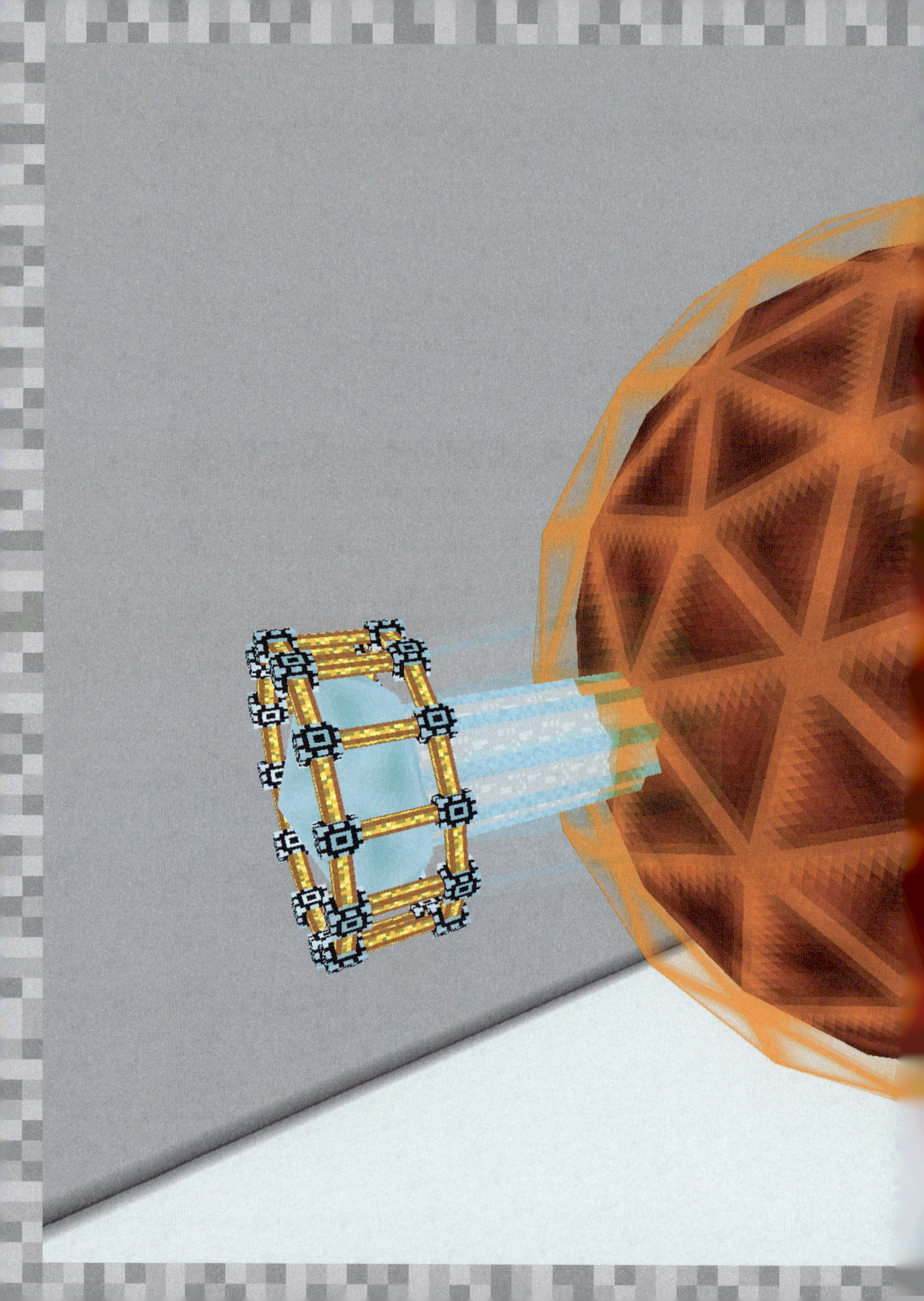

**KAPITEL 15**

# DRACONIC EVOLUTION

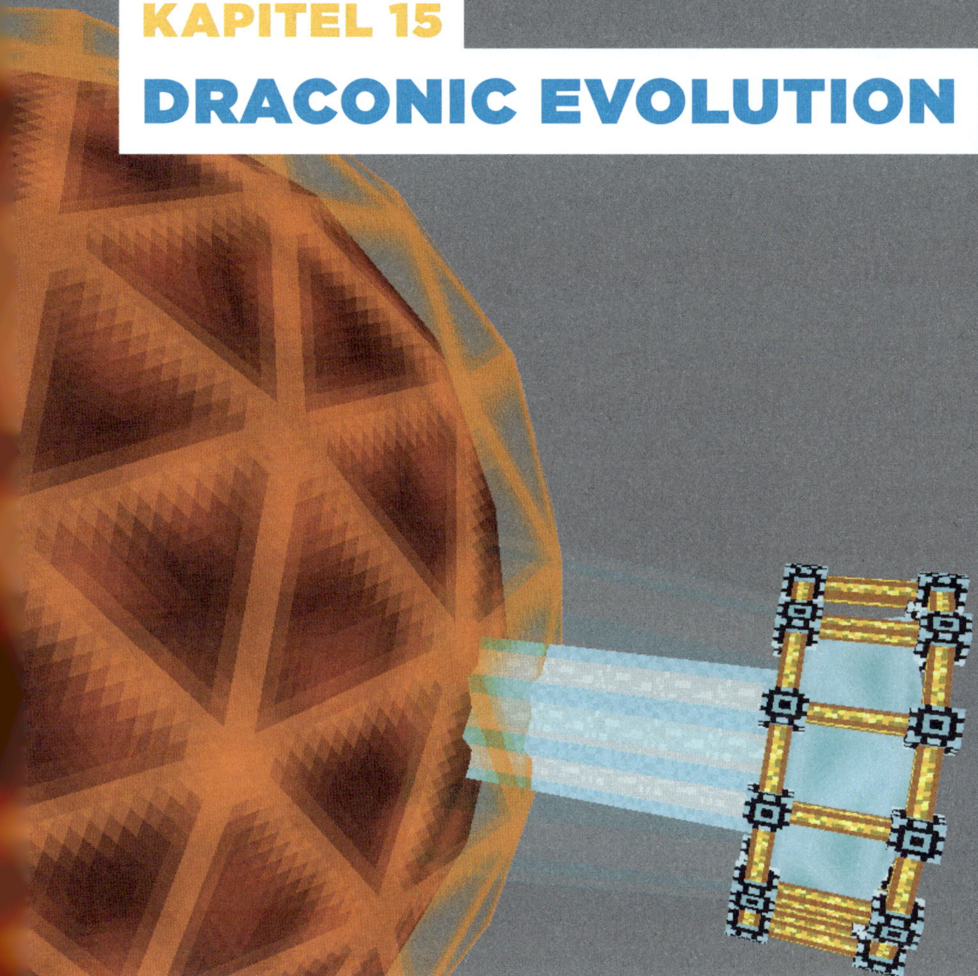

Draconic Evolution ist unserer Meinung nach die krasseste Endgame-Mod, die es in Minecraft gibt. Neben unglaublich coolen und schönen Mechaniken bringt die Mod auch Items und Systeme ein, mit denen keine andere Mod mithalten kann: einen Energiespeicher, der praktisch unendlich viel Energie speichern kann, einen der stärksten, wenn nicht sogar den stärksten Boss in Minecraft und dann noch den gefährlichsten Reaktor, den wir kennen.

# DRACHEN!

In *Draconic Evolution* geht es rund um Drachen, daher der Name der Mod. Auch der Endboss ist ein Enderdrache, nur eben viel stärker als der »normale« Enderdrache. Zu diesem kommen wir aber erst später. Die Mod basiert im Grundsatz auf zwei Materialien, die du für quasi alles brauchst. Beginnen wir mit dem ersten und wichtigsten: *Draconium*.

## Draconium

Der wichtigste Rohstoff in Draconic Evolution ist das Draconium. Es wird für das Crafting von so gut wie jedem Item der Mod benutzt. Draconium erhältst du aus Draconium-Erz. Das spawnt sehr selten in der normalen Welt, und nur unterhalb von Ebene Y8.

Die drei Draconic Ores aus der Mod. Du erhältst aus allen Draconium.

Außerdem kommt das Erz im Nether und im End vor. Das End ist die beste Quelle für Draconium, da dort natürlich auch der Enderdrache zu Hause ist. Im End findest du Erz ganz normal auf Inseln, aber auch in großen Meteoriten, die in der Luft spawnen.

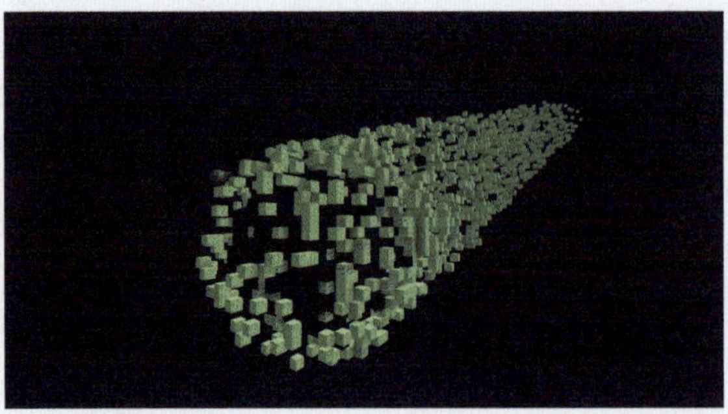

Der Ender Comet

Wenn du das Erz abbaust, erhältst du zwischen 1–3 ▲ Draconium Dust. Die Anzahl kannst du durch Luck (Glück) noch erhöhen. Den Dust kannst du dann in einem Ofen zu *Draconium Ingots* schmelzen. Du brauchst mindestens eine Diamantspitzhacke, um das Erz abbauen zu können.

## Awakened Draconium

Der zweite wichtige Rohstoff in Draconic Evolution ist das Awakened Draconium. Das wird genutzt, um die sehr starken Endgame-Items zu bauen. Es zu bekommen ist auch nicht so einfach wie bei normalem Draconium. Um genau zu sein, brauchst du bereits normales Draconium, um die Awakened-Variante herzustellen. Awakened Draconium wird über das sogenannte *Fusion Crafting* hergestellt. Wie das funktioniert, erfährst du ab Seite 398. Viel wichtiger ist allerdings, dass du für die Herstellung ein *Dragon Heart* benötigst.

## Das Herz des Drachen

Das Dragon Heart bekommst du als Drop des Enderdrachen oder des Chaos Guardians. Nachdem du einen Drachen getötet hast, schwebt das Herz eine Zeit lang in der Luft und wird danach in dein Inventar gelegt. Mit dem *Vanilla-Ritual* kannst du den Enderdrachen immer wieder spawnen lassen, um mehr Dragon Hearts zu farmen. Da du sie auch immer wieder zur Herstellung von Awakened Draconium benötigst, ist das ein sehr praktisches Feature.

Das Herz des Drachen in der Luft

### Einen Drachen spawnen lassen – das Vanilla-Ritual

In Vanilla Minecraft gibt es die Möglichkeit, einen Enderdrachen spawnen zu lassen. Alles, was du dafür benötigst, sind vier End Crystals. Von diesen setzt du jeweils einen in jede Himmelsrichtung auf den Rand des Bedrock Portals in der Mitte der Insel. Nach einer kurzen Animation wird ein neuer Drache erschaffen.

## Chaos Guardian – der stärkste Boss in Minecraft

Der *Chaos Guardian* ist der Bossgegner in Draconic Evolution, er ist zudem der stärkste Boss in Minecraft, den wir bisher kennen. Der Chaos Guardian spawnt alle 10.000 Blöcke im End in jeder Himmelsrichtung. Er wird immer stärker, je weiter du dich von der Mitte weg bewegst. Der Chaos Guardian hat ein Zehntel so viele Hitpoints (HP), wie du Blöcke vom Spawnpunkt entfernt bist. Bei 10.000 Blöcken Entfernung hat er also 1.000 HP.

### *Die Chaos Island*

Der Chaos Guardian spawnt auf seiner eigenen Insel, der *Chaos Island*. Sie ist relativ groß und dadurch auch leicht zu erkennen. In der Mitte der Insel befindet sich der eigentlich interessante Teil: der Chaos Guardian selbst und seine Türme, ähnlich wie beim normalen Enderdrachen.

Die komplette Chaos Island von oben betrachtet

Auch die Türme des Chaos Guardians haben eigene Kristalle, die du zerstören musst. Die inneren Kristalle müssen alle gleichzeitig zerstört sein, damit du dem Boss überhaupt Schaden zufügen kannst. Die Kristalle regenerieren sich nach einiger Zeit selbst und sind dann wieder aktiv, um den Chaos Guardian zu heilen und unverwundbar zu machen.

### Ein Kampf gegen diesen Gegner ist kein Kindergeburtstag!

Mit dem Chaos Guardian ist nicht zu spaßen. Du solltest dich wirklich erst mit ihm anlegen, wenn du eine komplett aufgewertete Draconic-Rüstung, einen Bogen sowie ein Schwert von Draconic Evolution hast. Du solltest auch einige Capacitors mitnehmen, um genug Energie für den Kampf zu haben.

Der Chaos Guardian

Wenn du den Chaos Guardian getötet hast, droppt auch er ein Dragon Heart. Viel interessant ist allerdings, was sich in der Inselmitte befindet. Hier ist eine kleine Kammer, in der der Drache seine *Shards* bzw. seine *Chaos Shards* versteckt hat. Nach seinem Tod fallen die Türme zusammen, und viele Blitze schlagen auf der Mitte der Insel ein. Wenn du dich jetzt in die Kammer gräbst, findest du den riesigen Chaos Shard.

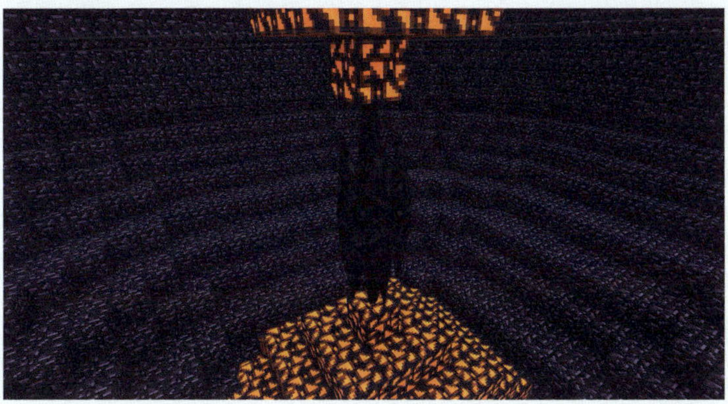

Der Chaos Shard unter der Chaos Island

Die Kammer selbst ist mit Obsidian geschützt. Wenn du den Drachen erlegt hast, kannst du den riesigen Shard in der Mitte mit einer Pickaxe abbauen. Der Shard droppt einige kleine Chaos Shards, die du für das Crafting der stärksten Items aus Draconic Evolution und das Upgrade-System brauchst.

**Achtung beim Abbauen!**

Nachdem du den Shard abgebaut hast, solltest du dich sehr schnell verziehen. Die komplette Insel kollabiert, wenn du den Shard abbaust. Deine Kamera beginnt zu wackeln, und du siehst weiße Partikel, die in die Mitte gezogen werden. Nach einer kurzen Zeit implodiert die komplette Insel und tötet alles in Reichweite bzw. fügt deiner Rüstung 1.000 Schild-Schaden zu, wenn du so viel hast. Wenn nicht, stirbst du einfach direkt.

Wie gesagt ist der Chaos Guardian wirklich kein leichter Boss, schau dir also auf jeden Fall den Rest des Kapitels an, um zu erfahren, wie du dich auf den Kampf vorbereiten kannst.

## DIE STÄRKSTEN TOOLS UND WERKZEUGE

Draconic Evolution fügt Minecraft ein paar sehr starke Waffen und Werkzeuge hinzu. Es gibt sie jeweils in zwei Stufen: *Wyvern* und *Draconic*. Da die Draconic Tools auf den Wyvern Tools aufbauen, schauen wir uns am besten erst diese einfache Variante an.

### Wyvern-Tools

Die Wyvern-Tools gibt es als Spitzhacke, Axt, Schaufel, Schwert, Bogen und Capacitor. Sie haben einige Vorteile gegenüber den Vanilla-Werkzeugen. Zunächst einmal funktionieren sie mit Redstone Flux (RF), du kannst sie also immer wieder aufladen. Aber das ist noch nicht alles. Es gibt noch sehr viele Funktionen für die Tools. Bevor wir sie erklären, solltest du dir allerdings das Menü für die Konfiguration anschauen.

### *Das Config GUI*

Im *Config GUI* kannst du alle Eigenschaften eines Werkzeugs oder einer Waffe einstellen. Um in das Menü zu gelangen, musst du es in den Controls auf eine freie Taste legen. Gehe also in die Tastenbelegung von Minecraft und suche nach **Tool & Armor Config GUI**. Stelle dort die Taste ein, die du benutzen möchtest. Wieder zurück im Spiel kannst du jetzt die eben definierte Taste drücken. Es öffnet sich dein Inventar, allerdings in anderer Farbe. Hast du ein Tool oder eine Rüstung von Draconic Evolution in deinem Inventar, wird es durch einen grünen Rahmen hervorgehoben.

Klicke auf das Tool, das du einstellen möchtest, und es öffnet sich ein weiteres Fenster.

Hier kannst du alles einstellen, was ein Tool zu bieten hat. Die Einstellungen sind von Werkzeug zu Werkzeug, Waffe zu Waffe oder Rüstung zu Rüstung unterschiedlich, da es verschiedene Upgrades und Versionen gibt. Deshalb gehen wir kurz einzeln darauf ein. Wichtig ist auf jeden Fall, dass du weißt, dass es dieses Menü gibt und wie du dort hinkommst.

Das Config GUI mit einer Wyvern-Spitzhacke

### *Wyvern Pickaxe*

Die Wyvern Pickaxe ist schon im Normalzustand besser und schneller als eine normale Diamantspitzhacke, aber das wirklich Interessante an den Draconic-Evolution-Tools ist die Möglichkeit, sie mit Upgrades zu verbessern. Mehr zu dem Upgrade-System findest du ab Seite 400. Bereits ohne Upgrades kannst du die Spitzhacke aber im Config GUI einstellen:

1. Hier kannst du einstellen, wie schnell deine Spitzhacke abbauen soll. Das ist vor allem gut, wenn du gerade in einem Bereich arbeitest, wo du nichts versehentlich abbauen willst.
2. Hier kannst du mit dem Upgrade **Dig AOE** (AOE steht bei den Upgrades für *Area of Effect*, also den Bereich, in dem ein Werkzeug oder eine Waffe wirkt) einstellen, ob die Spitzhacke nur einen Block oder einen Bereich von bis zu 5 × 5 Blöcken abbauen soll.

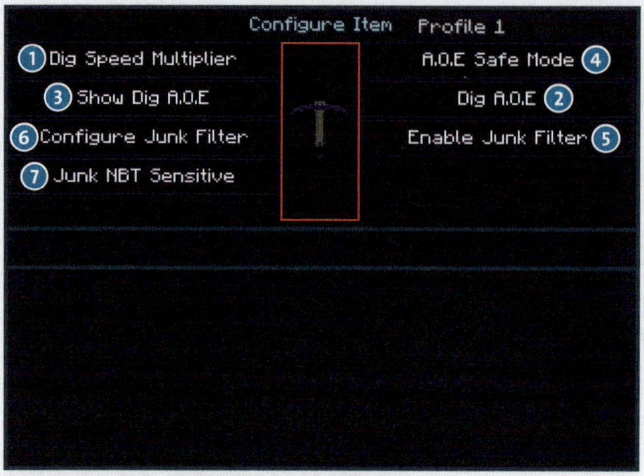


Das Config GUI der Spitzhacke

- ❸ Soll der Bereich, den du mit Dig AOE ❷ abbaust, angezeigt werden?
- ❹ Ist diese Einstellung aktiviert, baust du mit Dig AOE nichts ab, wenn sich im Wirkbereich eine *Tile Entity*, wie z. B. eine Truhe, ein Schild oder ein Bett, befindet.
- ❺ Hier kannst du festlegen, ob du bestimmte Items direkt beim Abbauen löschen willst.
- ❻ Ist der Junk Filter ❺ aktiviert, kannst du hier einstellen, welche Items beim Abbauen gelöscht werden.
- ❼ Gibt an, ob NBT-Daten der Items im Junk Filter ❻ berücksichtigt werden sollen.

Einige Funktionen wie Dig AOE werden erst mit installierten Upgrades freigeschaltet. Deswegen ist es immer interessant zu wissen, welche Upgrades du auf einem Werkzeug installieren kannst. Welche Upgrades du installieren kannst, siehst du ab Seite 400, wo das komplette System erklärt wird. Aber es gibt auch ein paar spezielle, für die Spitzhacke sind das z. B. Dig AOE und Dig Speed.

### *Wyvern Shovel*

Die *Wyvern Shovel* ist besser und schneller als eine Diamantschaufel. Sie hat die gleichen Einstellungsmöglichkeiten wie die Spitzhacke und kann auch mit den gleichen Upgrades versehen werden.

### Wyvern Axe

Die *Wyvern Axe* hat fast die gleichen Einstellungsmöglichkeiten wie die Spitzhacke und die Schaufel. Es kommt eine Einstellung namens *Harvest Indicator* dazu, dafür verschwindet der Junk Filter. Die Axe hat zudem eine sehr coole Besonderheit: Wenn du mit ihr einen Rechtsklick auf den untersten Block eines Baumes machst und hältst, dann baut die Axt den kompletten Baum alleine ab, ohne dass du etwas machen musst. Die abgebauten Blöcke landen direkt in deinem Inventar. Der Harvest Indicator zeigt dir an, wo die Axt gerade abbaut.

Der Indikator, welche Blöcke die Axt gerade abbaut

Du kannst auf der Axt die gleichen Upgrades wie auf der Spitzhacke und der Schaufel installieren.

### Wyvern Sword

Das *Wyvern Sword* hat nur eine Einstellungsmöglichkeit, den **Attack Radius**. Damit diese Einstellung Sinn macht, musst du allerdings das Upgrade *Attack AOE* installieren. Stellst du den **Attack Radius** hoch, kannst du mehrere Ziele gleichzeitig treffen, wenn sie sich im Radius befinden. Außerdem kannst du das Upgrade *Attack Damage* auf das Schwert anwenden, um ihm mehr Durchschlagskraft zu verleihen.

### Wyvern Bow

Der *Wyvern Bow* hat ein paar Einstellungsmöglichkeiten mehr. Mit **Arrow Base Damage** kannst du einstellen, wie viel Schaden der Bogen verursachen soll. Je mehr Schaden hier eingestellt ist, desto mehr Energie kostet ein Schuss. Das ist nützlich, wenn du später das Upgrade *Arrow Damage* installiert hast. Der Basisschaden wird für den finalen Schaden noch mit dem **Arrow Velocity Modifier** (Modifier für die Pfeilgeschwindigkeit) multipliziert. Damit wird angegeben, wie schnell bzw. stark der Pfeil geschossen wird. Veränderst du diesen Wert, dann ändern sich auch der Schaden sowie die Reichweite.

Mit **Auto Fire** schießt dein Bogen automatisch, sobald du ihn voll gespannt hast. **Explosion Power** ist etwas sehr Gefährliches, aber auch Cooles. Stellst du den Wert dafür hoch, explodieren deine Pfeile bei Aufprall und zerstören Blöcke im Umkreis. Also Vorsicht, wenn du mit dieser Einstellung in deiner Basis Schießübungen machst. Mit der letzten Option **Magnification** erhältst du einen kleinen Zoom beim Spannen des Bogens. Auf den Bogen kannst du neben den normalen Upgrades noch die Upgrades *Arrow Damage*, *Draw Speed* und *Arrow Speed* installieren. Generell gilt, dass der Bogen für jeden Schuss Energie verwendet. Wie viel, hängt von deinen Einstellungen ab. Willst du viel Schaden anrichten, einen schnellen Pfeil *und* dazu noch Explosionen, musst du auch ordentlich dafür bezahlen. Wie viel ein Schuss kostet, wird dir am Bogen selbst unter **RF/Shot** angezeigt.

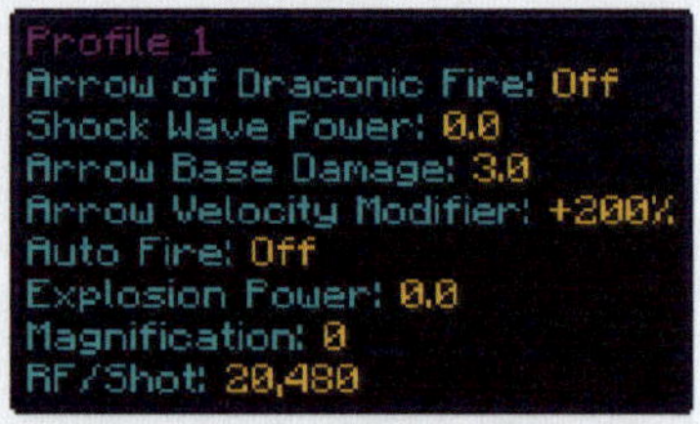

Anzeige für »RF/Shot« in der letzten Zeile

### *Profile und HUD*

Bevor wir zu den anderen Tools und Rüstungen kommen, solltest du dir auch noch das *HUD* (Head-up-Display) und das *Profile-System* anschauen. Wie dir vielleicht schon aufgefallen ist, wird ein kleines, neues Fenster angezeigt, sobald du ein Draconic-Evolution-Werkzeug in die Hand nimmst.

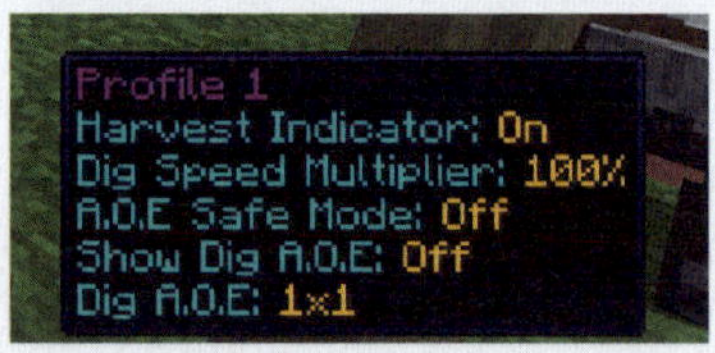

Das HUD einer Wyvern Axe

In diesem Fenster kannst du sehen, wie dein Tool gerade eingestellt ist und wie viel Energie es noch hat. Außerdem wird ein Name bzw. **Profile 1** im Fenster angezeigt, denn du kannst deine Einstellungen speichern und über Profile direkt wieder abrufen.

Du kannst die Position, Größe und vieles mehr einstellen. Drücke dafür einfach den gleichen Config-GUI-Button wie zuvor, aber klicke jetzt nicht auf eine Spitzhacke oder Ähnliches, sondern auf **HUD** oben rechts. Die Optionen sind für das HUD deiner Tools und deiner Armor relevant. Falls dir etwas nicht gefällt oder du es anders haben willst, kannst du es hier verändern.

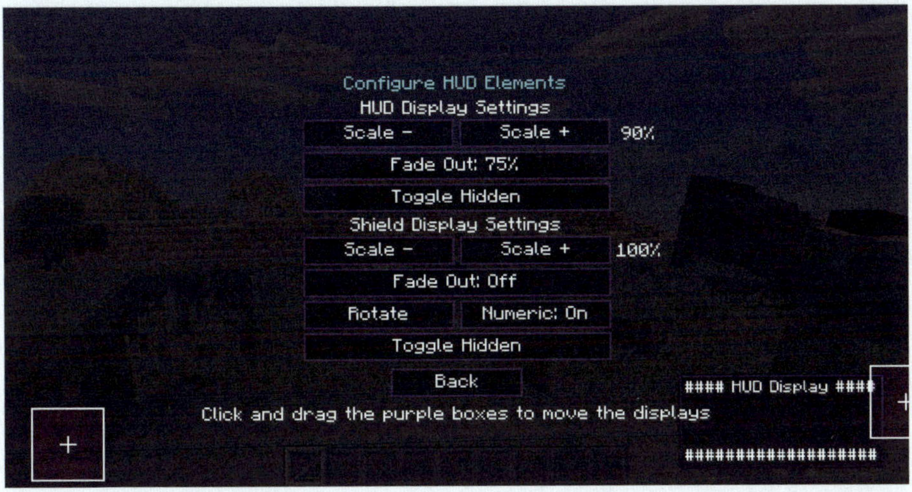


Die Einstellungen für das HUD

Wir nutzen Profile gerne, um unsere Spitzhacke für verschiedene Arbeiten schnell nutzen zu können. Nicht immer ist es sinnvoll, Items automatisch wegwerfen zu lassen oder AOE-Schaden zu verursachen, etwa dann nicht, wenn du z. B. ein Wither Skeleton im Nether töten willst, aber keinen Zombie Pigman daneben verletzen magst.

Deshalb legen wir zwei Beispielprofile an. Eins dient deinen normalen Arbeiten, darum nennst du es z. B. »Standard«. Die Einstellungen dafür sind normale Abbaugeschwindigkeit, kein Dig AOE und kein Junk Filter. Das andere Profil dient dem schnellen Mining, darum der Name »Mining«. Die Einstellungen hierfür sind **Dig AOE** auf 3 × 3, und ein Junk Filter mit Stone. Um schnell zwischen deinen Profilen wechseln zu können, kannst du in den Controls unter **Change Tool Config Profile** eine eigene Taste zuweisen und bist nun für alle Mining-Ansprüche gerüstet.

### *Wyvern Capacitor*

Der *Wyvern Capacitor* zählt eigentlich auch zu den Tools, er ist allerdings ein bisschen speziell. Er kann nämlich nicht über das normale Config GUI eingestellt werden. Der Capacitor ist ein Akku zum Mitnehmen, der Energie speichert und abgibt. Das ist super für alle Tools und Rüstungen aus Draconic Evolution, da sie bekanntermaßen alle Energie brauchen.

Den Capacitor kannst du mit dem Energy Infuser aufladen. Mehr zu dem Infuser erfährst du auf Seite 420. Natürlich kannst du auch jede andere Möglichkeit aus anderen Mods nutzen, um ihn zu laden. Der Capacitor hat verschiedene Modi: Standardmäßig steht er auf **Inactive**, er macht also nichts. Die anderen Modi sind:

- **Charge Armor**: Lädt deine Rüstung auf.
- **Charge Held Items**: Lädt Items auf, die du in der Hand hast.
- **Charge Armor & Held Items**: Lädt deine Rüstung und Items, die du in der Hand hast, auf.
- **Charge All**: Lädt alles in deinem Inventar + deine Rüstung auf.

Du kannst den Capacitor nutzen, um auf einer langen Mining-Tour deine Spitzhacke zu laden. Später wird er auch noch wichtig, um gegen den Chaos Guardian eine Chance zu haben.

## DRACONIC TOOLS UND RÜSTUNGEN – ALLES NOCH BESSER

Alle Wyvern-Tools, die du gerade kennengelernt hast, gibt es, wie eingangs erwähnt, auch in einer Draconic-Variante. Diese fügen noch mehr Schaden zu und haben mehr Energie oder neue Funktionen. Du kannst allerdings das gleiche Config GUI benutzen und sie auch mit den gleichen Upgrades versehen. Es kommen aber auch noch zwei neue Tools dazu.

### Draconic Hoe

Die Draconic Hoe gibt es nicht als Wyvern-Variante, mit ihr kannst du direkt einen großen Bereich in Farmland verwandeln, wenn du den AOE-Modus aktiviert und mit Upgrades versehen hast. Außerdem hast du mit der Option **Fill Land** die Möglichkeit, Blöcke automatisch setzen oder abbauen zu lassen, wenn sie fehlen oder im Weg sind, um Farmland zu erzeugen. Um Blöcke zu setzen, musst du allerdings auch Erde im Inventar haben.

### Der Draconic Staff of Power – das beste Werkzeug überhaupt

Das wohl krasseste Werkzeug und zugleich auch die krasseste Waffe ist der Draconic Staff of Power. Es gibt wohl nichts Vergleichbares. Mit diesem Mega-Tool hast du alle Werkzeuge auf einmal und zugleich noch eine superkrasse Waffe dabei. Deshalb wird der Staff of Power aus Draconic Sword, Shovel und Pickaxe gebaut. Hier werden alle Eigenschaften der Werkzeuge vereint. Du kannst mit dem Draconic Staff of Power wie mit der Spitzhacke einen **Dig AOE** einstellen und so direkt 5 × 5 × 5 Blöcke abbauen, ohne ein Upgrade zu benötigen. Mit 60 Attack Damage ist der Staff of Power bereits ohne Upgrade eine der besten Waffen in Minecraft. Mit Upgrades kannst du damit sogar bis zu 105 Schaden verursachen. Insgesamt ist der Draconic Staff of Power das beste Multitool, das wir kennen, und wir bauen es eigentlich immer, sobald wird genug Materialien dafür haben.

Der Draconic Staff of Power

## RÜSTUNGEN

Jetzt, da du bereits die normalen Tools aus Draconic Evolution kennst, wird es Zeit für eine Rüstung. Die Wyvern-Rüstung ist direkt von Haus aus um einiges stärker als eine Diamantrüstung, auch wenn sie auf den ersten Blick nur die vollen Rüstungspunkte gibt. Die Rüstungen von Draconic Evolution besitzen allerdings ein spezielles Schildsystem, das dich praktisch immun gegen Schaden macht, zumindest für einen begrenzten Zeitraum. Natürlich gibt es auch hier wieder eine Draconic-Variante der Rüstung, sie hat noch mal bessere Stats (Werte) und mehr Schildschutz. Außerdem sieht sie noch ein bisschen cooler aus.

Wyvern- und Draconic-Rüstung

### Unsterblich?! Das Schildsystem

Ganz unsterblich bist du mit dem Schildsystem leider nicht, aber es grenzt schon daran. Das System basiert auf Energie, hast du also keine mehr in deiner Rüstung, funktioniert dein Schild auch nicht mehr. Wenn du dir ein Rüstungsteil der Wyvern-Rüstung anziehst, z. B. den Helm, öffnet sich ein kleines HUD. Das ist die Schildanzeige.

Die Schildanzeige der Rüstung

Diese Schildanzeige besteht aus drei Balken. Der erste Balken ❶ zeigt deinen wirklichen Schild. Solange diese Zahl über 0 ist, bekommst du keinen Schaden, alles wird von deinem Schild abgezogen. Der zweite Balken ❷ steht für *Entrophy*. Darüber wird dein richtiger Schild regeneriert. Je höher der Entrophy-Wert, der auch bei **EN** angegeben wird, desto langsamer erholt sich dein Schild. Der letzte Balken ❸ ist eine RF-Anzeige, er zeigt also an, wie viel Energie du noch in deiner Rüstung hast. Damit dein Schild überhaupt funktioniert, benötigst du natürlich Energie in der Rüstung. Wenn du mit der Rüstung Schaden bekommst, wird dieser zunächst von deinem Schild abgezogen. Um den Schild zu regenerieren, steigt der Entrophy-Wert, und es wird Energie verbraucht. Der Entrophy-Wert sinkt erst wieder, wenn du keinen Schaden mehr bekommst.

Der Schildwert und die Energie aller Rüstungsteile werden zusammengezählt. Mit nur dem Helm hast du so schon 38 Schild und 4 Millionen RF. Mit der kompletten Wyvern-Rüstung dafür gleich 256 Schild und 16 Millionen RF. Mit der Draconic Rüstung ist das natürlich nochmal viel mehr.

# FUSION CRAFTING

Draconic Evolution fügt mit dem *Fusion-Crafting-System* ein sehr eigenes, spezielles, aber vor allem cooles System zum Herstellen von Items hinzu. Anstatt Items auf einem Crafting Table herzustellen, werden hier die Elemente, mehrere Items, zu einem neuen verschmolzen, daher »Fusion«. Wie das funktioniert, erklären wir dir jetzt. Der wichtigste Block in diesem System ist der *Fusion Crafting Core*. In diesem entsteht dein fertiges Item, und er ist gleichzeitig der Mittelpunkt des kompletten Fusion Craftings. Damit du überhaupt etwas machen kannst, z. B. Zutaten injizieren, brauchst du mehrere *Crafting Injectors*. Diese baust du mit ein paar Blöcken Abstand zum Crafting Core auf. Wir nutzen gerne ein Setup wie in der Abbildung.

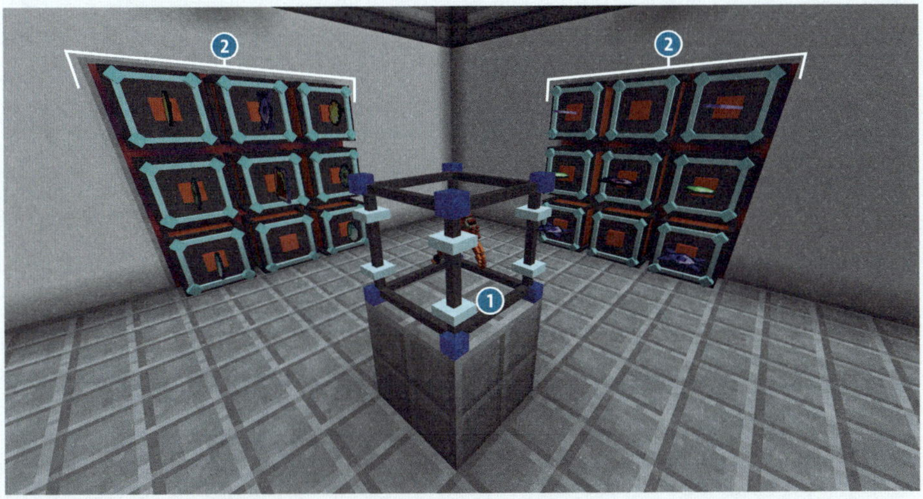


Aufbau des Fusion Craftings: ① ist der Fusion Crafting Core. ② sind jeweils 9 Draconic Crafting Injectors.

In jeden Injector kannst du ein Item legen, das du für die Rezepte brauchst. Um das System etwas leichter zu verstehen, solltest du dir ein Rezept des Fusion Craftings anschauen. Nehmen wir als Beispiel einen Awakened-Draconium-Block. Für die Herstellung brauchst du sechs Draconic Cores, ein Dragon Heart und vier Draconic Blocks. Wenn du dir das Rezept im JEI anschaust, siehst du ein paar Items an der Seite und die Draconic Blocks sowie das Endprodukt in der Mitte. Die Items an der Seite müssen in die Injectors gelegt werden, das Item in der Mitte legst du in den Crafting Core. Ein Injector kann übrigens einen ganzen Stack eines Items aufnehmen.

Fusion Crafting eines Awakened-Draconium-Blocks

Die Injectors gibt es in verschiedenen Stufen: Basic, Wyvern, Draconic und Chaotic. Für stärkere Items brauchst du eine höhere Crafting-Stufe.

Welche du für ein Rezept brauchst, wird dir im JEI unter **Tier** angezeigt. Die verschiedenen Stufen basieren aufeinander, wie vieles in Draconic Evolution. Du brauchst also erst die Basic-Stufe, damit du Wyvern herstellen kannst, usw.

**Wichtig**

Wenn du ein Rezept hast, das die Draconic-Stufe benötigt, dann müssen auch alle Items für das Crafting in einem Draconic Injector liegen. Der Crafting Core bleibt allerdings immer der gleiche.

Hast du alle Items in den entsprechenden Crafting Injectors, musst du die Injectors noch mit Energie versorgen. Es sei jedoch gesagt, dass Draconic Evolution eine Mod für den sehr späten Spielverlauf ist, die Rezepte kosten gerne mal ab 350 Millionen RF aufwärts, was wirklich eine ganze Menge ist. Hast du alles richtig gemacht, kannst du im Crafting Core auf **Start** drücken oder ihm ein Redstone-Signal geben. Es beginnt eine supercoole Animation, gefolgt von einer noch cooleren Animation, bis schließlich dein fertiges Item im Crafting Core liegt.

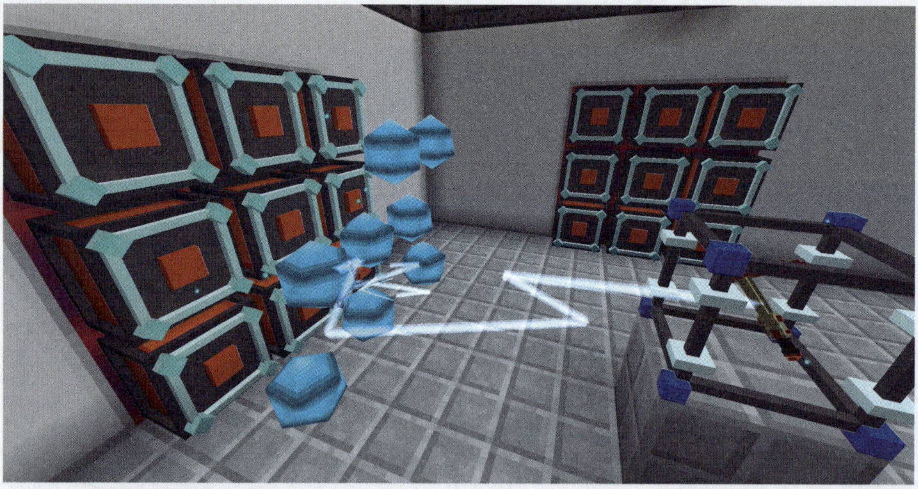

Crafting-Animation des Fusion Craftings

## Upgrade-System

Jetzt, da du die Basics des Fusion Craftings kennst, können wir uns dem Upgrade-System für Werkzeuge und Rüstungen widmen. Die Upgrades werden alle über das Fusion Crafting auf die Tools gebracht. Dafür gibt es sogenannte *Upgrade Keys*. Diese benötigst du zusammen mit einigen anderen Items in den Crafting Injectors. Die Keys bleiben nach dem Crafting bestehen. Es reicht also, jeden einmal zu bauen. Jedes Upgrade gibt es wieder in vier Stufen: Basic, Wyvern, Draconic und Chaotic. Deine Wyvern-Tools kannst du nur bis Tier Wyvern upgraden. Der Key bleibt dafür der gleiche, es ändern sich nur die Materialien, die du fürs Fusion Crafting brauchst. Eine Übersicht dafür findest du in der Tabelle auf der nächsten Seite. Doch zunächst zu den Upgrade Keys:

**RF Capacity**
Erhöht die Energie, die du in einem Tool speichern kannst.

**Dig Speed**
Erhöht die Abbaugeschwindigkeit deines Tools.

**Dig AOE**
Ermöglicht es dir, mehrere Blöcke gleichzeitig abzubauen, bzw. erhöht den AOE-Bereich.

**Attack Damage**
Erhöht den Schaden deiner Waffe.

**Attack AOE**
Erhöht den Radius, in dem deine Waffe Schaden macht.

**Arrow Damage**
Erhöht den Schaden, den Pfeile von deinem Wyvern oder Draconic Bow machen.

**Draw Speed**
Verringert die Zeit, die du zum Spannen deines Bogens brauchst.

**Arrow Speed**
Erhöht die Fluggeschwindigkeit von Pfeilen, die über den Bogen abgefeuert werden.

**Shield Capacity**
Erhöht, wie viel Schutz ein Rüstungsteil bietet.

**Shield Recovery**
Reduziert die Zeit, die der Schild zum Regenerieren braucht.

**Movement Speed**
Erhöht deine Bewegungsgeschwindigkeit.

**Jump Boost**
Lässt dich ein bisschen höher springen.

| Upgrade | Normal | Basic | Wyvern | Draconic |
|---|---|---|---|---|
| RF Capacity | 256 Mio. | 384 Mio. | 512 Mio. | 640 Mio. |
| Dig AOE (Blocks) | 3 × 3 | 5 × 5 | 7 × 7 | 9 × 9 |
| Attack Damage | 35 | 43,75 | 52,2 | 61,25 |
| Attack AOE (Blocks) | 1 | 2 | 4 | 6 |
| Arrow Damage | 3 | 5 | 7 | 9 |
| Arrow Speed | 200 % | 300 % | 400 % | 500 % |
| Shield Capacity | 204 | 409 | 614 | 819 |
| Movement Speed | 200 % | 300 % | 500 % | 800 % |
| Jump Boost | 200 % | 300 % | 500 % | 800 % |

Vergleich der Upgrades auf Draconic Tools und Rüstung

| Tier Basic | Tier Wyvern |
|---|---|
| 2 × Golden Apple | 2 × Nether Star |
| 2 × Diamond | 2 × Emerald |
| 2 × Eye of Ender | 2 × Daconic Core |
| 1 × Draconic Core | 1 × Wyvern Core |
| **Tier Draconic** | **Tier Chaotic** |
| 2 × Nether Star | 2 × Wyvern Core |
| 2 × Block of Emerald | 2 × Awakened Core |
| 2 × Wyvern Core | 2 × Dragon Egg |
| 1 × Awakened Core | 1 × Chaotic Core |

Items für die einzelnen Crafting-Stufen

# ENERGY NETWORK

Wie du vielleicht schon bemerkt hast, ist in Draconic Evolution so einiges anders als in »normalen« Technik-Mods. Das hört auch bei der Energie nicht auf. Statt Kabeln gibt es hier ein Netzwerk aus Kristallen, um Energie von A nach B zu bewegen. Diese sind mit anderen Mods kompatibel. Auch Energie zu erzeugen ist mit Draconic Evolution kein Problem, dazu aber mehr ab Seite 415. Und wer hätte es gedacht? Auch die Kristalle gibt es wieder in verschiedenen Stufen: Basic, Wyvern und Draconic. Der Unterschied zwischen ihnen ist allerdings nur die Energie, die sie speichern können, sowie die Anzahl der Verbindungen. Beginnen wir aber mit den Basics.

Jeder Kristall hat einen eigenen internen Energie-Buffer. Wie groß dieser ist, hängt von der Stufe ab. Wenn du zwei Kristalle miteinander verbindest, versuchen sie, ihre Energie aufzuteilen, sodass beide gleich viel in ihrem Speicher haben.

### Der Crystal Binder – dein Werkzeug

Dein wichtigstes Werkzeug für das Energienetzwerk ist der Crystal Binder. Mit ihm erstellst du dein Netzwerk, verbindest Kristalle und bekommst wichtige Informationen angezeigt.

## Kristalle verbinden

Um eine Verbindung zwischen zwei Kristallen zu schaffen, nimmst du den Crystal Binder in die Hand und klickst mit ⇧ + Rechtsklick auf den ersten Kristall. Seine Position wird dann im Binder gespeichert. Wenn du jetzt mit dem Binder einen Rechtklick auf einen weiteren Kristall machst, wird zwischen den beiden eine Verbindung geschaffen, durch die Energie übertragen werden kann. Du musst jedoch noch die richtigen Crystals verwenden. Welche es gibt und was der Unterschied zwischen ihnen ist, erfährst du im nächsten Abschnitt.

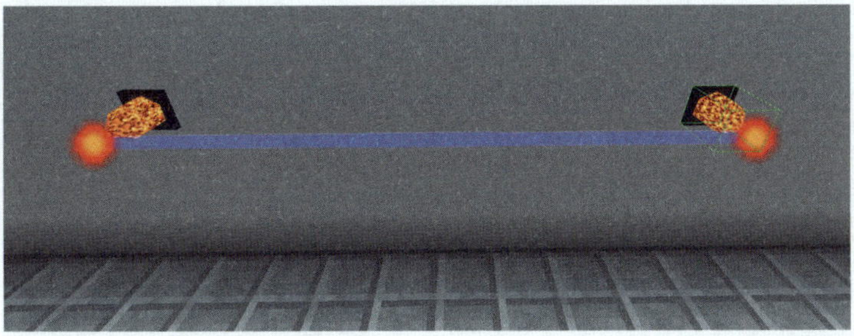

Zwei miteinander verbundene Kristalle

## Kristallinformationen

Wenn du auf einen Kristall schaust, werden dir in einem kleinen Fenster ein paar Informationen angezeigt. Welche genau, hängt vom Kristall selbst ab.

Allerdings siehst du immer, wie viel Energie er gerade gespeichert hat und wie viele Verbindungen bestehen. Wenn du einen Kristall mit Rechtsklick anklickst, öffnet sich ein neues Interface. In diesem werden dir alle Verbindungen angezeigt und wie viel Energie sie verbrauchen. Außerdem kannst du eine Verbindung in der Liste anklicken und sie dir anzeigen lassen oder sie unterbrechen. Ganz oben im Interface hast du die Möglichkeit, alle Verbindungen zu unterbrechen.

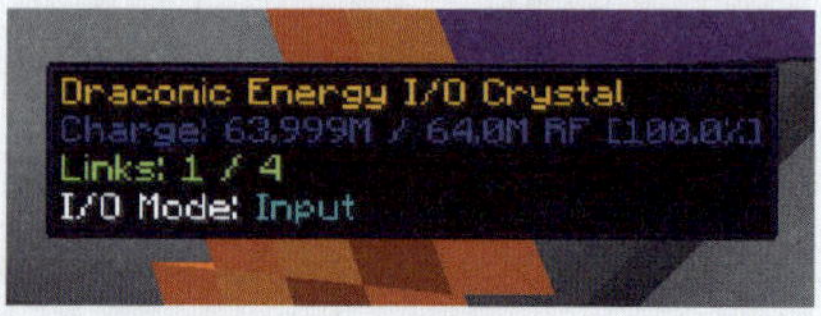

Anzeige, wenn du auf einen Kristall schaust

## Die verschiedenen Kristalle

Damit du dein Netzwerk perfekt aufbauen und kontrollieren kannst, gibt es drei verschiedene Arten von Kristallen.

### *Energy I/O Crystal*

Den Energy I/O Crystal benutzt du, um Energie in oder aus deinem Netzwerk zu bekommen. Baue ihn einfach an einen Verbraucher oder eine Quelle und verbinde ihn, wie eben gezeigt, mithilfe des Crystal Binders mit einem anderen Crystal. Das »I/O« steht bei dem Crystal für »In/Out«. Diese Begriffe stehen immer in Relation zu dem Netzwerk. Steht der Crystal auf **Input**, gibt er Energie in das Netzwerk ab und nicht in eine Maschine. Dafür müsste er auf **Output** stehen. Damit sind wir auch gleich bei den verschiedenen Modi der Crystals. **Input** lässt den Crystal Energie von einem Block akzeptieren, um sie in das Netzwerk einzuspeisen. **Output** lässt den Crystal Energie an einen Block abgeben.

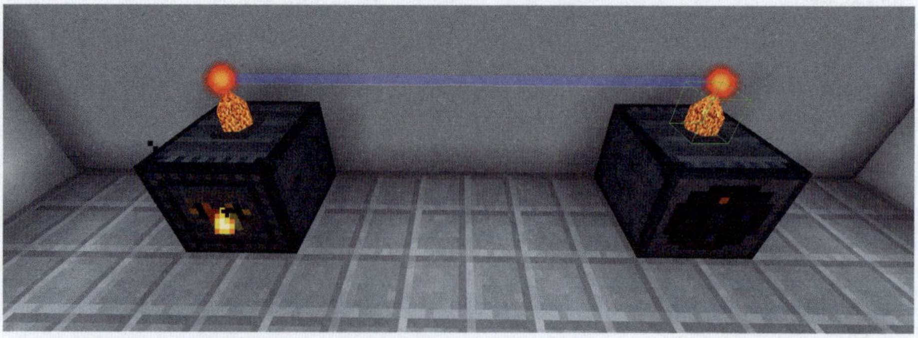

Verbindung von zwei Energy I/O Crystals an Maschine und Generator

| Crystal | Capacity | Maximale Anzahl Verbindungen |
|---|---|---|
| Basic | 4 Mio. | 2 |
| Wyvern | 16 Mio. | 3 |
| Draconic | 64 Mio. | 4 |

Die Stats des Energy I/O Crystals

### *Energy Relay Crystal*

Der Energy Relay Crystal dient lediglich als eine Art Verteiler. Er ist nur dafür da, Crystals im Netzwerk miteinander zu verbinden. Deshalb kann er auch mehr Links haben als z. B. der Energy I/O Crystal. Dafür kannst du ihn an keine Maschine anschließen oder mit ihm keine Energie in oder aus dem Netzwerk bekommen.

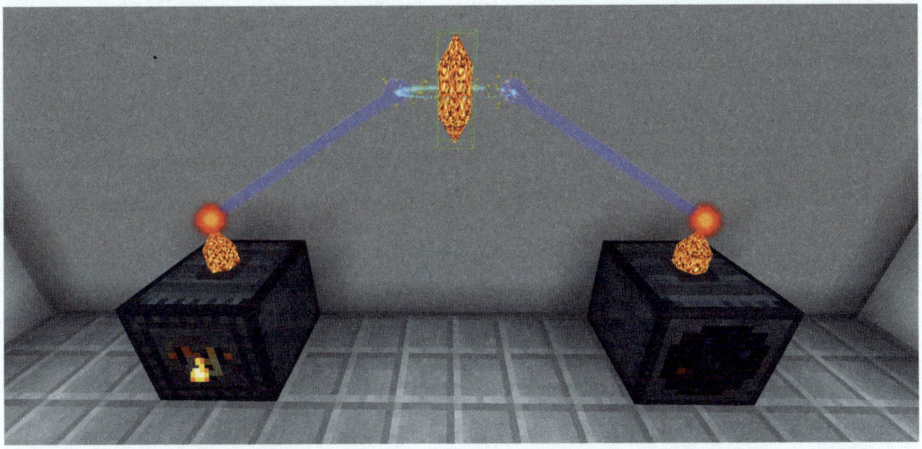

Energy I/O Crystal mit Energy Relay Crystal als Verbindung

| Crystal | Capacity | Maximale Anzahl Verbindungen |
|---|---|---|
| Basic | 4 Mio. | 8 |
| Wyvern | 16 Mio. | 16 |
| Draconic | 64 Mio. | 32 |

Die Stats des Energy Relay Crystals

### *Wireless Energy Crystal*

Der Wireless Energy Crystal sieht ähnlich aus wie der Energy Relay Crystal, hat aber noch eine Zusatzfunktion. Du kannst mit ihm Energie direkt in Maschinen leiten, ohne eine Verbindung mit einem Energy I/O Crystal schaffen zu müssen. Das kannst du dir wie eine WLAN-Verbindung vorstellen, nur eben für Energie. Klicke dafür mit dem Crystal Binder in der Hand mit ⇧ + Rechtsklick auf den Wireless Energy Crystal und anschließend normal mit Rechtsklick auf die Maschine, die du mit Energie versorgen möchtest. Der Wireless Energy Crystal bleibt danach weiter markiert, du kannst also gleich mehrere Maschinen mit Energie versorgen.

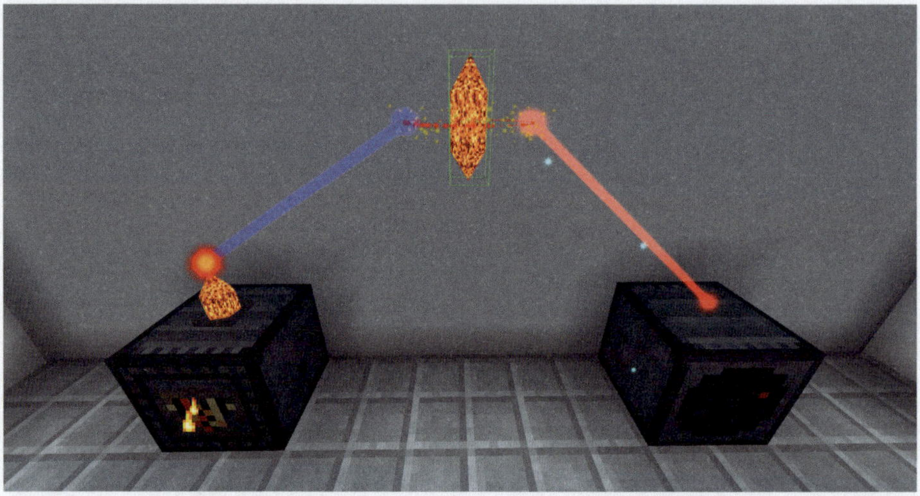

Verbindung über den Wireless Energy Crystal zur Maschine. Wireless-Verbindungen werden in Rot dargestellt.

| Crystal | Capacity | Maximale Anzahl Verbindungen | Maximale Anzahl drahtloser Verbindungen |
|---|---|---|---|
| Basic | 4 Mio. | 4 | 16 |
| Wyvern | 16 Mio. | 8 | 32 |
| Draconic | 64 Mio. | 16 | 64 |

Die Stats des Wireless Energy Crystals

Das sind soweit das Energy Network und die Basics. Was du damit anstellst, ist vollkommen dir und deinen Anforderungen überlassen. Nutze einen Energy I/O Crystal an einer Energiequelle, verbinde ihn mit einem Energy Relay Crystal oder anderen Crystals und stelle dir so dein perfektes Netzwerk zusammen.

# ENERGY STORAGE – DER MEGABALL

Kommen wir zum mit Abstand coolsten Energiespeicher in Minecraft. Du kennst ihn sogar schon, na ja, zumindest sein Aussehen. Denn es geht um den *Draconic Evolution Energy Core*, der auch auf dem Cover dieses Buches zu sehen ist. Mit dieser riesigen Kugel kannst du nicht nur praktisch unendlich viel Energie speichern, sondern auch noch super deine Basis dekorieren.

## Der Aufbau

Der Energy Core ist ein Multiblock, aber ihn zu bauen ist dank Ingame-Vorlage tatsächlich sehr einfach. Der Energy Core ist die Mitte des Balls. Setze ihn also am besten direkt an die richtige Position mit genug Abstand zum Boden und zu den Wänden (wie weit, kommt auf die Stufe des Cores an) Wenn du den Energy Core anklickst, öffnet sich ein Fenster.

Aktuell ist nur der **Build Guide** und die **Tier**-Option interessant. Den Energy Core gibt es in acht Stufen. Jede kann sehr viel mehr Energie als die vorherige speichern. Über die Buttons **Tier Up** und **Tier Down** kannst du auswählen, welche Stufe dein Core haben soll. Mit dem Button **Build Guide** kannst du eine Ingame-Vorlage aktivieren, die dir anzeigt, wie der Core gebaut wird. Über die Buttons **Layer–** und **Layer+** kannst du noch einstellen, welcher Layer angezeigt werden soll.

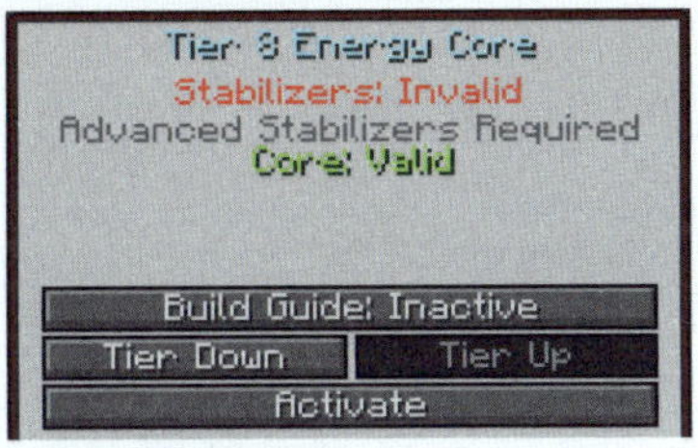


Das Interface des Energy Cores

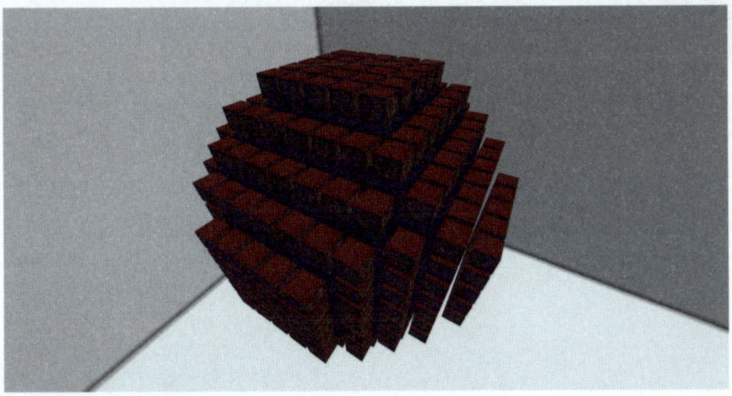

Die Ingame-Vorlage für den Energy Core

Wie schon gesagt, kann der Energy Core sehr viel Energie speichern, vor allem in den höheren Stufen. Dafür ist er auch sehr teuer.

| Stufe | Energy Core | Core Stabilizer | Redstone Block | Draconic Block | Awakened Draconium Block | Energiespeicher in RF |
|---|---|---|---|---|---|---|
| Tier 1 | 1 | 4 | | | | 45,5 Mio. |
| Tier 2 | 1 | 4 | | 6 | | 273 Mio. |
| Tier 3 | 1 | 4 | | 26 | | 1,64 Mrd. |
| Tier 4 | 1 | 4 | 26 | 54 | | 9,88 Mrd. |
| Tier 5 | 1 | 36 | 80 | 90 | | 59,3 Mrd. |
| Tier 6 | 1 | 36 | 178 | 150 | | 356 Mrd. |
| Tier 7 | 1 | 36 | 328 | 210 | | 2,14 Brd. |
| Tier 8 | 1 | 36 | | 789 | 378 | 9,2 Trill. |

Übersicht über die Speicherkapazität des Energy Cores

## Ein instabiler Core? Lieber nicht

Damit der Energy Core überhaupt funktioniert, benötigst du ein paar Energy Core Stabilizer. Sie werden nicht direkt in die »Kugel« gebaut, sondern außerhalb und sollen den Core stabilisieren. Das dient allerdings nur als Deko, eine wirkliche Gefahr gibt es bei dem Core gar nicht. Für Tier 1–4 reichen vier normale Energy Core Stabilizer, die du, in bis zu 16 Blöcken Abstand, mittig um den Core setzt. Für Tier 5–8 brauchst du *Advanced Stabilizer*. Diese werden aus neun normalen Stabilizern in einem 3 × 3-Muster gebaut.

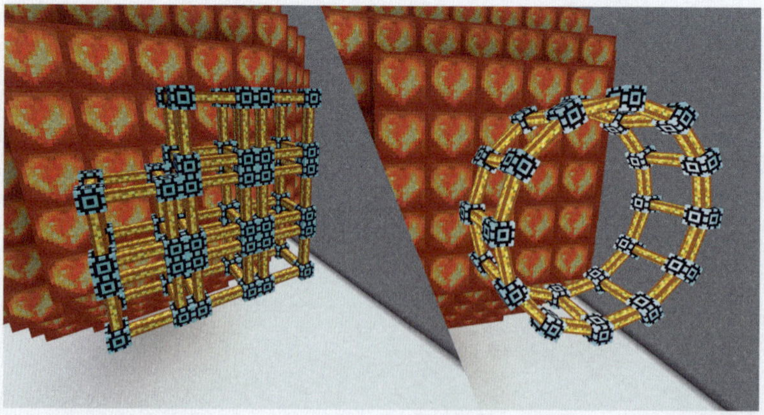

Aufbau des Advanced Stabilizers (links fast aufgebaut und rechts der entstandene Multiblock)

Den Stabilizer setzt du mit bis zu 16 Blöcken Abstand mittig an den Core. Damit der Core funktioniert und du ihn aktivieren kannst, brauchst du vier Stabilizer. Du kannst sie horizontal oder vertikal setzen.

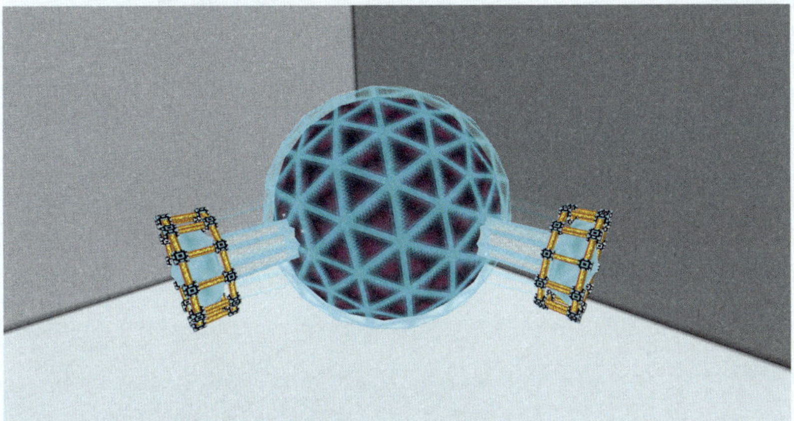

Vier Stabilizer, horizontal aufgebaut (zwei werden vom Core verdeckt)

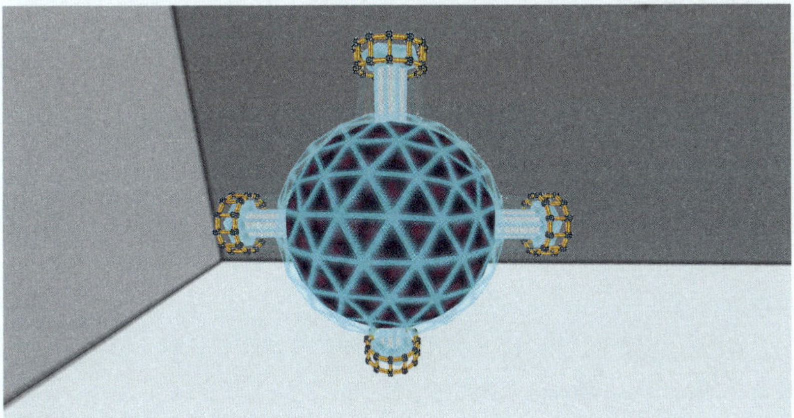

Vier Stabilizer, vertikal aufgebaut

Hast du alle deine Stabilizer gesetzt, kannst du einen mit Rechtsklick öffnen. Hier wird dir das bekannte Interface des Cores angezeigt. Allerdings siehst du jetzt auch den Status der Cores. Hast du alles richtig gemacht, steht der Status bei den Stabilizers sowie im Core auf **Valid**. Anschließend kannst du den Core über den unteren Button aktivieren und ihn in voller Pracht betrachten. Damit ist der Energy Core an sich fertig, aber du willst ihn natürlich auch benutzen und Energie in ihm speichern, oder? Dafür gibt es die Energie-Pylonen.

## Energy Pylon

Mit dem *Energy Pylon* kannst du Energie in den Core leiten oder sie aus ihm herausziehen. Setze dafür einen Energy Pylon innerhalb von 16 Blöcken um den Core. Anschließend brauchst du einen Glass Block, um den Pylon zu vervollständigen. Setze den Block über den Energy Pylon, wenn er sich unterhalb der Hälfte des Cores befindet. Wenn er sich über der Hälfte befindet, setzt du den Glass Block unterhalb.

Ein Energy Pylon

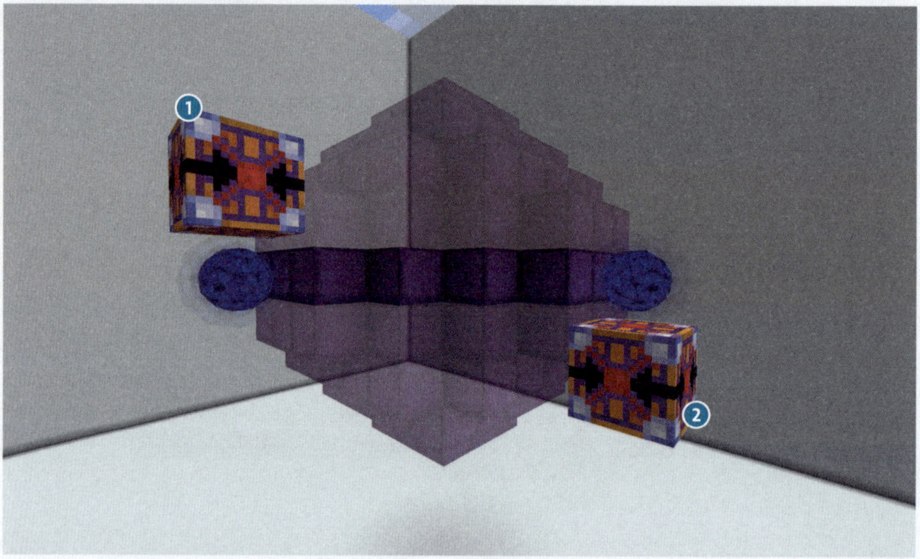

Energy Pylon ❶ über der Mitte und ❷ unter der Mitte

Um zu testen, ob der Pylon mit dem Core verbunden ist, kannst du den Pylon Block mit Rechtsklick anklicken. Dann wird dir eine Verbindung über Partikel visualisiert. Um Energie in oder aus dem Core zu leiten, schließt du eine Leitung oder Energy Crystals an dem Pylon Block an. Um zwischen In- und Output zu wechseln, klickst du die Kugel mit der leeren Hand über oder unter dem Pylon an. Du siehst auch anhand der pulsierenden Animation, ob Energie in oder aus dem Core geleitet wird.

# DRACONIC CHEST

Diese auf den ersten Blick unscheinbare Truhe ist ein sehr komplexes und cooles Stück Technik mit einigen Zusatzfunktionen. Die *Draconic Chest* hat ganze 260 Slots für Items und dazu einen starken eingebauten Ofen sowie einen Crafting Table.

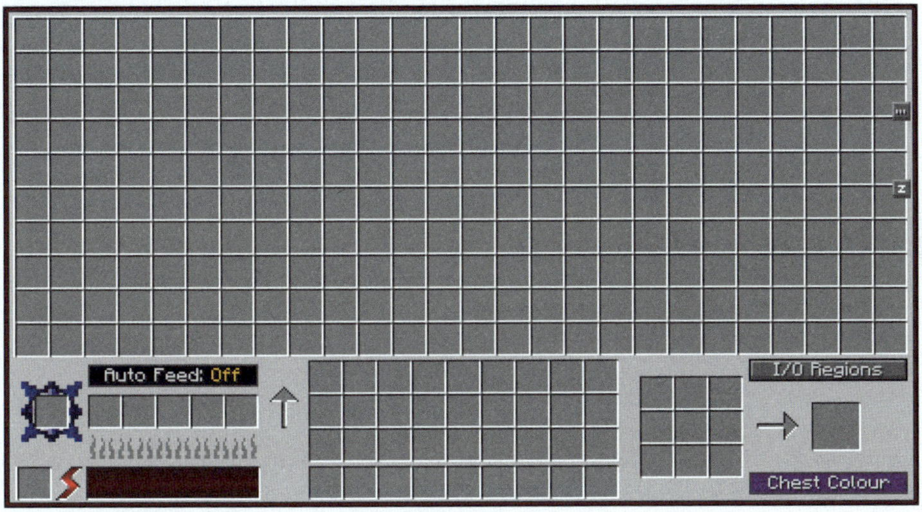


Inventar der Draconic Chest mit haufenweise Lagerplatz

## Der Ofen in der Truhe

Auch der Furnace ist in Draconic Evolution nicht unbedingt normal. Er kann fünf Items gleichzeitig schmelzen und das Ganze sogar in einer ordentlichen Geschwindigkeit. Die Schnelligkeit kannst du mit einem Wyvern, Awakened oder Chaotic Core sogar noch erhöhen, bis der Furnace etwa ein Item pro Sekunde schmilzt. Dabei wird aber auch der Energieverbrauch erhöht, denn der Ofen funktioniert nur mit Energie. Die bekommst du über einen normalen Energieanschluss an der Truhe oder über einen Capacitor in die Truhe. Wenn du einen Core mit dem Furnace verbindest, verdoppelt er für dich sogar automatisch die Erze. Der Ofen hat vier verschiedene Modi, um Items zu schmelzen:

Der Furnace in der Draconic Chest

- Der Modus **OFF**, na ja, schaltet den Furnace aus.
- Mit **FILL** werden Erze, die bereits im Ofen sind, immer wieder aufgefüllt, aber keine neuen nachgelegt. Wenn alles fertig verarbeitet ist, passiert also nichts mehr, bis du manuell wieder etwas nachlegst.
- Der Modus **LOCK** erfüllt in etwa den gleichen Zweck, nur dass die Produkte nicht komplett verarbeitet werden. Es bleibt immer eins im Slot zurück, damit automatisch mehr nachgelegt werden kann. So wird ein Slot für ein bestimmtes Erz reserviert.
- Mit **ALL** wird einfach jedes Item in der Chest, das geschmolzen werden kann, auch geschmolzen. Dazu zählen auch Essen oder Stone.

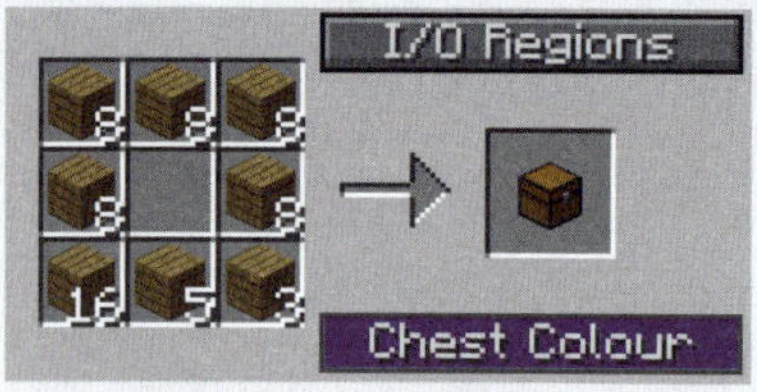


Der eingebaute Crafting Table in der Chest

Der eingebaute Crafting Table funktioniert wie jeder andere Crafting Table auch. Du kannst ihn sogar mit JEI nutzen.

## Eigene Regionen in der Chest

Die Draconic Chest hat noch ein unglaublich starkes Feature. Du hast die Möglichkeit, verschiedene Regionen in der Truhe anzulegen und sie einzeln anzusteuern. Für jede Region in der Truhe kannst du eigene Kontrollen über die Seiten der Truhe festlegen. Das Ganze ist natürlich unendlich flexibel und für jeden Zweck anders aufteilbar. Du kannst z. B. Erze automatisch verarbeiten lassen, Slots für Essen oder Crafting Items reservieren und noch viel mehr!

Um eine Region festzulegen, klickst du auf den Button **I/O Regions**, wählst zwischen Region 1–6 und klickst und zeichnest dann ein Rechteck auf. Es wird farbig markiert. Für jede Region kannst du noch einstellen, ob Items von einer bestimmten Seite angenommen werden sollen und noch vieles mehr. Dafür ein kleines Beispiel:

Erstelle zwei Regionen. Region 1 akzeptiert Items von der linken Seite der Truhe, und der Furnace darf dort herausziehen.

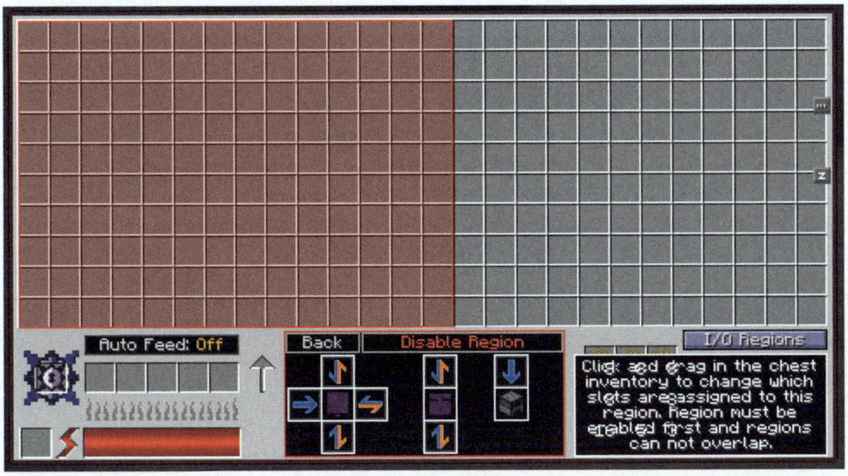


Region 1 und ihre Einstellungen

Region 2 exportiert Items aus der rechten Seite der Truhe und bekommt Items aus dem Furnace.

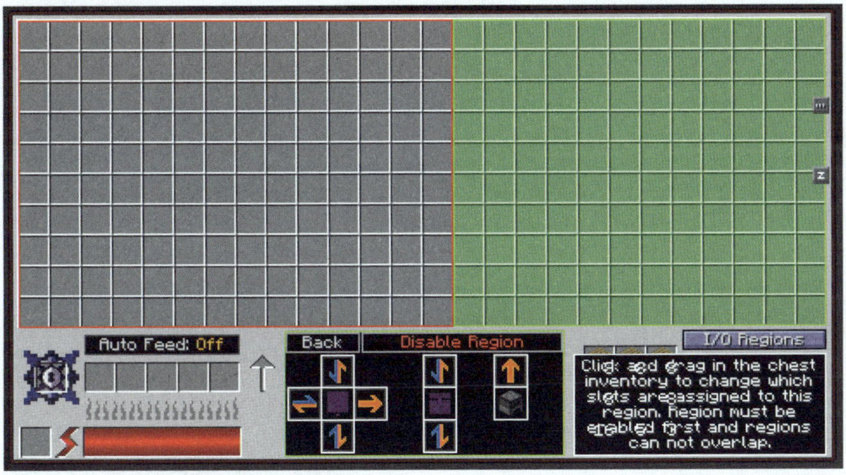


Region 2 und ihre Einstellungen

Wenn du jetzt Items in die linke Seite der Truhe leitest, werden sie in Region 1 gespeichert, in den Ofen gebracht, dort geschmolzen und in Region 2 abgelegt. Von dort kannst du sie wieder aus der Truhe entnehmen.

Das ist die Draconic Chest, wie du siehst, definitiv eine sehr coole Truhe! Außerdem behält sie ihr Inventar, wenn du sie abbaust.

# DISLOCATOR

*Dislocator* spielen in Draconic Evolution wirklich eine große Rolle und haben auch so einige Nutzen. Von Items über Spieler und Mobs kannst du damit praktisch alles teleportieren. Beginnen wir mit der einfachsten Form.

Der normale Dislocator ist eine supereinfache Möglichkeit, um schnell von A nach B zu kommen. Mit ihm kannst du dir per ⇧ + Rechtsklick einen Punkt speichern, zu dem du mit dem Dislocator über Rechtsklick wieder zurückkehren kannst. Du kannst dich auch über verschiedene Dimensionen teleportieren. Allerdings ist der Dislocator auf zehn Nutzungen limitiert.

## Advanced Dislocator

Die bessere Version des Dislocators, der Advanced Dislocator, hat sehr viel mehr Features. Zuerst einmal kannst du ihn mit Ender Pearls betreiben und dich somit theoretisch unendlich oft teleportieren. Anders als beim normalen Dislocator kannst du hier mehrere Ziele festlegen. Bis zu 100 Stück, um genau zu sein. Öffne dafür mit ⇧ + Rechtsklick das Interface.

Um einen neuen Punkt anzulegen, klicke auf **Add New**. Als Ausgangspunkt werden die Koordinaten genommen, an denen du grade stehst. Anschließend kannst du dem Punkt in der Leiste oben einen Namen geben und auf **Commit** klicken. Jetzt erscheint dein Punkt in der Liste, und du kannst dich zu ihm teleportieren. Dafür kannst du in der Leiste einen Rechtsklick auf den Punkt ausführen oder den Dislocator in die Hand nehmen und mit ⇧ + Mausrad bis zu deinem gewünschten Punkt scrollen, um dich dann mit Rechtsklick zu teleportieren. Im Interface hast du außerdem die Möglichkeit, Punkte zu sperren, damit du sie nicht versehentlich änderst oder löschst. Das Gleiche kannst du auch über die gleichnamigen Buttons machen.

Das Interface des Advanced Dislocators

## Das Podest für den Dislocator

Mit dem *Dislocator Pedestal* hast du die Möglichkeit, deinen Dislocator an einem coolen Platz aufzubewahren und gleichzeitig noch Vorteile zu gewinnen. Um einen Dislocator auf das Pedestal zu legen, klickst du einfach mit Rechtsklick darauf. Du kannst das Pedestal wie zuvor mit Rechtsklick nutzen, um dich zu teleportieren. Der Vorteil ist dabei, dass keine Haltbarkeit oder Enderperlen verbraucht werden. Allerdings hast du deinen Dislocator dann natürlich nicht mehr immer dabei.

Hübsche Tools verlangen nach hübscher Aufbewahrung.

**Mit dem Portal überallhin reisen**

Mit dem *Infused Obsidian* aus Draconic Evolution hast du die Möglichkeit, ein riesiges Portal zu bauen, das du zu dem Punkt eines Dislocators leiten kannst. Baue dafür eine 2D-Struktur aus Infused Obsidian. Der innere Bereich kann 1×1 bis zu 150×150 Blöcke groß sein. Lass einen Block irgendwo im Portal frei und platziere dort den Dislocator Receptacle. Anschließend machst du mit einem gelinkten Dislocator einen Rechtsklick auf den Receptacle. Das Portal erscheint, und wenn du es betrittst, wirst du zum Punkt des Dislocators teleportiert. Der Receptacle Block ist auch über Redstone an- und ausschaltbar.

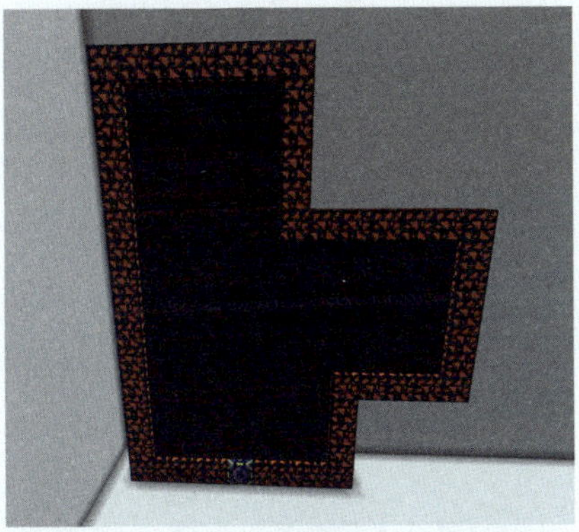

Fertiges Portal aus Infused Obsidian in einer etwas ungewöhnlichen Form

# DER GEFÄHRLICHSTE REAKTOR ÜBERHAUPT

Wie du vielleicht schon bemerkt hast, sehen Maschinen aus Draconic Evolution oft sehr eindrucksvoll aus. Damit geht es auch beim *Draconic Reactor* weiter. Er ist eine gute, aber sehr gefährliche Option, Energie zu erzeugen, denn wenn du den Reaktor nicht richtig benutzt oder stabil hältst, vernichtet er in einer riesigen Explosion in einem Radius von etwa 300 Blöcken deine ganze Basis. Es ist also extreme Vorsicht geboten.

## Der Aufbau

Für den Aufbau des Draconic Reactors brauchst du:

1× Draconic Reactor Core

4× Reactor Stabilizer

1× Reactor Energy Injector

Mit diesen Materialien kannst du den Reaktor aufbauen. Um ihn zu betreiben und zu sichern, brauchst du allerdings noch ein bisschen mehr, dazu aber gleich. Der Hauptreaktor ist der Draconic Reactor Core. Ihn setzt du in die Luft mit mindestens 5 Blöcken Abstand zum Boden oder der Wand, je nachdem, ob du den Reaktor horizontal oder vertikal aufbauen willst. Anschließend baust du die 4 Reactor Stabilizers mit mindestens 5 Blöcken Abstand zum Core um ihn herum. Die 5 Blöcke sind wichtig, da der Reactor sonst die Stabilizer blockieren kann. Zuletzt setzt du den Energy Injector an einer der freien Seiten um den Reactor. Dieser Block ist besonders wichtig, da er die RF für den Reactor bekommt.

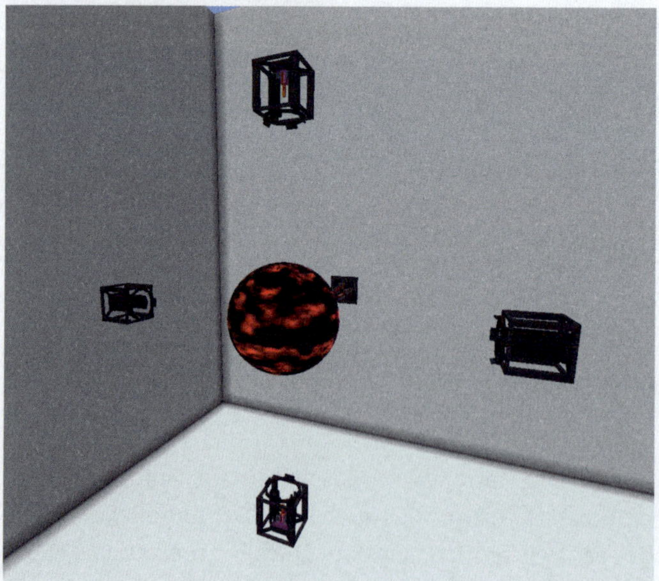

Aufbau des Draconic Reactors

Jetzt kannst du auf einen Stabilizer klicken, um in das Interface des Draconic Reactors zu schauen.

1. Dieser Balken zeigt dir die Temperatur an. Steigt er über 8.000 °C, fällt exponentiell der Wert des zweiten Balkens.
2. Das *Containment Field*. Fällt dieser Wert auf 0, explodiert der Reaktor.
3. der interne Energiespeicher des Reaktors, auch *Energy Saturation*
4. Der *Fuel Conversion Level*. Je mehr Brennstoff du verbrauchst, desto mehr Energie erzeugst du auch.
5. Input für Brennstoff bzw. Awakened Draconium
6. Output für Chaos Shards

Interface des Draconic Reactors

## Grundlagen zum Reaktor

Mit dem aufgebauten Draconic Reactor ist es sehr wichtig, ein paar Basics zu kennen, bevor du ihn in Betrieb nimmst. Der Reaktor produziert dauerhaft Energie (normal zwischen 300.000 und 500.000 RF/t), verbraucht aber auch dauerhaft welche. Steigt die Temperatur im Reaktor, fällt das Containment Field. Du kannst beides aber stabil halten, indem du Energie durch den Energy Injector in den Reaktor leitest. Je mehr Brennstoff (Awakened Draconium) du verbrauchst, desto mehr Energie erzeugst du auch. Bei 50 % Fuel Conversion kannst du gut und gerne 1 Million RF/t erzeugen, ab 84 % wird es aber unmöglich, den Reaktor aufrecht und stabil zu halten. Wir müssen dazusagen, dass wir den Reaktor zwar schon oft gebaut haben, ihn aber nie wirklich richtig nutzen, da er einfach viel zu gefährlich ist für die Menge an Energie, die er produziert. Überlege dir also gut, ob du ihn wirklich nutzen möchtest.

## Den Reaktor in Betrieb nehmen

Hast du den Reaktor fertig aufgebaut und die Basics im Kopf, kannst du beginnen, ihn in Betrieb zu nehmen. Damit du ihn starten kannst, brauchst du erst einmal eine Menge Energie. Es wäre also super, wenn du bereits einen Energy

Core als Energiespeicher hast. Schließe eine Energieleitung an deinen Energy Injector an und klicke anschließend im Interface auf **Charge**. Der Reaktor beginnt, sich aufzuladen, die Temperatur steigt auf bis zu 2500 °C und das Containment Field sowie Energy Saturation auf 50 %. Hat der Reaktor diese Werte erreicht, kannst du dich darum kümmern, ihn zu sichern. Dafür benötigst du eine richtige Steuerung. Die einfachste Möglichkeit besteht aus einem Redstone Comparator und einem Flux Gate. Das Flux Gate reguliert über das Redstone-Signal des Comparators, wie viel Energie in den Energy Injector gelangt. Lege ein Kabel, wie z. B. ein Cryo-Stabilized Fluxduct, von einem Energy Stabilizer zum Energy Injector und unterbreche das Kabel durch ein Flux Gate.

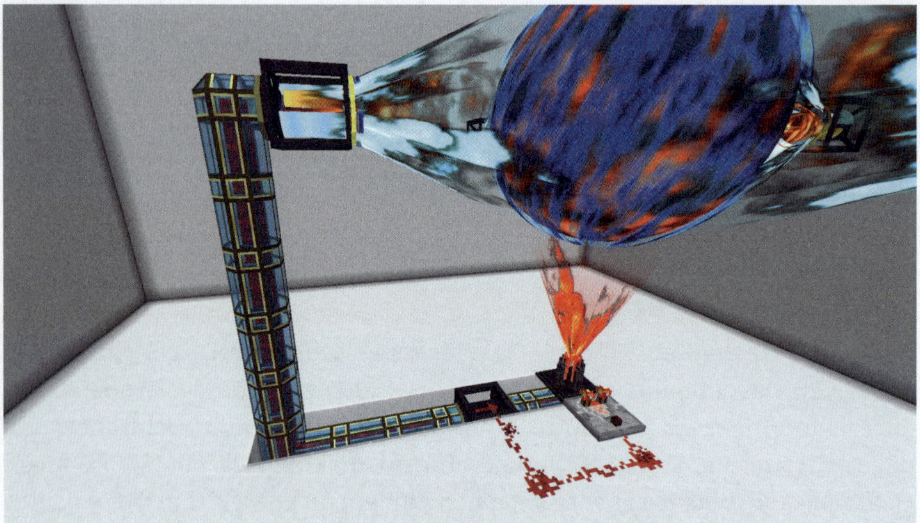

Aufbau der Redstone-Steuerung

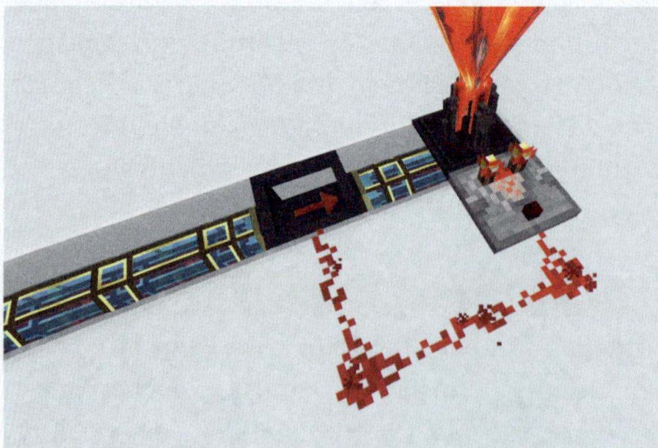

Die Redstone-Steuerung mit Comparator und Flux Gate mit Pfeil in die richtige Richtung

Damit die Steuerung funktioniert, klickst du in den Energy Injector, stellst die Redstone-Steuerung auf **–Shield** und legst eine Redstone-Leitung zum Flux Gate. In diesem stellst du unter **Redstone Signal High 200.000 RF/t** ein.

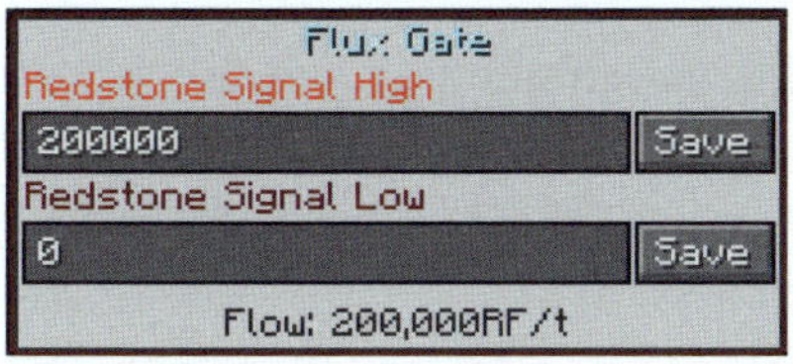


Einstellungen im Flux Gate

Anschließend kannst du eigentlich schon Energie aus dem Reaktor ziehen, aber auch das solltest du auf jeden Fall regulieren. Der Reaktor kann nämlich so viel Energie produzieren, wie du forderst. Nur geht das ganz schnell nach hinten los, wenn er dadurch instabil wird. Setz also unbedingt ein Flux Gate an den Output und stelle unter **Low Redstone Signal** nur so viel Energie ein, wie du benötigst. Achte wirklich darauf, niemals zu viel Energie aus dem Reaktor zu ziehen. Hast du alles fertig aufgebaut, kannst du ihn über den Button **Activate** anschalten und hoffentlich sicher betreiben. Tatsächlich ist der Reaktor eins der Dinge, von denen wir eher abraten würden. Wie gesagt ist er einfach viel zu gefährlich für das, was er produziert. Explodiert der Reaktor, sprengt er deine komplette Basis und alles im Umkreis von ca. 300 Blöcken. Mach dir also ernsthaft Gedanken darüber, ob du das riskieren möchtest, oder baue den Reaktor weit weg von deiner eigentlichen Basis auf.

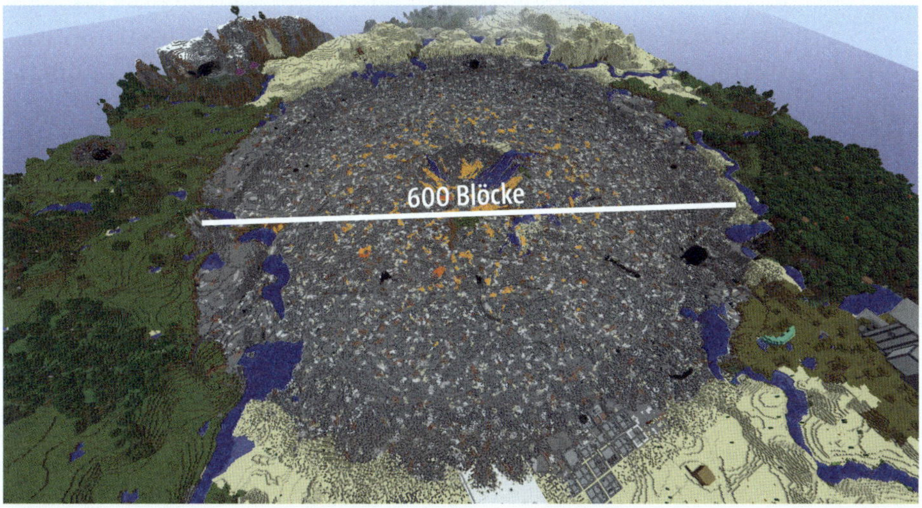


Krater nach der Explosion des Draconic Reactors mit einem Durchmesser von 600 Blöcken

# WEITERE NÜTZLICHE MASCHINEN UND GADGETS

Auch Draconic Evolution bringt wieder einige Maschinen mit, die sehr coole Funktionen haben, aber alle irgendwie in eine eigene Kategorie gehören.

### Disenchanter

Wolltest du schon immer mal eine Verzauberung von einem Item entfernen und sie in einem Buch speichern? Genau das kannst du mit dem Disenchanter machen. Diese »Maschine« erlaubt es dir, Verzauberungen durch XP (Level) von einem Item auf ein Buch zu speichern. Lege dafür das verzauberte Item in den linken Slot und ein normales Buch in den mittleren. Anschließend drückst du auf **Extract**, und die *erste* Verzauberung auf deinem Item wird in das Buch geschrieben. Wie viel das Extrahieren kostet, hängt von der Verzauberung und dem Level ab.

### Generator

Draconic Evolution hat zwei Möglichkeiten, um Energie zu produzieren. Die einfachste ist der Generator. Er funktioniert wie viele andere normale Generatoren auch mit Kohle oder anderen Brennstoffen. Er erzeugt 84 RF/t und eignet sich damit auf jeden Fall, um im frühen Spielverlauf ein bisschen Strom zu erzeugen. Aber Draconic Evolution fokussiert sich ja eigentlich auf den späten Spielverlauf, und für den gibt es den Draconic Reactor, den du schon kennengelernt hast.

### Energy Infuser

Wie du vielleicht bemerkt hast, basieren die meisten Items aus Draconic Evolution auf Energie, denn das ist eine Ressource, die sich sehr viele Mods zunutze machen, um die Mächtigkeit von Items auszugleichen. Je stärker das Item, desto mehr RF verbraucht es. Damit du deine Tools aus Draconic Evolution laden kannst, gibt es den Energy Infuser. Er sieht mit seinen Flügeln nicht nur cool aus, sondern ist auch noch unglaublich nützlich. Versorgst du ihn mit Energie, hast du die Möglichkeit, ein Item in den Slot in der Mitte zu legen, um es zu laden. Das geht in dem Energy Infuser für gewöhnlich auch um einiges schneller als in anderen Maschinen aus anderen Mods, die den gleichen Zweck erfüllen. Er kann Items mit bis zu 1 Million RF/t laden, auch wenn manche Items eine Begrenzung haben, wie viel Energie sie pro Tick aufnehmen können. Aber da gerade Draconic-Evolution-Items sehr viel Energie aufnehmen können und brauchen, eignet sich dieser Infuser super dafür.

### Mob Grinder

Mobs liefern in Modpacks oft Drops, die für viele Dinge benötigt werden. Gerade in Draconic Evolution brauchst du eine Menge Nether Stars. Es lohnt sich also immer, eine automatische Mobfarm zu bauen. Dafür gibt es viele verschiedene Mods und Möglichkeiten, aber nur sehr wenige können sogar einen Wither ohne Probleme killen. Der Mob Grinder von Draconic Evolution macht das einfach so. Generell tötet er alle Mobs, die in einem 7 × 7-Bereich vor ihm auftauchen, dazu zählen auch Wither. Er killt sie mit einem Schlag, ohne große Probleme. Der Grinder braucht dafür nur Energie, sonst nichts.

### Celestial Manipulator

So schön Tag und Nacht und auch das Wetter in Minecraft sind, manchmal will man einfach etwas anderes haben, gerade was den Regen angeht. Wir haben ihn eigentlich immer ausgeschaltet, aber wenn einmal nicht, dann hilft der *Celestial Manipulator*. Mit dieser Maschine wirst du Gott über Zeit und Wetter. Es gibt zwei verschiedene Modi: Zeit und Wetter, die beide verschiedene Funktionen haben:

- **Wetter:**
  - Stop Rain
  - Start Rain
  - Start Storm
- **Zeit:**
  - Skip to sunrise
  - Skip to mid-day
  - Skip to sunset
  - Skip to moonrise

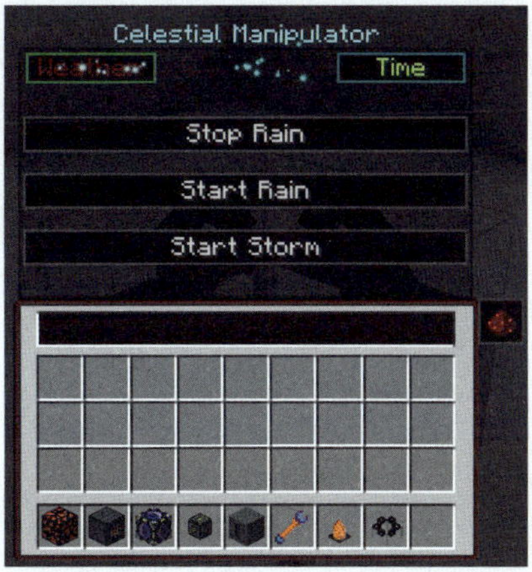

Das Interface des Celestrical Manipulators

- **Skip to midnight**
- **Skip to moonset**
- **Skip to 24**

Die Funktionen erledigen allesamt das, was sie beschreiben. Sie funktionieren praktisch wie die Commands (Befehle), die du in den Chat eingeben kannst.

Klicke im Interface einfach an, was du gerade haben willst, und der Celestrial Manipulator beginnt, wenn er Energie hat, eine Animation und ändert alles zu deinen Wünschen. Es gibt auch eine Redstone-Steuerung. In der kannst du einstellen, welche Aktion ausgeführt werden soll, wenn die Maschine ein Redstone-Signal bekommt. So kannst du z. B. mit einem Daylight Sensor automatisieren, dass nie wieder Nacht ist. Oder du nutzt einen Rain Sensor, um den Regen immer direkt auszuschalten.

## Rain Sensor

Um genau diesen geht es jetzt. Viel gibt es zum Rain Sensor gar nicht zu sagen. Er gibt ein Redstone-Signal aus, wenn es regnet. Dafür muss er aber unter freiem Himmel stehen.

## Entity Detector

Mit dem Basic und Advanced Entity Detector kannst du praktisch jede Entity in der Welt erkennen und anhand dessen ein Redstone-Signal ausgeben. So hast du z. B. die Möglichkeit, eine Geheimtür zu bauen, die sich nur öffnet, wenn du vor ihr stehst. Das Ganze geht ganz ohne sichtbare Hebel oder Druckplatten. Die beiden Detektoren haben ein paar unterschiedliche Features.

| Version | Max Range | Max Scanning Rate | Filter | Whitelist/ Blacklist |
| --- | --- | --- | --- | --- |
| Basic | 10 | 1,5 Sekunden | Player, Hostile, Passive | nein |
| Advanced | 64 | 0,25 Sekunden | Player, Hostile, Passive, Other | ja |

Die beiden Entity Detectors im Vergleich

Über den Button **Open Entity Filter Configurator** kommst du in das Menü, um einzustellen, bei welcher Entity ein Redstone-Signal ausgegeben wird. Bei der

Basic-Version kannst du dort nur die Gruppe bestimmen, bei der Advanced-Version sogar genau, welche Entity. Du kannst also genau sagen, welcher Mob oder welcher Spieler ein Signal ausgeben soll. Es kann außerdem eingestellt werden, ab *wie vielen* Entities ein Signal ausgegeben werden soll und wie stark es sein soll. Natürlich braucht die Maschine auch Energie. Wie viel, kommt auf deine Einstellungen an. Dafür steht über dem Balken eine Zahl mit **Energy per Pulse**. Die Detektoren geben Impulse aus, die Energie kosten, um damit nach Entities zu suchen. Wie oft das passiert, kannst du auch einstellen.

Das Interface des Advanced Entity Detectors

***Eine Geheimtür nur für dich!***

Mit dem Entity Detector kannst du super eine Geheimtür bauen, die sich nur öffnet, wenn du in der Nähe bist! Das ist vor allem cool, wenn du auf einem Server spielst und nicht möchtest, dass andere an deine Sachen kommen.

1. Baue dir eine Tür aus Sticky Pistons, in diesem Fall aus 3 oben und 3 unten. Setz an die Vorderseite deine gewünschten Blöcke, die ausgefahren werden. Verbinde anschließend alle Pistons mit Redstone Conduits und stelle sie auf **Output**.

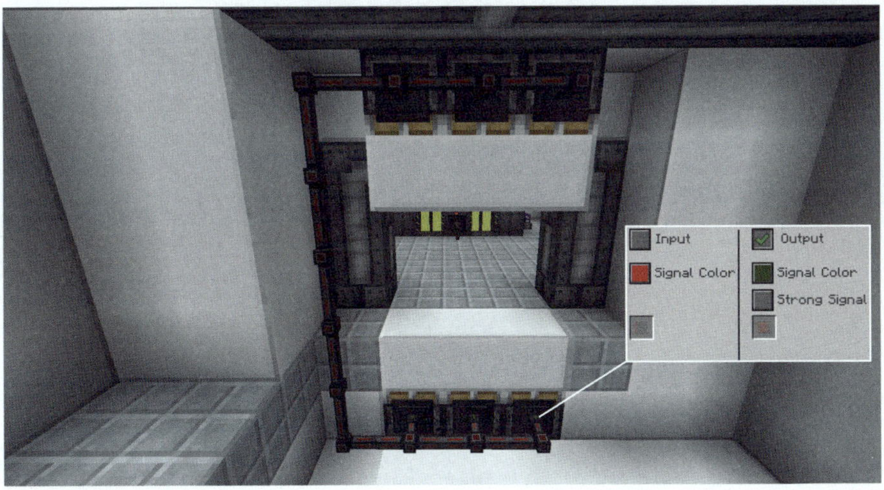


3 × 2-Piston-Tür aus Sticky Pistons, verbunden mit Redstone-Conduits, die auf »Output« stehen

2. Baue dir einen Redstone Inverter aus einem Block und einer Redstone Torch. Den Conduit an der Fackel stellst du auf **Input**.

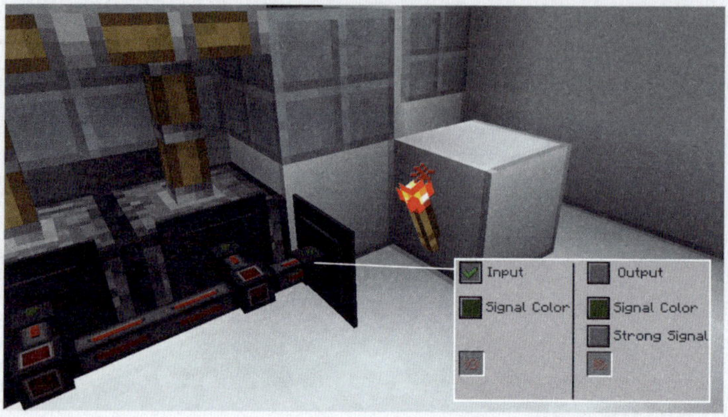


Redstone Inverter mit Conduit auf »Input«

3. Platziere den Advanced Entity Detector, verbinde ihn über einen Redstone Conduit mit dem Inverter und stelle ihn auf **Output** mit **Strong Signal**. Verbinde ihn außerdem mit einer Energiequelle und stelle den Redstone Conduit an der Unterseite des Detectors auf **Input**.

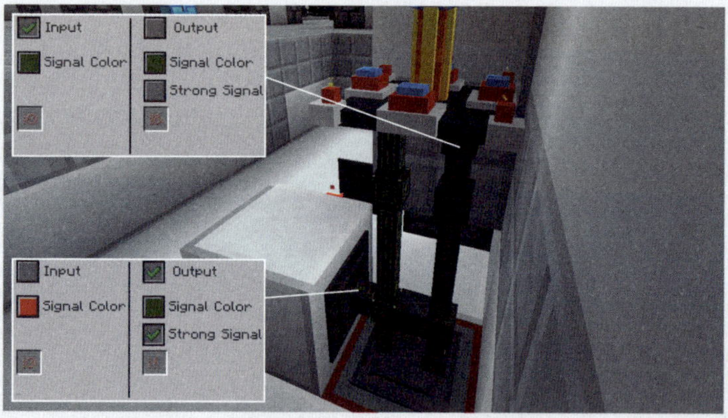


Aufbau des Advanced Entity Detectors mit angeschlossenen Redstone Conduits

4. Stelle den Advanced Entity Detector richtig ein. Wähle zuerst die **Range** aus, bei der ein Redstone-Signal ausgegeben werden soll, wenn du in der Nähe bist. Wir finden hier 5 Blöcke eine gute Einstellung.

Einstellungen des Advanced Entity Detectors

Anschließend stellst du im Entity Filter die Minecraft-Namen der Spieler ein, die erkannt werden sollen. Hier kannst du auch nur deinen eigenen Namen eintragen. Wenn du deine Tür für einen Freund freigeben möchtest, kannst du hier auch seinen Namen eintragen.

Damit hast du eine Tür, die sich automatisch öffnet, wenn du in der Nähe bist bzw. darauf zuläufst, aber für niemand anderen. Viel Spaß beim Bauen von Geheimgängen!

Filtereinstellungen, bei welchem Spieler ein Redstone-Signal ausgegeben werden soll

## Potenziometer

Mit dieser kleinen und flachen Maschine, dem *Potenziometer*, kannst du ein Redstone-Signal ausgeben, das genauso stark ist, wie du es gerne hättest. Drehe dafür einfach mit Rechtsklick an der Scheibe, und dir wird im Chat angezeigt, wie stark das Redstone-Signal ist.

Potenziometer mit einstellbarem Redstone-Signal

## Ender Energy Manipulator

Das ● Dragon Egg bekommen, ohne den Enderdrachen zu töten? Eigentlich unmöglich! Außer du hast dieses wunderbare kleine Item. Mit dem *Ender Energy Manipulator* kannst du das Dragon Egg aus dem Drachen ziehen, ohne ihn töten zu müssen, ideal für empfindsame Spieler! Nimm dafür einfach das Item in die Hand und klicke im End auf das End-Portal. Es beginnt eine coole Animation, und nach kurzer Zeit bekommst du dein Dragon Egg. Aber sei vorsichtig! Den Endermen gefällt nicht so ganz, was du da machst.

KAPITEL 16

# JETZT KOMMT ALLES ZUSAMMEN – MODS KOMBINIEREN

Jetzt geht der Spaß erst richtig los, denn das Kombinieren von Modifikationen, sodass am besten alles automatisch zusammenarbeitet und läuft, ist noch mal eine ganz andere Herausforderung. Wie du die gängigsten Kombinationen anwendest, zeigen wir dir in diesem Kapitel.

# ALLES AUF EINMAL

In den letzten Kapiteln haben wir uns hauptsächlich einzelne Modifikationen vorgenommen. Das Schöne an Modpacks ist aber das Kombinieren. Das passiert nicht nur in unserer Mod School, dem Modpack zum Buch, sondern in nahezu jedem Modpack auf die eine oder andere Art. Gerade das ME-System von Applied Energistics 2 (AE2) kann man gut mit fast allen anderen Mods koppeln. Der Reaktor wird automatisch befüllt, verbrauchter Treibstoff wird direkt abgeleitet, die Quarry sammelt selbstständig Erze, die dann direkt vom ME-System zur Verarbeitung geschickt werden. Das Kombinieren funktioniert in nahezu jedem Modpack, aber bis man dahinter steigt, dauert es ein wenig. Wie du Meister des Kombinierens wirst, zeigen wir dir hier.

# ES BEGINNT MIT EINEM ME-SYSTEM

Wie schon erwähnt, koppeln wir die meisten Mods mit dem ME-System von AE2. Doch bevor wir mit den einzelnen Mods anfangen, bauen wir uns zuerst ein ME-System, damit wir auch was zum Koppeln haben. Für einen einfachen Aufbau brauchst du:

- 3 × ME Controller
- 1 × ME Drive
- 10 × 4k ME Storage Cell
- 1 × ME Crafting Terminal

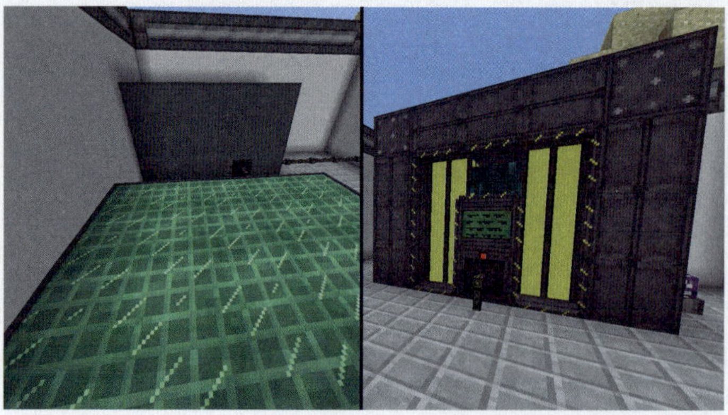

Links Photovoltaic Cells (Solarzellen) mit angeschlossenem Capacitor, rechts ein Extreme Reactor

Dazu kommen noch ME Glass Cables und ME Dense Smart Cables, um die ME-Bauteile miteinander zu verbinden. Vergiss nicht, dass du für das ME-System auch Energie benötigst. Hier kannst du entweder aus EnderIO eine große Advanced Photovoltaic Cell mit angeschlossenem Capacitor oder einen Reaktor der Mod Extreme Reactors nehmen.

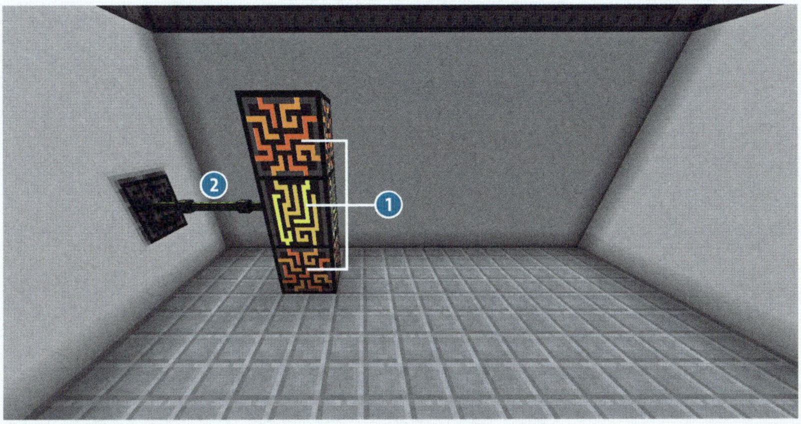


ME-Controller ❶ mit angeschlossener Energieversorgung ❷

1. Um ein lauffähiges ME-System zu betreiben, benötigst du mindestens einen ME-Controller ❶. Wir nehmen hier insgesamt drei, damit wir mehr Platz für weitere Kabel haben. An dem ME-Controller muss auch die Energieversorgung ❷ angeschlossen werden.

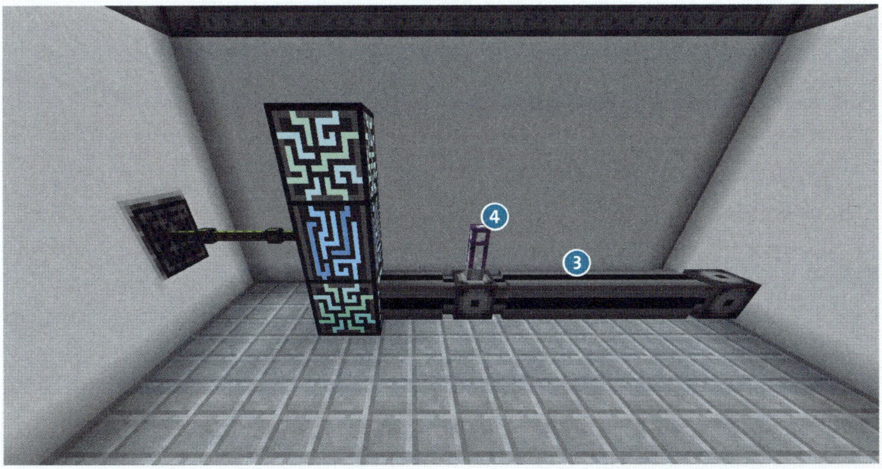


ME-Controller mit angeschlossenem ME Dense Smart Cable ❸ und ME Glass Cable ❹

2. Jetzt legst du das ME Dense Smart Cable ❸ an den Controller. An diesem Kabel schließen wir nachher alles andere an, was wir mit dem ME-System koppeln wollen. Für das kommende Crafting Terminal kommt hier noch ein ME Glass Cable ❹ hin.

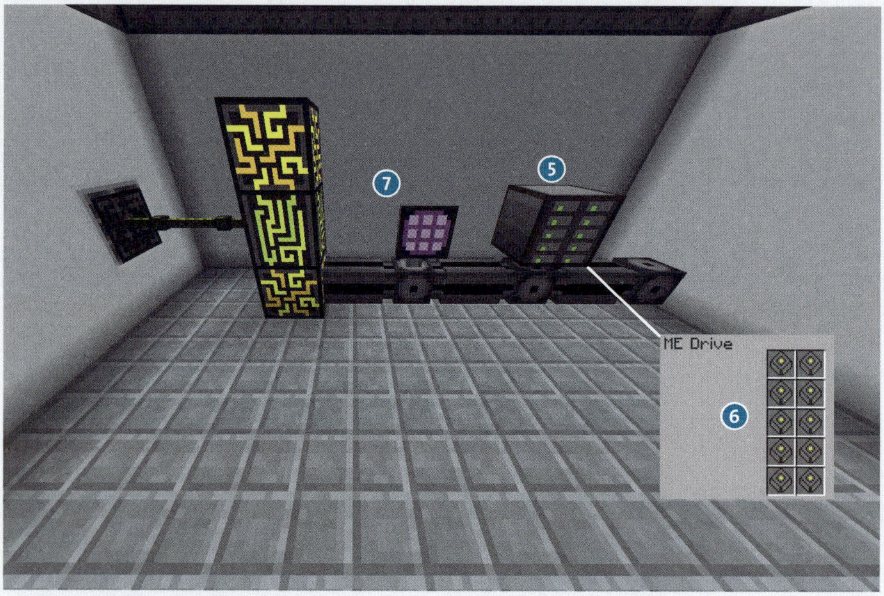


Das ME Drive ❺ mit eingelegten Storage Cells ❻. Zum Bedienen gibt es das ME Crafting Terminal ❼.

3. Zu guter Letzt komm noch das ME Drive mit eingelegten Storage Cells auf das Dense Cable und das ME Crafting Terminal, damit wir auch auf das ME-System zugreifen können.

### Was war das ME-System noch mal?

Das ME-System ist ein Lagersystem von Applied Energistics 2. Mit wenigen Bauteilen sparst du dir komplett dein altbewährtes Lager mit beschrifteten Truhen. Das ME-System ist wie eine riesige Chest mit eingebautem Crafting Table. Du kannst alle Items zentral an jedem angeschlossenem Crafting Terminal hineinlegen und wieder herausnehmen. Alles, was du dafür brauchst, sind Storage Cells, die als Speicherplatz für deine Items dienen. Wenn du mehr wissen möchtest, schaust du am besten noch mal in Kapitel 9, »Endlich mehr Platz«, nach.

# STORAGE DRAWERS UND DAS ME-SYSTEM

Im ME-System werden alle Blocks und Items auf den Storage Cells gespeichert. Wer noch ein wenig weiter gehen möchte, kann hier weitere Lagermöglichkeiten integrieren. Da hilft dir der Storage Bus von AE2, denn mit ihm koppeln wir jetzt Schubladen bzw. Storage Drawers an das ME-System von AE2. Du benötigst:

- 8 × Storage Drawer
- 1 × Drawer Controller
- 1 × ME Storage Bus
- ME Glass Cables

Storage Drawers ❶ mit Drawer Controller ❷

Die Mod Storage Drawers ist ebenfalls eine Lagermodifikation. Mit ihr kannst du deine Items in Storage Drawers ❶, also in einem Schubladensystem, verstauen. Um die an dein ME-System anzubinden, musst du nur deine Storage Drawers mit einem Storage Drawer Controller ausstatten ❷. Dieser kann überall an den Storage Drawers hingestellt werden. An diesen Controller steckst du deinen ME Storage Bus ❸ und verbindest ihn über Kabel mit deinem ME-System. Wenn du jetzt den Storage Bus mit rechts anklickst, kommst du in sein Interface ❸. Hier legst du alle Items einmal ab, die in den angeschlossenen Storage Drawers lagern. Damit weiß auch das ME-System, dass es diese Items in die Storage Drawers einsortieren soll. Im Anschluss stellst du noch die **Priority** auf **+1** ❺, indem du im Storage-Bus-Interface auf den Schraubenschlüssel klickst ❹. Mehr über die Mod Storage Drawers erfährst du in Kapitel 9, »Endlich mehr Platz!«.

> **Und so funktioniert's**
>
> Über den Storage Bus am Drawer Controller hat das ME-System Zugriff auf alle angeschlossenen Storage Drawers und deren Inhalt. Den Storage Bus kannst du übrigens auch an Truhen anschließen oder an alles andere, was ein Inventar hat. Es wird dann im ME-System aufgelistet. Im Storage Bus musst du die Items hinterlegen, die auch in den Drawers sind, damit sie beim Weglegen wieder in den Drawer gehen. Ansonsten werden die Items auf der nächstgelegenen Cell eingelagert.

## QUANTUM QUARRY – UNENDLICH VIELE ROHSTOFFE

Sobald genug Energie und Material vorhanden sind, um eine Quantum Quarry zu bauen und zu betreiben, solltest du das auch tun. Hier bekommst du nämlich gegen Energie einen Haufen Rohstoffe. Die Quantum Quarry erzeugt jede Art von Rohstoffen (Erde, Stein, Bruchstein, Eisenerz, Golderz, Kupfererz usw.) aus dem Biom, in dem sie abbaut. Damit die Blöcke nicht dein System zumüllen, könntest du immer mehr und vor allem größere Storage Cells bauen. Oder aber du schaust dir direkt die Black Hole Units der Mod Industrial Foregoing an.

Bevor das passiert, schließen wir erst mal die Quantum Quarry richtig an. Hier kombinieren wir die Quantum Quarry aus Extra Utilities 2 mit dem ME-System von Applied Energistics 2:

- 1 × Quantum Quarry
- 6 × Quantum Quarry Actuator (für den Antrieb)
- 1 × Truhe
- 1 × ME Import Bus
- 4 × Acceleration Card

1. Der Aufbau einer Quantum Quarry mit automatischem Item-Absaugsystem beginnt mit der Quantum Quarry ❶, die du am besten auf einen Block stellst ❷. Nachdem die Quantum Quarry steht, entfernst du den Block.

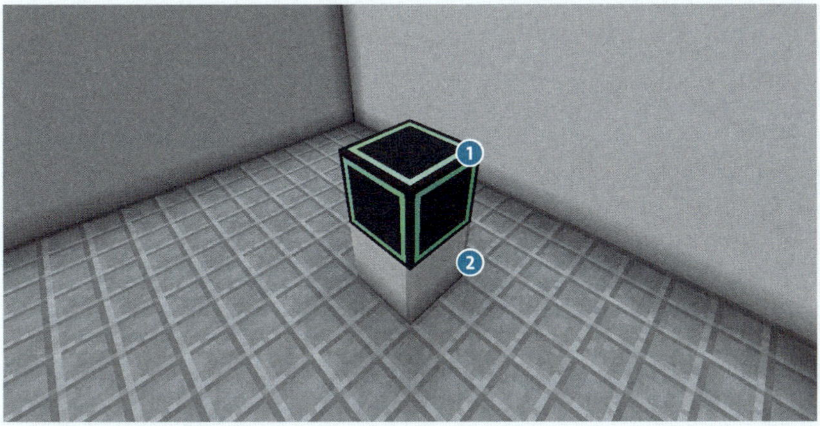


Die Quantum Quarry ❶ auf einem Block ❷

2. An die Quantum Quarry kommt an jeder der sechs Seiten ein Quantum Quarry Actuator ❸. Um diesen Block zu setzen, musst du den Block in der Hand halten und direkt von der Seite auf die Quantum Quarry klicken ❹.

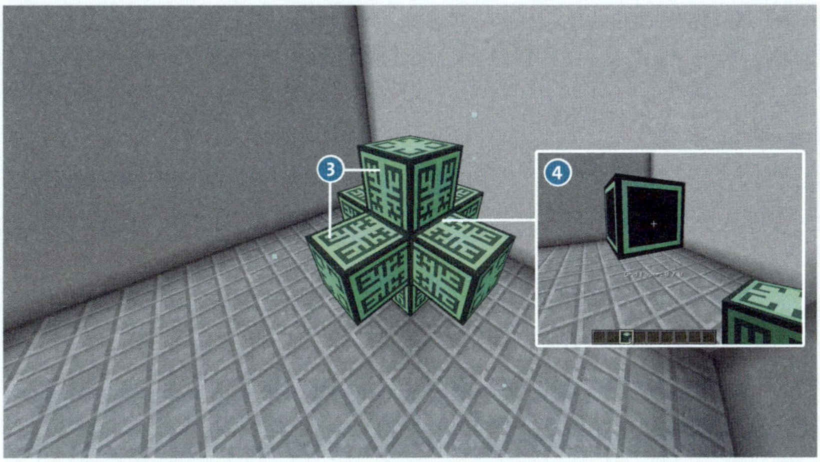


Quantum Quarry mit angeschlossenen Quantum Quarry Actuators

3. Jetzt benötigt die Quantum Quarry noch eine Energieversorgung ❺. Dabei ist es egal, an welchem Block der Quarry du die Leitung anschließt. Zum

Schluss kommt noch eine Truhe obendrauf, und schon beginnt die Quantum Quarry zu sammeln – allerdings verständlicherweise nur so lange, bis die Truhe voll ist.

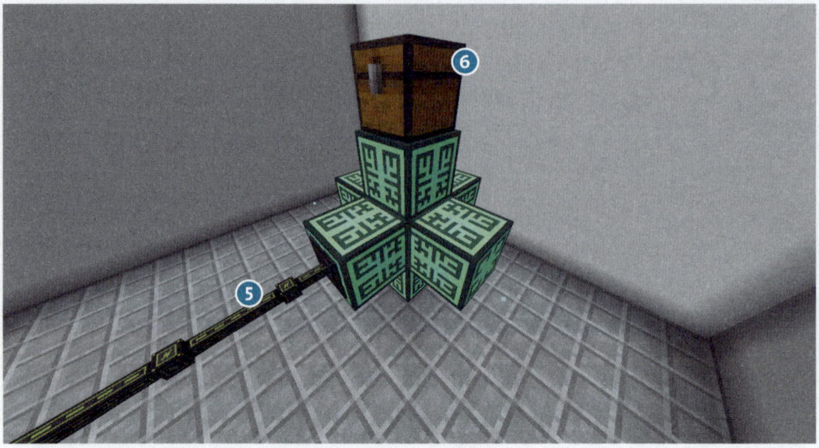

Quantum Quarry mit Energieversorgung ❺ und Chest ❻

4. Damit die Truhe nie voll wird und die Quantum Quarry fleißig weiter sammelt, solltest du dein ME-System mit anschließen. Dazu wird ein ME Import Bus an die Truhe angeschlossen ❼. Verbinde den ME Import Bus nun per ME Glass Cable mit deinem ME-System ❽. Denk daran, den ME Import Bus mit Acceleration Cards auszustatten ❾, damit die Items zügig aus der Truhe gesaugt werden.

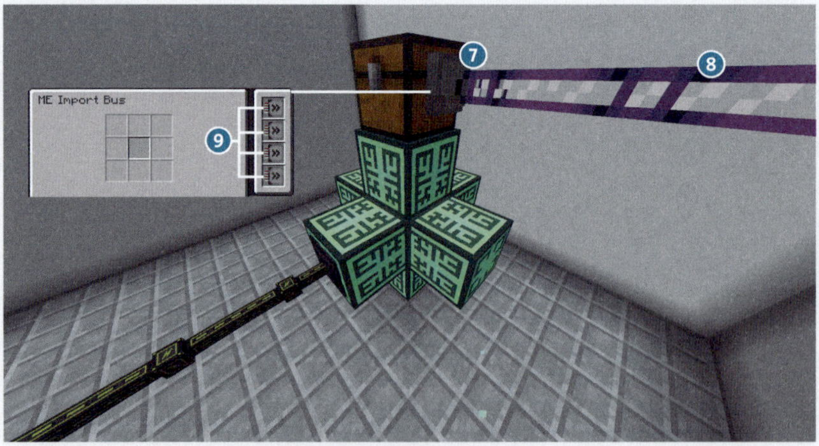


Nun ist die Quantum Quarry komplett ans ME-System angeschlossen mit dem ME Import Bus ❼.

**Und so funktioniert's**

Die Quantum Quarry erzeugt Rohstoffe und sammelt sie in der Truhe, die über ihr platziert ist. Die Blöcke werden vom ME Import Bus in das ME-System geleitet. Die vier Acceleration Cards sorgen dafür, dass die Rohstoffe schneller ins ME-System geleitet werden, als die Quantum Quarry sie erzeugen kann. Das ist zwar kein Muss, aber so erhältst du mehr Rohstoffe, da sich nichts in der Truhe staut und die Quarry stoppt. Mehr über die Quantum Quarry erfährst du in Kapitel 11, »Extra Utilities 2 – so viele coole Dinge«.

# AUTOMATISCHE ERZVERARBEITUNG

Erze werden immer in ihrem Rohzustand gefarmt. Gerade wenn du eine Quantum Quarry laufen hast, macht es Sinn, den Schritt vom Erz zum Barren zu automatisieren. Niemand hat Lust, mehrere tausend Erzblöcke von Hand in die Sag Mill und im Anschluss in den Alloy Smelter zu legen. Im Folgenden kombinieren wir den Alloy Smelter und die Sag Mill von EnderIO mit dem ME-System von Applied Energistics 2:

- 2 × Alloy Smelter
- 2 × Sag Mill
- 4 × Octadic Capacitor
- Energy Conduits
- Item Conduits
- 2 × Truhe
- 1 × Export Bus
- 1 × Import Bus
- 2 × Capacity Card

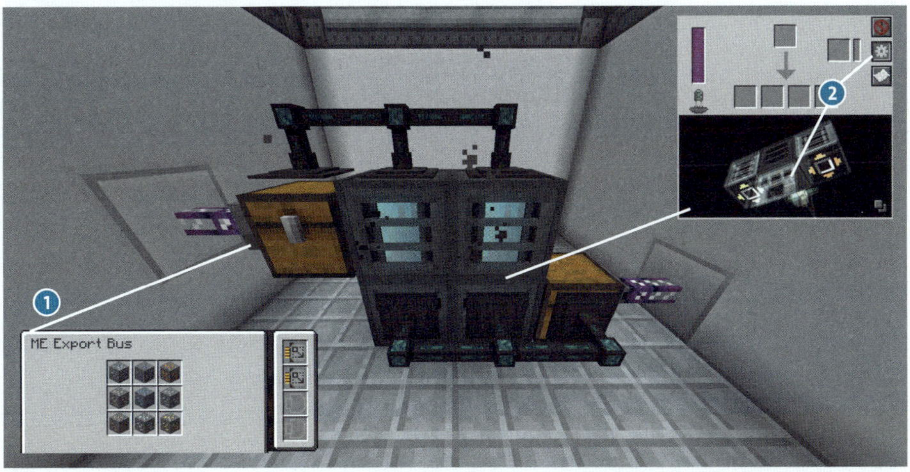


Automatische Erzverarbeitung mit im Export Bus definierten Erzen ①. Hier solltest du daran denken, die Sag Mill zu konfigurieren ②, indem du die Unterseite auf »Output« stellst.

### Und so funktioniert's

Im ME Export Bus ❶ werden die Erze definiert, die verarbeitet werden sollen. Diese werden dann in die linke Truhe ❷ geleitet. Per Item Conduit ❸ werden die Erze in die Sag Mills ❹ geleitet, sie geben dann ihr zerriebenes Erz (den Dust) an die Alloy Smelters ❺ nach unten weiter. Daraus entstehen Barren, die an die rechte Truhe ❻ per Item Conduits ❼ weitergeleitet und von da aus wieder per ME Import Bus ❽ ins ME-System gezogen werden. Die Energieversorgung haben wir in diesem Bild mit Ender Energy Conduits von hinten angeschlossen.

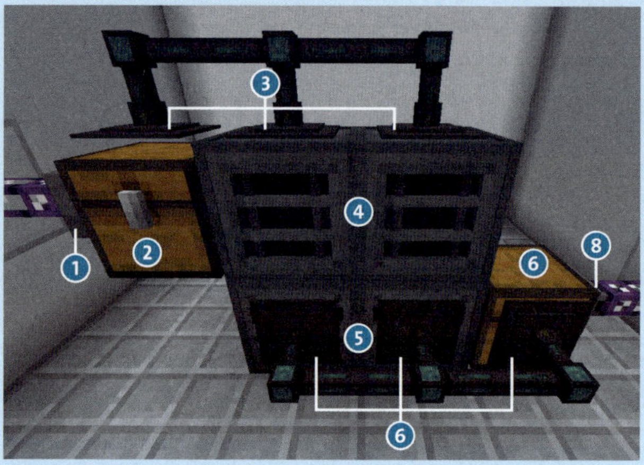


Die automatische Erzverarbeitung kann bei Bedarf um weitere Sag Mills und Alloy Smelters erweitert werden.

Um das mit dem Import und dem Export zu verdeutlichen, hier noch mal die genaue Auflistung, wozu welcher Bus dient:

Import Bus: Lagert Items ins ME-System ein (importiert).

Export Bus: Leitet Items aus dem ME-System heraus (exportiert).

## BLACK HOLE UNITS RICHTIG ANLEGEN

Um ein Überlaufen bzw. Zumüllen des Systems zu verhindern, sind Black Hole Units der Mod Industrial Foregoing die erste Wahl. Sie können unglaublich viele Items speichern, nahezu unendlich viele. Wie du Black Hole Units am besten über den Black Hole Controller an das ME-System anschließt, erfährst du hier. Du brauchst:

- 1 × Storage Bus
- 1 × Black Hole Controller
- 9 × Black Hole Unit

Black Hole Controller mit neun Black Hole Units im Interface. In diesen sind neun verschiedene Barren eingelagert. Der Controller wird über deinen Storage Bus angeschlossen, der ebenfalls die Items beinhaltet und eine Priorität von +1 hat.

## Und so funktioniert's

Hier arbeiten wir wieder mit dem Storage Bus, ähnlich wie bei der Kombination mit den Storage Drawers. Der Bus zeigt an, was sich in den Black Hole Units befindet.

Du stellst den Black Hole Controller auf, legst die Black Hole Units ein und schließt den Storage Bus an. Hier empfiehlt es sich, z. B. alle möglichen Ingots einzustellen (Storage Bus) und mehr als einen Stack zu hinterlegen, damit die Black Hole Units auch weitere Items annimmt. Erst wenn das Item 65-mal in der Black Hole Unit hinterlegt ist, wird sie darauf »programmiert«. Durch dieses System wird verhindert, dass einfach irgendwelche Items deine Black Hole Units belegen. Hinterlege also mindestens 65 Items, 65 Iron Ingots, 65 Gold Ingots, 65 Copper Ingots usw. Jetzt werden alle »neuen« eingelagerten Ingots automatisch in die Black Hole Unit geleitet.

Ingots, die schon länger im System liegen, werden nicht automatisch in die Black Hole Units gezogen, da sie ja schon gemütlich auf irgendwelchen Storage Cells liegen. Um das Problem zu lösen, gibt es den ME IO Port. Er dient dazu, Storage Cells zu entleeren. Dafür schließt du einfach einen ME IO Port an das ME-System an und legst nach und nach alle Storage Cells ein. So werden alle Items, die sich auf den Storage Cells befinden, neu eingelesen und sortiert. Wenn du den Storage Bus richtig eingestellt hast, sollten sich nach einer Weile alle Ingots in den Black Hole Units befinden und nicht mehr auf den Cells.

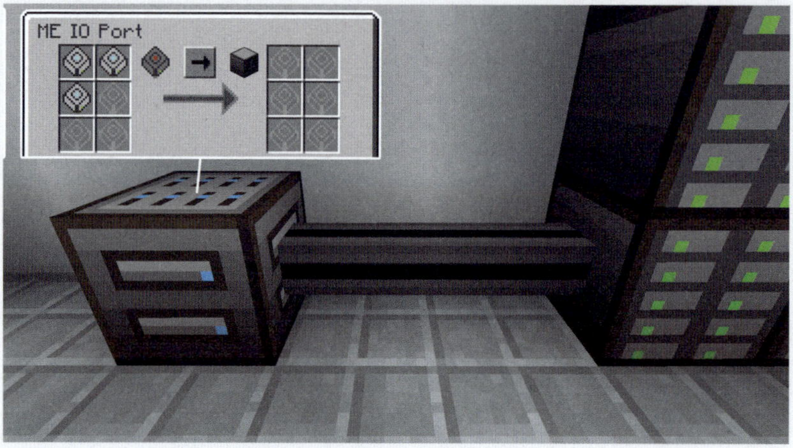


ME IO Port angeschlossen ans ME-System: Damit kannst du die Items auf Disketten neu ins System sortieren lassen.

## WOHIN MIT DEM MÜLL?

Du hast ein gut laufendes ME-System aufgebaut, mit angeschlossenen Storage Drawers und Black Hole Units, und dennoch liegt ein Haufen Schrott in deinem System? Das kann unter anderem an einem Resource Fisher oder einer Mobfarm liegen. Aus deiner Mobfarm kommen ständig beschädigte Rüstungsteile, Tools und Waffen, und das nicht zu knapp. Abhilfe schafft dieser tolle Mülleimer, den du mit wenigen Handgriffen in dein ME-System integrieren kannst. Er sortiert dann automatisch deinen Müll. Du brauchst:

- 1× Export Bus
- 1× Fuzzy Card
- 1× Trash Can oder Nullifier
- Capacity Cards (2 pro Bus)

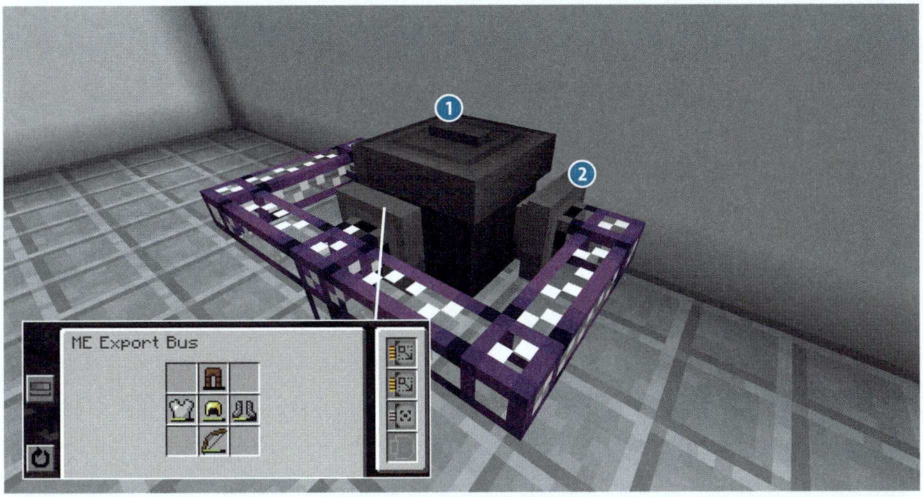


Mehrere Export Buses ②, angeschlossen an einer Trash Can ①. Im Export Bus kannst du dank Capacity Card mehrere Items zum Wegwerfen einstellen.

**Und so funktioniert's**

Alle eingestellten Items im Export Bus werden in die Trash Can oder den Nullifier geleitet und für immer gelöscht. Das verhindert das Volllaufen deiner Storage Cells im ME-System. Die Fuzzy Card bewirkt hier, dass Rüstungsteile jeder Haltbarkeitsstufe gleich behandelt werden. Rüstungen mit 10 % Haltbarkeit werden genauso weggeschmissen wie Rüstungsteile mit 90 % Haltbarkeit. Ohne die Fuzzy Card würden nur Items weggeschmissen werden, die die genau gleiche Haltbarkeit haben wie das eingestellte Item im Export Bus. Meistens vernichten wir Items wie Rüstungsteile und Werkzeuge, die aus unserer Mobfarm kommen, komplett.

# AUTOCRAFTING – CRAFTING AUF BESTELLUNG

Das automatische Crafting hast du in der Mod Applied Energistics 2 schon kennengelernt. Wie man aber das ganze Thema noch ausweiten kann, zeigen wir dir hier. Als Basis nehmen wir das Autocrafting-System von Seite 214 und erweitern es sinnvoll. Mit dem ME-System lässt sich nahezu jedes Rezept automatisieren, wichtig ist nur, dass du immer die jeweilige Maschine mit Interface zur Verfügung hast. Die wichtigste Anlage ist die, mit der du deine Prozessoren für Applied Energistics 2 automatisch herstellen kannst. Sie brauchst du zur Herstellung von vielen Items aus Applied Energistics 2, wie z. B. der Storage Cells. Mit dem Autocrafting kannst du so immer ganz einfach dein System ausbauen. Hier kombinieren wir AE2 mit der Mod AE2 Stuff, da diese Mod schnelle und bessere Maschinen für die Herstellung mitbringt.

## Automatische Sag Mill

Bevor wir uns an die Prozessoren wagen, automatisieren wir zuerst eine Sag Mill und im Anschluss die Crystal Growth Chamber. Die Sag Mill brauchst du, um automatisch Silicon für die Prozessoren herzustellen. Die Crystal Growth Chamber brauchst für die verschiedenen Kristalle wie den Pure oder Fluix Crystal. Hierzu benötigst du neben den Maschinen noch ein Interface. Schnapp dir:

- 1× Sag Mill
- 1× Octadic Capacitor
- 1× ME Interface

Im Pattern Terminal deines ME-Systems kannst du jetzt alle relevanten Rezepte anlegen, für die du die Sag Mill benötigst. Beginnen würden wir mit Fluix Crystal zu Fluix Dust (1), Certus Quartz Crystal zu Certus Quartz Dust (2) und Sand zu Silicon (3).

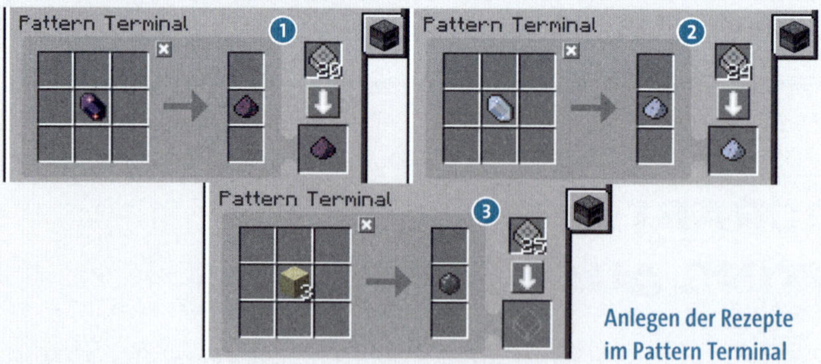


Anlegen der Rezepte im Pattern Terminal

Die Patterns steckst du in das Interface, das sich unter der Sag Mill befindet. Auf den Patterns werden die Rezepte gespeichert. Außerdem teilen sie dem ME-System mit, welche Items benötigt werden, um ein Item herzustellen.

Input und Output der Maschine müssen in Richtung des Interface konfiguriert werden. Jetzt sind die drei Rezepte über das ME-Terminal bestellbar. Weitere Rezepte, die die Sag Mill beinhalten, kannst du ebenfalls anlegen. Schau einfach mal im JEI nach. Klicke dafür im Inventar, während du mit der Maus auf die Sag Mill zeigst, die Taste [U].

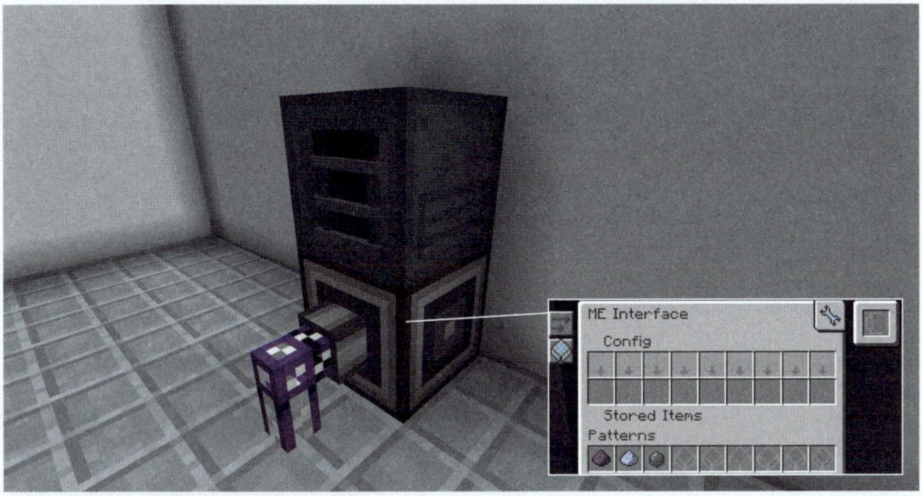


Das Interface mit den angelegten Rezepten unter der Sag Mill

## Automatische Kristalle der Crystal Growth Chamber

Als Nächstes kommt die Crystal Growth Chamber an die Reihe, die die von Applied Energistics 2 benötigten Crystals schneller wachsen lässt. Das ist sehr wichtig, da die Kristalle normalerweise mehrere Minuten benötigen, mit dieser Anlage jedoch nur wenige Sekunden. Hier ist neben der Chamber wieder ein Interface vonnöten:

- 1 × Crystal Growth Chamber
- 1 × ME Interface
- 2 × Item Conduit

Für diese Anlage legst du direkt mehrere Rezepte an. Einmal die beiden für die Seeds der Kristalle und im Anschluss das für die fertigen Kristalle, die in der Crystal Growth Chamber hergestellt werden.

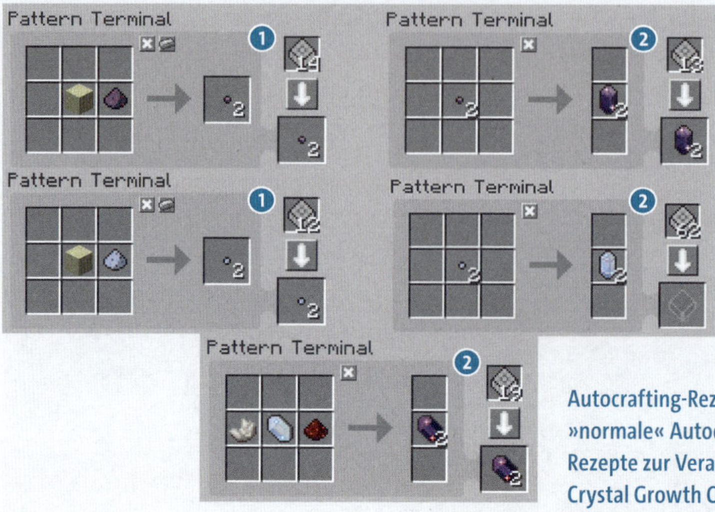


Autocrafting-Rezepte für das »normale« Autocrafting ❶ sowie Rezepte zur Verarbeitung in der Crystal Growth Chamber ❷

Die Crystal Growth Chamber benötigt, im Gegensatz zur Sag Mill, auch noch Item Conduits, die die fertigen Kristalle aus der Chamber herausziehen und in das Interface legen.

Crystal Growth Chamber über dem Interface, mit Item Conduits, die die fertigen Crystals in das Interface leiten

## Automatische Prozessoren

Nun hast du alles vorbereitet, um das automatische Prozessoren-Crafting zu starten! Du brauchst Silicon für das Printed Silicon sowie Pure Certus Quartz Crystals für die Calculating-Prozessoren.

Ansonsten benötigst du für das Prozessoren-Autocrafting noch:

- 1 × Inscriber Calculation Press
- 1 × Inscriber Engineering Press
- 1 × Inscriber Logic Press
- 1 × Inscriber Silicon Press
- 5 × ME Interface
- 5 × Advanced Inscriber
- 6 × Item Conduit

Für die nächsten Schritte der Automatisierung brauchst du sieben Verarbeitungsrezepte, die du wieder auf Patterns in deinem Pattern Terminal speicherst, zuerst jeweils eines für die Circuits (Logic, Engineering, Calculation) und für das Printed Silicon.

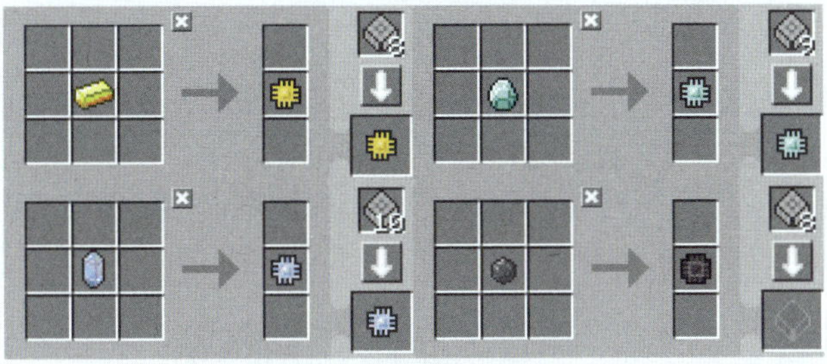

Rezepte, die du für das Autocrafting anlegen musst. Alle sind Verarbeitungs-Patterns.

Die Patterns legst du unter den jeweiligen Inscriber ins Interface. In den Inscriber kommt dann noch die passende Press, die zur Herstellung der Items im Inscriber benötigt wird, und dann ist der erste Schritt auch schon abgeschlossen.

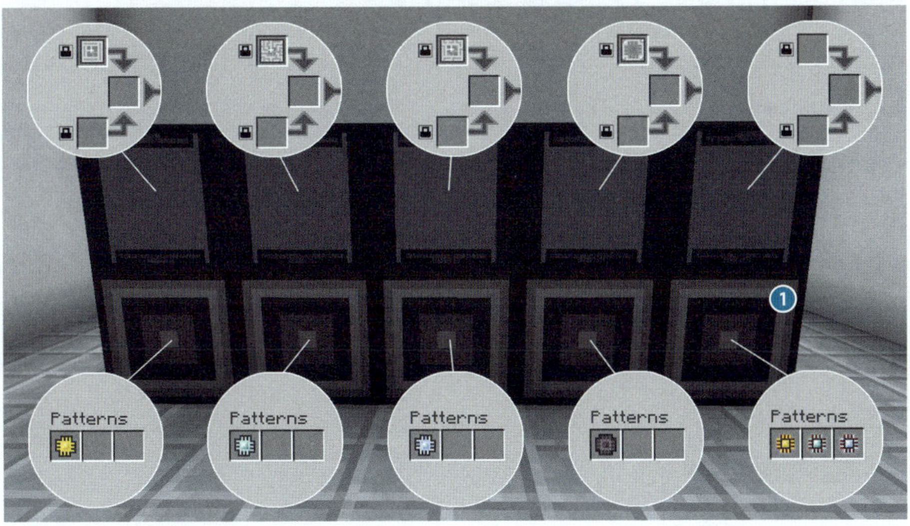


Aufbau der Prozessoren-Autocrafting-Anlage. Die Patterns kommen in das jeweilige Interface, die verschiedenen Presses in die jeweiligen Advanced Inscriber.

Nun brauchst du die Rezepte für die fertigen Prozessoren, die jeweils aus dem passenden Circuit, einem Redstone und einer Einheit Printed Silicon bestehen.

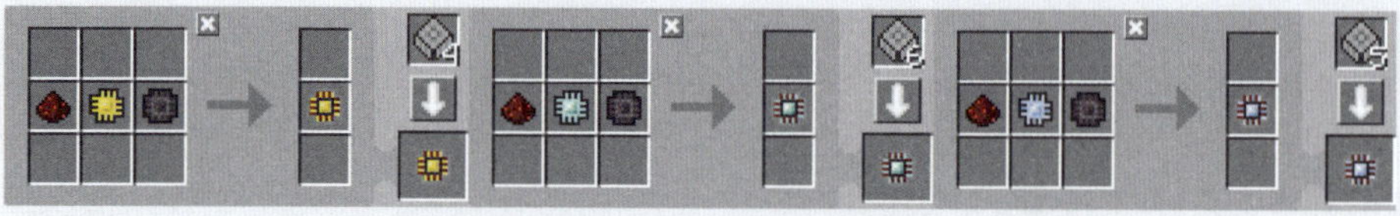

Patterns für die fertigen Prozessoren. Auch sie sind wieder Verarbeitungs-Patterns.

Diese Rezepte steckst du in das letzte Interface unter den letzten Inscriber 1 im Bild. Jetzt musst du nur noch die Item Conduits anstecken, sie ziehen Items aus allen Inscribern heraus und legen sie in ein Interface. So werden fertige Prozessoren direkt ins ME-System geleitet.

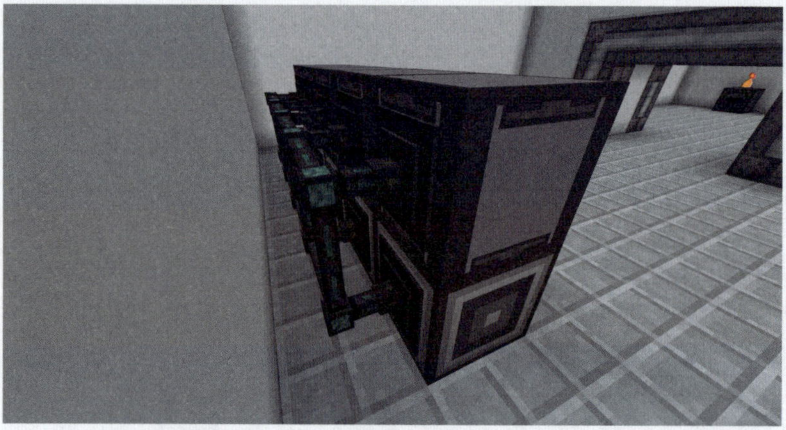

Item Conduits, die die fertigen Prozessoren aus dem Advanced Inscriber in das Interface transportieren

## Automatischer Alloy Smelter

Als Letztes können wir einfach einen Alloy Smelter mit Ingots von EnderIO automatisieren. Hierzu benötigst du wieder ein Interface und einen Alloy Smelter. Schließe das Interface an, stelle den Alloy Smelter obendrauf, konfiguriere Ein- und Ausgänge und lege die Rezepte für die gewünschten Ingots im Pattern Terminal ein.

Wir nehmen als Beispiel Vibrant Alloy aus EnderIO, ein wichtiges Material für viele Rezepte aus der Mod. Um diesen Ingot zu craften, musst du zuerst ein Rezept für Energetic Alloy anlegen und dann das für Vibrant Alloy. Du kannst dir ganz leicht über das JEI anzeigen lassen, wie die Items hergestellt werden und welche Ausgangsmaterialien du dafür brauchst. Die steckst du wie immer ins Interface, und sie sind fortan bestellbar.

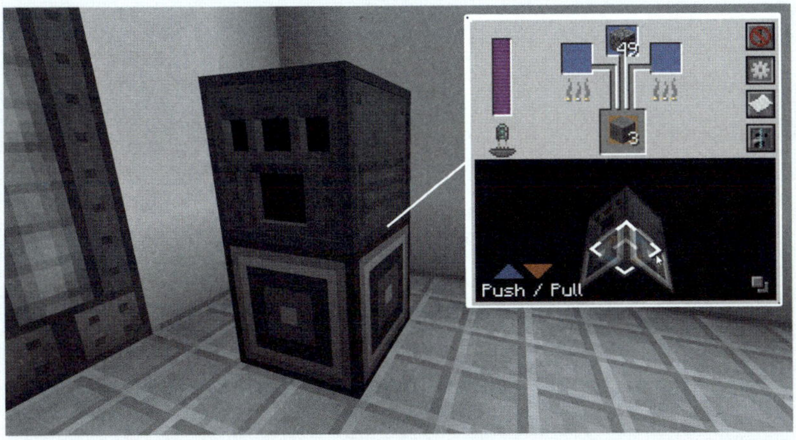


Aufbau des automatischen Alloy Smelters und Einstellungen für Ein- und Ausgang an der Unterseite

Patterns, die für das Autocrafting von Vibrant Alloy benötigt werden. Beide sind Verarbeitungs-Patterns.

# RAINBOW GENERATOR

Der Rainbow Generator ist einer der stärksten, aber auch schwierigsten Generatoren in Minecraft. Er kommt aus der Mod Extra Utilities 2. Damit er funktioniert, müssen alle anderen Generatoren aus der Mod gleichzeitig Energie produzieren. Das ist ohne die Zuhilfenahme anderer Mods gar nicht so einfach, mit jedoch etwas leichter.

Der Rainbow Generator produziert 25 Millionen RF/t, sobald alles fertig aufgebaut ist. Du kannst die Energie aus einer Seite des Generators ziehen oder auch aus mehreren, dann wird der Output aber aufgeteilt. Schließt du Kabel an zwei Seiten an, gibt jede Seite also 12,5 Millionen RF/t ab.

## Der Aufbau

Der Rainbow Generator selbst wird einfach nur gecraftet. Allerdings musst du eben alle anderen Generatoren gleichzeitig betreiben. Welche das sind, hast du bereits in Kapitel 11, »Extra Utilities 2 – so viele coole Dinge«, gesehen. Wir werden trotzdem noch mal alle kurz besprechen und erklären, woher du die Items zum Betreiben bekommst. Du brauchst wie gesagt alle 16 Generatoren. Aber der Reihe nach:

1. **Survival Generator:** Dieser Generator braucht einen normalen Brennstoff wie Holz oder Kohle. Wir würden dir empfehlen, eine Baumfarm mit Industrial Foregoing zu bauen, da du das Holz auch noch für andere Generatoren nutzen kannst.
2. **Furnace Generator:** Benötigt ebenfalls normalen Brennstoff wie Holz.
3. **Culinary Generator:** Für diesen Generator würden wir dir Brot empfehlen, da du eine Weizenfarm ganz einfach mit der Baumfarm von Industrial Foregoing kombinieren kannst.
4. **Magmatic Generator:** Wird mit Lava betrieben. Sie bekommst du entweder über einen Lava Fabricator aus Industrial Foregoing oder durch eine Pumpe in der Hölle.
5. **Heated Redstone Generator:** Benötigt Lava und Redstone. Lava bekommst du, wie oben beschrieben, Redstone durch eine Quantum Quarry oder einen Excavator.
6. **Ender Generator:** Wird mit Ender Pearls oder Ähnlichem betrieben. Wir farmen sie immer über eine Mobfarm. Zum Spawnen nutzt du am besten einen Spawner von EnderIO mit einem Enderman.
7. **Potion Generator:** Wird mit Potions betrieben. Die kannst du z. B. mit dem Autocrafting von Applied Energistics 2, einem Mixer und einer Bottling Machine aus Immersive Engineering oder mit Thermal Expansion herstellen.
8. **Pink Generator:** Stellt mit allem, was pink ist, Energie her. Dafür kannst du mit Applied Energistics eine automatische Blumenfarm bauen und dann aus roter Farbe und Knochenmehl pinken Farbstoff im Autocrafting herstellen.
9. **Overclocked Generator:** Stellt aus allem Brennbaren Energie her. Wir nutzen dafür meist Sticks, da er alles sofort verbrennt (daher auch der Name) und die Energie, die der Generator erzeugt, eigentlich egal ist. Stöcke bekommst du wieder über das Autocrafting und eine Baumfarm.
10. **Explosive Generator:** Erzeugt Energie mit TNT oder Gunpowder. Wir nutzen dafür meist TNT, da es viel länger hält. Das TNT lässt du im Autocrafting herstellen. Gunpowder bekommst du durch eine Mobfarm und Sand z. B. durch eine StoneWork Factory.

11. **Netherstar Generator:** Wie der Name vermuten lässt, braucht er Nether Stars, die du durch eine automatische Wither-Farm bekommst. Um den Wither zu töten, kannst du den Mob Grinder von Draconic Evolution nutzen. Um den Wither spawnen zu lassen, nutzt du den Wither Builder von Industrial Foregoing.
12. **Halitosis Generator:** Wird mit Dragons Breath betrieben. Das automatisch zu bekommen, ist mit den meisten Modpacks aber unmöglich. Deshalb farmen wir davon einfach sehr viel und behalten es im ME-System auf Vorrat.
13. **Frosty Generator:** Stellt mit allem, was kalt ist, Energie her. Wir nutzen dafür Schnee, den wir aus dem Glacial Precipitator bekommen.
14. **Death Generator:** Stellt mit untoten Materialien wie Knochen oder Rotten Flesh Energie her. Beides bekommst du durch eine Mobfarm.
15. **Disenchantment Generator:** Stellt Energie aus verzauberten Items her. Wir nutzen dafür Enchanted Books aus dem Enchanter von Extra Utilities 2. Du kannst ihn wieder über das ME-System automatisieren.
16. **Slimey Generator:** Stellt Energie aus Slimes und Milch her. Slimes bekommst du über eine Mobfarm, Milch vom Animal Rancher und einer Kuh.

Das sind soweit alle Generatoren, ihre Funktionsweise sowie die Brennstoffe und wie du sie bekommen kannst. Für den Aufbau des Rainbow Generators musst du all diese Generatoren in deiner Welt stehen haben und gleichzeitig aktiv betreiben, das heißt, sie müssen konstant Energie produzieren und dementsprechend auch immer den Brennstoff haben, den sie verbrauchen. Am einfachsten hast du die Items dafür immer im ME-System und lässt sie über einen Export Bus mit Crafting Card in die jeweiligen Generatoren exportieren.

Hier siehst du alle Generatoren aufgebaut und angeschlossen über einen Export Bus mit Crafting Card bzw. Dimensional Transceiver.

### Besonderheiten einiger Generatoren

Bei dem Slimey und dem Potion Generator bekommst du immer wieder einen leeren Eimer bzw. eine leere Flasche zurück. Die kannst du dann wiederverwenden, um wieder Milch oder Potions abzufüllen. Wichtig ist nur, dass die leeren Sachen nicht im Generator liegen bleiben, da er sonst stoppt. Für Generatoren wie den Magmatic Generator, der Flüssigkeit benötigt, kannst du direkt einen Lava Fabricator über einen Fluid Conduit anschließen oder die Lava mit einem Dimensional Transceiver übertragen.

## Viel weniger Verbrauch! Tick-basierte Redstone-Schaltung

Damit du nicht so viel Brennstoff verbrauchst, gibt es einen kleinen Trick. Der Rainbow Generator überprüft nur alle 10 Ticks, ob die anderen Generatoren laufen. Das kannst du dir mit einer Redstone Clock zunutze machen, indem du die Generatoren immer wieder für 10 Ticks abschaltest. Verbinde dafür einfach alle Generatoren mit einem Redstone Conduit aus EnderIO und stelle ihn an den Generatoren alle auf **Output**.

Anschließend stellst du irgendeine freie Seite oder eines der beiden Enden des Conduit auf **Input** und legst einen Redstone Timer Filter ein. In diesem stellst du dann die Zeit auf **10** (Ticks). Anschließend stellst du in allen Generatoren die Redstone Control auf **Redstone On**. Damit werden die Generatoren nur alle 10 Ticks aktiviert, und du brauchst viel weniger Brennstoff.

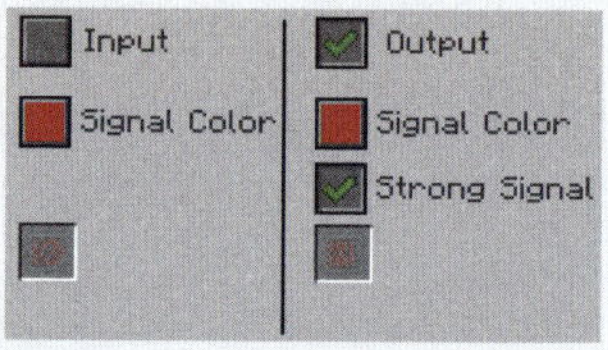


Einstellung der Redstone Conduits, die mit den Generatoren verbunden sind

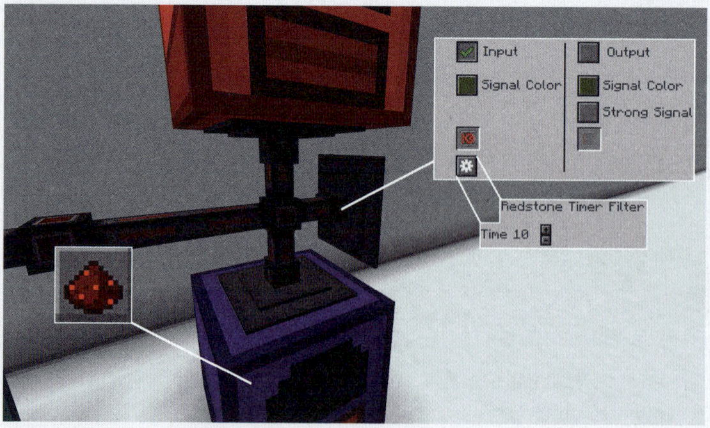


Redstone-Steuerung der Generatoren durch Redstone Conduits: An den Generatoren stellst du die Conduits auf »Output« und eine weitere Seite auf »Input« mitsamt Redstone Timer Filter auf 10 Ticks. Die Generatoren stehen auf »Redstone On«.

**Alles fertig? Dann AN!**

Hast du alle Generatoren aufgebaut und mit ihren Brennstoffen versorgt? Dann musst du noch die Energie aus ihnen abführen. Einige Generatoren erzeugen nämlich keine Energie mehr, wenn ihr interner Speicher voll ist. Damit der Rainbow Generator läuft, müssen aber alle Energie erzeugen.

Wir schließen dafür immer eine Energy Trash Can an die Generatoren an, so wird die erzeugte Energie zwar gelöscht, aber du stellst damit auch sicher, dass der interne Speicher nie voll wird. Alternativ kannst du auch eine Maschine anschließen, die mehr Energie verbraucht, als alle Generatoren zusammen erzeugen. Ein Beispiel dafür wäre eine Quantum Quarry aus Extra Utilites 2. Anschließend kannst du den Rainbow Generator aufbauen. Er muss nicht mit den anderen verbunden sein, sondern kann einfach irgendwo hingestellt werden, solange alle Generatoren in geladenen Chunks stehen. Hast du alles richtig gemacht, fängt der Rainbow Generator an, in allen Farben zu strahlen und ganze 25 Millionen RF/t zu produzieren. Diese kannst du dann verwenden, um deine ganze Basis zu betreiben.

Fertiger Rainbow Generator in Betrieb

# MODIFIKATIONEN KÖNNEN AUCH SCHÖN SEIN

Maschinen aus Mods einfach schnell hinzubauen ist wahrscheinlich zweckmäßig und für den Anfang auch völlig ausreichend, aber die große Kunst liegt darin, sie in thematisch passende Räume und Gebäude zu integrieren. Erst daraus entsteht dann ein wirklich schönes und stimmiges Bild. Die nächsten Seiten zeigen dir ein paar wirklich beeindruckende Beispiele, wie man nicht nur funktionell, sondern auch ansprechend bauen kann.

Eine riesige Bohrplattform zum Fördern und Verarbeiten von Öl, gebaut mithilfe vieler verschiedener Mods wie Chisel, Chisels and Bits, Immersive Petroleum, Immersive Engineering und mehr. Gebaut von razbitor.

Eine Taverne, gebaut mit verschiedenen Blöcken aus Chisel, Dekoration aus Chisels and Bits sowie Decocraft. Gebaut von Lays und Debitor.

Eine stattliche Fabrik, gebaut aus Chisels and Bits und Chisel, um Maschinen von Immersive Engineering und Co. unterzubringen. Ein kleiner Weg führt zu einem umzäunten Gebiet mit Stacheldraht. Gebaut von CastCrafter.

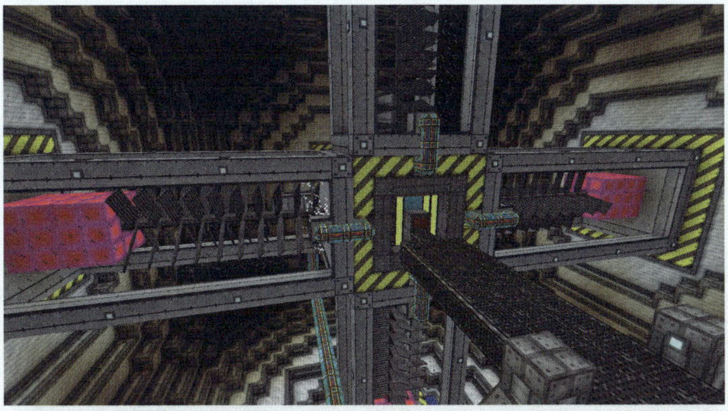

Ein Reaktor aus Extreme Reactors, mit Wegen, Wänden und Deko aus Chisel. Die Kabel stammen aus Thermal Expansion, und die Lampen sind von EnderIO. Gebaut von Matsfummels und Debitor.

Die Smeltery aus Tinkers' Construct, verziert mit schrägen und runden Blöcken aus ArchitectureCraft. Fertige Schwerter in eigenen Ständern stehen auf einem Regal an der Wand. Gebaut von Debitor.

Auch wenn es in diesem Kapitel viel um Applied Energistics 2 ging, kannst du auch alle anderen Mods miteinander kombinieren. Meistens passiert das von ganz alleine. Du kannst beispielsweise die Energieleitung von EnderIO nutzen, um eine Maschine aus Thermal Expansion mit Energie zu versorgen, die mit Big Reactors erzeugt wurde. Wir wünschen dir viel Spaß beim Kombinieren, Ausprobieren, Zusammenstecken, Auseinandernehmen, Dekorieren, Umbauen und hoffen, dass dich dieses Kapitel neugierig gemacht hat, weitere Mods miteinander arbeiten zu lassen.

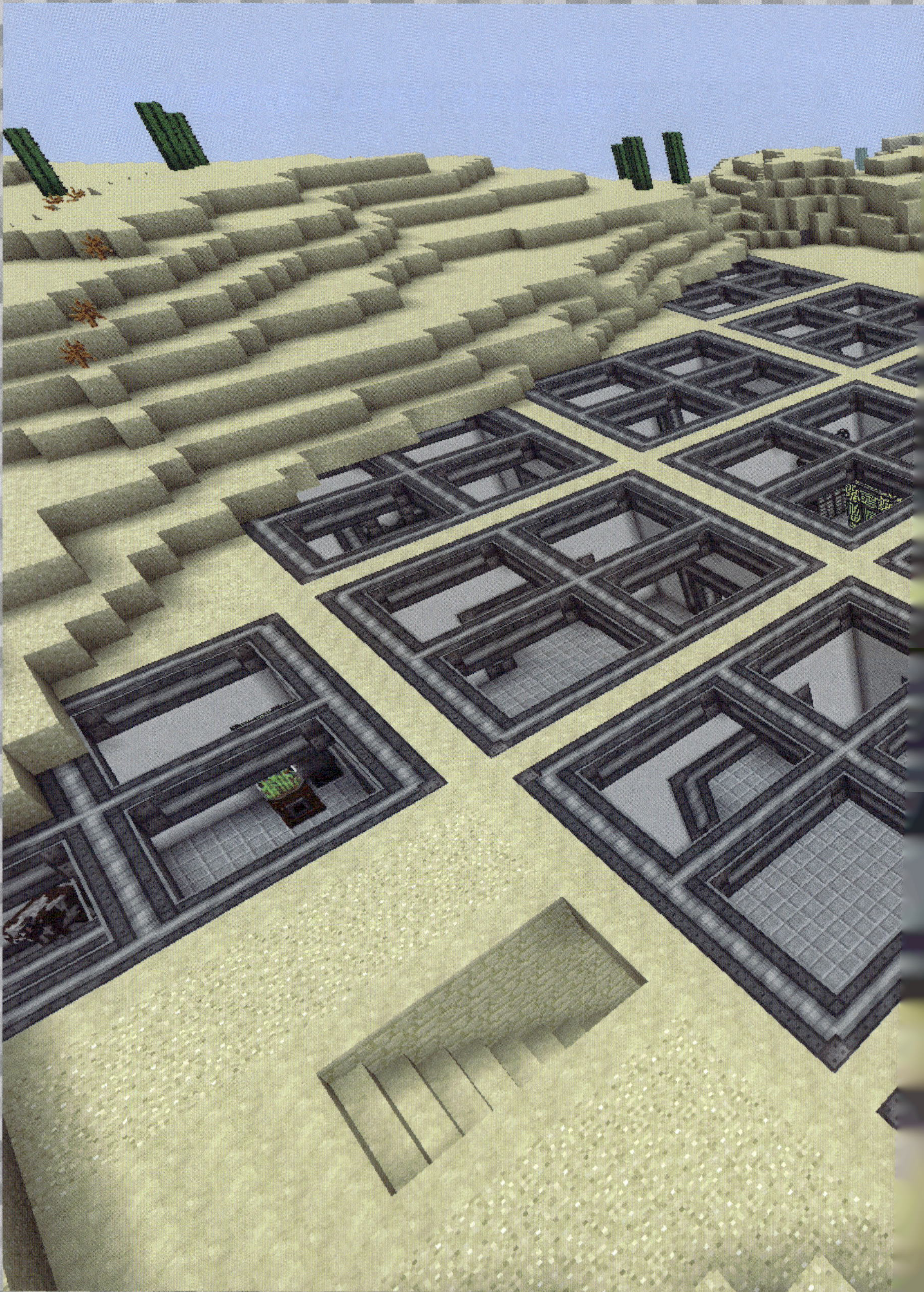

# KAPITEL 17
# EINE BASIS ZUM NACHBAUEN

Du kennst alle Mods und hast schon sehr viel gebaut, aber irgendwie wirkt alles immer so unaufgeräumt und durcheinander? Du weißt nicht, wo du anfangen sollst, und dann wird es immer hässlich? Kein Problem! Mit dieser modularen Basis gehört das Chaos der Vergangenheit an.

# GROSSE AUSWAHL, GROSSE VERANTWORTUNG

So viele Modifikationen und so viele Möglichkeiten, etwas aufzubauen! Damit alles schön ordentlich aufgebaut wirkt und nicht nach kurzer Zeit im Chaos versinkt, muss man zuallererst einiges an Denkarbeit aufbringen. Welche Maschinen sollen wohin? Wo verlege ich Leitungen? Sieht das denn auch gut aus? Macht das so überhaupt Sinn? Das sind nur einige der Fragen, die wir uns oft stellen, wenn wir zusammen ein Projekt aufbauen.

Aber, wie immer in Minecraft, gilt für uns der Grundsatz: Wenn es nicht gut aussieht, kommt es einfach weg und wird neu gebaut. Damit du aber, sofern du noch keine große Basis gebaut hast oder noch mal irgendwo neu anfangen willst, weißt, wo du anfangen sollst, haben wir hier ein sehr modulares System entwickelt, das gut und zweckmäßig ist. Hier kannst du deine Maschinen thematisch in den verschiedenen Räumen aufbauen. Selbstverständlich musst du letzten Endes selbst entscheiden, was wohin kommt, aber so hast du zumindest eine kleine Übersicht darüber, wie man es machen kann.

# WO SOLL DIE BASIS HIN?

Wenn du gerade ein Spiel beginnen solltest, dann macht es Sinn, sich zwischen zwei oder mehreren verschiedenen Biomen zu platzieren. So hast du eine große Anzahl an den verschiedenen Rohstoffen um dich herum. Aber selbst mitten in einem Biom kannst du dich hinsetzen. Später geht man in Modpacks eh nicht mehr so oft auf Tour, da es genügend andere Möglichkeiten gibt, Rohstoffe zu bekommen. Deswegen suchst du dir einfach einen Platz aus, der dir gefällt. Die Module (Gang- und Raummodul), die auf den nächsten Seiten zu sehen sind, kannst du nebeneinander in den Boden oder in den Berg bauen. Sogar übereinander ist es möglich, falls der Platz zur Seite hin beschränkt sein sollte.

> **Nichts für Anfänger**
>
> Die Module sind so gebaut, dass du schon einen gewissen Fortschritt im Spiel brauchst. Außerdem solltest du dich selbstverständlich auch schon ein wenig mit dem Buch beschäftigt haben. Du kannst aber auch zu Beginn eines neuen Spiels direkt anfangen, dir deine Räume so zu gestalten. Und wenn du nach und nach immer weiter voranschreitest, kannst du deine Basis immer weiter um- und ausbauen.

## DIE MODULE

Die Module gibt es grundsätzlich in zwei Versionen: Zum einen gibt es das Raummodul, indem du deine Geräte und Maschinen anlegst, und zum anderen gibt es das Gangmodul, das hauptsächlich dazu dient, alle Raummodule zu verbinden und die Leitungen für die einzelnen Räume bereitzuhalten. Dabei kann das Gangmodul zwei, drei oder vier Ausgänge haben. Für die Wand- und Bodengestaltung werden Factory Blocks und Laboratory Blocks verwendet. Licht kommt vom Enlightened Clear Glass, das in der Decke verarbeitet ist. Selbstverständlich lassen sich hier auch andere Blöcke verwenden, ob rustikal oder in Holzoptik ist alles möglich!

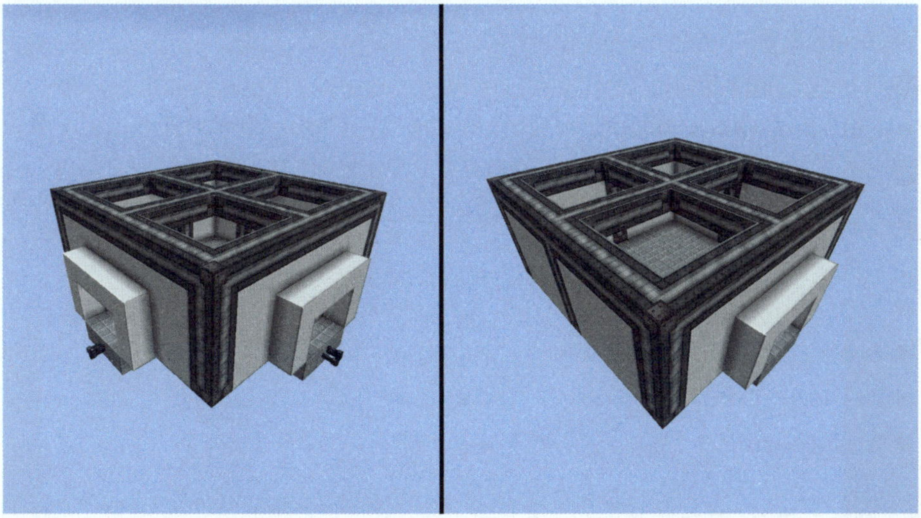

Links das Gangmodul, rechts ein Raummodul

Im Boden sind zudem Conduits (versteckt durch Conduit Facades in Bodenfarbe) verlegt, um alle nötigen Leitungen in jeden Raum zu bringen. Die Größe ist variabel, aber mindestens sollte ein Raum innen 9 × 9 Blöcke groß sein, da er dann genau die richtige Größe aufweist, um die Maschinen gut in Szene zu setzen.

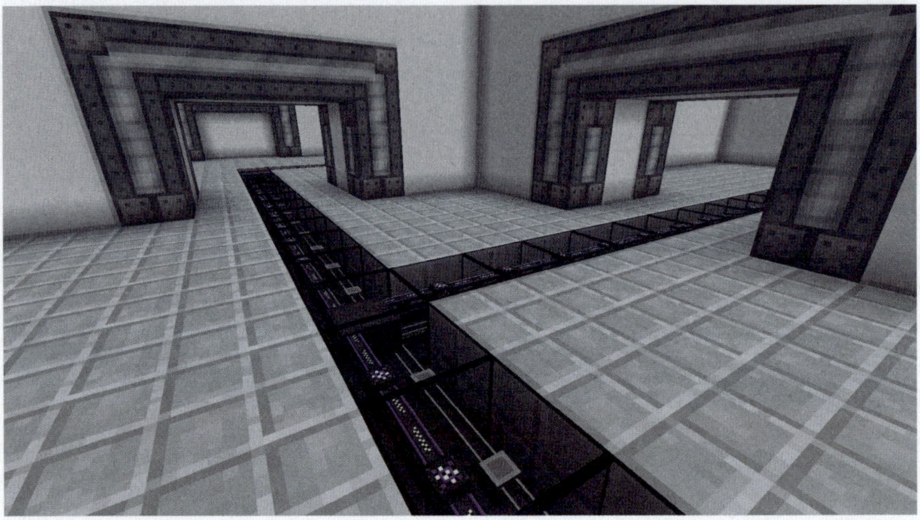

Im Boden verlegte Item Conduits, Ender Energy Conduits, Fluid und Dense ME Conduits. So ist jeder Raum mit Conduits versorgt.

Die Module bestehen aus:

- Factory Block Sturdy
- Laboratory Block Tile
- Laboratory Block Dark Medium Tile
- Conduit Facades, eingefärbt in Laboratory Block Dark Medium Tile
- Enlighted Clear Glass
- Ender Fluid Conduits
- Ender Energy Conduits
- Dense ME Conduits
- Item Conduits

Du brauchst recht viel von jedem Material, aber das ist ja das Schöne an Modulen: Sie sind modular, und du musst nicht alles auf einmal aufbauen.

# DIE STARTMODULE

Die Startmodule sind insgesamt fünf Stück. Sie bestehen aus zwei Gang- und drei Raummodulen. Sie funktionieren auch nur im Verbund, da das ME-System angeschlossen und die ganze Anlage mit Energie versorgt werden muss. Im Zentralmodul stehen neben den Crafting Terminals von *Applied Energistics 2* auch noch Maschinen von *EnderIO* und *Thermal Expansion*. Des Weiteren bauen wir einen Reaktor mit *Extreme Reactors* und koppeln ihn mit dem ME-System. Also fangen wir an!

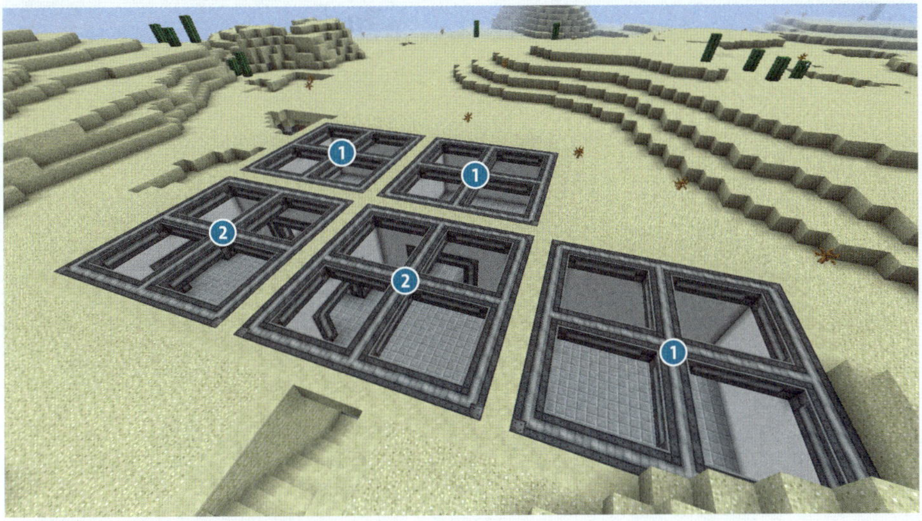


Die fünf Startmodule: Raummodule ❶ und Gangmodule ❷

## Das Zentralmodul

Zu Beginn bauen wir ein Raum- und zwei Gangmodule. Das Raummodul wird das Zentrum unserer Bemühungen und beinhaltet grundlegende Maschinen, die wir für fast alle Crafting-Angelegenheiten brauchen. Er ist dein Zentralraum, der Ort, in dem du vermutlich die meiste Zeit verbringen wirst. Vorausschicken müssen wir aber gleich, dass der Raum ohne das Reaktormodul und das ME-Modul noch nicht in Betrieb genommen werden kann.

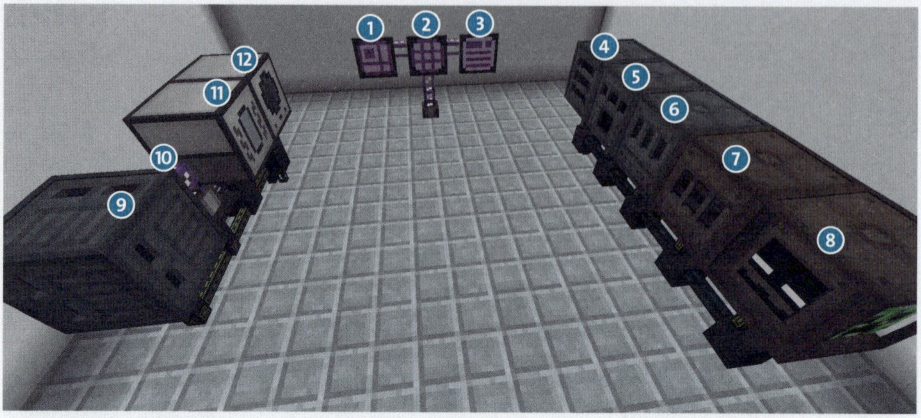


Das Zentralmodul mit allen relevanten Maschinen

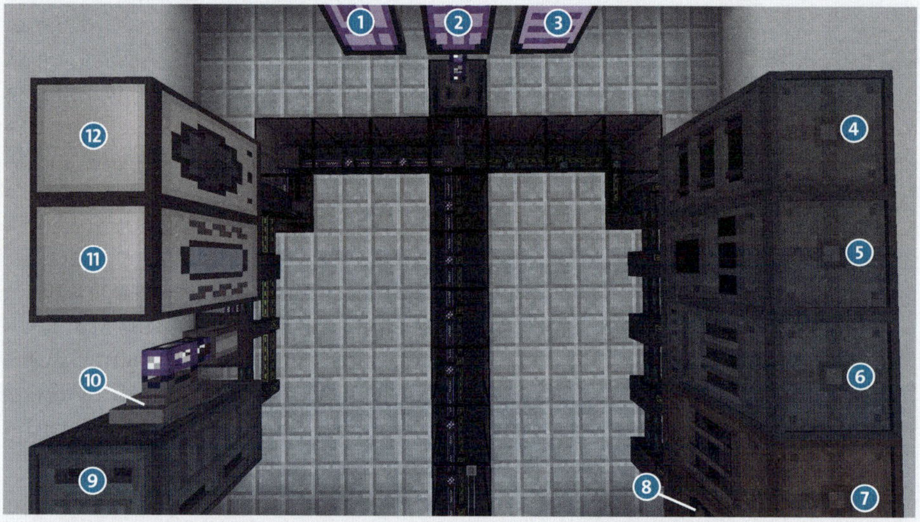


Hier siehst du alle im Boden verlegten Item Conduits, Ender Energy Conduits (die zu den Maschinen ❹–❽, ❾, ⓫ und ⓬ gehen) und die ME Conduits (die zu den Maschinen ❶, ❷, ❸ und zum Import Bus ❿ gehen).

Neben den Blöcken für die Räume brauchst du noch folgende Maschinen und Blöcke:

- ME Pattern Terminal ❶
- ME Crafting Terminal ❷
- ME Interface Terminal ❸
- Sag Mill ❹
- Alloy Smelter ❺
- Painting Machine ❻
- Slice'N'Splice ❼
- Soul Binder ❽

- Item Buffer ⑨
- Import Bus ⑩
- Magma Crucible ⑪
- Fluid Transposer ⑫
- 5 × Octadic Capacitor

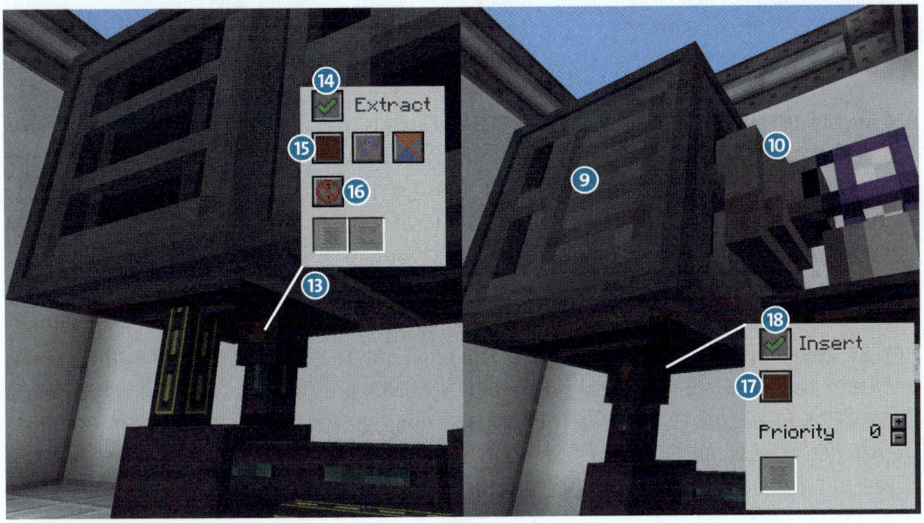


Eingestellte Conduits an den Maschinen im Zentralmodul

Die Besonderheit ist hier, dass alle Maschinen (Nummern ④–⑧, ⑪ und ⑫ in der Abbildung) im Zentralraum von unten eine Item Conduit ⑬ haben, eingestellt auf **Extract** ⑭, **Brown** ⑮ und **Always Active** ⑯. Am Item Buffer ⑨ steht der Item Conduit auf **Brown** ⑰ und **Insert** ⑱. Brown ist der Kanal, auf dem die Items in den Item Buffer geführt werden. An den Item Buffer kommt der ME Import Bus ⑩, und er wird mit den nötigen Leitungen im Boden verbunden. Jetzt legen die Maschinen, sobald sie fertig sind, ihre Erzeugnisse (z. B. fertige Alloys aus dem Alloy Smelter oder Zerbröseltes aus der Sag Mill) in den Item Buffer. Der wiederum zieht sie per Bus in das ME-System. Das ME-System gehen wir in den nächsten Schritten an.

### Das ME-Modul

Neben das Zentralmodul am zweiten Gangmodul kommt der Raum, der den ME-Controller und einige Disk Drives beherbergt: Das ist unser ME-Modul. Du kannst die Basis natürlich immer weiter ausbauen, und der ME-Controller hat noch sehr viel Platz für weitere Kabel und Leitungen. Später hast du wahrscheinlich einen eigenen Raum nur für die Drives. Aber für den Anfang empfiehlt sich ein 3 × 3 Blocks großer ME-Controller, der in der Mitte hohl ist.

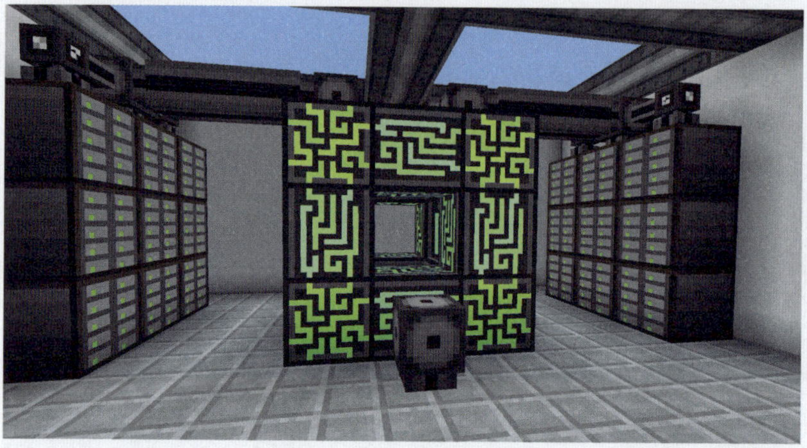

ME-Controller und Drives

Du brauchst:

- 26 × ME-Controller
- 18 × ME Drive
- viele Storage Cells
- ME Dense Smart Cables
- ME Smart Cables

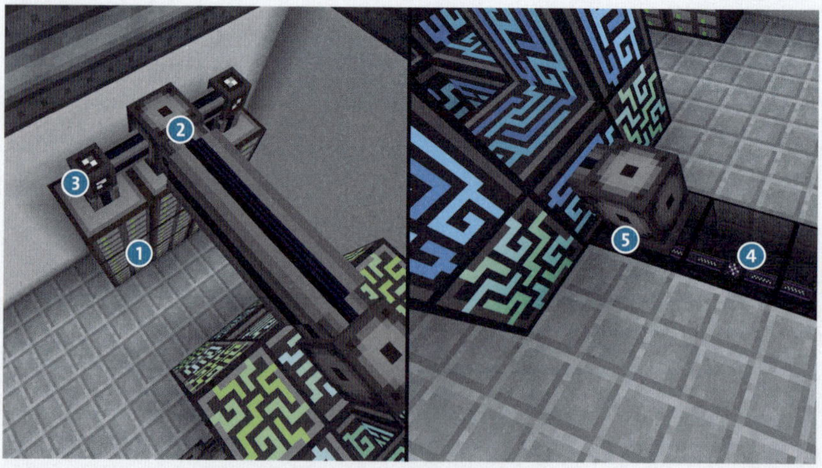


Der ME-Controller, verbunden mit Drives und Hauptraum

Die Drives ❶ haben wir mit Dense ❷ und Smart Cables ❸ angeschlossen, da Smart Cables nur acht Kanäle haben. Wir möchten aber auf jeder Seite neun Drives verwenden; daher müssen wir Dense und Smart miteinander kombinieren. Energie bekommt der ME-Kern durch die Kabel im Boden ❹, die ebenfalls im Boden verlegten ME Conduits ❺ verbinden wir mit dem Kern. So ist unser Hauptraum mit dem Kern verbunden.

## Das Reaktormodul

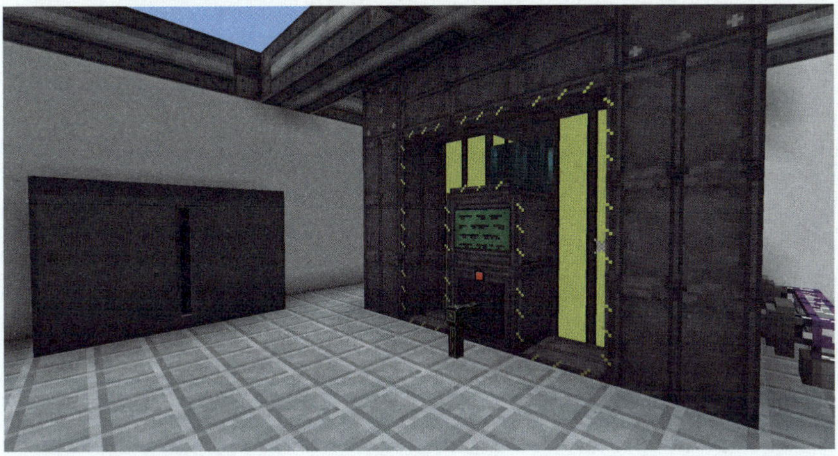

Ein Extreme Reactor mit Capacitor Banks

Selbstverständlich bringen die besten Maschinen nichts ohne Energie. Für den Reaktorraum benötigen wir wieder ein Raummodul. Am besten eignet sich hier die Stelle rechts vor dem Zentralraum. Theoretisch kann er auch überall anders sein, aber in unserer Basis bietet sich dieser Raum eben an. Hier bauen wir neben einem Big Reactor auch Capacitor Banks hin, damit wir immer einen kleinen Puffer haben, wenn gleichzeitig viele Maschinen aus dem Zentralraum in Betrieb sind (z. B. Sag Mill zerbröselt gerade Coal, Alloy Smelter stellt Vibrant Iron her, der Magma Crucible schmilzt Ender Pearls usw.) und unser Energieverbrauch die Energieproduktion übersteigt. Für den Reaktorraum benötigst du:

- 68 × Reactor Casing (für den Außenmantel)
- 19 × Reactor Glass (ebenso)
- 1 × Reactor Controller
- 2 × Reactor Access Port

- 1 × Reactor Redstone Flux Power Tap (über den die Energie abgeleitet werden kann)
- 15 × Reactor Fuel Rod
- 5 × Reactor Control Rod
- 4 × Resonant Ender Bucket
- ME Export Bus
- Capacity Card
- ME Import Bus
- 6 × Capacitor Bank

Da dieser Raum ein wenig komplexer ist, zeigen wir dir hier eine ausführlichere Aufbauanleitung. Wenn du mehr über Extreme Reactors erfahren willst, lies im Buch in Kapitel 12, »Extreme Reactors«, nach.

1. In dem soeben angelegten Raummodul machen wir nun Platz für den Reaktor. Dazu entfernst du 5 Blöcke breit die hintere Wand ❶ und im Boden auch noch mal 5 Blöcke nach vorn ❷. Das ist der Platz, an dem der Reaktor stehen wird. Die anderen Blöcke, die im Boden entfernt werden, sind für die Conduits, die vom Reaktor kommen und sich mit den Leitungen im Gangmodul verbinden ❸.

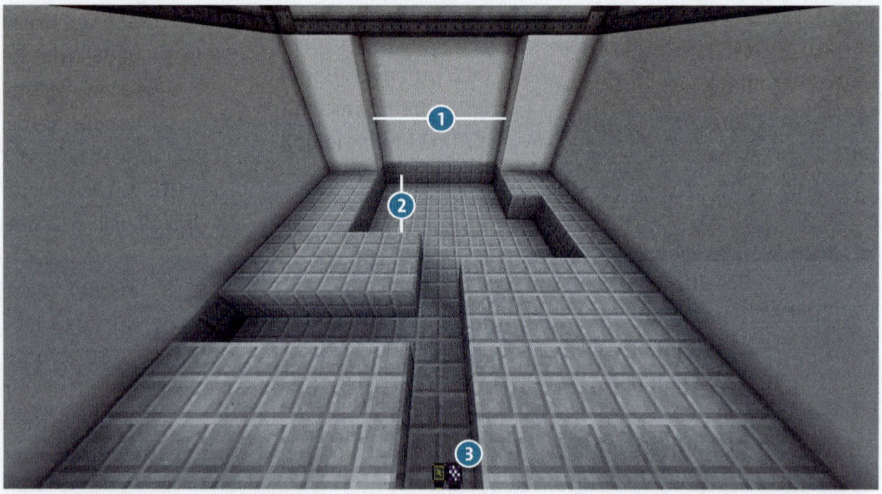


Der Reaktorraum mit vorbereitetem Boden

2. Im nächsten Schritt kommen in den Boden die Reactor Casings ❹; sie sind der erste Schritt zum Reaktor. Ender Energy Conduits ❺ legst du dann einmal zum Reaktor und einmal nach links, wo später die Capacitor Banks hinkommen. Dann fehlt nur noch der Dense ME Conduit ❻, der deinen Reaktor später automatisch mit Brennstoff versorgt.

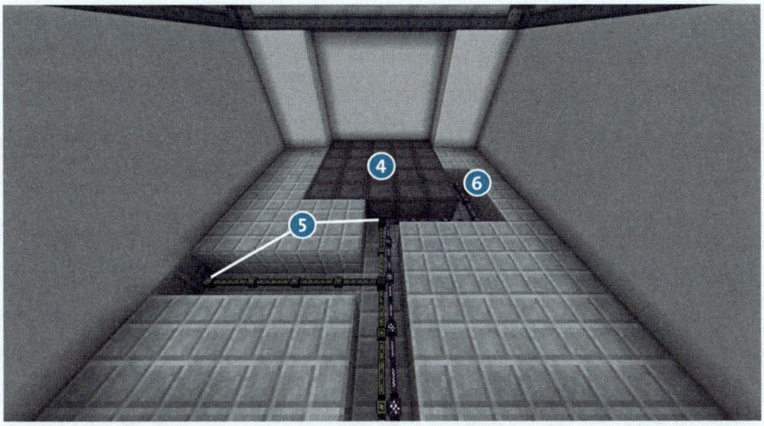


Reaktorboden (4) und Conduits (5), (6)

3. Die zweite Ebene des Reaktors benötigt wieder Reactor Casings (7), fünf Reactor Fuel Rods ((8), angeordnet wie fünf Punkte auf einem Würfel) und zwei Reactor Access Ports (9). Hier schließt du hinten den Import Bus und vorne den Export Bus (10) an. Verbunden werden sie per ME Glass Cable mit dem Conduit, der sich schon im Boden befindet (einfach nur setzen, verbinden werden sich Conduit und Glass Cable von allein). Fehlt nur noch ein wenig Reactor Glass (11) und ein Reactor Redstone Flux Power Tap mit angeschlossenem Ender Energy Conduit (12). Vorne links im Raum kannst du schon einmal drei der sechs Capacitor Banks setzen (13). Verbunden sind sie ja bereits per Ender Energy Conduit im Boden.

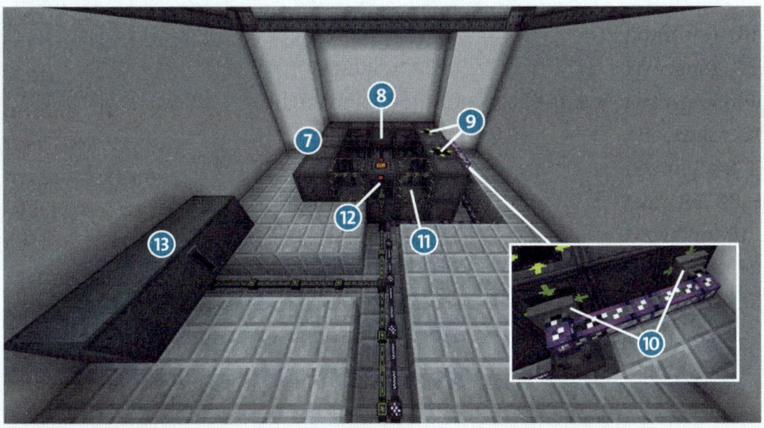


Die erste Ebene des Extreme Reactors. Sieht schlimmer aus, als es ist!

4. Der Reactor Controller kommt vorne in den Reaktor ⑭. Dahinter setzt du jeweils einen Reactor Fuel Rod auf die schon vorhandenen. Des Weiteren setzt du Reactor Casings und Reactor Glass, sodass diese Ebene auch komplett ist. Vorne links komplettierst du die Capacitor Banks mit weiteren drei Blöcken. Hier kannst du natürlich auch einen größeren Speicher bauen.

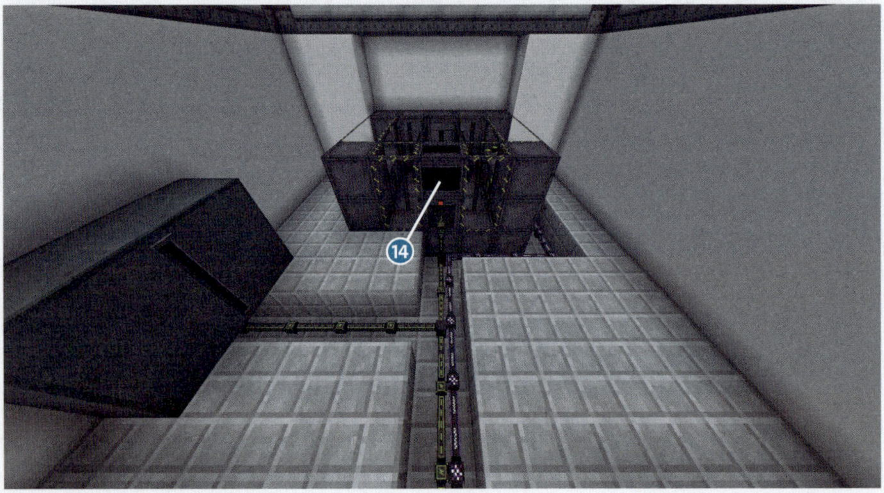


Hier kommt der Reactor Controller hin ⑭.

5. Die nächste Ebene ist nicht sonderlich schwer; hier benötigst du nur Reactor Fuel Rods, Reactor Casings und Reactor Glass.

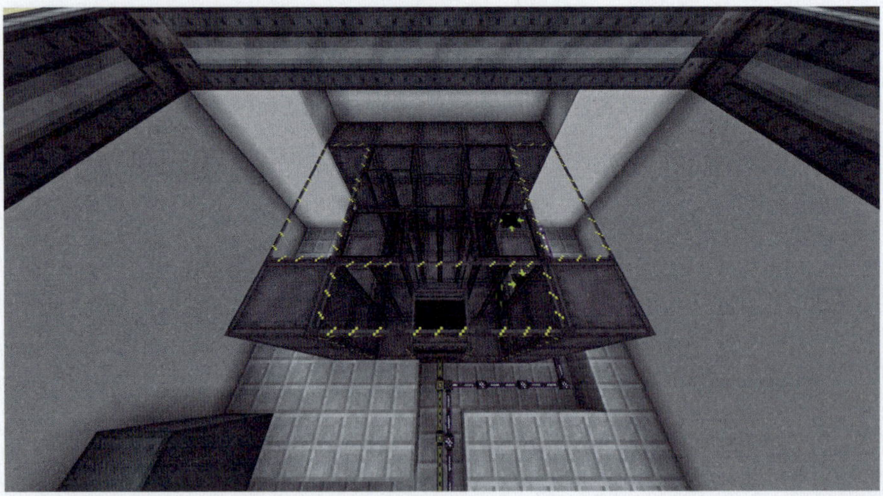

Noch eine Ebene höher

6. In die vier freien Stellen des Reaktors füllst du jeweils einen Bucket Resonant Ender ein ⑮, das dient der Kühlung des Reaktors und erhöht gleichzeitig seine Energieeffizienz.

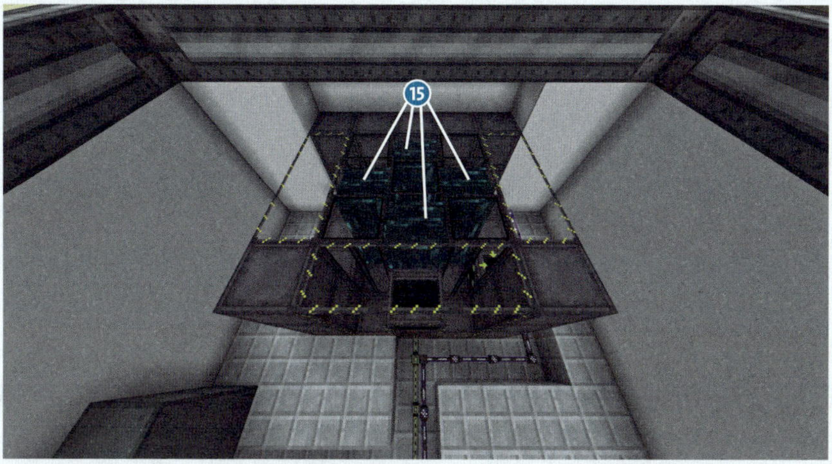


Resonant Ender zum Kühlen des Reaktors. Eine ausführliche Tabelle über die möglichen Kühlflüssigkeiten findest du auf Seite 135.

7. Die letzte Ebene des Reaktors besteht nur noch aus Reactor Control Rods ⑯; sie kommen genau über die Reactor Fuel Rods. Der Rest der oberen Ebene besteht aus Reactor Casings ⑰. Sobald der letzte Casing-Block gesetzt ist, wird der Reaktor zum Multiblock.

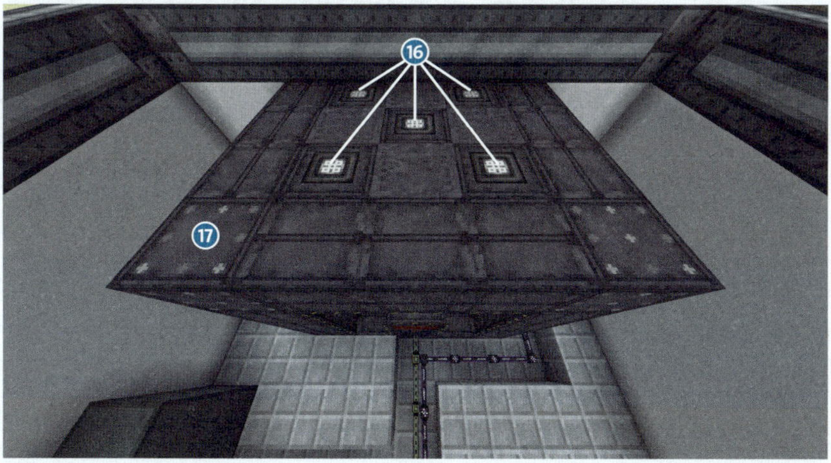


Der letzte Block lässt den Reaktor zum Multiblock werden, was anzeigt, dass du alles richtig gemacht hast.

Der Reaktor steht. Jetzt fehlen nur noch ein paar kleine Einstellungen, damit dein System anspringt und sich von nun an selbst versorgt, zumindest solange du für genug Rohstoffe im ME-System sorgst.

8. Statte zunächst den Export Bus mit einer Capacity Card ⑱ aus, um die möglichen Slots zu erhöhen. Jetzt legst du jeweils einen Ingot Uranium, Blutonium und Yellorium ein ⑲. Um in die Reactor Access Ports zu kommen, musst du sie mit der rechten Maustaste anklicken. Im linken Reactor Access Port legst du schon einmal ein wenig Brennstoff ein ⑳; wir haben Yellorium verwendet. Welchen von den drei vorhandenen du nimmst, bleibt dir überlassen. Den rechten Reactor Access Port stellst du auf **Outlet** ㉑. Hier wird der verbrauchte Brennstoff ausgegeben. Zudem haben wir hier schon die Conduits mit Conduit Facades zugebaut ㉒, damit der Boden wieder makellos ist.

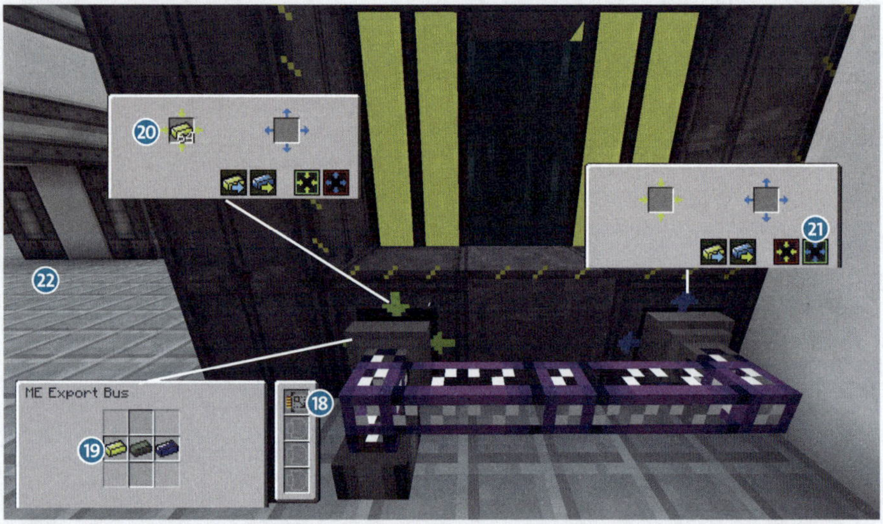


Eingestellter ME Export Bus (⑱, ⑲) und eingestellte Reactor Access Ports (⑳, ㉑)

Sobald du den Reaktor aktivierst, gehen alle Maschinen an, und deine Basis ist einsatzbereit. Wie gesagt, zumindest so lange du genügend Brennstoff hast. Wichtig wäre daher für Notfälle, dass du eine Truhe mit ausreichend Brennstoff bereitstellst, falls das System ausfällt und der Reaktor leerläuft. Das Genialste sind der Export und der Import Bus an den Reactor Access Ports. Das ME-System zieht verbrauchte Materialien aus dem Reaktor und leitet neuen Brennstoff automatisch hinein. Verbunden ist das Ganze wieder über die im Boden verlegten Kabel.

# MEHR MODULE – MOB-VERARBEITUNG

Als Nächstes bauen wir zwei Raum- ❶ und ein Gangmodul ❷. Hier widmen wir uns dem Zerlegen von Tieren und Mobs. In den einen Raum kommt nämlich die Nahrungsversorgung, die wir mit den Mods Industrial Foregoing, Immersive Engineering, Thermal Expansion und EnderIO bauen, und in den anderen unsere Mobfarm, die wir mit Industrial Foregoing und Conduits von EnderIO anlegen.

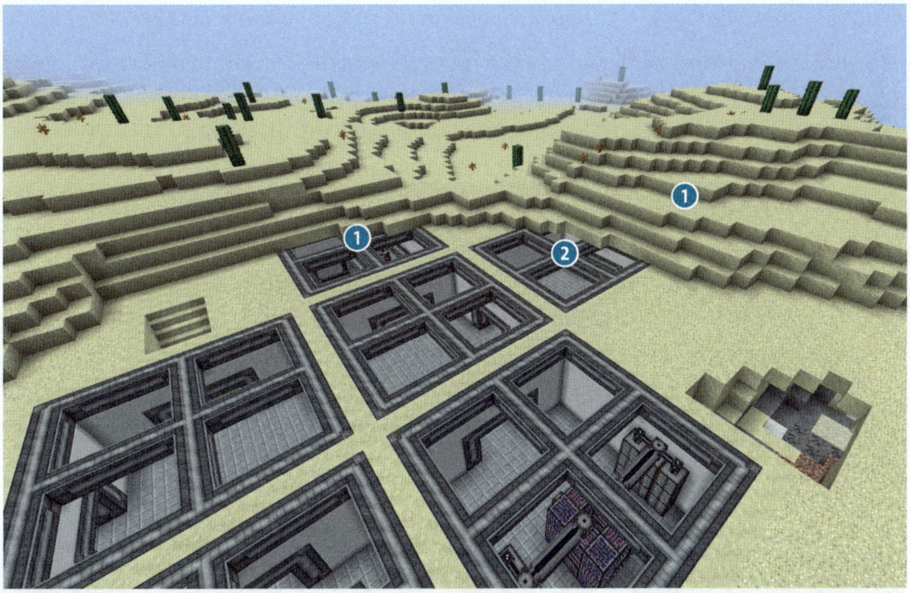

**Eins der Raummodule liegt landschaftsbedingt unterirdisch. Da kommt am besten die Mobfarm rein, da sie eh dunkel sein muss, damit dort auch Mobs spawnen.**

## Das Tiermodul

Um die Grundversorgung zu sichern, benötigen wir noch ein wenig Essen. Was du anbaust, bleibt wie immer dir überlassen. Wichtig ist nur: Essen muss her. Wir machen das mit einer Kuhzucht mit anschließender Verarbeitung zu Liquid Meat, das wir in einen Meat Feeder füllen. Wie Tiere zu geschmackvollem Liquid Meat werden, haben wir im Buch im Abschnitt »Nichts für Vegetarier – Tierfarmen« erklärt. Für das Tiermodul brauchst du:

- 1× Mob Slaughter Factory ①
- 1× Animal Feeder ②
- 1× Animal Baby Separator ③
- 3× Range Addon, Tier: 0
- 2× Fluid Tank ④
- 2 Kühe ⑤
- 1× Meat Feeder
- 1× Aqueous Accumulator ⑥
- 1× Garden Cloche ⑦

Hier bauen wir eine typische Kuhfarm auf, inklusive Animal Feeder und Baby Separator. Da der Bauplatz ein wenig beschränkt ist, haben wir nur das Range Addon, Tier: 0 verwendet, was einen Bereich von 3×3 Blöcken abdeckt.

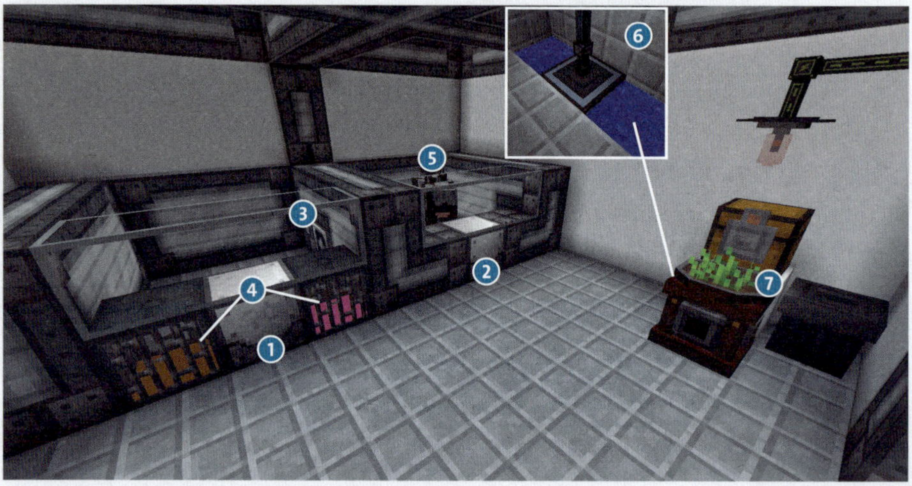


Eine Farm auf engstem Raum

Hier ist die Besonderheit, dass wir den Animal Feeder, der ja Weizen benötigt, mit einer Garden Cloche versorgen.

Die Garden Cloche braucht für ihre Versorgung den Aqueous Accumulator ⑥ und Energie. Danach muss der Weizen nur noch von der Garden Cloche in den Animal Feeder geleitet werden. Wenn die ganze Anlage ein wenig gelaufen ist, kannst du deinen Meat Feeder immer am dafür vorgesehenen Fluid Tank ④ auffüllen.

### Was war noch mal die Garden Cloche?

Die Garden Cloche ist eine automatische Ein-Block-Farm. Auf der Fläche von einem Block kannst du jede Art von Gewächs züchten, und das rasend schnell. Alles, was die Garden Cloche dazu benötigt, sind Wasser und Energie. Sobald Erde und ein Samen in die Garden Cloche eingelegt wurden, geht es los. Das ist perfekt, um Tierfarmen mit dem nötigen Futter zu versorgen. Das geerntete Pflanzenmaterial kommt hinten auf der Höhe der Glaskuppel heraus. Hier empfiehlt es sich, entweder ein Conveyor Belt (Förderband) oder wie in unserem Beispiel eine Truhe anzuschließen. Mehr zur Garden Cloche und der dazugehörigen Mod Immersive Engineering erfährst du im Buch in Kapitel 13, »Immersive Engineering – die größten und schönsten Maschinen«.

Die Garden Cloche von Immersive Engineering

## Die Monsterfarm

In den anderen soeben angelegten Raum kommt die Mobfarm. Diese ist immer eins der Objekte, die wir sehr früh bauen, da Mobs Unmengen von coolen und nützlichen Items droppen. Hier nehmen wir einfach den ganzen Raum als Mobfarm, denn das ist am einfachsten. Zusätzlich zum Raum brauchst du:

- 1× Mob Crusher ①
- 1× Mob Duplicator ②
- 2× Range Addon, Tier: 3

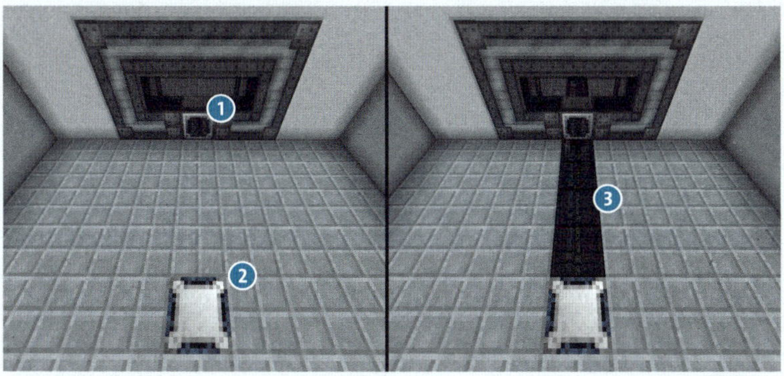


Mobfarm mit Sicht in Richtung der Gangmodule

Wir stellen den Mob Crusher ❶ an die »Tür« und einen Mob Duplicator ❷ in die Mitte des Raumes. Verbunden werden die beiden mit Ender Energy Conduits und Ender Fluid Conduits ❸, die auch schon in den Gangmodulen liegen. Vergiss nicht, am Mob Crusher die Conduits einzustellen.

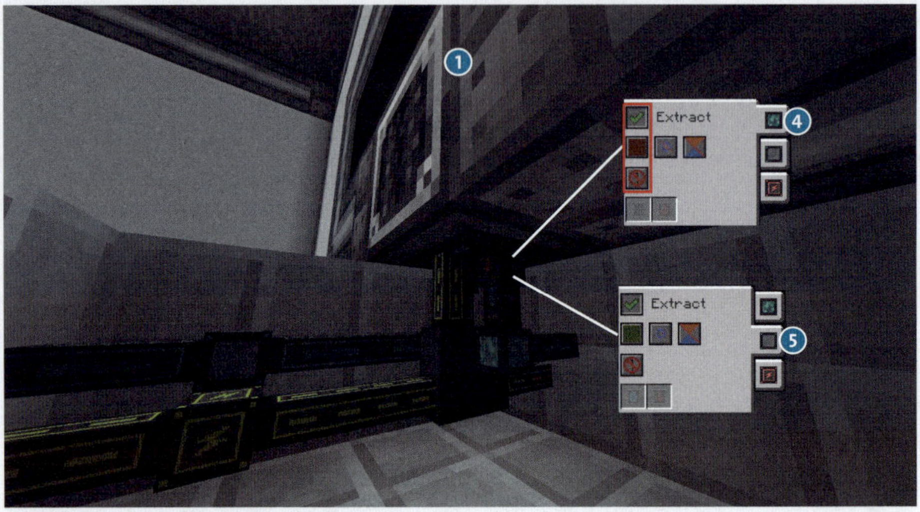


Einstellen der Conduits am Mob Crusher ❶

Hier werden direkt zwei Conduits eingestellt. Den Item Conduit ❹ stellst du auf **Extract**, **Brown** und **Always Active**. **Brown** bewirkt, dass Erzeugnisse aus dem Mob Crusher in den Item Buffer am Zentralraum gezogen werden (da haben wir **Insert** auf **Brown** stehen, du erinnerst dich?). Den Fluid Conduit ❺ stellen wir ebenfalls auf **Extract** und **Always active**. Die Farbe lassen wir hier standardmäßig auf **Green**. Hier wird die Mob Essence automatisch in den Mob Duplicator geleitet.

Zudem werden hier noch zwei Range Addons, Tier: 3 ❻ benötigt, damit beide Maschinen den kompletten 9 × 9 Blöcke großen Raum abdecken. In der Decke des Raumes tauschst du entweder das Enlightened Clear Glass gegen normale Blöcke aus oder nimmst Dark Glass von Extra Utilities. Das Letztere sieht cooler aus und ist praktisch, da du durchgucken kannst, es aber drinnen dennoch dunkel genug bleibt, damit Mobs spawnen. Im Mob Duplicator kannst du per Mob Imprisonment Tool einen Mob deiner Wahl spawnen lassen. Wir empfehlen eine Hexe, denn diese lässt Glowstone Dust und Redstone fallen. So sparst du dir für den Glowstone Dust den Weg in den Nether.

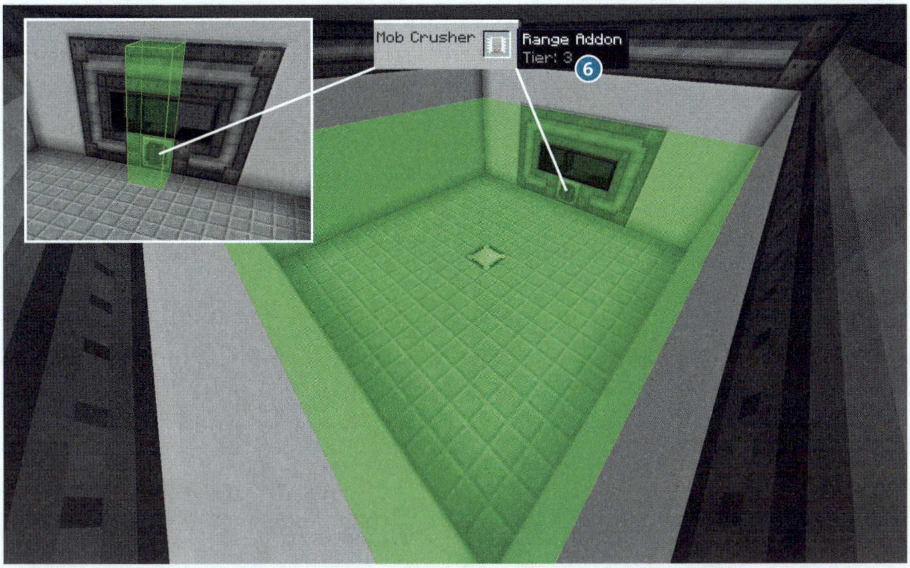


Mob-Crusher-Reichweitenerhöhung von 1 × 1 auf 9 × 9 Blöcke durch ein Range Addon, Tier: 3

### Tipp für die Mobfarm

In jedem Unterschlupf gibt es immer einen Ort, an dem man sich die meiste Zeit aufhält. Oftmals ist es der Ort, an dem deine Maschinen und dein Crafting Table stehen. Das ist nicht ganz unwichtig für die Position der Mobfarm, denn Mobs spawnen immer nur in einem gewissen Abstand zum Spieler. Im Umkreis von 24 Blöcken (gerechnet von deinem Standpunkt aus) spawnt erst einmal nichts. Wenn sich deine Mobfarm also unmittelbar neben deinem Crafting Terminal befindet, wird da nicht viel passieren. Am besten ist ein Abstand zwischen 24 und 128 Blöcken, darüber hinaus fangen die Mobs wieder an zu verschwinden. Das ist eine alte Vanilla-Minecraft-Regel, die hier bedacht werden sollte. Wer übrigens noch ein gutes Buch über Minecraft sucht, in dem solches Detailwissen zu finden ist, sollte sich mal »The Next Level« von Richard Eisenmenger ansehen. Wir mögen das Buch sehr gerne, und es hält selbst für uns noch manch Neues bereit.

# DIE BASIS WIRD GRÖSSER

Jetzt kommt der letzte Bereich unserer »Basis zum Nachbauen«, aber der hat es noch mal in sich. Lege dieses Mal drei weitere Raum- ❶ und drei Gangmodule ❷ an, denn wir brauchen noch Platz für Tinkers' Construct, Autocrafting von Applied Energistics 2 und eine automatische Erzverarbeitung von EnderIO, kombiniert mit Applied Energistics 2. Spannend!

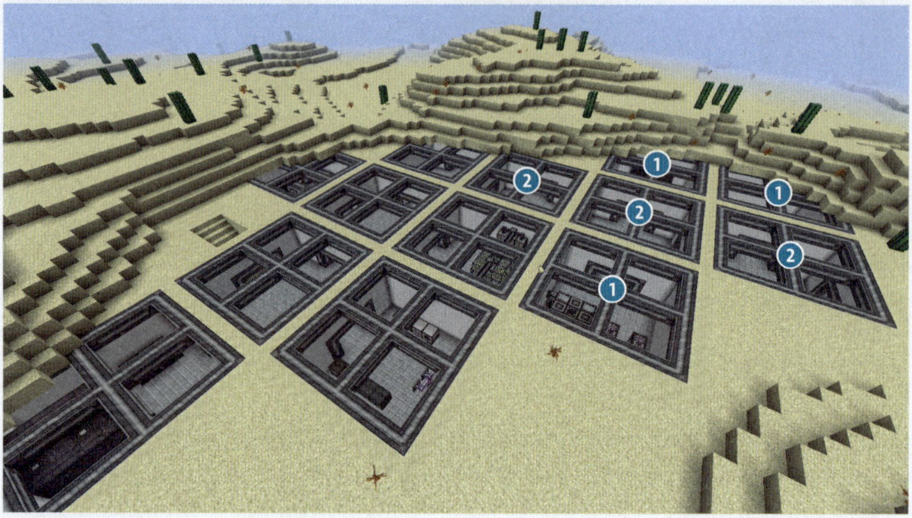


Wir erweitern die Basis um sechs Räume.

## Eine Schmiede darf nicht fehlen

Auch wenn du schon Werkzeuge hast, darf eine Smeltery in keiner Basis fehlen. Sie gehört einfach zur Basisausstattung. Kombiniert mit einem Lava Fabricator und zwei Hoppern mit Truhen ist dieses Smeltery-Modul dann sogar schon halbwegs automatisch. Du brauchst:

- 54 × Seared Brick
- 1 × Seared Tank
- 1 × Smeltery Controller
- 2 × Smeltery Drain
- 2 × Faucet
- 1 × Casting Basin

- 1 × Casting Table
- 2 × Hopper
- 2 × Chest
- 1 × Lava Fabricator

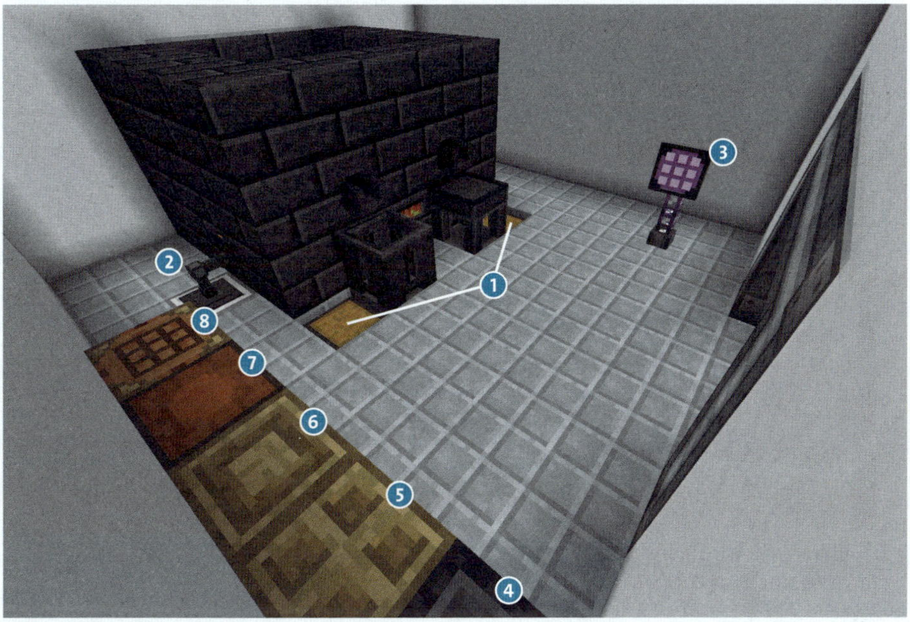


Die halbautomatische Smeltery im Raummodul

Hier befinden sich unter den Ausgüssen des Casting Basins und des Casting Tables jeweils ein Hopper und eine Truhe ①. Das bewirkt, dass, sobald ein gegossenes Bauteil abgekühlt ist, es sofort in der angeschlossenen Chest landet. So kann direkt das nächste gegossen werden. Zudem verfügt die Smeltery dank des Lava Fabricators ② über ein nie endendes Vorkommen an Lava, zumindest, solange Energie da ist. Verbinde den Lava Fabricator mit den Kabeln im Boden und per Fluid Conduit mit dem Seared Tank. Dieser Raum ist zusätzlich mit einem ME Crafting Terminal ③ ausgestattet, um alle Materialien immer griffbereit zu haben. Zudem hat er alle relevanten Tische von Tinkers' Construct, wie eine Tool Forge ④, den Part Builder ⑤, einen Stencil Table ⑥, eine Pattern Chest ⑦ und den Crafting Table ⑧. Alles Wissenswerte über Tinkers' Construct findest du im Buch in Kapitel 6, »Tinkers' Construct – bessere Werkzeuge gibt es nicht«, ab Seite 81.

### Autocrafting in einem 9 × 9 Blöcke großen Raum

Ein wesentlicher Bestandteil des ME-Systems ist, viele oder gar alle Abläufe zu automatisieren. Genau dafür gibt es ja das Autocrafting-System, einen Verbund mehrerer Blöcke, die dir erlauben, Crafting-Rezepte abzuspeichern und sie dann nach Bedarf abzurufen. Welche Rezepte du anlegst, hängt von deiner Spielweise ab. Standardrezepte, wie z. B. Holz, Bretter, Laboratory Blocks, Factory Blocks, Crafting Table, Fackeln und Redstone-Fackeln, sollten immer drin sein.

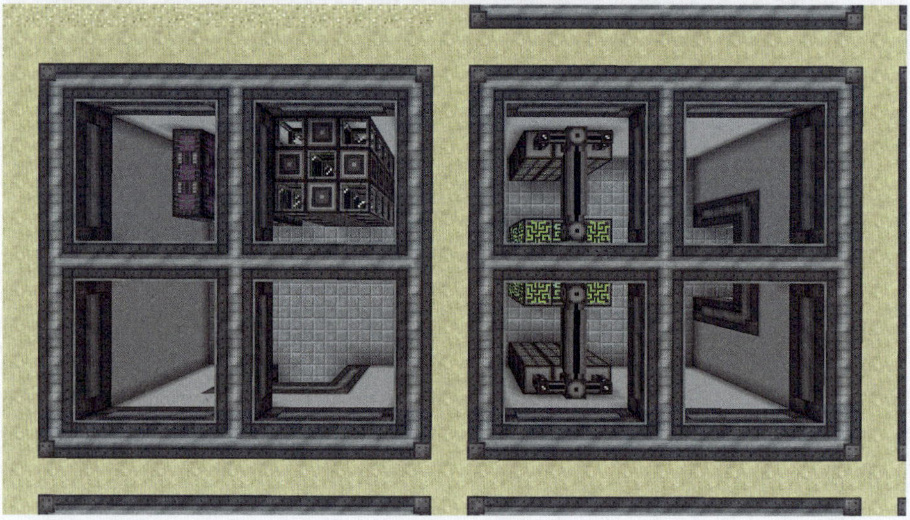

Autocrafting-Raum (links), direkt hinter unserem ME-Raum (rechts)

Dieser Raum befindet sich unmittelbar hinter dem ME-Controller und wird direkt mit einem ME Dense Cable verbunden. Vorteil ist hierbei, dass wir das dicke Dense Cable direkt durch die Wand legen können und es nicht noch durch die halbe Basis ziehen müssen. Da das Autocrafting-System viele Kanäle deiner Kabel belegt, nehmen wir hier zusätzliche Dense Cables. Ansonsten brauchst du noch für das Autocrafting-Modul:

- 10 × 16k Crafting Storage
- 2 × Crafting Monitor
- 6 × Crafting Co-Processing Unit
- 20 × Molecular Assembler
- 16 × ME Interface (je mehr, desto mehr Rezepte kannst du speichern)

1. Bereiten wir den Raum vor. In der Abbildung siehst du, wie das ME Dense Cable direkt vom ME-Controller aus der Wand kommt ❶ und zum Boden hin gebaut ist. Im Boden legst du schon einmal die Kabelschächte an (ein sieben Blöcke langer Kabelschacht, ❷) und verlegst ME Dense Conduits von EnderIO ❸. Die Conduits ❹, die aus den Gangmodulen kommen, brauchen wir dieses Mal nicht.

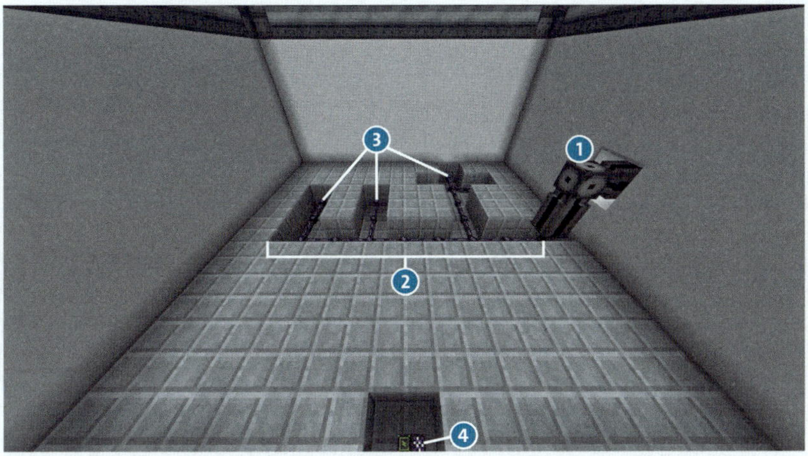


So wird der Raum für das Autocrafting vorbereitet.

2. Jetzt kannst du zweimal drei Blöcke 16k Crafting Storages auf die linken ME Dense Conduits bauen ❺. Daneben kommen fünf Molecular Assemblers ❻ und vier ME Interfaces ❼.

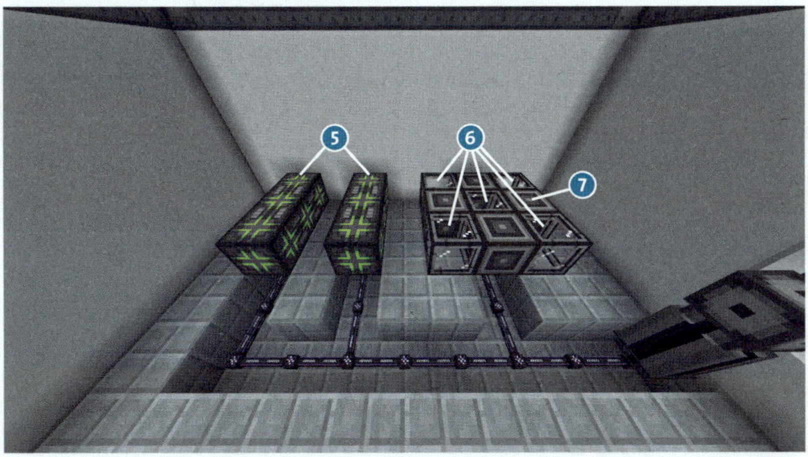


Die ersten Autocrafting-Komponenten finden ihren Platz.

3. Im nächsten Schritt kommen die Crafting-Monitore ❽ und jeweils zwei 16k Crafting Storages auf die schon vorhandenen. Den Aufbau des Interface Molecular Assemblers erhöhst du um eine weitere Ebene ❾.

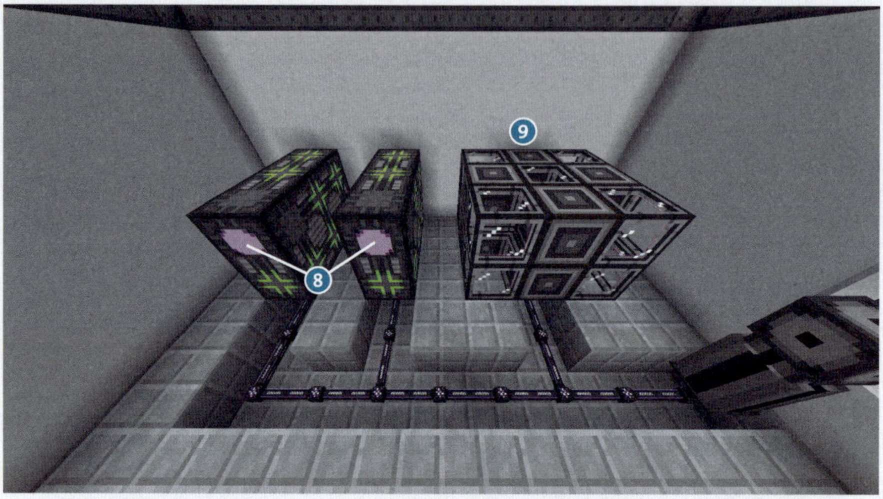


In den Crafting-Monitoren ❽ werden die bestellten Rezepte angezeigt.

4. Zuletzt verbaust du die sechs Crafting Co-Processing Units ❿ und erhöhst den Aufbau des Interface Molecular Assemblers noch mal um zwei Blöcke ⓫. Insgesamt kommst du damit auf 20 Molecular Assemblers und 16 ME Interfaces. Im Anschluss kommen Conduit Facades auf unsere Conduits im Boden ⓬, damit sie für das Auge verschwinden.

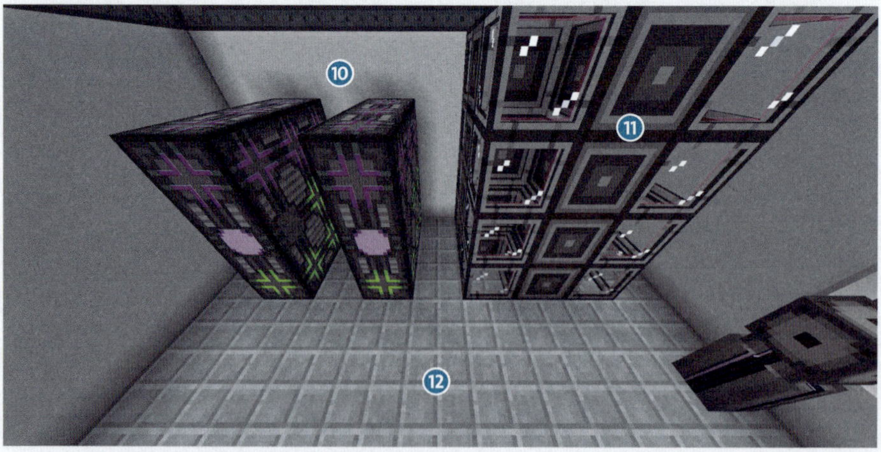


Der Autocrafting-Raum im fertigen Zustand

Für das Autocrafting-System benötigst du zudem das Interface Terminal und das Pattern Terminal. Das haben wir aber schon im ersten Zentralmodul eingebaut. Hier kannst du es dir sparen, denn durch die Verkabelung in den Gangmodulen ist es bereits mit unserem ME-System verbunden.

## Automatische Erzverarbeitung

Die automatische Erzverarbeitung, und hier damit unser Erzverarbeitungsmodul, hilft dir, aus Erzen, die gemahlen und dann wieder geschmolzen werden können, mehr herauszuholen. Sie verdoppelt deine Erze und spart dir eine Menge Zeit und Nerven. Du brauchst dafür:

- 5 × Sag Mill
- 5 × Alloy Smelter
- 10 × Octadic Capacitor
- 2 × Chest (egal, ob aus Eisen, Gold oder Diamant)
- 3 × Export Bus
- 3 × Capacity Card

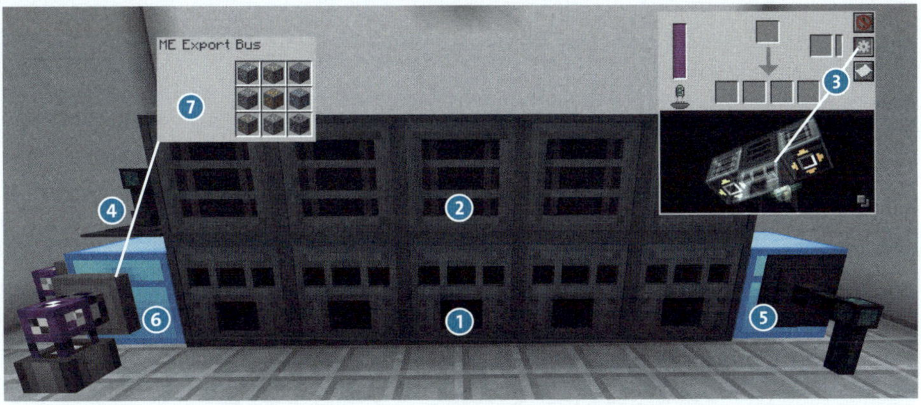


Die Erzverdopplungsanlage

Hier stellst du zuerst die Alloy Smelters ❶ nebeneinander und die Sag Mills ❷ darüber. Du stellst in den Sag Mills die Konfiguration so ein, dass sie ihre Erzeugnisse direkt nach unten in die Alloy Smelters abgeben ❸. Übrigens kannst du bei fast allen EnderIO-Maschinen konfigurieren, was wo hineingeht und was wo herauskommt. Nun verbindest du alle Sag Mills per Item Conduit ❹ mit der linken Truhe ❻. Hier haben wir uns aus optischen Gründen für eine

Diamanttruhe mit viel Platz entschieden, das ist aber in dem Aufbau nicht sonderlich bedeutend. Mehr zu den besonderen Chests erfährst du im Buch im Abschnitt »Die Iron Chest – besser als jede normale Truhe« ab Seite 190. Stell die Conduits so ein, dass sie Items aus der Truhe herausnehmen und sie in die Sag Mills einleiten. Die Alloy Smelters verbindest du mit der rechten Truhe. So gehen alle fertigen Rohstoffe dorthin.

Mit der rechten Chest verbindest du den Item Conduit ❺, der sich im Boden befindet und der sich durch die ganze Basis schlängelt. Hier stellst du auf **Export** und **Brown**. Du erinnerst dich: Im Zentralraum gibt es einen Item Buffer, der **Brown** auf **Insert** stehen hat. Demnach werden jetzt alle braunen Erzeugnisse aus der Chest in den Item Buffer übertragen und dann ins ME-System gepumpt. Die linke Chest musst du noch mit den Export Buses verbinden ❻. Mit eingelegten Capacity Cards hast du auch genügend Platz, um alle Erze zu hinterlegen ❼.

Durch die Capacity Cards hast du mehr Platz zum Exportieren. Ohne sie ist es nur möglich, ein einziges Item zu exportieren ❶. Mit einer Capacity Card sind es schon fünf ❷ und mit der zweiten Capacity Card sogar neun ❸.

Nun musst du alle Maschinen mit Energie und die Export Buses mit den ME Dense Conduits verbinden. Wenn du jetzt Erze von deinen Erkundungstouren in das Crafting Terminal deines ME-Systems legst, werden sie vollautomatisch in Barren umgewandelt.

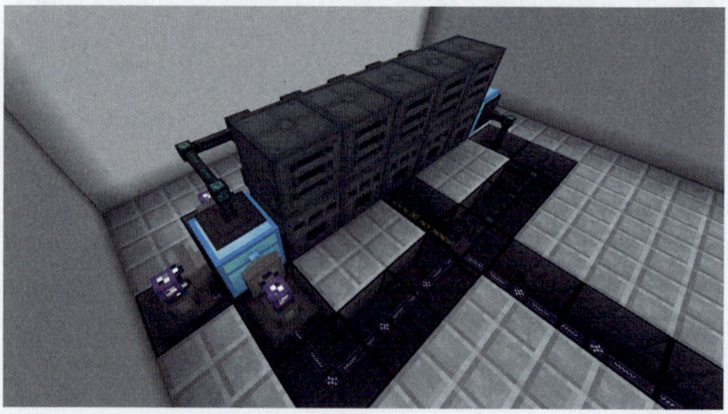

Durch Conduits im Boden wirkt alles aufgeräumter.

# JETZT BIST DU DRAN

Natürlich könnten wir das Ganze noch endlos weiterführen. Es gibt genügend Maschinen aus allen möglichen Mods und Modpacks, die sich in den Raummodulen gut zur Schau stellen lassen. Aber jetzt bist du gefragt: Baue deine Basis nach Belieben weiter. Nach oben oder unten, egal wohin. Baue Baumfarmen, weitere Nutzungsfarmen, größere Reaktoren... Erweitere dein ME-System oder stecke noch Black Hole Controller an. Deiner Fantasie sind wie immer keine Grenzen gesetzt. Wenn du denkst, dass wir deine Basis mal sehen sollten, dann twittere ein Bild davon und markiere @DebitorLP und @CastCrafter. Sie muss auch nicht zwingend diesem modularen Design folgen; wir sind für neue Anregungen immer offen. Also los, zeig es uns!

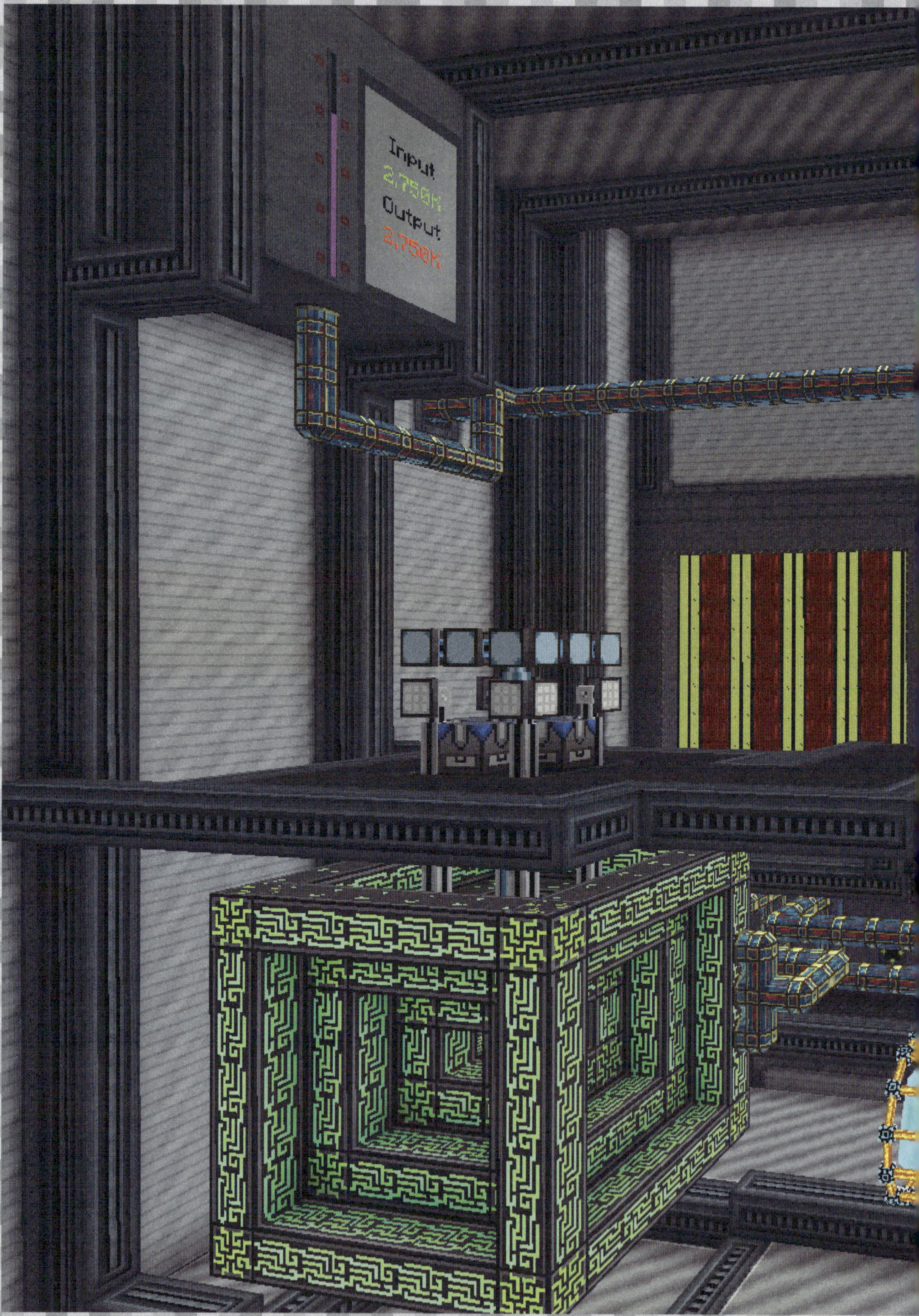
Input
2,750K
Output
2,750K

# KAPITEL 18

# WAS MACHEN DIE, DIE SCHON ALLES HABEN? DAS ENDSPIEL

Du bist am Ende dieses Buches angekommen, Glückwunsch! Jetzt hast du alles gebaut, und dich kann nun wirklich nichts mehr beeindrucken. Du hast alles automatisiert, und es gibt nichts mehr zu tun. Oder vielleicht doch? Du suchst weiter nach Herausforderungen, und Minecraft ist für dich noch nicht zu Ende? Kein Problem, solange deine Fantasie mitspielt und du die Augen offen hältst, wird es dir in Minecraft auch weiterhin nicht langweilig. Wir zeigen dir hier zum Schluss noch eine kleine Auswahl an Projekten, an denen du dir die Zähne ausbeißen kannst.

## MODBEGINNER TO MODMASTER

In diesem Buch haben wir dir insgesamt 20 unserer Lieblingsmodifikationen vorgestellt, mit denen du mittlerweile wahrscheinlich schon sehr viel gemacht und vor allem gebaut hast. Aber glaub uns, das war nur der Anfang einer großen Welt aus Mods und Modpacks! Mittlerweile gibt es auf *www.curseforge.com* unzählige davon. Allein dort ist die Liste schon in einem fünfstelligen Bereich angelangt. OK, einige davon werden wahrscheinlich nicht so gut sein, dass man sie spielen möchte. Aber bist du dir *wirklich* sicher, dass du schon alles kennst? Wir nicht!

## SCHON ALLE MODS DURCH?

Wenn man ein normales Spiel mit einer vernünftigen Story spielt, startet man es, spielt eine Weile, und irgendwann hat man den Endboss besiegt, und es erscheint der Endscreen. Dann weiß man: Dieses Spiel habe ich durchgespielt. Doch wann ist das bei Minecraft der Fall? Wenn der Enderdrache tot ist? Dann erscheint zwar der Abspann, aber das ist in diesem Fall nur ein Gimmick, das die Entwickler eingebaut haben. Minecraft endet nämlich nie, solange du genug Ideen und Lust darauf hast.

In Modpacks gibt es wirklich sehr viele Items. Das hier ist nur eine Seite des JEI.

Wenn man sich die einzelnen Mods anschaut, kann man natürlich sagen, man hat sie durchgespielt, wenn man alle wichtigen Items einer Mod gebaut hat oder zumindest alle, die man selbst wichtig findet. Aber die Frage bleibt irgendwie: Habe ich eine Mod wirklich komplett durchgespielt? Gibt es etwas, das ich noch nicht gebaut habe oder das mir einfach nicht sinnvoll vorkam? Wirf doch noch mal einen Blick ins JEI und schau nach, ob du wirklich alles gebaut hast, was du wolltest, oder ob du noch etwas Neues entdeckst, das zu bauen dir vorher vielleicht gar nicht in den Sinn gekommen ist.

## BAUWERKE AUF DIE MAXIMALE GRÖSSE BRINGEN

Wenn du zufrieden mit den Geräten bist, die du hast, gibt es eine weitere Herausforderung: Haben alle Bauwerke die maximale Größe erreicht? Bei manchen Modifikationen ist die maximale Größe in den Configs einstellbar, aber gehen wir jetzt mal von der Standardgröße aus. Du kannst z. B. den ME-Controller aus Applied Energistics 2 auf 7 × 7 × 7 Blöcke bringen.

Oder baue einen Extreme Reactor der gleichnamigen Mod mit 32 × 32 × 48 Blöcken Kantenlänge.

Der maximale ME-Controller aus 7 × 7 × 7 Blöcken. Wir bauen ihn gerne mit versetzten Blöcken für einen coolen Effekt.

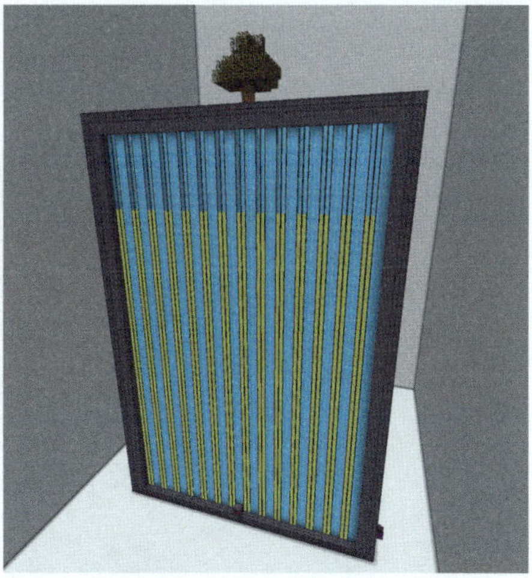

Der maximale Reaktor in einer Größe von 32 × 32 × 48 Blöcken mit einem Baum darauf als Größenvergleich

Du kannst auch deine Farmen von Industrial Foregoing auf das Maximum von 25 × 25 Blöcken bringen.

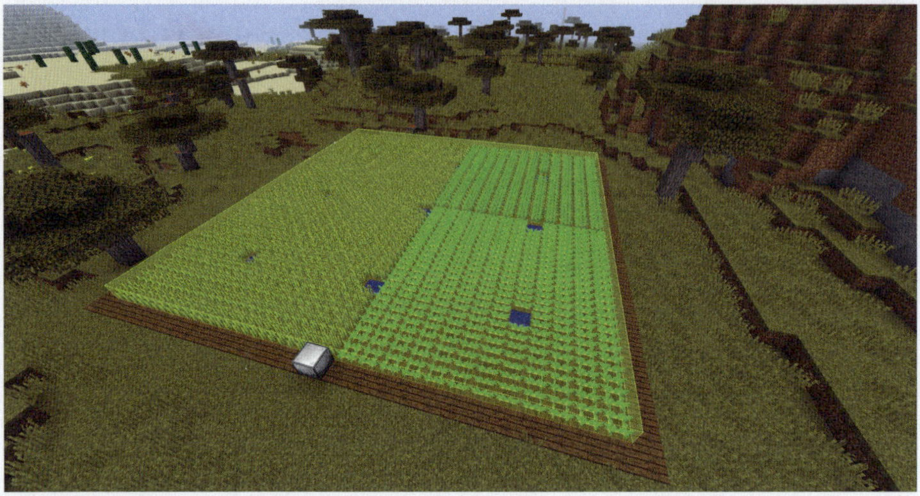

Ein Feld in der maximalen Größe von 25 × 25 Blöcken mit Maschinen aus Industrial Foregoing abernten und automatisch nachbepflanzen

Eine weitere schöne Herausforderung für das Endgame: Versuche, den Energy Core Tier 8 von Draconic Evolution zu bauen und ihn zu füllen. Oder hast du schon mal versucht, eine Black Hole Unit der Mod *Industrial Foregoing* komplett zu belegen?

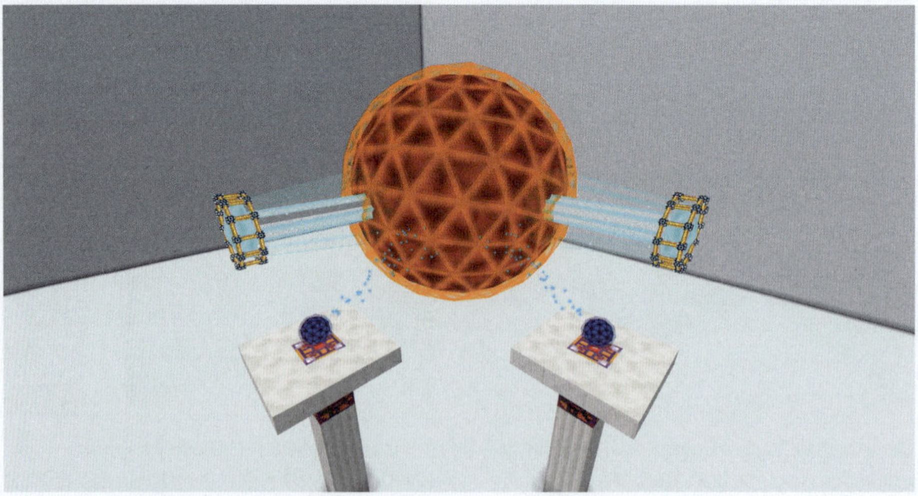

Der maximale T8 Energy Core aus Draconic Evolution

# ALLES HABEN, ALLES SAMMELN

In unseren großen Modpack-Projekten hieß es immer: »Unter einer Million geht nichts.« Das war zwar keine ernste Ansage, aber ein guter Ansatz, denn viele Dinge in Minecraft baut man nicht, weil man sie braucht, sondern einfach, weil sie cool aussehen und einem noch ein bisschen mehr an Rohstoffen liefern. Wer braucht schon *wirklich* einen Sludge Refiner, wenn man Tag und Nacht die Quantum Quarry aus Extra Utilities 2 laufen lässt? Oder wozu baut man ein Kartoffelfeld, obwohl man sich schon lange nur noch von Liquid Meat ernährt? Am interessantesten ist es eben, wenn man alles im Modpack ausprobiert und immer motiviert ist, die beste Variante zu finden, oder einfach versucht, ansprechend und funktionell zu bauen.

Die »Unter einer Million geht nix«-Challenge wurde hier bei Stone geschafft. Mehr Items machen immer mehr Eindruck.

# UND JETZT DU!

Jedes Ende ist auch ein neuer Anfang. Du bist am Ende des Buches angelangt, aber deine Minecraft-Reise ist noch lange nicht vorbei. Die Möglichkeiten des Minecraft-Mod-Universums sind grenzenlos. Täglich erscheinen neue Mods und Modpacks. Egal, ob du ein neues Spiel beginnst oder dein vorhandenes Modpack upgradest, es gibt immer was zu tun in der Welt von Minecraft. Wir hoffen, dass wir dir mit diesem Buch die Angst vor Minecraft-Modifikationen nehmen konnten und dass du dich jetzt bereit fühlst, deine eigenen Mod-Projekte anzugehen. Du hast die komplette Mod School durchlaufen und bist vom einfachen Minecrafter zum Mod-Meister aufgestiegen. Herzlichen Glückwunsch! Wir hoffen, dass dir das Lesen Spaß gemacht hat und wünschen dir viel Spaß in der neuen *Modded*-Welt von Minecraft!

# Index

## D



## E

## F



## G



## H



## I

## S

## X



## Y



## Z